汪家华

罗立军◇著

唐长史研究

·广州·

内容简介

本书为研究唐代长史制的学术专著，上编分章述论，下编分列年表，对唐长史这一重要制度从不同角度进行了全面勾勒和深入探讨。全书用功甚勤，在史料收集、整理和考辨上下了很大功夫，引证十分丰富。论述思路清晰，严谨细致，理据充分，新见迭出，对前人成果多有补充和订正，具有较高的学术价值。本书可作为广大唐史、唐诗研究者或爱好者的参考书目。

图书在版编目（CIP）数据

唐长史研究/汪家华，罗立军著．—广州：广东高等教育出版社，2020.12

ISBN 978-7-5361-6760-5

Ⅰ．①唐… Ⅱ．①汪…②罗… Ⅲ．①中国历史-研究-唐代 Ⅳ．①K242.07

中国版本图书馆 CIP 数据核字（2020）第 086915 号

TANG ZHANGSHI YANJIU

出版发行	广东高等教育出版社
	地址：广州市天河区林和西横路
	邮政编码：510500 电话：(020) 87551597 87551077
	http://www.gdgjs.com.cn
印　刷	广州市友盛彩印有限公司
开　本	787 毫米×1 092 毫米　1/16
印　张	24
字　数	446 千
版　次	2020 年 12 月第 1 版
印　次	2020 年 12 月第 1 次印刷
定　价	68.00 元

序　言

在中国古代职官制度中，长史一职的设置，可以远溯至秦汉时期，从称谓来看，长史的起源应与文字记事相关。到了唐代，长史由行政机构中的执事者逐渐成为州郡的主要僚佐官员，"纲纪众务，通判列曹"，《旧唐书》的概括虽然简略，却勾勒出了长史的基本职能。而史书记载的长史之设，还包括王府、执掌军队的南衙、北衙及边要之地诸镇等系统，喻之为唐帝国国家机器运转时不可或缺的关键部件之一并不过分。

在以往的唐代职官研究中，长史之职的探讨虽为诸家所重，相关的整体研究成果却未得见，对于唐代职官系统中长史一职的理解亦有深化的余地，究其原因，既有认知方面的不足，亦有因文献不足征而受制于研究资料的因素。在新旧《唐书》和政书类的文献中，不乏与长史相关的文字记载，多为对其基本职能的概述。从研究历史的经验来看，制度设计之初衷虽为执行的规范，但在实际运作过程中，常常因某些条件的制约而出现变通和调整的现象，这便是人们喻之为"活的制度"和"死的制度"之区分。对于制度的理解，若停留在政书记载的颁行条文，而不是置诸具体推行的措施及其实际效果来加以理解的话，不仅对制度自身，乃至对社会政治、经济等诸多方面的研究来说，恐怕很难取得深度认识。

进入21世纪以来，随着对古代史研究的深化，强调扩大研究的视野，以及对制度进行动态的研究，制度史的研究成为学界关注的热点之一。令人欣喜的是，文献的整理和研究也取得了空前丰硕的成果，如《唐会要》《唐六典》《通典》以及史部、集部多种基本文献皆陆续得以整理出版，包括出土未久的唐人墓志等石刻文献整理成果结集问世，扩大了文献资料的范围。研究的手段包括研究工具的提升，又正逢对文献资料进行数据化处理的起步，给文献资料的收集提供了很大的便利，也对基于文献衮辑、考辨和梳理的研究工作带来了难得的机遇。

家华十多年前考入华东师范大学古籍研究所的古典文献学专业学习，经过了目录和校勘等文献学的基本训练，学术视野得以开阔。获得硕士学位后，他不满足已有的成绩，又投考郑明教授门下，意欲结合文献之学的训练，在古代史研究领域有所作为。郑明教授熟谙唐宋文献，究心《唐会要》《文献通考》等典籍的整理和研究多年，于唐代职官制度研究领域亦多有心得，家华撰作以唐代长史研究为博士学位论文，有幸得到了业师的悉心指点，使他少走了不少弯路，家华是幸运的。他穷数年矻矻之功，披览文献典籍巨量，就其所涉文献而言，由《新唐书》《旧唐书》《资治通鉴》及《唐六典》《通典》等政书所记为主干，旁及类书、方志、谱牒、地理书、姓氏书，以及唐人别集、笔记、杂史等，尤其值得称道的是，对新近出版的数千方唐人墓志整理成果逐篇检阅，予以充分利用。家华撰作博士论文过程中，就其文献衮辑和爬梳整理之功而言，喻之竭泽而渔，应无夸张之嫌，亦可以想见当年他所付出的辛劳。本书的研究，在研究职官制度的同时，注重将制度与史事结合起来，通过史事的还原，来解释制度设置背后的涵义，又通过对制度的实际运作过程的考察，加深对历史事件和社会政治的理解。运用这种贯通的研究方法，制度已不再是纸面上的条文，它的功能通过具体的历史事件表现出来。

家华的辛勤劳动，亦得到了丰厚的回报。如他对唐代后期中央政府与地方的关系中长史一职的认识，便提出了有别于前人的新见解。又如据他的发现，迄今仅见于唐人墓志中记载的国公府长史和司属寺长史二职，新旧《唐书》之《职官志》未见，《通典》《唐会要》《唐六典》等典章制度之书亦未见述及，可见其对出土文献的整理研究工作充实了我们对唐代史料的了解，对史志和政书记载的内容也起到了补正或充实的作用。研究成果的下半部分内容，为唐代王府长史年表，唐代诸卫、诸军及诸率府长史年表，雍洛二州及扬、益、荆、并四大都督府长史年表和淮南道、江南东道、江南西道分州长史年表共四种，则为他历时数载，埋首于典籍间辛勤搜集考辨所得，按照不同的系统、地域和时间的顺序，以表格形式整理而成的资料。他将自己的辛勤劳动成果作为学术公器呈现给同行分享，既有求教于方家之意，亦显示了他内心的无私情怀。

  时光荏苒，家华以《唐代长史述考》为博士论文进行答辩的情景，似未去远，却是十年前的事情了。家华毕业后在高校任教，他没有放弃古代史的研究，利用授课之余，与罗立军教授合作，在论文的基础上，对自己唐代长史研究的成果做了修订和充实工作，并交由出版社正式出版。家华在撰写博士论文期间，因对古代史的共同兴趣，我们有过一些交流和讨论，我至今仍记得他在图书馆埋首读书的情景，以及他留给我们的诚恳而敦厚的印象。值此付梓出版之际，应家华之嘱，我将自己读书的印象和感受略述数语，姑为序言，亦谨表我的祝贺之意。

华东师范大学古籍研究所教授、博士生导师　戴扬本
2020年6月

目 录

绪　论 / 1

上编　唐长史述论

第一章　唐代以前的长史 / 14
第一节　两汉时期的长史 / 14
第二节　三国两晋时期的长史 / 19
第三节　南北朝时期的长史 / 23
第四节　隋代长史 / 28
第五节　总论唐以前的长史 / 30
附　唐代以前长史阶品表 / 35

第二章　唐代的王府长史 / 40
第一节　唐代王府长史的建置 / 40
第二节　唐代王府长史的职任 / 42

第三章　唐代诸卫诸军及太子诸率府长史 / 46
第一节　南衙十六卫长史 / 46
第二节　折冲府长史 / 61
第三节　北衙六军长史 / 63
第四节　太子诸率府长史 / 66
第五节　唐初秦王齐王护军府、亲事府长史 / 74
第六节　诸镇长史 / 75

第四章　唐代的行军长史 / 77
第五章　唐代雍洛二州及大都督府长史 / 82
　第一节　唐代雍洛二州长史 / 82
　第二节　唐代大都督府长史 / 86
第六章　唐代州郡长史（上）/ 94
　第一节　唐代州郡长史的建置 / 94
　第二节　唐代州郡长史的品阶 / 101
第七章　唐代州郡长史（下）/ 107
　第一节　通判"户部钱" / 109
　第二节　充当朝集使，岁终上计 / 112
　第三节　搜访贤俊，举荐人才 / 115
　第四节　主管州县学校 / 117
　第五节　巡察属县 / 119
　第六节　其他职掌 / 120
第八章　唐代羁縻府州及属国长史 / 124
附　录　对唐人墓志及《全唐文》中所载几种长史的考辨 / 130
结　语 / 133

下编　唐长史年表

凡　例 / 138
唐代王府长史年表 / 140
　秦王府 / 140
　晋王府 / 141
　越王府 / 142
　魏王府 / 142
　赵王府 / 143
　荆王府 / 143
　齐王府 / 144

汉王府 / 144

蜀王府 / 145

韩王府 / 145

纪王府 / 146

越王府 / 146

吴王府 / 147

鲁王府 / 148

霍王府 / 148

曹王府 / 148

周王府 / 149

郇王府 / 150

殷王府 / 150

沛王府 / 151

豫王府 / 151

相王府 / 152

益王府 / 153

魏王府 / 154

卫王府 / 154

彭王府 / 154

邠王府 / 155

郯王府 / 157

申王府 / 157

宋王府 / 158

陕王府 / 159

忠王府 / 159

岐王府 / 160

沂王府 / 160

濮王府 / 161

薛王府 / 161

义王府 / 161

永王府 / 162

颍王府 / 162

信王府 / 163

陈王府 / 163

丰王府 / 164

恒王府 / 165

蜀王府 / 165

泾王府 / 166

杞王府 / 166

济王府 / 166

寿王府 / 167

益王府 / 167

嘉王府 / 168

睦王府 / 168

通王府 / 169

丹王府 / 169

舒王府 / 170

循王府 / 171

原王府 / 171

虔王府 / 172

郯王府 / 172

均王府 / 173

荣王府 / 173

冀王府 / 173

抚王府 / 174

福王府 / 174

安王府 / 175

袁王府 / 175

绛王府 / 176

江王府 / 176

颍王府 / 177

琼王府 / 177

翼王府／177

洋王府／177

鲁王府／178

淄王府／178

嘉王府／179

沔王府／179

光王府／179

益王府／180

蒋王府／180

濮王府／180

庆王府／181

棣王府／181

蜀王府／182

荣王府／182

魏王府／182

凉王府／183

广王府／183

唐代诸卫、诸军及诸率府长史年表／184

左右卫／184

左右骁卫／190

左右武卫／192

左右威卫／194

左右领军卫／196

左右金吾卫／198

左右监门卫／204

左右千牛卫／206

左右羽林军／209

左右龙武军／210

左右神武军／210

太子左右卫率府／211

太子左右司御率府／213

太子左右清道率府 / 215

太子左右监门率府 / 216

太子左右内率府 / 218

唐代雍洛二州及扬、益、荆、并四大都督府长史年表 / 221

雍　州 / 221

洛　州 / 228

扬　州 / 236

益　州 / 254

荆　州 / 269

并　州 / 278

唐代淮南道、江南东道、江南西道分州长史年表 / 287

淮南道 / 288

江南东道 / 302

江南西道 / 330

附　录 / 352

附：开元二十九年前后废置之州郡 / 355

参考文献 / 358

后　记 / 367

绪　　论

一、"长史"一职的历史渊源

从文献记载看,"长史"一词,最早出现于《史记·李斯列传》中。李斯至秦,游说秦王嬴政统一天下,"秦王乃拜斯为长史,听其计,阴遣谋士赍持金玉以游说诸侯",既而又"拜斯为客卿"。① 始皇十年(前237),秦王逐客,李斯上《谏逐客书》制止,则李斯为秦长史最晚不迟于该年,因此,在始皇十年之前,秦官中已有"长史"一职。秦二世时,封司马欣为长史,陈胜、项梁起义后,二世派章邯讨伐,"遣长史司马欣、董翳佐章邯击盗,杀陈胜城父"②。后来,章邯、董翳、司马欣皆降于项羽,项羽封三人为王。项羽战败后,据《史记·项羽本纪》称"大司马(曹)咎、长史翳、塞王欣皆自刭汜水上"③,知项羽为楚王时,曾封董翳为长史。

《史记》既然称秦王十年,拜李斯为长史,那么,长史的始置时间当在此之前。至于究竟早到什么时候,因史籍缺载,我们无从得知。不过有一点是可以肯定的,那就是长史之所以被称为"史",究其起源,无疑可以追溯到先秦时期的史官制度。

关于史官的起源,正如众多学者所公认的那样,史官是一批较早掌握文字的人,那么,它的出现可能是基于记录的需要,其原始职能应该是记事和掌书。

对于这一点,首先可从对"史"字字义的辨析中进行窥测。东汉许慎的

---

① 司马迁:《史记》卷八十七《李斯列传》,中华书局,1982。
② 司马迁:《史记》卷六《秦始皇本纪》。
③ 司马迁:《史记》卷七《项羽本纪》。

《说文解字》认为"史,记事者也。从又持中。中,正也"①,把史官解释为正直的、忠于事实的记录者。对此,王国维先生提出了自己的看法。他在著名的《释史》一文中指出,"史"字源自上古的射礼。射礼用的竹筹与记事用的竹简是同样的事物,而"中"字的本义是一种叫作竹筹的容器,既可用来盛放竹筹,也可用来盛放竹简。"史"字,从"又"从"中","又"即"手"之义,手持"中",即表示手持竹简簿书,故"史"字"义为持书之人"②。

这样看来,至少在字义上,史官的出现很可能源于记事。不过单从字形字义窥测,显然是不够的,还需要另外提供充分可靠的文献记载来佐证。但令人遗憾的是,上古时代的文献,今已不存,甲骨文中虽有"史"字,但并不能说明史官的原始职掌,真正能提供丰富的文献进行佐证的,要到周代。

《周礼》中大量记载了周代史官的职掌,虽然《周礼》成书于战国时期,但战国处于周代后期,当时人对前事的追述应该具有较大的可信度,因此《周礼》一书仍可看成是对周代典制的较真实的反映。其中《春官宗伯》一篇中记有大史、小史、内史、外史、御史五种史官,《天官冢宰》篇另记有女史一职。这"六史"的主要职掌如下:

> 大史掌建邦之六典,以逆邦国之治。掌法,以逆官府之治;掌则,以逆都鄙之治……正岁年,以序事……大祭祀,与执事卜日,戒及宿之日,与群执事读礼书而协事……大会同、朝觐,以书协礼事,及将币之日,执书以诏王……
> 小史掌邦国之志,奠系世,辨昭穆……大丧、大宾客、大会同、大军旅,佐大史。凡国事之用礼法者,掌其小事……
> 内史掌王之八枋之法,以诏王治……掌书王命,遂贰之。
> 外史掌书外令,掌四方之志,掌三皇五帝之书……
> 御史掌邦国、都鄙及万民之治令,以赞冢宰……③
> 女史,掌王后之礼职。掌内治之贰,以诏后治内政,逆内宫,

---

① 许慎:《说文解字》,上海古籍出版社,2007。
② 王国维:《观堂集林(外二种)》,河北教育出版社,2001,第162-163页。
③ 钱玄注译:《周礼》,岳麓书社,2001。

书内令……①

从上述记载看，周代"六史"都有管理典籍、记录事务以及宣读文书之责。这说明，记录与掌书是周代史官的共同职能，这种职能应该具有比较稳定的传承关系。上溯到夏商时代，应该就是史官的原始职掌。这与《吕氏春秋》的记载基本一致：《先识览》一篇说，夏桀无道，太史令终古携"图法"奔商；商纣暴虐，内史向挚"载其图法，出亡之周"。《吕氏春秋》的叙事未必确切，但它称早期史官掌管"图法"等文书资料，则大抵是对的。可见在上古时期，史官的主要职责应该就是记录和掌书。

不过，至迟到周代时，史官群体发生了分化：一部分人专事掌书，成为比较固定的专业人员；另一部分人则开始参与到国家政务的管理中，成为国家的行政人员。这从上述《周礼》的记载就可看出，大史、小史、内史、外史、御史、女史等，都掌管了一定的行政事务，职责范围涉及政治、法律、宗教、外交、典制、礼仪、农业生产等各个方面。特别是大史，职权较大，管理范围广泛。

史官之所以能从专事记录的官员演变为国家政务的管理人员，主要的原因在于：随着社会的发展变化，国家的行政事务日益繁多，管理起来也日趋复杂。这就需要从过往的历史中借鉴经验，特别是要从以往的文书档案中找到施政的参考。史官由于掌管着国家的文书，熟悉以往的管理模式和管理经验，因而比一般人更适合于管理政务。这样，史官就从记录的后台逐渐走到了行政管理的前台，从单纯的记录者、掌书者演变成国家政务的参与者、管理者。这从早期很多官职往往带有一个"史"字也可看出，如大史、小史、内史、外史、御史等。长史一职，很可能也是在这样的历史演变中出现的。不过，由于史籍缺载，对于长史产生的具体年代，我们无从得知。但不管怎样，长史源于早期的史官，这一点基本是可以肯定的。后来，正如其他的史官一样，长史逐渐从单纯的掌书者演变为国家政务的参与者、管理者，并随着职能的不断扩展，类别逐渐增多，在秦汉以降的历代中央部门和地方州郡中都发挥着重要的作用。

---

① 钱玄注译：《周礼》。

二、研究唐代长史的意义

秦汉以降，长史制度逐渐成为中国职官体系中的一个重要组成部分，对中国政治制度的发展和演变有着不可忽视的影响。唐代长史制度在继承前代长史体制的基础上，又有了进一步的发展和完善，并影响着宋代以后的长史及通判制度，乃至对我国当前的秘书长制度也有着十分重要的借鉴意义。因此，研究这个课题，无疑具有一定的必要性。

首先，就州郡长史而言，从中央与地方的关系上看，长史一职，一方面具有代表中央对刺史进行牵制的作用；另一方面，尤其是安史之乱后，长史对协调中央与地方刺史的紧张关系，应该也有一定的功效。

《旧唐书》对长史的职掌概括为"纲纪众务，通判列曹"①，这一记载容易引起今人对长史职掌的误解，如台湾著名学者严耕望先生在其《唐代府州僚佐考》一文中就指出："大抵上佐品位颇崇，虽有'通判列曹、纲纪众务'之名，但无具体职务。"② 从实际情况看，也许并非如严先生所说的那样。

就职官制度而言，史籍记载与现实操作，往往存在一定的差异。早在20世纪，钱穆先生在《中国历史研究法》中就对这种差异性提出过精辟的见解：

> 研究制度，不该专从制度本身看，而该会通着与比较着与此制度相关之一切事实来研究。这有两点原因，一因制度必针对当时实际政治而设立而运用。单研究制度本身而不贯通于当时之史事，便看不出来该项制度在当时之实际影响。一因每一制度自其开始到其终了，在其过程中也不断有变动，有修改。历史上记载制度，往往只举此一制度之标准的一段来作主，其实每一制度永远在变动中，不配合当时的史事，便易于将每一制度之变动性忽略了，而误认为每一制度是凝滞僵化，一成不变地存在。③

戴扬本先生在《北宋转运使考述》一书中，亦有相似的表述：

---

① 刘昫：《旧唐书》卷四十四《职官志三》，中华书局，1975。
② 严耕望：《唐史研究丛稿》，新亚研究所，1969，第110页。
③ 钱穆：《中国历史研究法》，生活·读书·新知三联书店，2001，第33页。

研究社会政治，尤其是研究中央政策对地方产生的影响和作用，必须关注该项政策的书面文本及其在地方行政机构中进行贯彻的实际效果，此即我们所说的"活的政策"和书面的"死的政策"之间的区别。①

因此，对于制度，我们不能仅限于史籍的记载，更重要的是看制度在现实中的具体实施。就唐代长史制度而言，实际情况也正如钱、戴两位先生所指出的那样，史籍的记载往往是简约的、静态的，没有把具体的、变化的情况考虑进来。制度虽也是相对固定的，但执行制度的人却是灵活的、动态的，因而在实际社会生活中，制度往往并非如史籍记载的那样简单划一。事实上，在唐代不同的时段、不同的机构和地域，长史的职任呈现出多元化的特点，不是"通判"一词就能囊括得了的。比如，唐代实行由长史等上佐上计的制度，长史可以定期赴京将本州的情况汇报给朝廷，并将朝廷的政策传达给地方，从而起到一般僚佐不能起到的作用。还有，在唐代后期，朝廷以长史与录事参军（也称"录事参军事"）专判"户部钱"，目的是防止"户部钱"被刺史、都督等长官侵吞，也说明长史对刺史、都督具有一定的牵制力。再者，唐代诸王临州时，往往以长史处理州事，长史是该州政务的实际负责人，负有全面之责。如此等等，都说明在某些情况下，长史具有较大的职权。②

长史一职的作用，还体现在协调中央与地方的关系上。

如何有效处理中央与地方的关系，是贯穿中国整个封建社会的重要问题，历代中央政府对这个问题都非常重视，唐代也不例外。州郡长史是介于中央与地方之间的一个重要的层级，既要传达中央下达的政令，又要监督本州六曹的贯彻执行。从整体上看，长史虽然不是本州的最高领导，但品秩较高，在本州之中，仅次于刺史和别驾。由于唐代的州别驾时废时置，很不稳定，而长史则一直沿置，因而更能起到对刺史的牵制作用。尤其是安史之乱后，唐代中央权力下降，地方势力上升，一些地方都督、刺史桀骜不驯，中央和地方的关系非常紧张。这就需要长史在中央与刺史之间进行协调，避免因矛盾激化而造成地方的叛乱。从这个角度看，研究这个课题，对考察唐代中央

---

① 戴扬本：《北宋转运使考述》，上海古籍出版社，2007，第24页。
② 具体见本书第六章《唐代州郡长史（上）》以及第七章《唐代州郡长史（下）》。

与地方的关系显然具有一定的参考价值。

其次，近几十年来，对唐代职官制度的研究已成为唐代政治制度研究中的一个亮点，但总的看来，研究所取得的成果，大多详于中枢政治，略于地方官制。地方官制中，又详于地方长官如刺史、都督、县令等，而略于僚佐系统，如别驾、长史、司马、县尉、主簿等。实际上，任何一个行政机构，要想正常而有效地运作，都离不开这些僚属人员，因为他们是具体的操作者，起着承上率下的作用，对上承命，对下监督执行。因此，研究长史在州郡系统中的职掌，对考察唐代州郡机构的运作机制，无疑具有重要的参考意义。

再次，唐代州郡长史的职掌，类似于现代的秘书长一职①。在现代政府机构中，秘书长无疑是一个重要的职位，在整个政府机构中具有重要的影响。因此，对类似于现代秘书长职位的古代长史缺乏研究，也是学术界的一种缺憾。从这个视角来看，这个课题的成果对我国当前的行政机制研究也具有某种参考意义，尤其是对我国行政机构中秘书长一职的研究，更是有着较高的借鉴价值。

近年来，相继出版了众多的唐人墓志史料，如《千唐志斋藏石》《隋唐五代墓志汇编》《北京图书馆藏墓志拓片目录》《上海图书馆藏历代碑帖拓片》等，尤其是周绍良先生主编的《唐代墓志汇编》及其《唐代墓志汇编续集》，大大方便了我们对唐代职官制度的研究，较之以往仅能在史书列传中搜集相关资料来说，有了很大的突破。墓志文献的搜载，比传统的文献更为具体，也更为可靠，有些甚至还可以填补或纠正史书的不足。通过对大量唐人墓志文献的搜集、爬梳、整理，也使本课题的研究具有了更大的可行性和必要性。

正是基于以上的考虑，我们最终决定以唐代长史作为研究课题。这个课题的研究，从微观上来说，是深入考察了长史这个职位在唐代职官系统中的地位与影响；从宏观上来说，又充分关注了唐代长史与之前古代长史的不同，以及它在中国整个长史制度中的演变。因此，这个课题的成果，对唐代职官制度乃至中国历代职官制度的研究都有一定的参考价值，即便是就唐代社会史研究、唐诗研究以及唐人墓志研究等领域而言，也不失其参考意义。

---

① 夏鼐先生在《秦代官制考》一文中指出长史即后世"秘书长"之意。见夏鼐《秦代官制考》，载《清华周刊》1933 年第 38 卷第 12 期；又载《夏鼐文集》，社会科学文献出版社，2009。

三、唐代长史研究现状

纵观中国近几十年的学术史，以唐代长史作为研究对象的并不多，只有极少数学者在其研究成果中兼及长史的建置及地位，其中较为引人注目的有郁贤皓的《唐刺史考全编》、陈志坚的《唐代州郡制度研究》、艾冲的《唐代都督府研究》、石云涛的《唐代幕府制度研究》和孙继民的《唐代行军制度研究》，此外还有严耕望先生的长篇论文《唐代府州僚佐考》。

郁贤皓的《唐刺史考全编》（简称《全编》）是全面考证唐代州级政权长官姓名与任职年代的一部宏大专著。此书为年表性质，以州为目，每州列为一卷，按年代先后系以历任刺史的姓名，并引证各种史料加以说明。该书取材广泛，资料翔实，考证深入，深受学界好评。由于唐代的雍、洛二州为两京所在地，其最高长官州牧多由亲王兼任，但并不负具体职责，而以长史为实际长官。此外，唐代的大都督府长史也多兼驻在州的刺史，为本府及本州事务的实际负责人。因此，《全编》对雍、洛二州及各大都督府的年表编订，皆将长史收入其中。

陈志坚的《唐代州郡制度研究》是一部系统研究唐代州郡制度的专著，涉及面广，论证深入全面。该书第二编第二章"州郡僚佐制度"，论述了别驾、长史、司马三上佐及州县其他僚佐，侧重于讨论了唐后期州县官中的试官、摄官制度及差遣化倾向。

艾冲的《唐代都督府研究》是近些年来研究唐代都督府制度的力作，资料翔实，考证严密，具有较高的学术性。该书侧重论述了唐代诸都督府的分布与演变，以及与唐后期节度使司之间的关系，对大都督府长史亦做了简略的论述。

石云涛的《唐代幕府制度研究》，分别论述了唐前期的行军幕府、唐玄宗时期的边镇幕府、唐后期行营统帅幕府、藩镇幕府等，按其变化和发展进行了动态的研究，考察了包括长史在内的幕府僚佐的辟署与任命制度。

孙继民的《唐代行军制度研究》，对唐代行军时的兵员、编制、兵种等做了较为详细的论述。该书的第六章着重论述了行军时的各级僚佐，其中对行军长史的论述，侧重于考察其在僚佐系统中的地位及职掌情况。

严耕望的《唐代府州僚佐考》是一篇专门论述唐代地方州郡僚佐系统的长篇论文。该文以唐府州众多僚佐为视角，除三上佐（即别驾、长史、司马）

外，还包括功、仓、户、兵、法、士六曹参军，经学、医学博士，以及市令、典狱、执刀、白直等。其论三上佐，侧重于建置情况，详于别驾及司马，而略于长史。

以上专著或论文，虽然都不以唐代长史作为研究专题，但至少可以看出，学者们已开始对这个课题有所探讨，逐渐注意到了研究"长史"这个职位的必要性，这对于学术界来说，无疑是一件好事。

四、本书主要内容及结构安排

唐代的长史，情况较为复杂，从所属机构及其承担的职能而言，大体可分为四类：一是王府长史，包括个别公主府设置的长史；二是军事机构的长史，包括诸卫、诸军及太子诸率府长史，以及级别较低的诸镇长史等；三是行军长史；四是地方行政机构中的长史，包括雍、洛二州长史，大都督府长史，以及一般州郡长史（即通常所谓的州佐）。需要指出的是，终唐一世，先后设置了众多大都督府，如扬、益、并、荆、幽、陕、潞、恒、镇、灵等州大都督府。唐代的大都督府除军事属性外，还具有地方高级行政区划的性质。其最高长官大都督一般由亲王或宰相遥领，而以长史作为本大都督府的实际长官，且例兼驻在州的刺史，其地位与职掌不同于一般州郡长史，因此需要单独加以讨论。此外，雍、洛二州为京都、东都所在地，地位崇高，一般由亲王兼领州牧，但并不行使具体职权，二州的实际事务亦由长史全面负责，故此二州长史亦为实际上的最高长官，与普通意义上的州佐性质有别，因而也需要单独探讨。

由于唐代长史的类别繁多，各类长史的性质不一，地位及职掌纷繁多样，这就决定了以此作为课题的复杂性，也决定了本书研究内容的多样性。本书既然以唐代长史作为课题，就不能不涵括有唐一代全部种类的长史，但又不能平均用力。在具体研究过程中，我们选择了州郡长史作为主要的个案，这既是因为这类长史数量最多，留存下来的史料较其他类别的长史丰富，又因为这类长史更符合长史这个职位所具有的典型意义，因而在实际撰写本书时，我们对这类长史的建置、品阶及职掌都做了较为详细的探讨。而对其他类别的长史（如行军长史以及军队机构中的长史等），则侧重于探讨建置及品阶问题，对于职掌问题，由于受到史料不足的限制，只能进行一般的论述，难以做更深入的考察。

在结构安排上，本书分为上下两编。

上编包括八章，外加附录一篇。第一章对长史一职做了历史回溯，考察了唐代以前的长史，包括长史一职的起源及秦汉以降各类长史的建置、品阶及职掌等问题，侧重于探讨建置情况。第二章考察唐代王府长史，包括王府长史的建置、品阶及职任。第三章考察军队机构中的长史，包括南衙十六卫长史、折冲府长史、北衙六军长史、太子诸率府长史，以及在边要之地设置的诸镇长史等。第四章考察行军长史。由于行军长史为临时设置，随军出征，军还即罢，因而不宜置于第三章，需要分开加以讨论。第五章考察雍、洛二州长史及大都督府长史的建置及职掌等情况。由于雍、洛二州及大都督府的州牧或都督一般由亲王担任，或作为一种荣誉性的赠官，不负责实际政务，其实际长官为长史；因此，雍、洛二州及大都督府的长史并非僚佐性质，需要与一般的州郡长史相区别，故特列一章加以讨论。第六、第七两章考察一般州郡长史的建置、品阶及职掌等问题。第八章考察羁縻府州长史及属国长史。唐代在正州之外，还设置了数目庞大的羁縻府州，以安置归顺的少数民族。这些羁縻府州往往仿效唐朝制度，设置长史等僚佐。此外，唐代有些属国如高昌、吐谷浑等在本国也设置了长史一职，也需要加以论述。

需要特别提出的是，我们在整理文献资料的过程中，发现唐人墓志中记载有两种长史，即国公府长史和司属寺长史，为《旧唐书·职官志》《新唐书·百官志》（以下简称两《志》，本书所引古籍文献多用简称，具体方式请参见下编凡例）及《通典》《唐会要》《唐六典》等重要典章制度之书所未载。可见，出土文献不但丰富了唐代史料，而且对史志和政书起到了补正或充实的作用。对这几种长史，我们以附录的形式将其列于上编之末，这样安排，是出于本书章节组织的考虑。在我们看来，这两种长史恰恰起到了补充正史的作用。

下编为唐代各类长史的年表，包括王府长史年表、诸卫诸军诸率府长史年表、雍洛二州及扬益荆并四大都督府长史年表，以及淮南道、江南东道、江南西道分州长史年表。以上诸年表，皆按年代先后的方式汇编；每个长史，先列姓名，次列年代，再列文献来源，最后为笔者考证之文字。

下编收集的史料，在相当程度上构筑了上编撰写的基础，而本书的主要意图，亦在于以文献资料的整理为基础，获得对唐代长史的基本认识。在对现有文献资料的爬梳剔抉过程中，往往能有新发现。比如，我们在整理唐人墓志中发现的国公府长史和司属寺长史，即为唐代正史及政书所未载。此外，通过对文献资料的分析和研究，还能形成自己的心得，加深对唐代长史身份和职掌的认识。因而，下编编制的年表，不是可有可无的，它对上编观点的论证具有重要的价值。

在年表的编撰中，对王府长史及诸卫诸率长史的相关史料，我们尽可能搜集齐全。唐代前后出现的大都督府数量多达十九个，由于时间不够充裕，我们难以将所有大都督府的长史皆制成年表，在编制时，重点选择了扬、益、荆、并这四大都督府，这样做的考虑是因为这四府是唐代最大的都督府，地位最为重要，在地方政治乃至全国政治中都发挥着重要的影响。此外，就普通州郡而言，由于唐代州郡数量庞大，虽然不同时期数字有所变化，但基本上都维持在三百个左右，因而也难以将全部州郡长史制成年表。因此，我们重点选择了十五道中的三道，即淮南道、江南东道、江南西道，以州为目，制成年表。之所以选择这三道，从经济上看，主要原因在于，唐自安史之乱后，经济中心南移，北方经过多次战乱后，经济趋于凋敝，南方尤其是淮南、江南地区日益成为中央财力的主要取给之地，经济较为发达。从政治上看，北方有些地区，特别是河北、河南地区的很多州郡，都处于半自治甚至自治的状态，这些州郡不向中央上交财税，甚至自辟官吏，实际上，中央已经失去了对它们的控制力；而南方地区则相对较为稳定，对中央政策的执行也较积极。因而选择这个区域，更能代表唐代州郡的一般情况。

在史料选择上，以唐代典籍和墓志文献为基本本面。重点参考两《唐书》及唐人墓志，辅以政书、类书、总集、方志、谱牒、地理书、姓氏书以及唐人别集、笔记、杂史等资料。就两《唐书》而言，特别是《旧唐书》，虽然有不少为后世诟病之处，但它在保存史料上具有《新唐书》不可替代的价值。其史料来源，主要是遗留到五代的唐代国史、实录、政书、大臣奏议，以及唐人文集、杂史、笔记，此外还有大量的唐人行状、墓志等，可以说较好地保留了唐代的原始资料。同时，《旧唐书》在编写上遵循"纂修须按于旧章"[①]的原则，一般较少议论，在记事上也比《新唐书》客观，再加上编成的年代去唐未远，因而从史料的角度看，《旧唐书》比《新唐书》更接近原貌。本书在撰写及年表编制上，以《旧唐书》为主，同时也参考了《新唐

---

① 王溥：《五代会要》卷十八《前代史》，中华书局，1985。

书》及其他传统文献。

此外,大量参考唐人墓志文献,可以说是本书一个很大的特色。近一个世纪以来,随着唐人墓志的大量出土,大大丰富了唐代的史料。在一定程度上,墓志文献对人物事迹的记载比正史更为翔实,尤其是在对年代的记载上(这一点对本书很重要),也比正史更具体、可靠,因此,充分利用唐人墓志,无疑对本书的撰写具有很大的参考价值。

五、研究步骤及研究方法

对职官制度的研究,史料的搜集和整理是基础。在研究过程中,我们尽可能地对相关文献进行竭泽而渔式地搜集,以求最大限度地占有资料,同时对纷繁散乱的史料进行整理、归纳、分析,以获得准确的理解。

具体来说,在史料的处理和内容的撰写上,大体遵循以下几条原则:

(1) 以《新唐书》《旧唐书》《通典》《唐六典》《资治通鉴》《唐会要》《全唐文》等文献资料为主,辅以唐人别集、笔记,以及各种类书、方志、谱牒、地理书、姓氏书、佛藏文献等,特别是充分利用了周绍良先生主编的《唐代墓志汇编》及《唐代墓志汇编续集》,将各类长史的资料搜集齐全,并加以整理,作为研究时的基本材料。

(2) 根据以上的材料,对唐代各类长史的建置及职能进行分析,并探讨各类长史在本系统中的地位和作用。

(3) 在具体考证中,尽量列出各种文献中的记载,发现不同之处,采取慎重的态度,除确实有误外,一般不轻易置论。

(4) 对文献的理解,尽可能置于当时的历史情形中考察。

研究制度问题,正如钱穆、戴扬本两位先生所指出的那样,需要从动态的、变化的视角考察,而且要放在长时段历史时空中进行。在具体研究过程中,我们不仅关注了前代长史制度与唐代长史制度的传承,也考察了其中的差别,并将长史制度放在唐代职官制度的整体中进行考察,尽可能考虑了不同时期的政治、经济、军事、文化对这一制度的影响,以及长史制度对唐代政治、经济、军事、文化诸层面的影响。但遗憾的是,现存下来的唐代文献,虽说数量丰富,但真正涉及长史这一专题的时候,难免会有"文献不足"的感叹。由于受到史料不足的限制,有些问题目前还难以进行更深一步的考察。

此外,在研究过程中,巨大的工作量,也远远超越了我们最初的想象。

单是检索散见于各处的史料，就费时甚巨。我们几乎翻遍了有唐一代与此课题相关的文献，举凡史书、政书、类书、总集、别集、谱牒、姓氏书、地方志、碑碣墓志、杂史笔记、佛道文献等，检阅的文献不下上千种，工作量非常繁重。可以说，几年来，每天沉浸于这部论著的撰写，几乎成了我们业余时间全部的工作。古人云"皓首穷经"，现在想来，也许真的是这样。

上 编　唐长史述论

第一章
唐代以前的长史

第一节 两汉时期的长史

汉代前期，高祖、吕后、惠帝时，史籍中皆未记载长史一职。文献记载汉代长史，最早是在文帝时期，《汉书》卷十九上《百官公卿表上》云："文帝二年（前178）置一丞相。有两长史，秩千石。"可见文帝二年时，汉代已在丞相府设置长史一职。武帝以后，长史名目渐多，综观之，可分为以下几类。

一、三公长史

西汉以丞相、大司马、御史大夫为三公，东汉以太尉、司徒、司空为三公。

1. 丞相（相国）长史

汉高祖刘邦取得帝位，设置一个丞相①，汉高帝十一年（前196）诛杀韩信后，高祖又拜萧何为相国。汉惠帝时，陈平为左丞相，王陵为右丞相。吕后当政时，审食其为左丞相，陈平为右丞相，后又以陈平为左丞相，周勃为右丞相。文帝二年（前178），恢复高祖旧制，只置一个丞相。哀帝元寿二年（前1），更丞相为大司徒。东汉时又废丞相及御史大夫，而以太尉、司徒、司空为三公，综理政务。汉献帝建安十三年（208），曹操当政时，复置丞相。

---

① 班固：《汉书》卷十九上《百官公卿表上》，中华书局，1962。

曹丕践阼前，称相国。

汉代丞相长史的建置较为复杂，大体来说，有以下几种情况。

一是朝廷只设一个丞相，丞相府设两个长史，《汉书》卷一九上《百官公卿表上》称，"文帝二年（前178）置一丞相。有两长史"。

二是设左右丞相，各设长史一人。如汉武帝征和二年（前91），下制"以涿郡太守（刘）屈氂为左丞相，分丞相长史为两府，以待天下远方之选"①。

三是丞相府设有三个长史，如著名的"三长史杀张汤"事件。三长史为朱买臣、王朝、边通，三人皆为丞相庄青翟的长史，因与御史大夫张汤结仇，于是设计陷害张汤，致使张汤自杀。唐代颜师古认为，西汉丞相府设三长史，并非朝廷制度，其中的一人应该是兼职，"《百官表》丞相有两长史，今此云三者，盖以守者，非正员也"②。

四是丞相府置一个长史，东汉光武帝建武中，省丞相府司直，置长史一人。东汉末年，曹操为丞相时，丞相府置长史以下官属，徐奕、陈矫、杜袭、辛毗等皆曾为丞相长史。曹丕登极前为相国时，蒋济曾为相国府长史。

2. 司徒（大司徒）长史

西汉哀帝元寿二年（前1）更丞相名为大司徒，东汉光武帝建武二十七年（51），去"大"字，讫汉末曹操罢司徒置丞相止，司徒府皆设长史一人，秩千石。如光武帝时吴良、桓帝时刘宽、汉末桥玄皆曾为司徒长史。

3. 太尉（大司马）长史

汉代建立以后，仿秦制，在中央设太尉一职。武帝建元二年（前139）省太尉，元狩四年（前119）更置大司马，成帝绥和元年（前8），初置官属。自后讫西汉之末，皆称大司马，或有官属，或无官属。有官属时一般例设长史一人，秩千石。

东汉光武帝建武二十七年（51），复改大司马为太尉。灵帝末，以刘虞为大司马，而太尉如故。自此大司马与太尉并置。太尉有长史、令、掾等属官，长史一人，秩千石。据《后汉书》卷六一《周举传》，顺帝永和中，刘班曾任太尉长史。

---

① 班固：《汉书》卷六十六《公孙刘田王杨蔡陈郑传》，中华书局，1962。
② 班固：《汉书》卷五十九《张汤传》。

4. 御史大夫（大司空）长史

西汉成帝绥和元年（前8），改御史大夫为大司空，置长史一人，职如御史中丞。哀帝建平二年（前5）又改大司空为御史大夫，元寿二年（前1）复为大司空，御史中丞出外为御史台主，更名御史长史。东汉光武帝时，改御史长史复曰御史中丞。建武二十七年（51），大司空去"大"字，其官属亦有长史，秩千石。如光武帝建武中令狐略曾任司空长史；章帝建初中，江革亦曾任此职。献帝建安十三年（208），曹操改司空为御史大夫，御史大夫不领中丞，置长史一人。

二、将军长史

1. 大将军、骠骑将军、车骑将军、卫将军长史

秦代武职之中，已有将军之职，汉代因之，但不常置，其中大将军、骠骑将军、车骑将军、卫将军，官品、俸禄与三公相近。位望崇高者，则称大将军，置长史以下僚属，长史一人，秩千石。如西汉卫青、霍光、王凤，东汉窦宪、耿宝、梁冀、梁商、何进为大将军时，其官属皆有长史。旧制，大将军位居三公下，但东汉窦宪为大将军时，权任尤重，威震朝廷，"位次太傅下，三公上"①，其属官品秩亦高于三公属官，"长史、司马秩中二千石"②。

骠骑将军、车骑将军、卫将军，皆置长史，秩千石。骠骑将军长史如房凤，车骑将军长史如赵充国、张翁、陈禅等。

2. 其他将军长史

《汉书》卷十九《百官公卿表上》（以下简称《表》）云"前后左右将军，皆周末官，秦因之，位上卿，金印紫绶。汉不常置，或有前后，或有左右，皆掌兵及四夷。有长史，秩千石"，与《后汉书·百官志》（以下简称《志》）所云略同。其实《表》《志》所说并不完整，除前后左右将军外，其他将军亦有置长史者，如许延寿为强弩将军时，严延年为其长史③；刘嘉为太常将军时，陈俊为其长史④。

---

① ② 范晔：《后汉书》卷二十三《窦融列传》，中华书局，1965。
③ 班固：《汉书》卷九十《酷吏传》。
④ 范晔：《后汉书》卷十八《吴盖陈臧列传》。

3. 汉末割据军阀之长史

汉末军阀混战，割据一方，多自辟僚属，不为朝廷规制所限，如公孙瓒割据河北时，以关靖为长史①。韩馥盘踞冀州时，以耿武为长史②。孙策创业之时，以张昭为长史，"文武之事，一以委昭"③；孙策死后，张昭又为孙权长史，辅佐孙权处理政务。

三、行军长史

汉代将军幕府体制主要有两类：一是将军辅政而以将军之号所开幕府，其属官所置长史为常设性质；二是各类将军统兵出征时的军司幕府，其所设长史为临时性质，事讫则罢。这类长史可由将军辅政时所署的长史充任，亦可临时征辟他人，通称行军长史，是行军时的高级僚佐。如西汉大将军卫青、贰师将军李广利北伐匈奴时，皆置行军长史；东汉车骑将军张温西征关中时，以赵岐为行军长史④。

需要指出的是，东汉时，军队出征有时设置"将兵长史"一职，作为出征的最高统帅，这类长史与一般行军长史不同，并非寻常幕僚之职。如建武二十一年（45），"安定属国胡叛，屯聚青山"，光武帝"遣将兵长史陈䜣讨平之"⑤。又如，永元五年（93），北单于"於除鞬自畔还北"，和帝"遣将兵长史王辅以千余骑与任尚共追，诱将还斩之"⑥。陈䜣、王辅都是军队的直接统帅，对军事活动具有决定权，并非军队的幕僚。

四、边地驻军长史

东汉时，西域各部或顺或叛，光武帝为置西域长史以镇之，班超、班勇、王林、王敬、张晏等皆曾为西域长史。和帝时，南方部落叛乱，和帝为置象林将兵长史以防其患。这类长史为边地驻军统帅，并非寻常僚佐，边患未停则一直沿置，属常设性质。余英时先生在《汉朝的对外关系》中指出，西域

---

① 范晔：《后汉书》卷七十三《刘虞公孙瓒陶谦列传》。
② 陈寿：《三国志》卷六《袁绍传》，裴松之注，中华书局，1973。
③ 陈寿：《三国志》卷五十二《张昭传》。
④ 范晔：《后汉书》卷六十四《吴延史卢赵列传》。
⑤ 范晔：《后汉书》卷一下《光武帝纪下》。
⑥ 范晔：《后汉书》卷八十九《南匈奴列传》。

长史代替西域都护是降低汉王朝在西域管理机构的等级，是财政原因造成的①。李晓杰先生在《东汉政区地理》一书中指出，东汉中央政府先后在西域地区设置都护府与长史府，二者的性质与西汉西域都护府无异，仍是军政合一的管理机构②。

五、边郡长史

汉代地方置郡守，掌治其郡，设郡丞以佐之。边郡则改郡丞曰长史，掌兵马，秩六百石。如淮阳、金城、陇西、敦煌、西河、常山、上谷、朔方、代郡等，皆设有长史。杜佑《通典》称秦代边郡亦设长史，"郡当边戍者，丞为长史，掌兵马"③。由于文献缺载，未闻何人曾任秦代的郡长史，不知杜佑所云是否属实。关于边郡长史的职掌，台湾学者严耕望先生在《中国地方行政制度史·秦汉地方行政制度》一书中指出，西汉郡国长史与丞并置，分佐太守治军民，郡国长史的职权包括文书副署权与行事权。西汉郡国上计中央，由郡国长史代行，东汉则只遣属吏④。安作璋、熊铁基先生认为边郡丞长史拥有佐助郡守理事、代郡守行事、带兵作战等职能⑤。

六、王府长史

汉代皇子封王，其郡为国，置傅一人，相一人，皆二千石。相如太守，又置长史一人，如郡丞之职⑥，如东汉大儒马融曾为河间王刘厩长史⑦。

---

① 余英时：《汉朝的对外关系》，载崔瑞德、鲁惟一：《剑桥中国秦汉史》，中国社会科学出版社，1993。
② 李晓杰：《东汉政区地理》，山东教育出版社，1999。
③ 杜佑：《通典》卷三十三《职官十五·州郡下》，中华书局，2003。
④ 严耕望：《中国地方行政制度史·秦汉地方行政制度》，上海古籍出版社，2007。
⑤ 安作璋、熊铁基：《秦汉官制史稿》，齐鲁书社，1984。
⑥ 范晔：《后汉书·百官五志》。
⑦ 范晔：《后汉书》卷六十上《马融列传》。

第二节 三国两晋时期的长史

一、三国时期的长史

魏有太傅、太尉、司徒、司空，末年增置太保，然皆无事，不与朝政。魏文帝黄初二年（221），复置大司马，以曹仁居之，而太尉如故，太尉、大司马各自为官。太傅、太保皆不置官属。杜佑《通典》卷二十《职官二》称"太尉、司徒、司空有长史"等官属，考诸文献，未见实例，不知杜氏所云是否属实。

三国长史，考诸史籍，似惟丞相（相国）与大将军曾置为属吏，其他未见。

1. 丞相（相国）长史

魏国黄初元年，改丞相为司徒。后又置大丞相，第一品。高贵乡公时，以司马昭为相国①，杜佑称"相国府置中卫、骁骑二将军，左右长史"②。按《晋书》记载，山涛曾任相国府左长史，"咸熙初，封新沓子。转相国左长史，典统别营"③，知杜佑所云属实。

吴国，钟离牧曾为丞相长史④。蜀国，王连、向朗、杨仪、张裔、蒋琬等先后为丞相诸葛亮长史。

2. 大将军长史

魏国曹爽为大将军时，以孙礼为长史⑤。吴国黄龙三年（231），建昌侯孙虑为镇军大将军，屯半州，以薛综为长史，"外掌众事，内授书籍"⑥。

二、两晋时期的长史

两晋时期，长史设置渐多，现分述如下：

---

① 房玄龄：《晋书》卷二《帝纪·太祖文帝》，中华书局，1974。
② 杜佑：《通典》卷二十一《职官三》。
③ 房玄龄：《晋书》卷四十三《山涛列传》。
④ 陈寿：《三国志》卷六十《钟离牧传》。
⑤ 陈寿：《三国志》卷二十四《孙礼传》。
⑥ 陈寿：《三国志》卷五十三《薛综传》。

1. 丞相（相国）长史

晋惠帝永宁元年（301），罢丞相，复置司徒。怀帝永嘉元年（307），丞相、司徒并置。明帝永昌元年（322），罢司徒，置丞相。其后废置非一。自魏晋以来，相国、丞相多非寻常人臣之职，地位崇高，非望尊权重者不居，只有少数宗室诸王及权臣能任此职。赵王伦、梁王肜、成都王颖、南阳王保先后为之。元帝即位前，亦曾为丞相。渡江后，以王敦为丞相。成帝以王导为丞相，罢司徒府以为丞相府。王导卒后，罢丞相，复为司徒府。桓玄篡位前，以丞相身份辅政。

丞相长史，一般置一人，秩千石。加崇者置左右二人，如司马睿即位前为丞相时，置左右两长史，以刁协为左长史①。桓玄辅政时，丞相府"置左右长史、司马、从事中郎四人"②。

2. 上公长史

晋以太师、太傅、太保为上公，无其人则阙，因而实际居者甚寡。晋初以景帝（司马师）讳故，又采《周官》官名，置太宰以代太师之任，非周官冢宰之任。前代师、傅、保皆不置长史，晋代上公都曾置长史。

太宰（太师）长史，一人，秩千石，如庾倩、刘弘等曾居此职。加崇者置二人，《晋书·司马纯之传》称，"历临川内史、司农少府卿、太宰右长史"③，证知太宰属官，一度曾设左右两长史。

太保长史，一人，秩千石。如卫瓘，"进位太保，以公就第。给亲兵百人，置长史、司马、从事中郎掾属"④。《通典·职官二》称"太宰、太保官属不见"，误。

太傅长史，一人，秩千石。任此职者如石生、庾颉、邹湛等。加崇者置二人，如司马道子为太傅时，权任尤重，"置左右长史、司马、从事中郎四人"⑤。

3. 三公长史

司徒、太尉、司空，自汉历魏，置为三公。及晋受命，迄江左，其官相

---

① 房玄龄:《晋书》卷六《元帝纪》。
② 房玄龄:《晋书》卷九十九《桓玄列传》。
③ 房玄龄:《晋书》卷三十七《恭王（司马）俊附（司马）纯之传》。
④ 房玄龄:《晋书》卷三十六《卫瓘列传》。
⑤ 房玄龄:《晋书》卷六十四《会稽文孝王（司马）道子传》。

承不替，品秩第一。置长史一人，秩千石，加崇者置长史二人。

(1) 司徒长史。晋代司徒多置左右二长史，左长史如荀组、王洽、石生等，右长史如庾冰、庾希、干宝等。

(2) 太尉长史。魏制，太尉、大司马各自为官，晋因之，各置长史一人，加崇者置二人。太尉长史，如胡毋原、袁豹等。桓玄为太尉时，置左右二长史，王绥曾为"太尉（桓玄）右长史"①。

(3) 司空长史，一人，秩千石。如牟秀为司空张华之长史②，李弘为司空刘琨之长史③。

4. 大司马长史

大司马长史，一般置一人，秩千石，如王桢、王坦之等。加崇者置二人，如司马德文、王导、桓温为大司马时，置左右长史。（注：晋代大司马非三公之一，与太尉各自为官，故特列一类，以示区别）

5. 开府长史

魏黄权以车骑将军开府，仪同三司，自此始有开府之名。晋骠骑、车骑、卫将军、伏波、抚军、都护、镇军、中领、四征、四镇、龙骧、典军、上军、辅国等大将军开府者，皆位从公，品秩、俸赐、仪制与诸公同，置长史以下官属，长史一人，秩千石。

6. 将军长史

(1) 大将军长史。一般置一人，如谢鲲为大将军王敦长史，顾荣为大将军司马虓长史。加崇者置两长史，如梁孝王司马肜为征西大将军时，"置左右长史、司马"④。

(2) 诸将军长史。骠骑以下诸大将军不开府非持节都督者，品秩第二，亦置长史、司马各一人，秩千石。三品将军秩中二千石者，亦置长史一人，秩千石。现列《晋书》所见置长史的各名号将军如下：

骠骑、车骑、卫军（左右卫军，东晋不置长史）、建武、建威、奋威、轻车、镇军、护军（资轻者为中护军）、领军（资轻者为中领军）、抚军、冠

---

① 房玄龄：《晋书》卷七十五《王湛·绥列传》。
② 房玄龄：《晋书》卷六十《牟秀传》。
③ 房玄龄：《晋书》卷五《孝愍帝纪》。
④ 房玄龄：《晋书》卷三十八《梁孝王（司马）肜传》。

军、征虏、四镇（镇东、南、西、北）、四征（征东、南、西、北）、四安（安东、南、西、北）、四平（平东、南、西、北）、四中郎（东、南、西、北中郎）、前后左右中军。

7. 左右卫长史

晋武帝置左右卫，各有长史、司马。东晋省长史，历宋、齐、梁、陈、后魏、北齐，皆不置。至隋，左右卫各置长史一人，唐代因之。

8. 行军长史

晋代将军出征，例置长史、司马、参军等僚佐，其长史略同汉制，或临时征辟，或以原将军府所署长史充任，其例《晋书》甚多，兹不赘述。

9. 州牧长史

魏文帝时，在地方建立都督诸州诸军事制度，督一州或数州军事，如都督荆州诸军事，都督扬州诸军事，都督雍、凉二州诸军事等，并以征、镇、安、平、宁诸方面将军出任该区域的都督职务。将军是其本职，而都督是其职责所在，但无论是本职的将军还是作为职责所在的都督，考诸文献，其僚佐似皆未设长史一职。

两晋时期，都督诸州诸军事制度发展至成熟阶段，成为比较稳定的地方军管区制度，职能机构及长史等僚属开始出现。其职任除主管区域军事外，兼及驻在州的民政。都督多以藩王带征、镇、安、平、宁等将军衔出任，有时径称州牧。将军是其本官，藩王是其爵位，属官中自有长史一职，都督、州牧则是其职责所在，故这种情况下的长史具备三重属性：王府长史、将军长史、州牧长史。因而有时径称州牧长史。如郭象曾为豫州牧长史，华轶为兖州牧长史。也有都督置左右二长史的情况，如陶侃都督江州军事时，"增置左右长史、司马、从事中郎四人，掾属十二人"①。（注：此类长史与将军长史、王府长史部分重叠，因都督诸州诸军事制度为两晋重要制度，故特列一类）

晋代亦有单称某州长史的，如《唐代墓志汇编》贞观一〇一《大唐故姚君（畅）墓志铭》（贞观十八年八月十九日）："曾祖恭，晋任光州长史。"值得注意的是，此时所谓的诸州长史官，实际上是州刺史所带将军衔开府时的

---

① 房玄龄：《晋书》卷六十六《陶侃列传》。

僚属，属于将军府系统，非州官系统，所理为军政，与隋唐时期的州郡长史性质不同。

10. 王府长史

诸王府亦设长史以下属官，如刘舆为范阳王司马虓长史，公孙宏为楚王司马玮长史。若诸王带将军衔临藩，其长史兼具王府长史、将军长史、州牧长史三重属性，具见"州牧长史"条所论。

11. 边地驻军长史

晋武帝置南蛮校尉（东晋改为镇蛮校尉），刘弘为荆州刺史时，"辟（陶）侃为南蛮长史"①。又有四夷中郎校尉，其属官皆有长史、司马、参军等，东中郎长史如卞壸②，南中郎长史如贺循③，西中郎长史如江恒④，北中郎长史如江灌⑤。又置西域戊己校尉，其属官亦有长史一职，如索靖，曾为西域戊己校尉长史⑥。

第三节　南北朝时期的长史

一、丞相（相国）长史

南朝宋武帝初，以南郡王刘义宣为丞相，同时亦置司徒府。又有相国。齐代丞相不用人，以作赠官。梁罢相国，置丞相；后罢丞相，置司徒。陈又置相国，位列丞相上，与丞相并为赠官。

北朝后魏旧制：丞相、司徒不并置，有丞相，则不置司徒；有司徒，则不置丞相。自正光以后，始并置之。北齐乾明中，置丞相。北周亦置左右丞相。北周大象二年（580），罢左右丞相，设大丞相一职，以杨坚为之。

丞相（相国）长史，一般一人，南朝如袁泌、何偃、张畅等，北朝如薛琡、崔暹、于谨等。加崇者置左右二人，左长史南朝如王弘、殷穆、何戢、

---

① 房玄龄：《晋书》卷六十六《陶侃列传》。
② 房玄龄：《晋书》卷七十《卞壸列传》。
③ 房玄龄：《晋书》卷六十八《贺循列传》。
④ 房玄龄：《晋书》卷五十六《江统列传》附《江恒传》。
⑤ 房玄龄：《晋书》卷八十三《江灌列传》。
⑥ 房玄龄：《晋书》卷六十《索靖列传》。

萧颖胄等，北朝如赵贵、长孙俭等；右长史南朝如江淹，北朝如郑孝穆、宇文测、辛庆之、邢晏等。

二、上公（三师）长史

南朝宋因晋制，以太傅、太师、太保为上公。齐上公惟太傅。梁因宋制，陈因梁制，然上公皆为赠官。北朝后魏太傅、太保皆有；初无太宰之官，至孝庄时，以太尉王天穆为之，增置佐吏。北齐亦有上公（三师）之官，置佐吏。北周置六卿之外，又改三师谓之三公。

三师中，太傅、太宰亦置长史。太傅长史，南朝如殷缵、周弘正、张绪、王僧达等，北朝如邓述、李彦、张琼等。加崇者置长史二人，南朝如萧道成、萧鸾即位前皆位太傅，置左右长史。

太宰（太师）长史，南朝任此职者如王僧达、孔觊、谢庄等。北朝如崔谦，"太祖素闻谦名，甚礼之……及（贺拔）胜至，拜太师，以谦有毗辅之功，又授太师长史。"①

太保长史，南朝未见，北朝曾置之，据《周书》卷三十七《李彦列传》："（大统）三年，拜安东将军、银青光禄大夫、太保转太傅长史、仪曹郎中、左民郎中。"可知李彦先为太保长史，寻迁太傅长史。故杜佑《通典·职官二》称"后周以太师、太傅、太保为三公，而不见僚属"，误。

三、三公长史

南朝宋因晋制，以太尉、司徒、司空为三公。齐三公惟太傅，然左右光禄大夫，位从公，开府置佐吏如公。梁因宋制，陈因梁制，然三公皆为赠官。北朝后魏初，太尉与大将军不并置，正光之后始并置。北齐亦有三公之官，置佐吏。北周改三师谓之三公，而以司徒为地官，谓之大司徒卿，大司马为夏官，司空为冬官，无复太尉之号。

1. 太尉长史

南朝如沈文季、蔡撙、萧琛等，北朝如封回、封琳、裴宣、毕祖朽、高双等。据《南齐书·舆服志》称，王俭曾为"太尉左长史"②，证知南齐太尉

---

① 令狐德棻：《周书》卷三十五《崔谦列传》，中华书局，1973。
② 萧子显：《南齐书》卷十七《舆服志》，中华书局，1972。

府曾设左右二长史。

2. 司徒长史

这一时期，司徒长史多置左右二人。左长史，南朝如沈勃、王淮之、荀伯子、刘斌等，北朝如郑孝穆、崔猷。右长史，南朝如何诞、殷瑗、萧赜、褚渊、张融、王俭等，北朝如李绘、李玙、宇文测等。

3. 司空长史

南朝如谢朏、张畅、孔灵符等，北朝如郑胤伯、郑辑之、毕祖朽、邢晏等。加崇者置二人，如张辩曾为"宋司空右长史"①。

四、大司马长史

大司马，宋时唯元嘉中彭城王刘义康居之，至齐以为赠官，末年萧衍居之，置官属。梁朝时，亦置官属。陈代又以为赠官。后魏、北齐时，大司马与大将军称为"二大"，位居三师之下，三公之上。北周以为夏官，谓之大司马卿。

大司马长史，南朝如张瑰、王亮、王慈、王缋等，加崇者置左右二长史，如萧衍即位前为大司马，置左右长史。《魏书·官氏九》称"二大（大司马、大将军）、二公长史"，据此可知，后魏大司马亦置有长史以下官属。

五、开府长史

南朝齐开府仪同三司如公。梁开府仪同三司，位次三公。诸将军、左右光禄大夫优者则加之，同三公置长史以下官属。北朝后魏、北齐有开府仪同三司。北周建德四年（575），改开府仪同三司为开府仪同大将军，仍增置上开府仪同大将军，又有仪同开府。开府、上开府、仪同开府皆置长史以下官属。北朝多径称某人为开府长史，如韦道建为"定州仪同开府长史"②，邓跻为"梁州开府长史"③，薛元信为"仪同开府长史"④。又如崔昂，"世宗（高澄）入辅朝政，召为开府长史"⑤。等等。

---

① 姚思廉：《陈书》卷二十一《张种列传》，中华书局，1973。张辩为张种祖父。
② 魏收：《魏书》卷四十五《韦阆列传》，中华书局，1974。
③ 魏收：《魏书》卷二十四《邓渊传》。
④ 魏收：《魏书》卷四十七《卢玄列传》。
⑤ 李百药：《北齐书》卷三十《崔昂列传》，中华书局，1972。

六、将军长史

宋大将军、骠骑、车骑、卫将军府皆有长史一人。齐有大将军,为赠官,无僚属。诸骠骑、车骑、卫、领军、中军、抚军、四征、四镇等将军,凡加大字位从公,长史、司马等官属亦同公。梁因之,诸将军优者亦如齐制。陈朝大将军为赠官,无僚属。后魏、北齐大将军僚属如三公,置长史以下官属。北周大将军亦有长史以下等员。

大将军长史,南朝如邓琬之为"彭城王义康大将军长史"[①],北朝如王肃为"大将军长史"[②]。骠骑长史,南朝如谢述、谢曜、颜师伯等,北朝如颜师伯、王志、祖莹等。车骑长史,南朝如丘仲孚、庾深之等,北朝如杨伯兰、辛贲等。卫将军长史,南朝如江斅、谢景懋、庾登之等,北朝如甄琛。

除骠骑将军、车骑将军、卫将军外,南北朝其他将军亦多置长史,现列《宋书》《南齐书》《梁书》《陈书》《魏书》《北齐书》《周书》所见置长史的各名号将军如下:

建武、建威、奋威、轻车、镇军、护军(资轻者为中护军)、领军(资轻者为中领军)、抚军、冠军、征虏、四镇(镇东、镇南、镇西、镇北)、四征(征东、南、西、北)、四安(安东、南、西、北)、四平(平东、南、西、北)、四中郎(东、南、西、北中郎)、前后左右中军、仁威、宁朔、辅国、信威、宁远、信武、中权、云麾、宣远、宣毅、宣惠、仁武。

七、行军长史

南北朝时,将军出征,一般置长史以下参佐,其制略同前代,或临时征辟,或以将军原官府长史充任。其名称一般径称长史,或称行军长史,偶称元帅府长史,如于谨南伐江陵时,"以(唐)瑾为元帅府长史"[③]。

八、王府长史

此期王府多置长史,南朝若诸王以将军衔出临藩国,则以郡为国,长史行府、郡、藩国事。由于诸王多带将军衔,故长史称号多为将军号加王号再

---

① 沈约:《宋书》卷八十四《邓琬列传》中华书局,1974。
② 魏收:《魏书》卷六十三《王肃列传》。
③ 令狐德棻:《周书》卷三十二《唐瑾列传》。

加上长史组成,如"宣远岳阳王长史""征西鄱阳王长史""安西湘东王长史"等,"宣远""征西""安西"为将军名号,"岳阳""鄱阳""湘东"为诸王名号,后缀"长史"之称。北朝亦似之,如范迪为中卫东平王长史,韦珍为中军大将军彭城王长史。

此时,史书中亦有单称为王府长史的,南朝如萧颖胄为南康王长史,卢广为武陵王长史,张正见为衡阳王府长史,陆见贤先后为长沙王、鄱阳王长史,等等。北朝如范遹为东平王长史,韦珍为齐郡王长史,李彦为广陵王长史,等等。但史书单称王府长史,并不代表该王不带将军衔。实际上,南北朝时期,大多数诸王临藩都带将军衔,不带将军衔的很少。

九、边地驻军长史

此时,南朝边地亦置南蛮校尉,校尉有长史以下属官:南朝宋如谢晦镇江陵时,以何承天为南蛮长史[1];桓伟为荆州刺史时,以王弘之为南蛮长史[2]。南朝齐如崔惠景(崔慧景)曾为南蛮长史[3]。此外,又置护羌、戎、夷、蛮、越、乌丸诸校尉,各置长史以下属官[4]。

十、诸州长史

南北朝时期,州政权一般实行军政合一,刺史主持一州民政,凡加将军、都督衔者,又拥有军权,而不加都督、将军的"单车"刺史则很少,因而大多数刺史兼具行政与军事长官双重属性,皆备长史、司马等上佐。其例甚多,姑举若干:南朝,如王思微为江州长史,夏侯道为梁州长史,席宗范为南梁州长史,裴之平为谯州长史,郗溉为郢州长史,徐文盛为宁州长史,戚衮为江州长史,萧济为扬州长史,等等。北朝,如于谨为夏州长史,柳庆为北华州长史,李贤为原州长史,长孙俭为秦州长史,等等。

又,南朝常以皇子出镇诸州,但皇子并不管具体政事,而以长史兼任首郡或大郡太守,代诸王行府州郡事,如袁顗"除建安王休仁安西长史、襄阳

---

[1] 沈约:《宋书》卷六十四《何承天列传》。
[2] 沈约:《宋书》卷九十三《王弘之列传》。
[3] 萧子显:《南齐书》卷二《高帝纪下》、卷五十一《崔慧景列传》。
[4] 沈约:《宋书》卷十八《礼志五》。

太守"①,"湘东王绎为会稽太守,以(到)溉为轻车长史、行府郡事"②。陆见贤为"长沙、鄱阳二王长史,带浔阳太守"③。沈不害"除仁武南康嗣王府长史,行丹阳郡事",后为"戎昭将军、明威武陵王长史,行吴兴郡事"④。北朝亦似之,如游肇为"本州(司州)南安王祯镇北府长史,带魏郡太守"⑤;刘长猷为"徐州武昌王府长史,带彭城内史"⑥;李彦为"青州广陵王羽长史,带齐郡太守"⑦。

十一、都督府、总管府长史

在北朝,魏晋时期兴起的都督诸州诸军事制度发展为都督府制度,北周改都督府为总管府,都督府、总管府皆为地方最高军管区,职任兼及军事与民政,皆设长史作为上佐。

都督府长史,如元伟为幽州都督府长史,卢诞为北豫州都督府长史,等等。总管府长史,如卢光为陕州总管府长史,伊娄穆为荆州总管府长史,韦瓒为蒲州总管府长史,等等。

第四节　隋代长史

隋代实行三省六部制,三师(太师、太傅、太保)、三公(太尉、司徒、司空)为名誉性官位,非德隆望尊者不居,无其人则阙。三师不置府僚,三公依北齐置府僚,但不久又废省。

隋代无丞相之名,末年(义宁元年)李渊曾为之,亦置长史、司录以下官。

总体来看,隋代设置长史的,主要有以下机构:

---

① 沈约:《宋书》卷八十四《袁𫖮列传》。
② 姚思廉:《梁书》卷四十《到溉列传》,中华书局,1973。
③ 姚思廉:《陈书》卷二十三《陆缮列传》。
④ 姚思廉:《陈书》卷三十三《沈不害列传》。
⑤ 魏收:《魏书》卷五十五《游明根列传》。
⑥ 魏收:《魏书》卷五十五《刘芳列传》。《通典·职官志》曰:"郡为诸侯王国者,置内史以掌太守之任。"则内史即太守之职。
⑦ 魏收:《魏书》卷三十九《李宝列传》。

一、府僚系统

（1）王府。包括亲王、郡王、嗣王府，各置长史一人。亲王府长史为从四品上。郡王、嗣王府长史，视从六品。

（2）上柱国、柱国府，各置长史一人，视从六品。

（3）上大将军、大将军府，各置长史一人，视正七品。

（4）上开府、开府府，各置长史一人，视从七品。

（5）上仪同、仪同府，各置长史一人，视正八品。

二、中央诸卫府、地方诸镇系统

1. 中央诸卫府

文帝时有左右领军府，各置长史一人，从六品上阶。文帝时又有左右卫、左右武卫、左右武候、左右领左右等府，各置长史一人，正七品上阶。又有左右监门府，各置长史一人，从七品上阶。

炀帝以左右翊卫（改左右卫为之）、左右骁卫（改左右备身为之）、左右武卫（隋初旧名）、左右屯卫（改左右领军府为之）、左右御卫（炀帝新置）、左右候卫（改左右武候为之）为十二卫，各置大将军一人，将军二人，每卫各置长史一人，从五品。

2. 地方诸镇

隋代在边防设置镇戍机构，作为防御之用，镇分上、中、下三个等级，各置长史一人，上镇从七品上阶，中镇正八品上阶，下镇从八品上阶。

三、东宫系统

（1）太子左右卫率（炀帝改为左右侍率）、左右宗卫率（炀帝改为左右武侍率）、左右虞候、左右内率，各置长史一人，从七品上阶。

（2）太子左右监门率府，各置长史一人，正八品上阶。

四、地方诸州

开皇三年（583），罢天下诸郡，以州统县，改别驾为长史；大业三年（607），又改州为郡，废长史、司马，置赞治一人。

开皇三年至大业三年，上中下州皆置长史一人，上州正五品上阶，中州从五品上阶，下州正六品上阶。

五、行军长史

隋代将帅出征，例置长史以下参佐，或称行军长史，或称元帅长史（多以亲王为元帅）。这一时期，元帅长史的名号渐多，如"开皇六年，突厥犯塞，诏遣卫王（杨）爽总戎北伐，以（杜）整为行军总管兼元帅长史"①；又如"（开皇）九年，晋王（杨）广大举伐陈，以（高）颎为元帅长史"②。也有以权臣任元帅者，亦置长史，如"炀帝嗣位，汉王（杨）谅举兵反，左仆射杨素为行军元帅，（元）寿为长史"③。

六、总管府长史

隋代总管府兼具军事与行政属性，其僚佐中亦置长史一职，其例《隋书》甚多，兹不枚举。

第五节　总论唐以前的长史

综观唐以前的长史，有以下几个特点。

一、长史的建置呈不断变化之势

1. 类别呈扩大之势

秦代惟见李斯、司马欣任长史一职，其他未见。迄汉晋至隋，长史名目渐多，计有丞相长史、上公（三师）长史、三公长史、二大（大司马、大将军）长史、王府长史、将军长史、诸卫、太子诸率府长史、行军长史、开府长史、边地驻军长史、州郡长史等诸多类别。

---

① 魏徵、令狐德棻：《隋书》卷五十四《杜整列传》，中华书局，1973。
② 魏徵、令狐德棻：《隋书》卷四十一《高颎列传》。
③ 魏徵、令狐德棻：《隋书》卷六十三《元寿列传》。

2. 高级长史呈少—多—少之势

高级长史包括丞相、上公、三公、二大长史。汉代惟丞相、三公、二大置长史，两晋至南北朝，上公亦置长史。司徒长史，汉代多置一人，两晋南北朝多置左右二人。大司马、大将军长史，汉代以一人为常见，两晋、南朝多置左右二人。隋代无丞相，三师、三公皆为赠官，不置长史等僚佐。

两汉至六朝，在中央，丞相、司徒、司空、御史大夫、太尉、太傅、将军等官职皆曾置长史等属官，这是为了突出显示这些官员的特殊地位。有些职位，比如丞相、司徒、大将军等，曾一度为某些权臣设置左右两个长史，更是这种用意的体现。而随着历史的发展，这些曾经显赫的职位，其地位及实际事权都发生了显著的变化。

最明显的是丞相一职，在西汉前中期是朝廷的首辅，地位崇高，末年，哀帝为平衡中央权力结构，设置司徒以代替丞相处理朝务，导致丞相一职一度退出政府系统。献帝时，又设置丞相一职以尊崇曹操。魏晋南北朝时期，丞相地位及事权得到大幅提高，甚至被尊为相国，轻易不授人，担当此职者多为朝廷权臣，相应地，其长史亦增为左右二人。入隋以后，废止丞相一职，末年为尊崇李渊，曾一度复设，并置左右二长史。

与丞相类似，中央其他高级官职，如司徒、司空、太师、太宰、太尉、大将军、御史大夫等，其地位及职权大体也经历了与丞相相近的变化，其长史等官属的情况相应地也随着府主的变化而变化。因此，反过来看，我们通过各类长史建置的沿革情况，大体也能看出这些高级官职在历史的浪潮中，其地位及职能所产生的演变。

3. 将军长史亦呈少—多—少之势

汉代惟见大将军、骠骑、车骠、卫将军及个别杂号将军置长史，两晋置长史的将军名号渐多，至南北朝臻其极，隋代又呈下降趋势，惟十二卫大将军及东宫所属将军置长史。

4. 王府长史设置较稳定

自汉迄隋，诸王皆置长史。

5. 郡长史呈减少之势，州长史呈扩大之势

杜佑曰："秦置郡丞，其郡当边戍者，丞为长史，掌兵马。汉因而不改。"① 秦边郡置长史的情况，因史籍缺载，不知杜佑所云是否属实。汉代在边郡设置长史，两《汉书》皆有记载，且有多则史例以资证明，具见本章第二节所引，知杜氏所云不误。杜氏且称边郡以长史代丞，是引用了《古今注》的说法："《古今注》曰：'守相病，丞、长史行事，后罢边郡太守丞，而长史领丞职。'"② 汉代内郡置丞不置长史，边郡置长史以代丞，说明长史的职能比丞相广泛，大体丞参民事，而长史兼管民政与兵务，正是由于边郡战事较多，因而朝廷才在边郡设长史以代丞，主管兵务。杜佑称边郡长史"掌兵马"，大体是正确的。魏晋两北朝时，"长史遂为军府官"③，诸郡不置长史，其职任复为郡丞所代。

诸州长史，晋以前未见。两晋时期，刺史多带将军衔出任州牧，置长史等吏员，然属将军府系统，非州官系统，其职任亦以理戎为主，不参民政。至南北朝时，诸王临州，多置长史参理本州民政，至隋而诸州遍置长史（炀帝改为赞治）。

二、各类长史的地位、职掌不一

从总体上看，长史为府僚性质，参赞府务，属于高级僚佐，其地位随府主身份不同而不同，通常总理府务。但有时职掌不限于本府，如西汉丞相长史，杜佑认为"众史之长也，职无不监"④，为丞相府高级僚佐。台湾学者周道济先生在《汉代宰相机关》一文中认为，丞相长史的主要职掌为辅佐丞相、督率诸史、处理各种政务之权⑤。除处理相府事务外，丞相长史还可以受皇帝指派处理朝务，如成帝阳朔三年（前22）六月，"颍川铁官徒申屠圣等百八十人杀长吏，盗库兵"，成帝"遣丞相长史、御史中丞逐捕"⑥。哀帝时宗室刘立滥杀无辜，哀帝派丞相长史加以审讯⑦。

---

①③　杜佑：《通典》卷三十三《职官十五》。
②　杜佑：《通典》卷三十三《职官十五》引《古今注》。
④　杜佑：《通典》卷二十一《职官三》。
⑤　大陆杂志社编辑委员会：《秦汉史及中古史前期研究论集》，大陆杂志社，1960。
⑥　班固：《汉书》卷十《成帝纪》。
⑦　班固：《汉书》卷四十七《刘三王传》。

将军出征时的行军长史,为行军首僚,位在行军司马之上,主管行军时的大小事务,类似于现代意义上的参谋长之职。

东汉至两晋南北朝所置边地驻军长史,多为边地军队的最高军事统帅或副帅,如西域长史、南蛮长史、象林长史等,置校尉(校尉为主帅)时则为副帅,不置校尉则为主帅,皆非寻常僚佐。这些长史,无一不是随机因事而设,其特殊性可见一斑。

公府、王府长史,总理府务,为府僚中地位最高者。诸王多以师友之礼相待,如《梁书·到溉列传》记载:"湘东王(萧)绎为会稽太守,以溉为轻车长史、行府郡事。高祖敕王曰:'到溉非直为汝行事,足为汝师,间有进止,每须询访。'"(注:萧绎为湘东王,带轻车将军衔,到溉为王府长史兼轻车长史)

汉代边郡长史掌兵马,若太守病,则以长史行其事①。陈仲安、王素两位先生《汉唐职官制度研究》一书中认为,边郡长史有副署文书和代行郡国事的权力②。台湾学者严耕望先生指出,西汉郡国长史与丞并置,分佐太守治军民,郡国长史的职权包括文书副署权与行事权③。高敏先生在《秦汉史探讨》一书中指出,东汉以后,上计者主要由西汉的郡丞与长史承担,下降到东汉的由上计掾、吏承担的变化,就反映出上计制度的重要性有下降的趋势④。

两晋时,刺史多带将军衔,开府者则置长史,为军府之官,其职任限于理戎,不参民政。

南北朝时期,诸王出镇诸州,多以长史行府、州事,掌理军府及本州行政,长史名为僚佐,实为本州最高长官。

三、长史的选任方式多种多样

综观之,唐以前长史的选任,以朝廷任命、府主奏辟、府主自辟三种制度为主。

所谓朝廷任命制,是指由中央直接任命某人为长史。一般来说,高级长史如丞相、上公、三公、二大(大司马、大将军)长史以朝廷任命为主,史

---

① 杜佑《通典》引崔豹《古今注》,浙江古籍出版社,2001。
② 陈仲安,王素:《汉唐职官制度研究》,中华书局,1993。
③ 严耕望:《中国地方行政制度史·秦汉地方行政制度》。
④ 高敏:《秦汉史探讨》,中州古籍出版社,1998。

书多见"迁""除""徙""拜"等字眼,正是高级长史为朝廷所任命的直接证明。此外,一般的将军府长史亦多见朝廷任命者。如汉武帝时,赵充国从贰师将军击匈奴,"身被二十余创",武帝"嗟叹之,拜为中郎,迁车骑将军长史"①。

所谓奏辟制,是指府主辟召某人,要报经朝廷批准。一般来说,将军府僚佐,除了朝廷任命外,奏辟制也较常见。如西汉大将军王凤奏请陈咸为其长史②,骠骑将军王根奏请房凤为其长史③。

所谓自辟制,是指由府主自行征辟僚佐,无须朝廷的批准。一般来说,将军出征之时,因战时需要,朝廷赋予行军统帅较大的自主权,允许其自行辟署。因而行军僚佐多为将军自辟。如西汉神爵中,西羌反叛,强弩将军许延寿率兵讨伐,请严延年为其行军长史,从军败西羌④。晋代,"贾充伐吴,请(邓)殷为长史"⑤。需要指出的是,自魏晋以降,府主自辟僚属的情况渐渐从行军长史扩展到将军平时的幕府。特别是将军出镇诸州时,拥有较大的人事权,往往自辟僚属,如晋代东海王司马越为兖州牧时,引华轶"为留府长史"⑥;东瀛公司马腾镇临漳时,以刁协为其长史⑦;宋江夏王刘义恭镇江陵时,以张邵为抚军长史⑧。

此外,自汉武帝以降,州郡佐吏,自别驾、长史以下,多为刺史、太守自辟。北齐后主时,赐诸佞幸,多卖官为州郡佐吏,由是州郡辟士之权,渐归于朝廷。北周一度复古,州吏多以牧守自置为主。至隋代,又将州郡僚佐的任命权收归朝廷。

---

① 班固:《汉书》卷六十九《赵充国辛庆忌传》。
② 班固:《汉书》卷八十三《薛宣朱博传》。
③ 班固:《汉书》卷八十八《儒林传》。
④ 班固:《汉书》卷九十《酷吏传》。
⑤ 房玄龄:《晋书》卷九十《邓攸列传》。
⑥ 房玄龄:《晋书》卷六十一《华轶列传》。
⑦ 房玄龄:《晋书》卷六十九《刁协列传》。
⑧ 沈约:《宋书》卷四十六《张邵传》。

附　唐代以前长史阶品表

表1-1　唐代以前长史阶品表

朝　代	各类长史	阶品
西汉	丞相长史、大司马长史、御史长史、将军长史	千石
	郡长史	六百石
东汉①	太傅长史、太尉长史、司徒长史、司空长史、大将军长史	千石
	度辽将军长史、护乌桓校尉拥节长史、护羌校尉拥节长史	六百石
魏②	公府长史、骠骑长史、车骑长史	第六品
	诸军长史秩六百石者、护羌戎蛮夷越乌丸校尉长史（注：《通典》卷三十六《职官十八》将左右卫长史列于此，误。左右卫晋武帝时创制，魏无左右卫之制，今不取）	第七品
	四平四安长史、郡国长史、诸杂署长史、诸杂号宣威将军以下五品将军长史	第八品

①② 杜佑：《通典》卷三十六《职官十八》。

续上表

朝　代	各类长史	阶　品
晋①	公府长史、二品将军诸大将军特进都督中护军长史、诸护军长史	第六品
	诸军长史秩六百石者、护匈奴中郎将护羌戎夷蛮越乌丸校尉长史、黄门诸署丞长史	第七品
	郡国长史、四安四平长史、副散督司马长史	第八品
宋②	抚军以上及持节都督领护长史	第六品
	诸军长史司马六百石者、戎蛮府长史	第七品
齐	官品不详	
梁③	官品十八班，第十八班最高，第一班最低	
	司徒左长史	十二班
	皇弟皇子府长史、司徒右长史	十班
	嗣王府长史、庶姓公府长史	九班
	皇弟皇子之庶子府长史、蕃王府长史、庶姓持节府长史	八班
	领护军长史	六班

①②③　杜佑：《通典》卷三十七《职官十九》。

续上表

朝　代	各类长史	阶　品
陈①	司徒左右长史	第四品
	皇弟皇子府长史、皇弟皇子府版长史	第五品
	嗣王府皇弟皇子之庶子府长史、庶姓公府长史	第六品
	领护军长史、蕃王府长史、庶姓非公不持节府将军置长史、庶姓持节府长史	第七品
	安蛮戎越校尉中郎将等府长史、蛮戎越校尉中郎将等府版长史	第八品
后魏②	后魏官始有从品，自四品以下，正从又分为上下阶	
	二大二公长史	从三品
	皇子长史、从一品将军开府长史	第四品上阶
	第二品将军长史、始蕃王长史	从四品上阶
	从二品将军长史、二蕃王长史	第五品上阶
	第三品将军长史、三蕃王长史	从五品上阶
	领军长史、护军长史	从五品下阶
	从三品将军长史	第六品上阶
	四品正从将军长史	第七品上阶
	五品正从将军长史	从七品上阶

①② 杜佑：《通典》卷三十八《职官二十》。

续上表

朝　代	各类长史	阶　品
北齐①	司徒左长史、太尉长史	从三品
	司徒右长史、司空长史	正四品上阶
	诸开府长史	正四品下阶
	三等上州长史	从四品上阶
	三等中州长史	第五品上阶
	领军府长史、护军府长史	第五品下阶
	三等下州长史	从五品上阶
	中府长史、三等镇长史	正六品上阶
北周②	官品为九命，命高为贵	
	柱国大将军府长史	正七命
	开府长史	正六命
	仪同府长史、正八命州长史	六命
	骠骑将军府长史、车骑将军府长史、八命州长史	正五命
	四征、中、镇、抚军将军府长史，正七命州长史	五命
	四平、前、后、左、右将军府长史，七命州长史	正四命
	冠军、辅国将军府长史，正六命州长史	四命
	镇远、建忠、中坚、宁朔将军府长史	正三命
	宁远、扬烈、伏波、轻车将军府长史	三命

---

① 杜佑：《通典》卷三十八《职官二十》。
② 杜佑：《通典》卷三十九《职官二十一》。

续上表

朝　代	各类长史	阶　品
隋	亲王府长史	从四品上阶
	上州长史	正五品上阶
	中州长史	从五品上阶
	下州长史	正六品上阶
	左右领军府长史	从六品上阶
	左右卫府长史、左右武卫府长史、左右武候府长史、领左右府长史	正七品上阶
	左右监门府长史、太子左右卫率府长史、太子左右宗卫率府长史、太子左右虞候府长史、太子左右内率府长史、上镇长史	从七品上阶
	太子左右监门率府长史、中镇长史	正八品上阶
	下镇长史	从八品上阶
视流内①	上柱国、嗣王、郡王、柱国府长史	视从六品
	上大将军、大将军府长史	视正七品
	上开府、开府长史	视从七品
	上仪同、仪同府长史	视正八品

---

① 杜佑：《通典》卷三十九《职官二十一》。

第二章
唐代的王府长史

与前代不同，唐代仅于亲王府置长史一职，郡王府、嗣王府皆不置。从实际史例看，唐代王府长史的地位较高，事权也较大。

第一节　唐代王府长史的建置

唐高祖受禅之初，以天下未定，广封宗室从弟及诸侄，及至年始孩童者数十人，皆封郡王。太宗即位后，尚书右仆射封德彝上言遍封宗子之弊，遂按属疏降爵，除有功者数人封王外，其余皆降爵为公。贞观十一年（637），又定制以皇兄弟、皇子为亲王。亲王未出阁不置官属①，若出阁，置长史、司马以下官属。高宗龙朔二年（662），下制以诸王子嫡者封郡王，太子诸男皆封郡王，庶姓若功高者亦可封郡王，但规定"郡王、嗣王不置长史"②。这与前代郡王、嗣王开府皆置长史以下官属不同，唐代仅于亲王府置长史。

太宗、高宗二帝制定的这一制度，基本为后代诸帝遵行，但也有亲王不出阁亦置长史以下官属的情况。如开元四年（716），玄宗以郯王李嗣真为安北大都护，安抚河东、关内、陇右诸蕃大使，以郯王府长史张知运为副大都护；以陕王李嗣升为安西大都护、安抚河西四镇诸蕃大使，以陕王府长史郭虔瓘为副大都护，"二王皆不出阁"③。可见制度之外，尚有权宜之设。

唐代亲王府官属设置情况，现据《唐六典》卷二十九《公主邑司》制表

---

① 杜佑：《通典》卷三十一《职官十三》。
② 欧阳修、宋祁：《新唐书》卷四十九下《百官志四下》，中华书局，1975。
③ 司马光：《资治通鉴》卷二百一十一《唐纪》，中华书局，2007。董浩：《全唐文》卷二一玄宗《授郯王嗣直等都护制》，中华书局，1983。

如下：

表 2-1 唐代王府官员编制及品秩简表

职　名	人　数	品　秩	职　名	人　数	品　秩
傅	1	从三品	兵曹参军事	1	正七品上
长史	1	从四品上	骑曹参军事	1	正七品上
司马	1	从四品下	法曹参军事	1	正七品上
谘议参军事	1	正五品上	士曹参军事	1	正七品上
友	1	从五品下	东阁祭酒	1	从七品上
掾	1	正六品上	西阁祭酒	1	从七品上
属	1	正六品上	参军事	2	正八品下
主簿	1	从六品上	行参军	4	从八品上
记室参军事	2	从六品上	典签	2	从八品下
录事参军事	1	从六品上	录事	1	从九品下
文学	2	从六品上	执刀	15	—
功曹参军事	1	正七品上	典狱	18	—
仓曹参军事	1	正七品上	问事	12	—
户曹参军事	1	正七品上	白直	24	—

从表 2-1 可以看出，长史在王府中的地位很高，仅次于王傅。而实际上由于王傅仅为一个显贵的职位，并不主管实际事务，王府中的一切事务都由长史全面负责，因而长史才是实际长官。这点与朝廷中的情况颇为类似。朝廷中太傅的品秩虽高，但仅为赠官，不管政务。宰相的品秩虽然低于太傅，但为全国政务之主管。因此，从王府这个小系统来看，长史的地位、职掌与朝廷中的宰相十分相似。

需要补充的是，中宗时，太平公主权盛，仪比亲王，其府亦置长史以下官属①。当然，这只是特例，综观有唐一代，除太平外，史籍未载其他公主府置长史的实例。

此外，高宗时，曾一度准备为皇太孙置长史等属官。永淳元年（682），高宗长孙李重润（重照）出生，高宗十分高兴，立为皇太孙，并诏议开府立官属。吏部侍郎裴敬彝、郎中王方庆等奏置师、傅、友、文学、祭酒、左右长史、东西曹掾、主簿、管记、司录、六曹等官，加王府一级。但后来高宗对此颇为犹豫，并没有为李重润补授以上官属②。

史书中还有两则史料应引起我们的重视。一是《旧唐书》卷七十六《李贞传》："自则天称制，贞与韩王元嘉……江都王绪并贞长子博州刺史琅邪王冲等，密有匡复之志。垂拱三年七月……冲在博州，又伪为皇帝玺书云：'神皇欲倾李家之社稷，移国祚于武氏。'遂命长史萧德琮等招募士卒，分报韩、鲁、霍、越、纪等五王，各令起兵应接，以赴神都。"二是《资治通鉴》卷二〇四：垂拱四年，"八月壬寅，冲召长史萧德琮等令募兵，分告韩、霍、鲁、越及贝州刺史纪王慎，令各起兵共趣神都"。这两处史料中的所谓"长史萧德琮"值得注意。按李冲的爵号琅邪王，为郡王而非亲王称号。按唐制，只有亲王府才能设置长史一职，郡王府、嗣王府不置。李冲反叛之时，是以琅邪王的身份出任博州刺史，因此，所谓的"长史萧德琮"，应该是指博州长史，而非琅邪王府长史。

第二节　唐代王府长史的职任

唐代的王府长史，从四品上，在王府官系统中，地位崇高，通常被称为"元僚"或"首僚"③，从其称谓及品秩看，长史堪称众僚佐之长，为王府事务的实际负责人。

不过，我们也应该看到，由于各个亲王之间的地位存在某些差别，因而

---

① 《新唐书》卷八十三《诸帝公主列传》，又见《旧唐书》卷五一《韦庶人传》、《通典》卷三十一《职官十三》。

② 以上见《新唐书》卷八十一《懿德太子重润列传》，又见《通典》卷三十《职官十二》。

③ 《全唐文》卷二五二苏颋《授王守廉申王府长史制》称"参谒馆之元僚"，《全唐文》卷二五二苏颋《授杨祯太子右谕德制》称"王邸元僚"，《全唐文》卷六九八李德裕《授狄兼谟兼益王傅郑束之兼益王府长史制》称"擢在首僚"。

王府长史的地位亦随府主地位高下而有所不同。《新唐书·百官志四下·王府官》在论及王府长史时说，"高宗、中宗时，相王府长史以宰相兼之，魏、雍、卫王府以尚书兼之，徐、韩二王为刺史，府官同外官，资望愈下"。《新志》所称的情况基本属实，相王府长史多为宰相兼任，如袁恕己，神龙元年（705）三月，"为中书令，兼检校安国相王府长史"①。豆卢钦望，"中宗即位……拜尚书左仆射、知军国重事，兼检校安国相王府长史"②。韦安石，"神龙初……迁吏部尚书，复知政事。俄代张柬之为中书令……又兼相王府长史"③。其他诸王，多以六部尚书或九卿之长任其长史。再次者，诸王出典外州时，其王府长史多由州佐兼任，如开元中，源乾曜、袁嘉祚、潘好礼先后为邠王府长史，同时还兼任州佐④。

王府长史职任虽较清闲，但寻常之人并不容易获此职位，多以德崇学优者为之。正因长史对诸王有规谏匡正之责，唐代诸帝对王府长史的选任十分重视，所谓"藩邸求才，实思高选"⑤，"皆妙选天下之端士，以卫翼之"⑥。

王府长史的职责，总的来看，主要有以下几方面：

一、教导之责

对幼年诸王，长史担负着教导之责。《全唐文》卷六九八李德裕《授狄兼谟兼益王傅郑柬之兼益王府长史制》有一段话概括得较全面，该制书称长史的职责为"广德义之风，明孝爱之道，俾其（诸王）严于问寝，敬不绝驰，化与心成，中道若性"。也就是说，王府长史对诸王，尤其是幼年诸王负有"教导之责"。若教导有功，则例可升迁，如殷彦方为忠王府长史时，因教导忠王有功，被擢升为王傅⑦。

要负起教导之责，首先要求长史具有较高的德行。唐代诸帝在为诸王选任长史时，颇重视长史的人品，要求长史为朝廷之"端士"，有"贡禹弹冠之

---

① 刘昫：《旧唐书》卷七《中宗本纪》。
② 刘昫：《旧唐书》卷九十《豆卢钦望列传》。
③ 刘昫：《旧唐书》卷九十二《韦安石列传》。
④ 刘昫：《旧唐书》卷八十六《李守礼列传》。
⑤ 董浩：《全唐文》卷六四八元稹《授薛昌族王府长史等制》。
⑥ 董浩：《全唐文》卷六九八李德裕《授狄兼谟兼益王傅郑柬之兼益王府长史制》。
⑦ 董浩：《全唐文》卷三〇九孙逖《授殷彦方等王傅制》。

操",能做到"行不苟合,诚无暗欺,历职有声,居正无挠"①。此外,还要求长史学识优良,"或聚学冲深,或属词清远"②。特别是要博通经学,能充当诸王的"经佐"③,为诸王解决学业上特别是经学上的困惑。

二、规谏、监督之责

当诸王行为失检甚至所为非法时,长史负有规谏之责。如太宗之子齐王李祐,"溺情群小,尤好弋猎",长史薛大鼎屡谏不听,太宗于是改任性情刚烈的权万纪为齐王长史,"以匡正之"。万纪屡次"犯颜切谏",并将齐王不法之事入奏太宗,致使齐王颇为忌惮④。又如高宗时,曹王李明为苏州刺史,"不循法度",长史孔祯屡次犯颜直谏,但李明不听。后来李明坐故太子李贤之党,被发配黔州,至此才深有感叹地说:"吾愧不用孔长史言,以及于此!"⑤。

从以上事例也可看出,由于诸王地位尊贵,很多人不遵守朝廷宪章,那么,朝廷在诸王府中安排一个品秩颇高的长史,由长史代替朝廷监督他们的行动,并及时汇报他们的不法行为,这可能是朝廷设置这一职位的深层用意所在。

三、通判府务

除了教导、规谏之责外,长史还有通判府务之职,所谓"建邦之王府,置长史司马,以纪掾属之秩序,而稽其职业也"⑥。王府"奴客等有违法网者",长史可以"随事检校科决","若王有诃怪",长史可以"具状闻彻"于皇上⑦。对于那些陷诸王于游乐的佞幸之臣,长史可以将其逐出王府甚至加以诛杀。如太宗之子齐王李祐宠幸昝君谟、梁猛彪等佞臣,昝、梁二人"并以善骑射得幸于(齐王)祐。万纪骤谏不纳,遂斥逐之"⑧。高宗时,孔祯为曹

---

① 董浩:《全唐文》卷六九八李德裕《授狄兼谟兼益王傅郑澣之兼益王府长史制》。
② 董浩:《全唐文》卷三〇九孙逖《授殷彦方等王傅制》。
③ 董浩:《全唐文》卷九五武则天《许姚元之解职制》。
④⑧ 刘昫:《旧唐书》卷七十六《李祐列传》。
⑤ 刘昫:《旧唐书》卷一百九十上《孔祯列传》。
⑥ 董浩:《全唐文》卷六四八元稹《授薛昌族王府长史等制》。
⑦ 董浩:《全唐文》卷二七玄宗《授潘好礼邠王府长史诏》。

王李明的长史,"(李)明左右有侵暴下人者,祯捕而杖杀之"①。

四、兼判州务

诸王若出典外州,多不理州务,而以王府长史兼理州政,此时,长史既为王府僚属,又为州佐,主管一州政务,为当州实际领导。如高祖之子霍王李元轨"前后为刺史,至州,唯闭阁读书,吏事责成于长史、司马"②。韩王李元嘉为州刺史时,以王府长史崔义玄掌理州务③。太宗之子蜀王李愔为夏州都督,"不之藩,以(刘)兰为长史,总其府事"④。睿宗之子邠王李守礼为州刺史时,"源乾曜、袁嘉祚、潘好礼皆为邠府长史兼州佐,守礼唯弋猎、伎乐、饮谑而已"⑤。这种情况在玄宗以后被规为定制。据《资治通鉴》卷二一一"开元二年"称:"群臣以成器等地逼,请循故事出刺外州。六月,丁巳,以宋王成器兼岐州刺史,申王成义兼幽州刺史,邠王守礼兼虢州刺史,令到官但领大纲,自余州务,皆委上佐主之。是后诸王为都护、都督、刺史者并准此。"

唐代诸王典州,以长史主持州政的根本原因,主要是因为六朝时期,地方藩王往往利用手中掌握的军政大权发动叛乱,从而大大危及中央的统治。特别是两晋时期爆发的八王之乱,差点倾覆了朝廷的统治,更令唐朝统治者深以为戒。鉴于前代的这种教训,唐朝统治者在保证藩王拥有很高的经济收益和崇高爵位的同时,在政治上则有意降低或削弱诸王的实际事权。以长史等上佐代行州政,就是朝廷为达到这种目的所采取的一种较为有效的措施。

---

① 刘昫:《旧唐书》卷一百九十上《孔祯列传》。
② 刘昫:《旧唐书》卷六十四《李元轨列传》。
③ 刘昫:《旧唐书》卷六十四《李元嘉列传》。
④ 刘昫:《旧唐书》卷六十九《刘兰列传》。
⑤ 刘昫:《旧唐书》卷八十六《李守礼列传》。

第三章
唐代诸卫诸军及太子诸率府长史

两晋南北朝时期，将军名号甚多，除大将军、卫将军、骠骑将军、车骑将军置长史等官属外，其他二、三品甚至四、五品将军府，亦多置长史一职。与之不同的是，唐代仅于南衙十六卫、北衙六军、太子十率府，诸卫、诸率府属下的折冲府，以及地方边镇设置长史。其他如辅国、镇军、冠军、云麾、忠武、壮武、宣威、明威、信远、游骑、游击等将军，为武散官，这些散号将军府例不设长史。

第一节 南衙十六卫长史

唐代的禁卫军分为北衙禁军和南衙卫军两部分，北衙禁军具有皇家私人门禁的性质，南衙卫军则主要担当朝廷的仪仗护卫、政府机关的保卫和京师门禁的守卫工作，属于宰相的势力范围[①]。南衙禁卫军俗称十六卫，具体是指左右卫、左右骁卫、左右武卫、左右威卫、左右领军卫、左右金吾卫、左右监门卫和左右千牛卫，其中左右监门卫和左右千牛卫不领府兵，其余十二卫皆统府兵。府兵分内府与外府两种，内府即中郎将府，以亲卫、勋卫、翊卫为名。外府为折冲府，一般以所在地区为名，称"某某州某某府"；也有少数在府名前冠以所属诸卫的名称，称为"某某卫某某府"。

十六卫是中央军事机关，同时也是京师和皇城地区的中央警备机关，在唐代军事体制中具有举足轻重的地位。

---

① 张国刚：《唐代禁卫军考略》，《南开学报》1999 年第 6 期.

一、左右卫

1. 左右卫沿革

左右卫掌领宫廷警卫之法令,以督其属之队仗。

左右卫,最初可以追溯到秦汉时所置的卫将军,东汉及三国魏沿置卫将军一职。司马昭当政时,又置中卫将军。晋武帝司马炎登极后,分为左、右二卫,各设将军一人。以后宋、齐、梁、陈、北齐皆设左右卫之职。隋代,左右卫与左右武卫、左右候、左右武候、左右领军、左右率府各置大将军一人,此即所谓的十二卫大将军。至开皇末年,罢十二卫大将军。炀帝大业三年(607),复置左右卫为左右翊卫,其所领名为骁骑。唐朝复左右卫府,官属与隋代略同。龙朔二年(662)去"府"字。

左右卫的沿革,可表示如下:

卫将军(秦、汉)→中卫(司马昭)→左右卫(晋武帝)→左右翊卫(隋炀帝)→左右卫府(唐初)→左右卫(龙朔二年)

2. 左右卫职官设置情况

关于唐代左右卫的职官结构,可据《唐六典》卷二十四《诸卫》制表如下:

表3-1 左右卫部门编制及吏员品秩简表

部门	职名	人数	品秩
	大将军	1	正三品
	将军	2	从三品
	奉车都尉	5	从五品下
	司阶	2	正六品上
	长史	1	从六品上
	中候	3	正七品下
录事曹	录事参军事	1	正八品上
	录事	1	
	史	2	

续上表

部门	职名	人数	品秩
仓曹	仓曹参军事	2	正八品下
	府/史	2/4	
兵曹	兵曹参军事	2	正八品下
	府/史	4/7	
骑曹	骑曹参军事	1	正八品下
	府/史	2/4	
胄曹	胄曹参军事	1	正八品下
	府/史	3/3	
	司戈	5	正八品下
	执戟	5	正九品下
	亭长	2	
	掌固	4	

说明：(1) 表中所列为左右卫中一卫的编制，以下左右骁卫、左右武卫、左右威卫、左右领军卫、左右金吾卫、左右监门卫、左右千牛卫，皆同此。(2) 表中数据不含诸卫所辖之亲、勋、翊府吏员，以下诸卫皆同此。

3. 左右卫长史沿革及职掌

晋武帝置左、右卫，各有长史、司马等官属。东晋时罢长史之职。历宋、齐、梁、陈、后魏、北齐，唯有司马，无长史。至隋，左右卫各置长史一人。入唐，左右卫设长史各一人，从六品上。

关于唐左右卫长史的职掌，《唐六典》卷二十四《诸卫》做了记载：

> 长史掌判诸曹及亲、勋、翊五府及武安、武成等五十府之事，以阅兵仗、羽仪、车马。凡文簿典职、廪料请给、辛伍军团之名数，器械粮储之主守，大事则从其长，小事则专达。季秋，则以庶官之状赞大将军考课而升降焉。

从以上史料看，长史掌判的机构主要有三：一是仓、兵、骑、胄诸曹；二是属于内府的亲、勋、翊等五府；三是京畿地区的武安、武成等五十个折冲府。涉及的部门既然很多，所管的事务当然也很繁杂，诸如阅兵时的仪仗、羽仪、车马，以及卫府内的文簿典职、廪料请给、器械粮储、卒伍军团名数等，都是其职掌所在。此外，每年秋天，要将本卫官员的平时表现上报给大将军，辅助大将军做好对本卫各级官员的年终考课工作。长史在管理这些事务时，具有一定的职权，大事报请上级长官处理，小事则可以自行处置。

二、左右骁卫

1. 左右骁卫沿革

左右骁卫职掌如左右卫。

汉武帝以李广为骁骑将军，后省之。东汉光武帝改屯骑为骁骑，历宋、齐、梁、陈、后魏、北齐，并有骁骑将军之职。北周有左右骁骑率上士二人。至隋炀帝，改左右备身为左右骁卫，寻以左右骁卫所领名豹骑，而又别置备身。唐朝置左右骁卫府。龙朔二年（662）去"府"字。光宅元年（684）改为左右武威卫，神龙元年（705）复为左右骁卫。

左右骁卫沿革，可表示如下：

骁骑（汉武帝）→左右骁骑（北周）→左右骁卫（隋炀帝）→左右骁卫府（唐初）→左右骁卫（龙朔二年）→左右武威卫（光宅元年）→左、右骁卫（神龙元年）

2. 左右骁卫职官设置情况

左右骁卫的职官结构，可据《唐六典》卷二十四《诸卫》制表如下：

表3-2 左右骁卫部门编制及吏员品秩简表

部门	职名	人数	品秩
	大将军	1	正三品
	将军	2	从三品
	奉车都尉	5	从五品下
	司阶	2	正六品上

续上表

部门	职名	人数	品秩
	长史	1	从六品上
	中候	3	正七品下
录事曹	录事参军事	1	正八品上
录事曹	录事	1	
	史	2	
仓曹	仓曹参军事	2	正八品下
	府/史	2/4	
兵曹	兵曹参军事	2	正八品下
	府/史	3/5	
骑曹	骑曹参军事	1	正八品下
	府/史	2/4	
胄曹	胄曹参军事	1	正八品下
	府/史	3/3	
	司戈	5	正八品下
	执戟	5	正九品下
	亭长	2	
	掌固	4	

注：左右骁卫之司阶，《唐六典》卷二十四《诸卫》序言称"二人"，正文称"三人"，按各卫司阶皆二人，骁卫不当为三人。

3. 左右骁卫长史沿革及职掌

隋炀帝置骁卫府，有长史，从五品。唐左右骁卫设长史各一人，从六品上，掌判诸曹、翊府及永固等四十九府之事，以阅兵仗、车马，其他职掌如左右卫①。

三、左右武卫

1. 左右武卫沿革

左右武卫职掌如左右卫。

曹操为丞相时，设置武卫营。晋、宋、齐、梁、陈又有建武、奋武、武烈、武毅等将军。至隋，采诸武之名，置左右武卫府，有大将军一人、将军二人。唐朝因之。光宅元年（684）改为左右鹰扬卫，神龙元年（705）复故。

左右武卫沿革，可表示如下：

武卫营（曹操）→左右武卫府（隋代）→左右鹰扬卫（光宅元年）→左右武卫（神龙元年）

2. 左右武卫职官设置情况

左右武卫的职官结构，可据《唐六典》卷二十四《诸卫》制表如下：

表 3-3 左右武卫部门编制及吏员品秩简表

部门	职名	人数	品秩
	大将军	1	正三品
	将军	2	从三品
	司阶	2	正六品上
	长史	1	从六品上
	中候	3	正七品下
录事曹	录事参军事	1	正八品上
	录事	1	
	史	2	

---

① 李林甫：《唐六典》卷二十四《诸卫》，中华书局，1992。

续上表

部门	职名	人数	品秩
仓曹	仓曹参军事	2	正八品下
	府/史	2/4	
兵曹	兵曹参军事	2	正八品下
	府/史	3/5	
骑曹	骑曹参军事	1	正八品下
	府/史	2/4	
胄曹	胄曹参军事	1	正八品下
	府/史	3/3	
	司戈	5	正八品下
	执戟	5	正九品下
	亭长	2	
	掌固	4	
	称长	2	

3. 左右武卫长史沿革及职掌

隋左右武卫各有长史一人，炀帝升为从五品。唐左右武卫设长史各一人，从六品上，掌判诸曹、翊府及凤亭等四十九府之贰，其余职掌皆如左右卫①。

四、左右威卫

1. 左右威卫沿革

左右威卫职掌如左右卫。

隋初，置左右领军府，炀帝改为左右屯卫，唐朝因之。至龙朔二年（662），改为左右威卫，别置左右屯营，亦有大将军等官。光宅元年（684）改为左右豹韬卫，神龙元年（705）复为左右威卫。

---

① 李林甫：《唐六典》卷二十四《诸卫》。

左右威卫沿革，可表示如下：

左右领军府（隋初）→左右屯卫（隋炀帝）→左右威卫（龙朔二年）→左右豹韬卫（光宅元年）→左右威卫（神龙元年）

2. 左右威卫职官设置情况

左右威卫的职官结构，可据《唐六典》卷二十四《诸卫》制表如下：

表3-4 左右威卫部门编制及吏员品秩简表

部门	职名	人数	品秩
	大将军	1	正三品
	将军	2	从三品
	司阶	2	正六品上
	长史	1	从六品上
	中候	3	正七品下
录事曹	录事参军事	1	正八品上
	录事	1	
	史	2	
仓曹	仓曹参军事	2	正八品下
	府/史	2/4	
兵曹	兵曹参军事	2	正八品下
	府/史	3/5	
骑曹	骑曹参军事	1	正八品下
	府/史	3/4	
胄曹	胄曹参军事	1	正八品下
	府/史	3/3	
	司戈	5	正八品下
	执戟	5	正九品下
	亭长	2	
	掌固	4	

3. 左右威卫长史沿革及职掌

唐左右威卫设长史各一人，从六品上，掌判诸曹之事，以阅兵仗、羽仪、车马及宜阳五十府之事，其余职掌如左右卫①。

五、左右领军卫

1. 左右领军卫沿革

左右领军卫，职掌如左右卫。

汉建安十四年（209），曹操为丞相时，相府始置中领军。魏文帝为魏王时，又置领军，领军稍高于中领军。晋代领军与中领将军并置，领军品第三，中领军将军品第四。泰始元年（265），晋武帝省领军、北军中候，中军将军羊祜统二卫、前、后、左、右、骁骑等七军营兵。宋、齐领军、中领军将军掌内宫禁兵。梁领军、护军与左右卫、骁骑、游骑为六军将军，班第十五。陈领军将军秩二千石。后魏领军、护军第二品上，太和二十三年（499）降为第三品。北齐领军府将军一人，掌禁卫宫掖；中领军亦同。隋左右领军府各掌左右十二军籍帐、羽卫之事，不置将军，唯有长史、司马。炀帝大业三年（607），改为左右屯卫。唐朝因隋屯卫名，置大将军、将军，后改为威卫。又采前代领军名，别置领军卫，置大将军、将军员。龙朔二年（662）改为左右戎卫，咸亨元年（670）复旧，光宅元年（684）改为左右玉钤卫，神龙元年（705）复故。

左右领军卫沿革，可表示如下：

中领军（曹操）→中领军、领军（魏文帝）→中领军（晋武帝）→领军、中领军（宋、齐）→领军（梁、陈、后魏）→领军、中领军（北齐）→左右领军府（隋初）→左右屯卫（大业三年）→左右威卫（唐初）

唐代别置领军卫，其沿革可表示如下：

左右领军卫（唐初）→左右戎卫（龙朔二年）→左右领军卫（咸亨元年）→左右玉钤卫（光宅元年）→左右领军卫（神龙元年）

2. 左右领军卫职官设置情况

左右领军卫的职官结构，可据《唐六典》卷二十四《诸卫》制表如下：

---

① 李林甫：《唐六典》卷二十四《诸卫》。

表 3-5 左右领军卫部门编制与吏员品秩简表

部门	职名	人数	品秩
	大将军	1	正三品
	将军	2	从三品
	司阶	2	正六品上
	长史	1	从六品上
	中候	3	正七品下
录事曹	录事参军事	1	正八品上
	录事	1	
	史	2	
仓曹	仓曹参军事	2	正八品下
	府/史	2/4	
兵曹	兵曹参军事	2	正八品下
	府/史	3/5	
骑曹	骑曹参军事	1	正八品下
	府/史	2/4	
胄曹	胄曹参军事	1	正八品下
	府/史	3/3	
	司戈	5	正八品下
	执戟	5	正九品下
	亭长	2	
	掌固	4	

3. 左右领军卫长史沿革及职掌

南朝齐领军将军有长史，品第六，秩六百石，梁、陈亦有之。北齐领军有长史、司马。隋领军府无将军，有长史一人；炀帝时置将军一职，而由长史判卫事，唐朝因之。

唐左右领军卫设长史各一人，从六品上，掌判诸曹、翊府及万安、万年等六十府之贰。其余职掌同左右卫①。

六、左右金吾卫

1. 左右金吾卫沿革

左右金吾卫，掌宫中及京城昼夜巡警之法，以执御非违。

秦代有中尉，掌徼巡京师。汉武帝太初元年（前104）更名执金吾，秩中二千石。东汉执金吾徼巡宫外，卫尉巡行宫中，相为表里，以戒不虞。汉末，曹操执政时，复为中尉。晋、宋、齐、梁、陈并不置。后魏虽有中尉之职，改御史中丞名之。至北周，置武环率、武候率，各下大夫二人。至隋，置左右武候府，大业三年（607）改为左右武候卫。唐朝因之。龙朔二年（662），改为左右金吾卫。

左右金吾卫沿革，可表示如下：

中尉（秦朝）→执金吾（汉武帝）→中尉（魏武帝）→御史中丞（后魏）→左右武候府（隋）→左右武候卫（大业三年）→左右金吾卫（龙朔二年）

2. 左右金吾卫职官设置情况

左右金吾卫的职官结构，可据《唐六典》卷二十五《诸卫折冲都尉府》制表如下：

表3-6　左右金吾卫部门编制及吏员品秩简表

部门	职名	人数	品秩
	大将军	1	正三品
	将军	2	从三品
	司阶	2	正六品上
	长史	1	从六品上

---

① 李林甫：《唐六典》卷二十四《诸卫》。

续上表

部门	职名	人数	品秩
	中候	3	正七品下
录事曹	录事参军事	1	正八品上
	录事	1	
	史	2	
仓曹	仓曹参军事	2	正八品下
	府/史	2/4	
兵曹	兵曹参军事	2	正八品下
	府/史	2/5	
骑曹	骑曹参军事	1	正八品下
	府/史	2/4	
胄曹	胄曹参军事	1	正八品下
	府/史	3/3	
	司戈	5	正八品下
	执戟	5	正九品下
	亭长	2	
	掌固	4	

3. 左右金吾卫长史沿革及职掌

隋左右武候府有长史。唐左右金吾卫设长史各一人，从六品上。长史掌判诸曹、翊府及同轨、宝图等五十府之事，阅其仪仗、兵马；凡文簿典职，廪料请给，番第上下，皆审其事而总制之①。

---

① 李林甫：《唐六典》卷二十五《诸卫折冲都尉府》。

七、左右监门卫

1. 左右监门卫沿革

左右监门卫,掌宫禁门籍之法。

汉、魏有城门校尉之职。隋置左、右监门府,各将军一人,有郎将二人,校尉、直长各三十人。炀帝改左、右监门卫将军为郎将。唐朝置大将军、郎将等员。龙朔二年(662),改府为卫。

左右监门卫沿革,可表示如下:

城门校尉(汉、魏)→左右监门府(隋代)→左右监门卫(龙朔二年)

2. 左右监门卫职官设置情况

左右监门卫的职官结构,可据《唐六典》卷二十五《诸卫折冲都尉府》制表如下:

表3-7 左右监门卫部门编制及吏员品秩简表

部门	职名	人数	品秩
	大将军	1	正三品
	将军	2	从三品
	中郎将	4	正四品下
	长史	1	从六品上
录事曹	录事参军事	1	正八品上
	录事	1	
	史	2	
兵曹	兵曹参军事	1	正八品下
	府/史	3/5	
胄曹	胄曹参军事	1	正八品下
	府/史	3/4	
	亭长	2	
	掌固	4	

续上表

部门	职名	人数	品秩
	监门校尉	220	
	直长	680	
	长人长上	20	
	直长长上	20	

注：左右监门卫无仓、骑二曹。

3. 左右监门卫长史沿革及职掌

隋左右开府有长史、录事、兵曹等员。唐左右监门卫设长史各一人，从六品上，掌判诸曹及诸禁门之事，以省其出入巡检，而司其籍傍。其余职掌如左右卫[①]。

八、左右千牛卫

1. 左右千牛卫沿革

左右千牛卫，掌宫殿侍卫及供御之仪仗。

后魏有千牛备身，本掌乘舆御刀。北齐领左右府有领左右将军，亦统千牛备身。隋炀帝改左右领左右府为左右备身府，置备身郎将等官。唐贞观中，复为左右领左右府。显庆五年（660），始置左右千牛府。龙朔二年（662）改左右千牛府为左右奉宸卫，神龙元年（705）复为左右千牛卫。

左右千牛卫沿革，可表示如下：

千牛备身（后魏）→左右领左右府（北齐）→左右备身府（隋炀帝）→左右领左右府（贞观中）→左右千牛府（显庆五年）→左右奉宸卫（龙朔二年）→左右千牛卫（神龙元年）

2. 左右千牛卫职官设置情况

左右千牛卫的职官结构，可据《唐六典》卷二十五《诸卫折冲都尉府》制表如下：

---

① 李林甫：《唐六典》卷二十五《诸卫折冲都尉府》。

表 3-8　左右千牛卫部门编制及吏员品秩简表

部门	职名	人数	品秩
	大将军	1	正三品
	将军	2	从三品
	中郎将	2	正四品下
	（司阶）	2	正六品上
	长史	1	从六品上
	（中候）	3	正七品下
	录事参军事	1	正八品上
录事曹	录事	1	
	史	2	
兵曹	兵曹参军事	1	正八品下
	府/史	1/2	
胄曹	胄曹参军事	1	正八品下
	府/史	1/1	
	亭长	2	
	掌固	4	
	千牛备身	12	
	备身左右	12	
	备身	100	
	主仗	150	

注：千牛卫亦无仓、骑二曹。司阶、中候原无，据《旧唐书》卷四十四《职官志三·武官》补。

3. 左右千牛卫长史沿革及职掌

隋左右领左右府有长史以下等员。唐左右千牛卫设长史各一人，从六品上，掌判诸曹官吏之来务事①。

---

① 李林甫：《唐六典》卷二十五《诸卫折冲都尉府》。

第二节 折冲府长史

一、折冲府建置沿革及分布情况

府兵的基层组织泛称军府。西魏、北周时期，军府的长官称开府，副官称仪同开府。隋初有骠骑将军和车骑将军，军府遂改称为骠骑府。炀帝改骠骑将军和车骑将军为鹰扬郎将和鹰击郎将，军府又改称为鹰扬府。

入唐以后，军府的名称发生多次改易。武德元年（618），改隋鹰扬郎将为军头，鹰击郎将为府副。又改军头为骠骑将军，府副为车骑将军，分别设骠骑将军府和车骑将军府。武德六年，以车骑将军府隶属于骠骑将军府。武德七年改骠骑将军为统军，车骑将军为副统军，骠骑将军府改称统军府。贞观十年（636），改统军为折冲都尉，副统军为果毅都尉，诸府统称折冲都督府，简称折冲府。

由于唐代折冲府"分置于诸州而名隶诸卫及东宫六率"，因此，多称为某某卫某某府；或以其所在地，称某某州某某府，简称某某府。依据士兵人数的不等，分为上、中、下三个等级，"兵千二百人为上，千人为中，八百人为下"[①]，但京兆、河南两府之折冲府，虽不满一千二百人，亦为上府。与两京相邻的岐、华、同、怀、陕诸州，虽不满一千人，仍为中府。

从总体上看，折冲府的分布呈现出以京师为中心、由密而疏、逐渐向外扩张的特点。其中京师所在的关内道折冲府数目最多，约占总数的百分之四十，其次为东都所在的河南道，再次为河东道，其他诸道递减。

唐代的折冲府虽散置于地方诸道，但直属于中央十二卫和太子六率府。十二卫是指左右卫、左右骁卫、左右武卫、左右威卫、左右领军卫、左右金吾卫，太子六率府是指太子左右卫率、左右司御率、左右清道率。据张沛先生统计，其中"左右卫各领六十府，其余诸卫领四五十府不等，东宫六率最多只领六府，少的仅领三府"[②]。

折冲府的数目，现存史料记载不一，《唐六典》记载为594，《通典·州

[①] 欧阳修、宋祁：《新唐书》卷五十《兵志》。
[②] 张沛：《唐折冲府汇考》，三秦出版社，2003。

郡》作593，《通典·职官典》作597，《旧唐书·职官志》为594，《邺侯家传》为630，《新唐书·百官志》作633，《新唐书·兵志》为634，《唐会要》卷十为634。产生数字差异的根本原因在于上述史料所据的时代各不相同，以及统计方法上存在差别。事实上，由于折冲府一直处在不断发展变化之中，因此很难做一个十分确切的数目统计。

二、折冲府职官设置及长史品阶、职掌

折冲府的职官结构，可据《唐六典》卷二十五《诸卫折冲都尉府》制表如下：

表3-9 折冲府部门编制及吏员品秩简表

部门	职名	上府		中府		下府	
		人数	品秩	人数	品秩	人数	品秩
	折冲都尉	1	正四品上	1	从四品下	1	正五品下
	果毅都尉	2	从五品下	2	正六品上	2	从六品下
	别将	1	正七品下	1	从七品上	1	从七品下
	长史	1	正七品下	1	从七品上	1	从七品下
录事曹	录事	1		1		1	
	史	2		2		2	
兵曹	兵曹参军事	1	从八品下	1	正九品上	1	从九品下
	府/史	2/3		2/3		2、3	
	校尉	5		5		5	
	旅帅	10		10		10	
	队正	20		20		20	
	副队正	20		20		20	

长史在折冲府内是中级官吏，在折冲都尉、果毅都尉、别将之下，在兵曹参军、校尉、旅帅、队正、副队正之上。其名称由司马改称而来，原为正八品下，改为长史后，升为七品。永徽中曾一度废长史，复置司马。至圣历中，又废司马，复为长史，此后沿置。

折冲府长史的职任，据《唐六典》卷二十五："掌判兵事、仓储、车马、介胄之事，及其簿书、会要之法。"可见，长史在府务中，负有综理之责，其职任同其他类型的长史相仿。

第三节　北衙六军长史

唐前期，北衙禁军逐渐发展，形成了北衙六军。龙朔二年（662）置左右羽林军，开元二十七年（739）置左右龙武军。肃宗在凤翔，方收京城，因羽林军减耗，寇难未息，乃别置神武军，至此形成了左右羽林、左右龙武、左右神武六军，号称北衙六军，其官员建置并同南衙十六卫。

一、左右羽林军

1. 左右羽林军沿革

汉置南北军，掌卫京师。南军，相当于唐朝之南衙诸卫；北军，犹如唐之羽林军。汉武帝时置羽林，名曰建章营骑，属光禄勋，后更名羽林骑，取六郡良家子及死事之孤为之。东汉置左右羽林监，南朝因之，后魏、北周曰羽林率，隋左右屯卫，所领兵名曰羽林。龙朔二年（662），置左右羽林军。

2. 左右羽林军职官设置及长史职掌

左右羽林军的职官结构，可据《唐六典》卷二十五《诸卫折冲都尉府》制表如下：

表 3-10　左右羽林军部门编制与吏员品秩简表

部门	职名	人数	品秩
	大将军	1	正三品
	将军	2	从三品
	司阶	2	正六品上
	长史	1	从六品上
	中候	3	正七品下

续上表

部门	职名	人数	品秩
录事曹	录事参军事	1	正八品上
	录事	1	
	史	2	
仓曹	仓曹参军事	1	正八品下
	府/史	2/4	
兵曹	兵曹参军事	1	正八品下
	府/史	2/4	
胄曹	胄曹参军事	1	正八品下
	府/史	2/4	
	司戈	5	正八品下
	执戟	5	正九品下
	亭长	2	
	掌固	4	

从上表可知，长史在羽林军中为中级官员，从六品上，其职任为"掌判诸曹事"①。

二、左右龙武军

1. 左右龙武军沿革

太宗时，选飞骑之尤骁健者，别署百骑，以为翊卫之备。武后时，加置千骑，中宗加置万骑，分为左右营，置使以领之。自开元以来，与左右羽林军名曰北门四军。开元二十七年（739），改为左右龙武军，官员建置同羽林军。

---

① 李林甫：《唐六典》卷二十五《诸卫折冲都尉府》。

2. 左右龙武军职官设置及长史职掌

左右龙武军的职官结构，可据《旧唐书》卷四十四《职官志三》及《唐六典》卷二十五《诸卫折冲都尉府》制表如下：

表 3-11　左右龙武军部门编制及吏员品秩简表

部门	职名	人数	品秩
	大将军	1	正三品
	将军	2	从三品
	司阶	2	正六品上
	长史	1	从六品上
	中候	3	正七品下
录事曹	录事参军事	1	正八品上
	录事	1	
	史	2	
仓曹	仓曹参军事	1	正八品下
	府/史	2/4	
兵曹	兵曹参军事	1	正八品下
	府/史	2/4	
胄曹	胄曹参军事	1	正八品下
	府/史	2/4	
	司戈	5	正八品下
	执戟	5	正九品下
	亭长	2	
	掌固	4	
	长上	10	

说明：表中所列为左右龙武军中一龙武军编制，不含所属翊府吏员人数。

左右龙武军各设长史一人，在龙武军中属中级官吏，从六品上，掌判诸曹事。

三、左右神武军

1. 左右神武军沿革

至德二年（757），肃宗在凤翔，方收京城，以羽林军减耗，寇难未息，乃别置神武军，与羽林、龙武谓之北衙六军。

2. 左右神武军职官结构

《旧唐书·职官志三》在论及神武军职官建置时，惟称"左右羽林、左右龙武、左右神武官员并升同金吾四卫，置大将军二人，将军二人"，未提及长史。按神武军建置既同于羽林、龙武军，羽林、龙武皆置长史，可知神武军亦当置有此职。从文献记载来看，亦有史例可资证明，如《全唐文补编》卷一三八阙名《唐宗子陇西李氏（明振）再修功德记》称："次男朝议郎前守左神武军长史兼侍御史弘益……于时大唐乾宁元年岁次甲寅十月庚申朔五日甲子立。"

第四节　太子诸率府长史

唐代东宫十率府，乃仿照朝廷十六卫建制而成，不过品秩稍低而已。十率府指左右卫率府、左右司御率府、左右清道率府、左右监门率府和左右内率府。其中左右监门率府和左右内率府不领府兵，其余率府皆领府兵。但只有左右内率府领亲、勋、翊内府三，外府（折冲府）五；左右司御率府与左右清道率府都只领外府，不领内府。

一、太子左右卫率府

1. 太子左右卫率府沿革

左右卫率府掌东宫兵仗羽卫。

秦及西汉詹事府属官有太子卫率，东汉为少傅属官，秩四百石，魏因之。晋初为中卫率，泰始五年（269），分为左、右二率。惠帝为太子，加置前卫率；怀帝居东宫时，又加后卫率。故元康之中凡四卫率。成都王颖为太弟，又置中卫率，是为五率。东晋时，省前、后率，至孝武帝复置，南朝宋又省。齐左右卫率武冠，绛朝服，品第五，秩千石。梁位视御史中丞，左卫率领果毅、统远、立忠、建宁、陵锋、夷寇、祚德等七营，右卫率领崇荣、永吉、崇和、细射等四营。陈因之。后魏太和二十二年（498），太子左右卫率从第三品。北齐有太子左右卫坊率。后周东宫官员有司戎、司武、司卫之类。至隋文帝，始分置左右卫率、左右宗卫率、左右虞候开府、左右内率、左右监门率，凡十府，以备储闱武卫之职。炀帝改左右卫率为左右侍率，唐初复为左右卫率。龙朔二年（662）改左右卫率为左右典戎卫，咸亨时又改为左右卫率。

左右卫率府沿革，可表示如下：

卫率（秦、西汉）→左右卫率（晋、宋、齐、梁、陈、后魏）→左右卫坊率（北齐）→左右卫率（隋文帝）→左右侍率（隋炀帝）→左右卫率（唐初）→左右典戎卫（龙朔二年）→左右卫率（咸亨）

2. 太子左右卫率府职官结构

太子左右卫率府的职官结构，现据《唐六典》卷二十八《太子左右卫率府》制表如下：

表3-12 太子左右卫率府部门编制及吏员品秩简表

部门	职名	人数	品秩
	率	1	正四品上
	副率	2	从四品上
	司阶	1	从六品上
	长史	1	正七品上
	中候	2	从七品下
	录事参军事	1	从八品上
录事曹	录事	1	
	史	2	

续上表

部门	职名	人数	品秩
仓曹	仓曹参军事	1	从八品下
	府/史	1/2	
兵曹	兵曹参军事	1	从八品下
	府/史	2/3	
胄曹	胄曹参军事	1	从八品下
	府/史	2/2	
	司戈	2	从八品下
	执戟	3	从九品下
	亭长	2	
	掌固	2	

说明：（1）表中数据为左右卫率府中之一率府，以下左右司御率府、左右清道率府、左右监门率府、左右内率府并同此。（2）表中数据不含左右卫率所辖的亲、勋、翊府吏员。

3. 太子左右卫率府长史沿革及职掌

隋左右卫率各设长史一人。唐朝因之，各设长史一人，正七品上。"长史掌判诸曹及三府、五府之贰。凡府事，大事则从其长，小事则专达。季秋，以其属官之状上于率，而为之考课"①。

二、太子左右司御率府

1. 太子左右司御率府沿革

太子左右司御率府掌领宗人侍卫，职掌类似于朝廷中之左右领军将军。

隋文帝置左右宗卫率各一人、副率二。炀帝改为右右武侍率，唐初复为左右宗卫。龙朔二年（662）改为左右司御卫率府，神龙初又为宗卫，开元初复为左右司御率府。

---

① 李林甫：《唐六典》卷二十八《太子左右卫率府》。

太子左右司御率府沿革，可表示如下：

左右宗卫率（隋文帝）→左右武侍率（隋炀帝）→左右宗卫率（唐初）→左右司御卫率府（龙朔二年）→宗卫率（神龙中）→左右司御率府（开元初）

2. 太子左右司御率府职官结构

太子左右司御率府的职官结构，现据《唐六典》卷二十八《太子左右卫率府》制表如下：

表3-13 左右司御率府部门编制及吏员品秩简表

部门	职名	人数	品秩
	率	1	正四品上
	副率	2	从四品上
	司阶	1	从六品上
	长史	1	正七品上
	中候	2	从七品下
录事曹	录事参军事	1	从八品上
	录事	1	
	史	2	
仓曹	仓曹参军事	1	从八品下
	府/史	1/2	
兵曹	兵曹参军事	1	从八品下
	府/史	2/3	
胄曹	胄曹参军事	1	从八品下
	府/史	2/3	
	司戈	2	从八品下
	执戟	3	从九品下
	亭长	2	
	掌固	2	

3. 太子左右司御率府长史沿革及职掌

隋置左右虞候开府,有长史及四曹参军;至炀帝改为率府,唐朝因之,设长史各一人,正七品上,掌判诸曹及郊城等三府之贰,其余职掌皆如左右卫率府①。

三、太子左右清道率府

1. 太子左右清道率府沿革

太子左右清道率府掌东宫内外昼夜巡警之法,以戒不虞。

隋文帝置左右虞候,各开府一人,掌斥候非违,职拟朝廷中之左、右金吾将军;炀帝改为左右虞候率,又各置副率二人。唐初因之。龙朔二年(662)改为左右清道卫,神龙初又为虞候率府,开元初复为清道率府。

太子左右清道率府沿革,可表示如下:

左右虞候(隋文帝)→左右虞候率(隋炀帝)→左右清道卫(龙朔二年)→虞候率府(神龙初)→清道率府(开元初)

2. 太子左右清道率府职官设置

太子左右清道率府职官结构,可据《唐六典》卷二十八《太子左右卫率府》制表如下:

表3-14 太子左右清道率府部门编制及吏员品秩简表

部门	职名	人数	品秩
	率	1	正四品上
	副率	2	从四品上
	司阶	1	从六品上
	长史	1	正七品上
	中候	2	从七品下

---

① 李林甫:《唐六典》卷二十八《太子左右卫率府》。

续上表

部门	职名	人数	品秩
录事曹	录事参军事	1	从八品上
	录事	1	
	史	2	
仓曹	仓曹参军事	1	从八品下
	府/史	1/2	
兵曹	兵曹参军事	1	从八品下
	府/史	2/3	
胄曹	胄曹参军事	1	从八品下
	府/史	2/2	
	司戈	2	从八品下
	执戟	3	从九品下
	亭长	2	
	掌固	2	

3. 太子左右清道率府长史沿革及职掌

长史各一人，正七品上。长史掌判诸曹及绛邑等三府之贰，余如左、右卫率府①。

四、太子左右监门率府

1. 太子左右监门率府沿革

左右监门率府率掌东宫诸门禁卫之法。

隋文帝置左右监门率各一人、副率各二人，掌诸门禁，职拟朝廷中之左右监门将军，各有直长十人。炀帝改为左右宫门将，降为正五品。唐初复改为监门率。龙朔二年（662）改为左、右崇掖卫，咸亨复旧。垂拱中改为鹤禁

---

① 李林甫：《唐六典》卷二十八《太子左右卫率府》。

卫,神龙初复为左右监门率府。

太子左右监门率府沿革,可表示如下:

左右监门率(隋文帝)→左右宫门将(隋炀帝)→左右监门率(唐初)→左右崇掖卫(龙朔二年)→左右监门率(咸亨中)→鹤禁卫(垂拱中)→左右监门率(神龙初)

2. 太子左右监门率府职官结构

太子左右监门率府的职官结构,现据《唐六典》卷二十八《太子左右卫率府》制表如下:

表3-15 太子左右监门率府部门编制及吏员品秩简表

部门	职名	人数	品秩
	率	1	正四品上
	副率	2	从四品上
	长史	1	从七品上
录事曹	录事参军事	1	正九品上
	录事	1	
	史	2	
仓曹	仓曹参军事	1	正九品下
	府/史	1/2	
胄曹	胄曹参军事	1	正九品下
	府/史	2/2	
	亭长	2	
	掌固	2	
	监门直长	78	

3. 太子左右监门率府长史沿革及职掌

隋置左右监门率,有长史以下等员,唐朝因之,设长史各一人,从七品上，掌判诸门禁卫之贰①。

五、太子左右内率府

1. 太子左右内率府沿革

左右内率之职，掌东宫千牛备身侍奉之事，而立其兵仗，总其府事。

隋文帝置左右内率、副率。领东宫千牛、备身侍奉之事，职拟朝廷之千牛将军。其备身有：千牛备身八人，掌执千牛刀；备身左右十六人，掌供奉弓箭；备身二十人，掌宿卫侍从。炀帝降内率为正五品，唐初加至四品上。龙朔二年（662）改为左右奉裕率，神龙初复为左右内率府。

太子左右内率府沿革，可表示如下：

左右内率（隋文帝）→左右奉裕率（龙朔二年）→左右内率（神龙初）

2. 太子左右内率府职官结构

太子左右内率府的职官结构，现据《唐六典》卷二十八《太子左右卫率府》制表如下：

表3-16 太子左右内率府部门编制及吏员品秩简表

部门	职名	人数	品秩
	率	1	正四品上
	副率	2	从四品上
	长史	1	从七品上
录事曹	录事参军事	1	正九品上
	录事	1	
	史	2	
兵曹	兵曹参军事	1	正九品下
	府/史	1/2	

---

① 李林甫：《唐六典》卷二十八《太子左右卫率府》。

续上表

部门	职名	人数	品秩
胄曹	胄曹参军事	1	正九品下
	府/史	1/1	
	亭长	2	
	掌固	2	
	千牛	16	
	备身	28	
	主仗	60	

注：内率府无仓曹。

3. 太子左右内率府长史沿革及职掌

隋置右右内率，有长史以下等员，唐朝因之，设长史各一人，从七品上，掌判诸曹官吏及千牛、备身之贰，余如左右卫率府①。

第五节　唐初秦王齐王护军府、亲事府长史

唐高祖建国之初，以长子李建成为太子，而以第二子李世民为秦王、第三子李元吉为齐王，秦王、齐王府官之外，又各置左右六护军府及左右亲事帐内府。护军府及亲事府的职官结构，现摘引《旧唐书》卷四十二《职官志一》如下：

左一右一护军府：
　　护军各一人，正第四品下。掌率统军已下侍卫陪从。
　　副护军各二人，从四品下。
　　长史各一人，从七品下。
　　录事参军各一人，从八品，有录事及府史，并流外。
　　仓曹参军事各一人，兵曹参军事各一人，铠曹参军事各一人。

---

① 李林甫：《唐六典》卷二十八《太子左右卫率府》。

并正九品下,各有府史,并流外。

统军各五人,别将各十人,分掌领亲勋卫及外军。

左二右二护军府、左三右三护军府:

各减统军三人,别将六人。余职员同左一右一府。

左右亲事府:

统军各一人,正四品下。掌率左右别将、侍卫陪从。

长史一人,正八品下。

录事参军事各一人,正九品上,有录事及府史,并流外。

兵曹参军事各一人,铠曹参军事各一人。并正九品下,各有府史,并流外。

左别将各一人,右别将各一人,正五品下。掌率亲事以上侍卫陪从。其帐内府职员品秩,与统军府同。又有库直及驱咥直,库直隶亲事府,驱咥直隶帐内府。

第六节　诸镇长史

地方镇戍为地方军事机构,主要承担防卫之责,魏有镇东、镇西、镇南、镇北四镇将军,后代因之,"隋因始置镇将、镇副之名"[1]。唐循隋制,重要边防地带,设镇戍关渎,至天宝间,天下"镇有四百五十"[2]。

关于诸镇官员结构,现引《唐六典》卷三十《三府督护州县官吏》所述如下:

上镇:将一人,正六品下;镇副一人,正七品下。(魏有镇东、镇西、镇南、镇北将军之名,晋、宋已后皆因之。隋有镇将、镇副,皇朝因之。)

录事一人,史二人。

---

[1] 刘昫:《旧唐书》卷四十四《职官志三》。
[2] 王溥:《唐会要》卷七十《州县分望道》。

仓曹参军事一人，从八品下；（职同诸州司仓。）佐一人；史二人。

兵曹参军事一人，从八品下；佐二人；史二人。仓督一人；史二人。

中镇：将一人，正七品上；镇副一人，从七品上。录事一人。兵曹参军事一人，正九品下；佐一人；史四人。仓督一人，史二人。

下镇：将一人，正七品下；镇副一人，从七品下。录事一人。兵曹参军事一人，从九品下。佐一人；史二人；仓督一人；史一人。

以上《唐六典》所引诸镇官职名称，均未涉及长史一职，但《旧唐书》卷四十二《职官志一》云"《武德令》有中镇长史"，《旧唐志》列于正八品下阶；又称"《武德令》有下镇长史"，列于从八品下阶。《旧唐志》未及上镇长史，但高祖立国之初，官制多依隋旧，未遑创立新制，而隋代上、中、下镇皆设长史，因此，颇疑唐武德中，上镇亦设有长史一职，只不过《旧唐志》缺载罢了。又按《唐六典》，上、中、下镇均未载长史一职，说明至迟到玄宗时代，诸镇长史一职已废。但今人谢稚柳《敦煌艺术叙录》称："光化三年十二月二十二日，悬泉长史齐乙达……巡此圣迹，因为后记。""悬泉"为镇名，属于沙州，光化为昭宗年号，光化三年为公元900年。这说明，至迟到昭宗时，唐代出于充实诸镇官员结构的考虑，重新设置了长史一职。

第四章
唐代的行军长史

一、行军长史的建置

唐代军队出征,临时组建统兵机构,由指挥系统和僚佐系统共同组成。前者包括行军统帅和各级军将,后者包括长史、司马和仓曹、胄曹(铠曹)、兵曹参军等僚属人员。前者以行军统帅为代表,后者以行军长史为代表。行军统帅的称号,主要有行军元帅和行军大总管两种,而以行军大总管为常见。其区别在于"凡亲王总戎,曰元帅;文武官总统者,则曰总管"①。

关于行军长史等僚佐的设置,《唐六典》卷五"兵部郎中"条称:"凡将帅出征,兵满一万人以上,置长史、司马、仓曹、胄曹、兵曹参军各一人。五千人以上,减司马。"可见,出征时,不管出征人数是否达到了一万,长史和仓、胄、兵三曹参军是基本的僚职建置,司马一职的设置,则要看是否超过万人,万人以上置,万人以下则不置。

值得注意的是,中宗以后,由于战事减少,社会趋于稳定,临时出征性质的行军大总管逐渐演变为常年御边的镇军统帅。至玄宗开元九年(721),朔方道行军大总管改易为朔方节度使,行军大总管基本失去了原初的含义,而逐渐为各道节度使所替代。随之,原来行军幕府中的一些不适应边镇情况的幕职名称也为新的职名所取代,形成了边镇幕府的新体制。关于这一变化,《通典》卷三十二《职官十四》说得很清楚:

> 自汉魏至隋,总戎出征,则刺史、都督、将军等官置长史、司

---

① 刘昫:《旧唐书》卷四十三《职官志二》。

马、诸曹参军，为之僚佐，按官置司。大唐本制，大总管乃前代专征之任，其僚佐亦多同之。自后改为节度大使，置副使、判官以为僚佐，如前代长史以下之任。然长史、司马及诸曹是曰官名，副大使、副使、判官乃为使职。有所改易，合随府主。置大使则有副使以下，今若改名，使府不合设官充其僚吏。盖因授任者莫详其源，既有副使，又置司马，参杂重设，遂为其例。况不标于甲令，固须区别，著定恒规也。

这段话主要是说明唐代幕府职名改易的原因是为了区别官名与使职，以避免混淆。其中很突出的一个变化是，节度使作为镇军统帅时，其属官中只有副使、判官等，并无长史一职。因为长史是"官名"，也即所谓的朝廷正员，节度使是"使职"，原本是属于非正式官僚系统的，而"使府不合设官充其僚吏"。因此，杜佑认为，长史是被副使或判官取代了，因为副使、判官也是使职。

行军长史的职权被副使或判官所代，表面上看是官名改易，然而其深层原因却并非如此，至少在一定程度上，反映了安史之乱后唐朝中央权力的下降，以及对地方控制力的减弱。

安史之乱后，为防御强大的外族入侵，唐政府放弃了旧的自给的民兵制，而代之以长期服役的职业军队。他们大部分驻守在各个边境的常备军中，这些常备军在节度使统辖下组成强大的地方藩镇。节度使对边境某一战略防区全面负责，这样他们才能比中央指挥的体制更迅速有力地对外来的攻击做出反应。表面上看，这更有利于维护帝国的边防，实际上这样做的后果是，帝国的大部分军事力量集中在少数边境将领手里，中央只有很少军队可资调遣。在外族入侵或者镇压叛乱的藩镇时，朝廷再也无力组织强大的军队，而只能借助于各地勤王的藩镇。这些藩镇平时就不听中央的指令，战时更是自辟行军僚属，朝廷再也无力为其指派行军长史，而只能听从藩将自行辟署。这就是为什么我们在中唐以后，很少再在史籍中看到行军长史了。

二、行军长史的地位及职掌

行军长史在军队僚佐中的地位很高，在司马及诸曹参军之上，通常被称为首僚。与前代不同，唐廷一般以朝廷重臣担任，如长寿二年（693），默啜犯塞，武后以薛怀义为朔方道行军大总管，以内史李昭德为行军长史，率军出击①。内史为宰相，以宰相充任行军长史，这固然与武后宠爱薛怀义有关，但也说明行军长史的职位非寻常官员可以获得。又如建中三年（782），蔡帅李希烈反叛，德宗以普王李谊为襄汉元帅，以户部尚书萧复为行军长史，率军讨伐②。朝廷以高级官员充当长史等僚佐，主要目的还在于牵制和监督出征统帅。

在行军作战中，行军长史一般起参谋军务的作用，但在非常时期，可代主帅总决戎机。如武德元年（618）讨伐薛举，秦王李世民为统帅，但身体不适，军事大权委于行军长史刘文静③。又如武德四年（621），唐军攻打萧铣时，高祖以李孝恭为行军总管，以李靖为行军长史，"高祖以孝恭未更戎旅，三军之任，一以委靖"④。由于李靖精通兵法，这次战役出征顺利，很快攻克了萧铣盘踞的江陵。行军长史有时还兼任大总管属下的行军子总管一职，则兼具僚佐与属将双重身份。如武德四年，李靖上书十策以图萧铣，"高祖从之，授靖行军总管，兼摄孝恭行军长史"⑤。不过，这只是唐初平定天下的时期，贞观以后则非常少见。

当然，以上两例中的刘文静、李靖实际上是以长史的身份充任行军统帅的职能，并非一般的僚佐。但这种情况只是非常时期的特例，更普遍的是，长史仍只是行军时的首僚，并非主官。

关于行军长史的具体职掌，史籍缺乏明确、详细的记载，但从有关职司同类官号的职掌可以推知。《唐六典》卷二十四在论及左右卫长史的职掌时称："掌判诸曹、亲、勋、翊五府及武安、武成等五十府之事，以阅兵仗、羽仪、车马。凡文簿典职、廪料请给、卒伍军团之名数，器械粮储之主守，大事则从其长，小事则专达。"

行军长史的职掌与左右卫长史虽然不能完全相同，但行军长史掌领兵、仓、胄诸曹和文簿案牍、廪料供给、卒伍名数、器械粮储等必无疑问，可以说，长史对行军时的具体事务负有全面之责。长史的职掌颇类同于现代军队中的参谋长或后勤部长之职。

---

① 刘昫：《旧唐书》卷一百八十三《薛怀义列传》。
② 刘昫：《旧唐书》卷一百五十《李谊列传》。
③ 刘昫：《旧唐书》卷五十五《薛举列传》。
④⑤ 刘昫：《旧唐书》卷六十七《李靖列传》。

三、唐代行军长史的选任方式

唐代行军长史的选任方式主要有两种：一是朝廷任命，二是将帅辟署。

1. 朝廷任命

由于行军长史为行军时的首僚，地位高，权任重，因而唐代的行军长史，大多以朝廷任命为主。史传中，经常可看到这类任命方式。如武德年间，高祖任命右卫大将军张瑾为并州道行军总管，任命温彦博为行军长史，率军出击突厥①。武德四年（621），唐军攻打萧铣，高祖任命李孝恭为行军统帅，任命李靖为行军长史②。武周延载元年（694），武则天任命薛怀义为朔方道行军大总管，任命内史李昭德为行军长史，率军出击默啜③。建中三年（782），蔡帅李希烈叛，德宗任命普王李谊为行军元帅，任命萧复为行军长史，率军讨伐④，等等，都是由朝廷直接任命为行军长史的事例。

2. 将帅辟署

行军统帅自行征辟长史在唐代偶亦有之。如秦王李世民为渭北道行军元帅时，引殷峤为其长史⑤。

行军统帅对长史等僚属的辟署权是唐代法律赋予的权力。《唐律疏议》卷九《职制》"署官过限及不应置而置"条称："诸官有员数，而署置过限及不置而置，一人杖一百，三人加一等，十人徒二年……即军务要速，量事权置者，不用此律。"疏议对此解释道："'军务要速，量事权置者'，谓行军之所，须置权官，不当署制之罪，故云'不用此律'。"

这条律文明确规定，出征时，行军统帅可以根据形势需要，自行署置一些"权官"，从而从法律上保障了行军统帅的辟署权。

不过，唐代的行军辟署权与隋以前的辟置制不同，隋以前基本上是统帅自行征辟僚佐，具有完整意义上的辟署权。唐代则不同，行军统帅虽有"量事权置"的权力，但辟署的僚属要得到朝廷的批准或预先得到朝廷的特许，尤其是长史、司马等高级僚佐，朝廷拥有最后决定权。因此，唐代的辟署权

---

① 刘昫：《旧唐书》卷六十一《温彦博列传》。
② 刘昫：《旧唐书》卷六十七《李靖列传》。
③ 刘昫：《旧唐书》卷一百八十三《薛怀义列传》。
④ 刘昫：《旧唐书》卷一百五十《李谊列传》。
⑤ 刘昫：《旧唐书》卷五十八《殷峤列传》。

是一种不完全和有限度的辟署。就形式而言，行军辟署制可分为奏授辟署制和承制辟署制两种。前一种是指辟署计划要上报朝廷并得到批准才有效，要先奏后授，其特点是统帅自辟与朝廷任命相结合。后一种是行军统帅事先得到皇帝的特许，可以在一定范围内自行辟署一定数量的僚属。就长史而言，前一种较常见，后一种则主要出现在唐初战乱时期。史传的记载也正是如此，由朝廷任命行军长史的事例很多，而由将帅自行辟署的行军长史则很少见。

第五章
唐代雍洛二州及大都督府长史

唐代雍、洛二州为二京所在地，地位显著。各大都督府一般为军事重地或经济要镇，地位亦高出一般州郡。二京长史及各大都督府长史皆为当地实际最高领导，不同于一般州郡长史的僚佐性质，因此，需要将其特列一章论述，以作区别。

第一节　唐代雍洛二州长史

唐代雍州为京都所在地，洛州为东都所在地，地位突出，非寻常州郡可比。二州最高长官称州牧，一般由亲王担任，但亲王多不理事，而以长史作为实际最高领导。《新唐书·百官志四下》说"京兆、河南牧，大都督，大都护，皆亲王遥领。两府之政，以尹主之"。所谓"两府之政，以尹主之"，说的是二州改府、长史改尹以后的情况，在此之前，二州的政务由长史负责。需要指出的是，贞观二十三年（649）以前，雍、洛二州的实际长官皆称别驾。例如刘德威，"（贞观）十一年，复授大理卿……数岁，迁刑部尚书，兼检校雍州别驾"[①]。贞观二十三年，改别驾曰长史[②]。开元元年（713），雍、洛二州分别改称京兆府、河南府，改长史曰府尹，因而这二州的长官称为长史的实际时间段，始于贞观二十三年，讫于开元元年。

[①] 刘昫：《旧唐书》卷七十七《刘德威列传》。
[②] 关于雍州别驾改为长史的年代，史料记载不一：《唐会要》卷六十七《旧唐书·高宗纪》《旧唐书·职官志一》皆称贞观二十三年，《新唐书·百官志四下·外官》称"永徽中，改尹曰长史"，《唐六典》卷三十亦称"永徽中，改为长史"。今从《会要》《旧纪》及《旧志》。

一、唐雍州、洛州建置沿革

关于雍、洛二州的建置沿革，现引《旧唐书·地理志一》所叙如下：

雍州：

京兆府：隋京兆郡，领大兴、长安、新丰、渭南、郑、华阴、蓝田、鄠、盩厔、始平、武功、上宜、醴泉、泾阳、云阳、三原、宜君、同官、华原、富平、万年、高陵二十二县。武德元年，改为雍州。改大兴为万年，万年为栎阳，分栎阳置平陵，以渭南县属华州，分醴泉置温秀县，分云阳置石门县。二年，分万年置芷阳县，分蓝田置白鹿县，分泾阳、始平置咸阳县，分高陵置鹿苑县，改平陵为粟邑县，分醴泉置好畤县，分盩厔置终南县。三年，改白鹿为宁人县，分蓝田置玉山县，分始平置醴泉县。仍分武功、好畤、盩厔、扶风四县置稷州，分温秀、石门二县置泉州。四年，改三原为池阳。五年，复以华州之渭南来属。六年，改池阳为华池县。七年，废芷阳入万年县。贞观元年，废鹿苑入高陵县，废宁人、玉山入蓝田县，改云阳为池阳县，改华池为三原县。废稷州，以武功、好畤、盩厔三县来属。八年，废粟邑入栎阳县，废终南入盩厔县，废云阳入池阳县。仍改池阳为云阳县。废上宜入岐州之岐阳县。十七年，罢宜州，以华原、同官二县来属。二十年，又置宜君县。永徽二年，废宜君。乾封元年，置明堂、乾封二县。咸亨元年，置美原县。文明元年，置奉天。天授元年，改雍州为京兆郡，其年复旧。二年，分始平、武功、奉天、盩厔、好畤等县置稷州；云阳、泾阳、醴泉、三原、富平、美原等县置宜州。大足元年罢，以鸿、宜、鼎、稷四州依旧为县，以始平等十七县还隶雍州。长安二年，废乾封、明堂二县。景龙三年，以邠州之永寿、商州之安业二县来属。景云元年，复以永寿属邠州，安业隶商州。开元元年，改雍州为京兆府，复隋旧名。四年，改同州蒲城县为奉先县，仍隶京兆府。天宝元年，以京师为西京。七载，置贞符县。十一年废。旧领县十八，户二十万七千六百五十，口九十二万三千三百二十。天宝领县二十三，户三十六万二千九百二十一，口一百九十六万七千一百八十八。

洛州：

河南府：隋河南郡。武德四年，讨平王世充，置洛州总管府，领洛、郑、熊、谷、嵩、管、伊、汝、鲁九州。洛州领河南、洛阳、偃师、巩、阳城、缑氏、嵩阳、陆浑、伊阙等九县。其年十一月，罢总管府，置陕东道大行台。九年，罢行台，置洛州都督府，领洛、怀、郑、汝等四州，权于府置尚书省。贞观元年，割谷州之新安来属。七年，又割谷州之寿安来属。八年，移治所于河南县之宣范坊。十八年，废都督府，省缑氏、嵩阳二县。显庆二年，置东都，官员准雍州。是年，废谷州，以福昌、长水、永宁、渑池等四县，怀州之河阳、济源、温、王屋，郑州之汜水来属。龙朔二年，又以许州之阳翟，郑州之密县，绛州之垣县来属。乾封元年，以垣县隶绛州。咸亨四年，又置柏崖、大基二县。其年，省柏崖县。上元元年，复置缑氏县。永淳元年，复置嵩阳县。光宅元年，改东都为神都。垂拱四年，置永昌县。载初元年，置武临县。天授元年，置武泰县，寻废。仍改郑州之荥阳、武泰来属。三年，置来廷县。神龙元年，改神都复为东都；废永昌、来廷三县；改武泰、荥阳还郑州。先天元年，置伊阙县。开元元年，改洛州为河南府。二十二年，置河阴县。天宝元年，改东都为东京也。天宝，领县二十六，户十九万四千七百四十六，口一百一十八万三千九十三。

雍州、洛州在开元元年分别改为京兆府和河南府，长史均改称尹。

二、二州职官建置及长史品阶、职掌

关于雍、洛二州的职官结构，史籍缺乏详细的记载，《唐六典》卷三十《三府督护州县官吏》记载了京兆府、河南府的职官设置情况，由于二府分别由雍、洛二州改名而来，其职官建置与二州基本一致。现据《唐六典》所述，制表如下：

表5-1 唐代雍洛二州部门编制与吏员品秩简表

部门	职名	人数	品秩
	州牧（府牧）	1	从二品
	长史（府尹）	1	从三品
	司马（少尹）	2	从四品下
司录曹	司录参军事	2	正七品上
	录事	4	从九品上
	府/史	2/2	

续上表

部门	职名	人数	品秩
功曹	功曹参军事	2	正七品下
	府/史	6/12	
仓曹	仓曹参军事	2	正七品下
	府/史	8/16	
户曹	户曹参军事	2	正七品下
	府/史	11/22	
	账史	1	
兵曹	兵曹参军事	2	正七品下
	府/史	9/18	
法曹	法曹参军事	2	正七品下
	府/史	9/18	
士曹	士曹参军事	2	正七品下
	府/史	7/14	
	参军事	6	正八品下
	经学博士	1	从八品上
	助教	2	
	医学博士	1	
	助教	1	
	执刀	15	
	典狱	18	
	问事	12	
	白直	24	

《唐六典》虽然说的是京兆、河南二府的情况，但因二府是由雍、洛二州改名而来，其职官结构与二州应该是一样的。其中，府尹是由原来的长史改

名而来。原雍洛二州长史的品阶，据《旧唐书·职官志一》"旧雍、洛长史从四品上，景云二年加秩为从三品"，与改为府尹后的品阶一样。

由于二府是由二州改名而来，二州长史的职掌，实际上等同于二府府尹的职掌。关于二府府尹的职掌，现引《旧唐书》卷四十四《职官志三》说明如下：

> 京兆、河南、太原牧及都督、刺史掌清肃邦畿，考核官吏，宣布德化，抚和齐人，劝课农桑，敦敷五教。每岁一巡属县，观风俗，问百年，录囚徒，恤鳏寡，阅丁口，务知百姓之疾苦。部内有笃学异能闻于乡闾者，举而进之。有不孝悌，悖礼乱常，不率法令者，纠而绳之。其吏在官公廉下己，清直守节者，必谨而察之。其贪秽谄谀，求名狥私者，亦谨而察之。皆附于考课，以为褒贬。若善恶殊尤者，随即奏闻。若狱讼疑议，兵甲兴造便宜，符瑞尤异，亦以上闻。其常则申于尚书省而已。若孝子顺孙，义夫节妇，精诚感通，志行闻于乡闾者，亦具以申奏，表其门闾。其孝悌力田，颇有词学者，率与计偕。其所部有须改更，得以便宜从事。

由于二府府牧皆由亲王担任，但实际不管具体政务，二府之政，皆由府尹"专总府事"，故而以上所引，实际上乃是府尹的职任，也即改州为府之前的二州长史的职任。

第二节　唐代大都督府长史

魏文帝时，在地方建立都督诸州诸军事制度，督一州或数州军事，并以征、镇、安、平、宁诸方面将军出任该区域的都督职务。两晋时期，都督诸州诸军事制度发展至成熟阶段，成为比较稳定的地方军管区制度，职能机构及长史等僚属开始出现，此时长史的主要职责在参理军政。南北朝时，魏晋时期兴起的都督诸州诸军事制度发展为都督府制度，北周改都督府为总管府，隋代亦多称总管府。总管府、都督府成为地方最高军管区，职任兼及军事与民政，皆设长史作为上佐，此时长史开始参理民政。唐代建立以后，沿袭了隋代总管府的建置。武德七年（624），改总管府为都督府。都督府兼具地方最高军区与高级行政区划的双重属性①，相应地，其长史逐渐演变为以处理民政为主。

都督府是唐朝的地方高级行政管理机关和行政区划，是唐代政治体制的重要层级。唐代都督府的数量迭有升降，不同的时期数量不同。据艾冲《唐代都督府研究》统计②，武德中共置80个都督府，管领550个州级政区。贞观十四年（640），降为46个，管领360个州。贞观二十三年（649）有都督府47个，共管理280州。开元二十九年（741），都督府为48个，管州327个。

如同地方中下级行政区划州、县一样，数量众多的都督府也存在等级的差别。武德中，分为"大都督府""上都督府""都督府"三个等级。景云二年（711）分为大、中、下三个等级。开元元年（713），分为上、中、下三等都督府。开元后期，分为大、中、下三等。

大都督府一般设置于战略要地，上、中、下都督府则主要是视管州数量的多少而定，管十州以上的为上都督府，不及十州的，或为中都督府，或为下都督府。唐代上、中、下都督府的长史是一般的僚佐，与普通州郡长史并无本质区别。而大都督府的长史则是本府的实际长官，并非寻常的僚佐性质。郁贤皓先生《唐刺史考全编》将大都督府长史收入，正是基于这种考虑。因此，本文亦将大都督府长史特立一章，而将上、中、下都督府长史归于一般州郡长史加以讨论。

一、唐代大都督府的置废

唐代先后设立的大都督府有以下十九个。

1. 幽州大都督府

武德七年（624），改幽州大总管府为大都督府，九年，降为都督府；开元十三年（725），升幽州都督府为大都督府（《旧唐书》卷四十《地理志三》），至唐末，一直为大都督府。

---

① 关于唐代都督府的行政属性，艾冲先生在《唐代都督府研究》（西安地图出版社，2005）第四章第一节"唐代都督府的职权与属性"中，分别从都督府的职责权限、机构设置、吏员编制、治所、管区和分等诸方面进行了详细的论证，读者可做参考。

② 艾冲：《唐代都督府研究》，西安地图出版社，2005。

2. 并州大都督府

武德七年（624）改并州大总管府为并州大都督府，贞观二年（628）降为都督府，龙朔二年（662），复升为大都督府（《唐会要》卷六十八《诸府尹》）。天授元年（690），置北都兼都督府（《旧唐书》三十九《地理志二》）。神龙元年（705）二月，降北都为并州大都督府（《旧唐书》卷七《中宗本纪》）。开元十一年（723），又置北都，改并州为太原府（《旧唐书》卷三十九《地理志二》）。

3. 安州大都督府

武德七年（624），置大都督府。贞观六年（632），罢都督府；七年，又置为中都督府；十二年，罢都督府。天宝元年（742），改为安陆郡，依旧为都督府。乾元元年（758），复为安州（《旧唐书》卷四十《地理志三》）。

4. 广州大都督府

武德七年（624），改总管为大都督，贞观中改为中都督府（《旧唐书》卷四十一《地理志四》）。

5. 荆州大都督府

武德七年（624），改荆州大总管府为大都督府；贞观二年（628），降为都督府（《旧唐书》卷三十九《地理志二》，而《会要》卷六十八称贞观十七年降为都督府），龙朔二年（662），升为大都督府；天宝元年（742），改为江陵郡；乾元元年（758）三月，复为荆州大都督府。上元元年（760）九月，置南都，以荆州为江陵府，长史为尹（《旧唐书》卷三十九《地理志二》）。

6. 扬州大都督府

武德九年（626），置大都督府（《旧书》卷四十《地理志三》"扬州条"。"润州"条称，武德八年置扬州大都督府）；贞观十年（636），降为都督府；龙朔二年（662），升为大都督府。天宝元年（742），改为广陵郡，依旧大都督府（《旧唐书》卷四十《地理志三》"扬州"条），至唐末，一直为大都督府。

7. 益州大都督府

武德九年（626），置大都督府；贞观二年（628），降为都督府（《会要》卷六八）。龙朔二年（662），升为大都督府。天宝元年（742），改益州为蜀郡，依旧大都督府，督剑南三十八郡。天宝十五年（756），玄宗幸蜀，驻跸成都。至德二年（757）十月，驾回西京，改蜀郡为成都府，长史为尹（《旧唐书》卷四十一《地理志四》）。

8. **鄜州大都督府**

贞观六年（632），设鄜州大都督府，九年，复为都督府（《旧唐书》卷三十八《地理志一》）。

9. **潞州大都督府**

贞观八年（634）置潞州大都督府，十年，改为都督府；开元十七年（729），以玄宗历职此州，置大都督府；天宝元年（742），改为上党郡。乾元元年（758），依旧为潞州大都督府（《旧唐书》卷三十九《地理志二》），至唐末一直为大都督府。

10. **凉州大都督府**

咸亨元年（670），设凉州大都督府，督凉、甘、肃、伊、瓜、沙、雄七州。上元二年（675），为中都督府（《旧唐书》卷四十《地理志三》）。

11. **冀州大都督府**

龙朔二年（662）十二月，改魏州为冀州大都督府，改冀州为魏州（《旧唐书》卷四《高宗本纪上》）；咸亨三年（672）九月，冀州大都督府复为魏州，魏州复为冀州（《旧唐书》卷五《高宗本纪下》）。

12. **灵州大都督府**

至德元年（756）七月，改灵武郡为灵州大都督府；乾元元年（758），复为灵州（《旧唐书》卷三十八《地理志一》），至唐末，一直为大都督府。

13. **陕州大都督府**

广德元年（763），吐蕃犯京师，车驾幸陕州，乃以陕州置大都督府。天祐初，昭宗迁都洛阳，驻跸陕州，改为兴德府。哀帝即位，复改为大都督府（《旧唐书》卷三十八《地理志一》）。

14. **云州大都督府**

《旧唐书》卷十一《代宗本纪》称："（广德二年）二月，丁卯，司徒、兼中书令郭子仪充河东副元帅、河中等处观察，兼云州大都督、单于镇北大都护。"证知至迟到广德二年（764），已设云州大都督府。废年不详。

15. 魏州大都督府

大历二年（767）正月，升魏州为大都督府（《旧唐书》卷十一《代宗本纪》），至唐末，一直为大都督府。

16. 恒州（镇州）大都督府

兴元元年（784）六月一日，升为大都督府。元和十五年（820）二月，改恒州为镇州（《唐会要》卷七十一《州县改置下》）。

17. 郓州大都督府

贞元四年（788）正月，升郓州为大都督府（《旧唐书》卷十三《德宗本纪下》）。元和二年（807）八月，以建王审为郓州大都督（《唐会要》卷七十八《亲王遥领节度使》）。废年不详。

18. 定州大都督府

贞元十三年（797）八月，升定州为大都督府（《旧唐书》卷十三《德宗本纪下》）；元和十四年（819），定州大都督府复改为上州（《旧唐书》十五《宪宗本纪下》）。

19. 襄州大都督府

永贞元年（805）五月，升襄州为大都督府（《旧唐书》卷十四《顺宗本纪》）。废年不详。

唐代大都督府的建置，情况较为复杂，从总体上看，显得很不稳定。有些大都督府，在唐初并没有，原为普通州郡，后来升格为大都督府，如凉州、冀州、定州等，这些大都督府不久又降为中都督府或普通州郡，实际为大都督府的时间很短。有些大都督府，虽然在唐初就有，如安州、并州、益州、荆州，但后来又降格或改置，如安州降为中都督府，并州、益州、荆州分别改置为太原府、成都府和江陵府。有些大都督府虽延至唐末仍然存在，但其始建时间较晚，如陕州、魏州、恒州（镇州）。有些大都督府，如定州、郓州，唐中叶才建置，很快又废省。此外，幽州大都督府虽然始建于武德七年（624），但两年后降格，直至开元中再次升为大都督府，讫于唐末。因此，在唐代的诸大都督府中，真正从唐初一直延续至唐末的，只有扬州大都督府，虽然中间一度降格，但时间很短［贞观十年（636）至龙朔二年（662）为中都督府］。当然，这种大都督府的改置，除了改府的以外，并不影响其长史的设置，不过降格以后，长史的地位、职权也随之下降，从原来的实际长官降为一般僚佐。

二、唐代大都督府的职官设置

大都督府是唐代地方最高军事机构，同时也是地方最高行政机构，其官员结构类同一般州郡，大都督是最高领导，而长史为都督之亚。

唐代大都督府的官职结构，现据《唐六典》卷三十《三府督护州县官吏》"大都督府"条制表如下：

表5-2 唐代大都督府部门编制及吏员品秩简表

部门	职名	人数	品秩	部门	职名	人数	品秩
	都督	1	从二品	士曹	士曹参军事	1	正七品下
	长史	1	从三品		府/史	4/8	
	司马	2	从四品下		参军事	5	正八品下
录事曹	录事参军事	2	正七品上		市令	1	从九品上
	录事	2	从九品上		丞/佐	1/1	
	史	4			史	6	
功曹	功曹参军事	1	正七品下		帅	3	
	府/史	4/6			仓督	2	
仓曹	仓曹参军事	2	正七品下		经学博士	1	从八品上
	府/史	4/8			助教	1	
户曹	户曹参军事	2	正七品下		医学博士	1	从八品下
	府/史	5/10			助教	1	
	账史	1			执刀	15	
兵曹	兵曹参军事	2	正七品下		典狱	16	
	府/史	4/8			问事	10	
法曹	法曹参军事	2	正七品下		白直	22	
	府/史	4/8					

注：唐代大都督府不设别驾之职，政事由长史主之。

从上引材料中可以看出，大都督府长史的阶品很高，为从三品，这个阶品与上州刺史相同，高于中州刺史（正四品上）、下州刺史（正四品下）。可以说，大都督府长史堪称地方大吏，在唐代整个官僚体系中，无疑属于高级官员。这种崇高的阶品，是其能够决策实际政务的政治前提。

三、唐代大都督府长史的地位及职掌

由于唐代大都督府的大都督一职一般由亲王担任，不轻易授予异姓，而亲王又常为遥领，并不临州，或者由于年幼的缘故不能处理府务，因此，大都督府的实际掌管者乃是长史。《新唐书》称"大都督府之政，以长史主之"①，说的正是这种情况。

唐代的大都督府长史，一般还兼任驻在州的刺史。史籍中，经常称大都督府长史为驻在州刺史，如长孙操，《旧唐书》本传称"益、扬二州都督府长史"，《新唐书》本传称"扬、益"二州刺史。李琪，《新唐书》本传称"扬州长史"，《旧唐书》本传称"扬州刺史"。皇甫无逸，《旧唐书》本传称"益州大都督府长史"，《册府元龟》卷五九五、八六四称"益州刺史"。张延赏，《旧唐书·代宗纪》称"扬州大都督府长史"，《旧唐书》本传称"扬州刺史"。其例甚多，不胜枚举。可见，在唐人心目中，大都督府长史的地位与驻在州的刺史基本等同。

玄宗以后，由于使职兴起，大都督府长史还例兼本道按察使，或本道采访、节度、观察、防御等使。例如，王志愔开元中为扬州大都督府长史，"充本道按察使"②；韦虚心开元中为扬州大都督府长史，兼淮南采访使③；张宥开元中为益州长史，兼剑南防御使④；崔圆，肃宗时为扬州大都督府长史，兼淮南节度观察等使⑤；李峘至德中为蜀郡长史，兼剑南节度使⑥；等等。

关于大都督府长史的具体职掌，史籍没有明确的记载，但由于其地位、职权皆等同于刺史，而且例兼驻在州的刺史，因此，其职掌与一般诸州刺史基本相同。关于刺史的职掌，现摘引《旧唐书》卷四十四《职官志三》所述如下：

---

① 欧阳修、宋祁：《新唐书》卷四十九上《百官志四上》。
② 刘昫：《旧唐书》卷一百《王志愔列传》。
③ 王钦若：《册府元龟》卷一六二帝王部，中华书局，1960。
④ 刘昫：《旧唐书》卷一百九十六上《吐蕃列传上》。
⑤ 刘昫：《旧唐书》卷一百八《崔圆列传》。
⑥ 刘昫：《旧唐书》卷一十《肃宗本纪》。

京兆、河南、太原牧及都督、刺史掌清肃邦畿，考核官吏，宣布德化，抚和齐人，劝课农桑，敦敷五教。每岁一巡属县，观风俗，问百年，录囚徒，恤鳏寡，阅丁口，务知百姓之疾苦。部内有笃学异能闻于乡闾者，举而进之。有不孝悌，悖礼乱常，不率法令者，纠而绳之。其吏在官公廉下己，清直守节者，必谨而察之。其贪秽谄谀，求名徇私者，亦谨而察之。皆附于考课，以为褒贬。若善恶殊尤者，随即奏闻。若狱讼疑议，兵甲兴造便宜，符瑞尤异，亦以上闻。其常则申于尚书省而已。若孝子顺孙，义夫节妇，精诚感通，志行闻于乡闾者，亦具以申奏，表其门闾。其孝悌力田，颇有词学者，率与计偕。其所部有须改更，得以便宜从事。

需要指出的是，唐代大都督府，由长史主政，长史为当地实际长官，从三品；而中、下都督府之政则由都督主持，长史则为僚佐性质，阶品仅为正五品上（中都督府）或从五品上（下都督府），因而，本文将中、下都督府长史归于一般州郡长史。此外，唐代大都护府之政，由副大都护主之，长史亦为僚佐性质，与中、下都督府及一般州郡的长史性质相同。

第六章

唐代州郡长史（上）

本章侧重考察唐代一般州郡长史的建置与品阶。

与都督府一样，唐代州级政权的数量迭有置废，不同时期数量不一。武德中，出于统一天下的需要，高祖权置了很多州郡，致使天下有 550 个州级政权，大大高于南北朝末年 270 州和隋大业中 190 郡的规模。由于州数太多，不利于中央政府对其进行有效的管理，因此太宗即位后，进行了大刀阔斧的省废合并，至贞观十四年（640），减少为 360 个州。贞观二十三年，又减至 280 个。开元二十九年（741），天下州数为 270 个。天宝间，"凡三百三十一州"，而"羁縻之州八百"①。

唐代州级行政区划的设置十分复杂。从等级上看，有辅、雄、望、紧、上、中、下七个等级。从类别上看，又有正州与羁縻州之别。正州包括一般的刺史州和都督府所在的都督州，此外，还包括相当于正州的都护府。大都督府驻在州、羁縻州长史有专章论述，兹不重复，本章主要讨论正州长史的建置情况。

第一节　唐代州郡长史的建置

一、州郡长史的建置及其沿革

关于唐代州郡长史的始建时间，《通典》卷三十三曰："大唐初无。永徽

---

① 王溥：《唐会要》卷七十《州县分望道》。

二年，改别驾为之。其后二职并置，府州各一人。"《唐六典》卷三十亦曰"永徽中，始改别驾为长史"。《旧唐书·高宗纪》称，贞观二十三年（649）七月，高宗李治即位后，有司认为"治中"之名犯了帝讳，高宗于是改"诸州治中为司马，别驾为长史"。《旧唐书·职官志一》亦系于贞观二十三年七月，《新唐书·百官志四下》亦称"高宗即位，改别驾皆为长史"。按太宗贞观二十三年五月己巳驾崩，六月甲戌高宗即位，从常理推论，高宗即位后，有司立即上章请改官名以避帝讳的可能性较大，应该不会迟至"永徽二年"（651）。因此，两《志》的记载较为可信。

但不管是两《志》，还是《通典》《唐六典》，都说唐代州郡长史系由高宗初改别驾而来，似乎武德、贞观时州郡未设长史，《通典》更是明确地指出"大唐初无"。但笔者考诸相关文献，发现实际情况并非如此。现引两则史料论证如下：

史料1：贞观十四年（640），史仲谟任常州长史

《全唐文》卷一六二曰："仲谟，贞观十四年官越王府东阁祭酒、常州长史。"

史料2：贞观中，王楷任越州长史

《唐代墓志汇编续集》万岁通天〇〇四《大周故纳言博昌县开国男韦府君夫人琅耶郡太君王氏墓志铭》（万岁通天二年一月廿四日）："年在髫卯，特为伯父越州长史楷、叔父吏部郎中元寿所爱重。"王氏卒于万岁通天元年（696），享年七十一，知其生于武德九年（626），《唐代墓志汇编》既称"年在髫卯，特为伯父越州长史楷、叔父吏部郎中元寿所爱重"，知王楷任越州长史当在贞观中。

上引两则史料表明，至迟到太宗贞观中，唐代已在若干州设有长史一职，可见《通典》说"大唐初无"有误。

按唐制，诸州置别驾、长史、司马各一人，其实这只是唐前期的情况。唐代建立之初，特别是经过唐太宗的治理，中央对地方政府的控制已经牢牢地建立起来，地方官员被纳入到单一的官僚机构内。州县的职位已不像分裂时期那样由地方的望族把持，中央的规定在地方基本能得到贯彻和执行。但这种情况并没有维持很久，755—763年发生的安史之乱，使得原有的中央与地方关系遭到了破坏。在大力镇压叛乱的过程中，藩镇制的实行扩大到全国，于是产生了新的一级地方政府。不像旧的州治，这些地方政府往往是能独立

生存的单位，特别是河北、河南道的一些州郡，很多处于半自治甚至自治的状态，它们自行招兵买马，不上缴税收，自命官员，中央再也无力恢复对地方的权威。即便是在相对稳定的南方诸州，也存在不听朝廷号令滥设官吏的情况，根本不为朝廷规制所限。

《金石录》卷二十八跋尾十八记载了安史之乱后湖州的官吏设置情况："右《唐放生池碑阴记》，唐自天宝以后，纪纲废坏，百官之滥，不可胜载。此记具列当时僚属名氏，凡团练副使、别驾四人，同团练副使一人，长史三人，司马三人，录事参军三人，司功、司仓、司兵皆一人，司法、司户皆三人，司田、司士皆二人，参军四人；乌程县令一人，丞三人，主簿一人，尉四人。长城县令一人，丞三人，主簿一人，尉五人；安吉县令一人……一郡而吏员猥多如此。然《史》不能尽记，故详录之于此焉。"这条史料所反映的当然是极端的例子，但至少说明这种滥设官吏的现象在其他州郡同样存在。

从总体上看，在别驾、长史、司马三上佐中，长史一职建置较为稳定，这一点通过与别驾及司马的对比中即可看出。

贞观二十三年（649），高宗改诸州别驾为长史后，上元间，复置别驾。中宗神龙中又废，玄宗开元初复置。

天宝八载（749）八月二十六日，玄宗下敕："诸郡各置三官（注：指别驾、长史、司马三上佐），别驾不烦更置。政存省要，岂在多员？其别驾随缺便停，下州置长史一员。"① 这条诏敕规定了诸郡（州）只设长史、司马二上佐，下州只置长史一员，诸州皆停别驾。关于这次停废别驾的原因，杜佑认为是"玄宗由潞州别驾入定内难，遂登大位"②，由于皇帝即位前做过潞州别驾，因此这一职位停废，不再授人。不过，肃宗时又一度恢复了诸州别驾的建置，"上元二年九月二十一日敕文，其别驾依却置"③。

《旧唐书·德宗纪》称：贞元十七年（801）三月丁丑，德宗下诏"省天下州府别驾、司马、田曹参军"。而《唐会要》卷六十八"州府加减官"条则称"（贞元）十七年三月敕，天下州府别驾及司田曹参军……各省其一"，未提司马。按，这次奏减州县官员，是宰相齐抗上奏的结果，《旧唐书》卷一百三十六《齐抗传》称"奏省诸州府别驾、田曹、司田官及判司之双曹者"，

---

① 王溥：《唐会要》卷六十九"别驾"条。
② 杜佑：《通典》卷三十三《职官十五·州郡下》。
③ 王溥：《唐会要》卷六十九"别驾"条。

亦无司马。故严耕望先生认为，"《旧纪》'马'为'田'之误，谓州之司田参军，府之田曹参军也"①。从以上材料看，贞元十七年后，诸州只置长史、司马二上佐，停废别驾一职。

大和元年（828）二月，文宗下诏"复置两辅、六雄、十望、十紧、三十四州别驾"②。可见文宗后，六十二州复置别驾，而其余二百余州仍不置别驾。

除别驾外，司马也曾停废。《通典》卷四十称，杜佑建中中掌管户部时，为节省财费，建议德宗"停省外官别驾、司马及参军"。这条建议是否得到采纳，因史籍缺载，不得而知。大中四年（850）六月，宣宗下敕："光州比是中州，停废司马员额，今以（已）升上州，宜令却置司马。"③可见晚唐时期，只有上州才设司马，中、下州皆予停废。

从以上诸帝发布的历次诏敕看，州郡别驾、司马都曾有过停废，特别是别驾的省废更为频繁。而长史一职，朝廷从未发布过有关停废的诏令。终唐一代，在三上佐中，长史的建置最为稳定。严耕望先生在《唐史研究丛稿·唐代府州僚佐考》一文中称："长史，除大都督府外，（唐代）中叶以后极少见，疑一般州府实亦不置。"④无论是从理论分析，还是从笔者所作的《唐淮南、江南东西道长史年表》中，中唐以后任诸州长史的实例比比皆是，可见严先生的这个观点值得商榷。张国刚先生在《唐代官制》一书称唐代"长史、别驾多不并置"⑤，据笔者考察，终唐一代，长史始终存在，别驾虽时停时废，但建置的时间段远大于废省的时间段，张先生的观点似有进一步讨论的必要。

关于唐代上佐始终存在的原因，今人李志生先生有过很好的论述⑥。他认为主要有三个原因：一是唐中叶后，官僚队伍日益庞大，政府为安排日益超量的选人，必须保证有较为稳定的职位。上佐地位较高，职任清闲但俸禄优厚，正好能适应这种需要。二是中央政府在与藩镇的对抗中，为了拉拢士人，加强自己的力量，避免士人为藩镇所用，必须拿出有较高俸禄的职位来吸引士人，上佐的存在正好能满足这种意图。三是唐后期中央内部政治斗争的需

---

① 严耕望：《唐史研究丛稿》，新亚研究所，1969。
② 刘昫：《旧唐书》卷十七上《文宗本纪上》。
③ 王溥：《唐会要》卷六十九"别驾"条。
④ 严耕望：《唐史研究丛稿》。
⑤ 张国刚：《唐代官制》，三秦出版社，1987。
⑥ 李志生：《关于唐代晚期府、州上佐（长史、司马、别驾）的几点意见》，《河北学刊》1991年第4期。

要。由于上佐的权力有限,而俸禄又极其优厚,所以往往用以安置那些在党争中或政治角逐中失势的高级官吏。这样,既削弱了他们的政治权力,又在经济收入上给予了优待。《新唐书》卷五十五《食货志五》规定长史的俸禄是"上州长史、司马,五万"。上佐还可以得到职分田、永业田等,是名副其实的"务简俸优"①。

其实,除李志生先生所说的原因外,唐代对上佐沿置不废的另一个重要原因是,中央政府为了制约、监督刺史,维持本州权力的均衡,必须保证在州级政权中始终要有一个与刺史官位相差无几的人,既能辅佐刺史,又能牵制刺史,上佐正好具备这个特点。

此外,上佐沿置不废还有一个重要原因,正如严耕望先生在《唐史研究丛稿·唐代府州僚佐考》一文指出的那样,是出于"位闲员"的需要②,尤其是安排试摄官员。唐中叶后,中央对地方的控制力下降,藩镇势力膨胀,往往自设官吏,这些被方镇自辟的职员,被称为试官或摄官。这些试摄官并非朝廷正式官员,不一定有常禄,只能从本州领取俸银。而上佐为朝廷正员,能定期从朝廷领取优厚的俸禄,故方镇长官常为本州试摄官奏授上佐之职,"以便寄名支俸"③,侵夺中央财力。这些试摄官之所以青睐上佐,主要还是因为上佐"务简俸优"。虽然上佐对刺史都督有一定的约束力,但这种由刺史、节度使亲自举荐的上佐,毕竟不同于朝廷直接任命的上佐,因为他们是由本州长官推荐而出任此职的,因而在通常情况下,对刺史的约束力非常有限。

这种地方长官为本州试摄官奏授上佐的现象,在文宗时达到了一个高峰,由于大量糜费了朝廷的银饷,影响了中央对地方的正常授官,朝廷变得不可容忍。文宗在位时,亲自下诏予以废止:

> 应诸道奏请军将兼巡内州别驾、长史、判司等,近日诸色入流人多,官途隘窄,诸道军将,自有衣粮,优厚之处,仍兼月俸。若更占州县员阙,则文吏无所容身,须有申明,人知分限。起今已后,诸道节度、团练、防御等使,不得更奏大将充巡内上佐等官。今日已

---

① 董浩:《全唐文》卷八〇三李磎《援虞岫常州别驾、温罗濠州长史制》。
②③ 严耕望:《唐史研究丛稿》。

前见任者，且依任前守官。应京有司有专知另当及诸色职掌等，近日诸司奏请州县官及六品已下官充本司职掌，援引旧例，色目渐多，致使勾留溢于旧额。起今已后，各于本司见任官僚之中拣择差署，不得另更奏官，如是敕额职名，当司无官员相当者，即任准旧例奏请。

由于中央对地方权威的丧失，文宗虽有此诏，但在地方推行的难度可想而知。实际上，唐后期试摄现象仍然很多，并没有因为文宗的一纸诏书而有多大改观。

二、关于《唐会要》"下州置长史一员"的解读

《唐会要》卷六十九"别驾"条："天宝八载八月二十六日敕：'诸郡各置三官（注：指别驾、长史、司马三上佐），别驾不烦更置。政存省要，岂在多员？其别驾随缺便停，下州置长史一员'。"① 关于这条史料中"下州置长史一员"，易于引起误解，似乎表示天宝八载（749）以前下州（郡）未设此职，而是从这一年才开始设置似的。严耕望先生正是根据这条史料，从而在其《唐史研究丛稿·唐代府州僚佐考》中得出了唐代"下州本不置长史"②的结论。其实严先生误解了这句话的意思。我们可以联系上文进行考察，玄宗的这条敕文旨在减省诸州上佐的员额，他认为诸州（郡）置三上佐没有必要，"政存省要"，因而将别驾废省，中、上州只置长史、司马二上佐；而下州则干脆只置长史一员，别驾、司马皆不置。敕文说"下州置长史一员"，实际上是"下州只置长史一员"的省文，因为下州州务较少，只需设置一个上佐即可。从实际事例看，也正是如此，史料中有多则天宝八载以前下州置有长史的记载，现引如下：

1. 刘如璋开元中任申州长史

北京图书馆馆藏拓片《大唐故朝散大夫行申州长史上柱国刘府君（如璋）墓志铭并序》［开元十八年十一月十日］："迁左司御兵曹参军，河南府渑池丞，濮州濮阳令，又拜申州长史……佐理专城，慊周景之题舆，嗤尹何之制

---

① 又《旧唐书·玄宗纪》同：（天宝八载）八月戊子，郡别驾宜停，下郡置长史。《旧唐书·职官志一》：天宝八载停别驾，下郡置长史。《新唐书·百官志四下》：（天宝）八载，诸郡废别驾，下郡置长史一员。

② 严耕望：《唐史研究丛稿》。

锦。嗟乎，岁聿云暮，辞满言归。忆元亮之田园，寻仲长之山水。"

按《唐会要》卷七十《州县分望道》称申州"元和十四年四月升"为中州，可知在此之前，申州一直为下州。又按《唐代墓志汇编》，刘如璋开元十八年十月卒于河南府，知其任申州长史绝不晚于开元十八年。

2. 夏侯绚永徽三年任黄州长史

《唐代墓志汇编续集》永徽〇四三《唐故使持节睦州诸军事睦州刺史夏侯（绚）府君墓志铭》（简称《夏侯绚墓志》）（永徽六年十月廿五日）："永徽元年，改使持节涪州诸军事涪州刺史……三年，授蜀王府长史兼行黄州长史。未几，王改巴州，又兼巴州长史，王府如故。四年，王以荆吴构逆，缘坐废府。授公使持节江州诸军事江州刺史。"

按黄州，《旧唐书·地理志三》注其为下州，唐初户口四千八百九十六，天宝中户一万五千五百一十二，可见从唐初至天宝中，黄州的户口呈递增的趋势。又按玄宗开元十八年三月十七日敕文"四万户已上为上州，二万五千户为中州，不满二万户为下州"①，可知直到天宝中黄州仍为下州。而按《夏侯绚墓志》，志主任黄州长史的时间为永徽三年，可以肯定地说，当时黄州是下州。

以上所引两则史料，均表明天宝八载以前，唐代已在下州设有长史一职。

三、别驾与长史的历史渊源

别驾一职，起源于汉代，汉代州之佐吏，"有别驾、治中、主簿、功曹书佐、簿曹"等②。别驾的主要职责是随同刺史巡察郡县，"从刺史行部"，因为"别乘一乘传车，故谓之别驾"③。汉代边郡有长史，未闻别驾；诸州有别驾，未闻长史。因此，在汉代，别驾为州官，长史为郡官。魏晋以降，"诸州皆有别驾、治中"④，而刺史多带将军衔，"开府则州与府各置僚属，州官理民，别驾、治中以下是。府官理戎，长史、司马等官是"⑤。可见，魏晋时期，长史实际上为刺史带将军衔开府时的僚属，属于将军府职员，参谋军政，与属于行政系统的别驾不同，后者参理民政。因此，严格地说，魏晋时期，

---

① 王溥：《唐会要》卷七十《量户口定州县等第例》。
②③⑤ 杜佑：《通典》卷三十二《职官十四·州郡上》。
④ 李林甫：《唐六典》卷三十《三府督护州县官吏》。

诸州行政系统中并没有设置长史一职。

南北朝时期，诸州别驾与长史并置，长史开始参与民政。北齐时，"八命、七命、六命州刺史各有长史"①，至隋代，诸州皆设长史，"九等州亦有长史"②。隋文帝时改别驾为长史、治中为司马，炀帝又废长史、司马，置赞治一人，末年又改赞治为郡丞。

入唐以后，州郡上佐中，长史或与别驾、司马并置，或仅与司马并置，或仅有长史。已具前论，兹不重述。

第二节　唐代州郡长史的品阶

由于唐代州郡的等级、类目繁多，相应地，其职官结构及品级皆存在差别，长史的品阶亦各不相同。现据《唐六典》卷三十《三府督护州县官吏》制表如下：

表6-1　唐代中下都督府部门编制与吏员品秩简表

部门	职名	中都督府		下都督府	
		人数	品秩	人数	品秩
	都督	1	正三品	1	从三品
	别驾	1	正四品下	1	从四品下
	长史	1	正五品上	1	从五品上
	司马	1	正五品下	1	从五品下
录事曹	录事参军事	1	正七品下	1	从七品上
	录事	2	从九品上	2	从九品上
	史	4		3	
功曹	功曹参军事	1	从七品上	1	从七品下
	府/史	3/6		2/2	

---

①② 李林甫：《唐六典》卷三十《三府督护州县官吏》。

续上表

部门	职名	中都督府		下都督府	
		人数	品秩	人数	品秩
仓曹	仓曹参军事	1	从七品上	1	从七品下
	府/史	3/6		3/6	
户曹	户曹参军事	1	从七品上	1	从七品下
	府/史	4/7		4/7	
	账史	1		1	
兵曹	兵曹参军事	2	从七品上	1	从七品下
	府/史	4/8		3/6	
法曹	法曹参军事	1	从七品上	1	从七品下
	府/史	4/8		3/6	
士曹	士曹参军事	1	从七品下	由法曹兼管	
	府/史	3/6			
	参军事	4	从八品上	3	从八品下
	市令	1	从九品上	1	从九品上
	丞/佐	1/1		1/1	
	史	6		5	
	帅	3		2	
	仓督	2		2	
	经学博士	1	从八品下	1	从八品下
	助教	2		1	
	医学博士	1	正九品下	1	（正九品下）
	助教	1		1	
	执刀	15		15	

续上表

部门	职名	中都督府		下都督府	
		人数	品秩	人数	品秩
	典狱	14		12	
	问事	8		6	
	白直	20		16	

表6-2 唐代大都护府上都护府部门编制与吏员品秩简表

部门	职名	大都护府		上都护府	
		人数	品秩	人数	品秩
	大都护	1	从二品	1	正三品
	副大都护	1	从三品		
	副都护	2	正四品上	2	从四品上
	长史	1	正五品上	1	正五品上
	司马	1	正五品下	1	正五品下
录事曹	录事参军事	1	正七品上	1	正七品下
	录事	2	从九品上	2	（从九品下）
	史	2		3	
功曹	功曹参军事	1	正七品下	1	从七品上
	府/史	2/2		2/2	
仓曹	仓曹参军事	1	正七品下	1	从七品上
	府/史	2/2		2/2	
户曹	户曹参军事	1	正七品下	1	从七品上
	府/史	3/3		3/3	
	账史	1		1	

续上表

部门	职名	大都护府		上都护府	
		人数	品秩	人数	品秩
兵曹	兵曹参军事	1	正七品下	1	从七品上
	府/史	3/4		3/4	
法曹	法曹参军事	1	正七品下		
	府/史	3/4			
	参军事	3	正八品下	3	从八品上

说明：中、下都督府长史为僚佐，都护府的长史亦为僚佐，与大都督府长史有别。

表6-3 唐代诸州部门编制与吏员品秩简表

部门	职名	上府		中府		下府	
		人数	品秩	人数	品秩	人数	品秩
	刺史	1	从三品	1	正四品上	1	正四品下
	别驾	1	从四品下	1	正五品下	1	从五品上
	长史	1	从五品上	1	正六品上	1	（正六品下）
	司马	1	从五品下	1	正六品下	1	从六品上
录事曹	录事参军事	1	从七品上	1	正八品上	1	从八品上
	录事	2	从九品上	1	从九品下	1	从九品下
	史	3		2		2	
功曹	司功参军事	1	从七品下	1	正八品下	由仓曹兼管	
	佐/史	3/6		2/4			
仓曹	司仓参军事	1	从七品下	1	正八品下	1	从八品下
	佐/史	3/6		2/4		2/4	
户曹	司户参军事	1	从七品下	1	正八品下	1	从八品下
	佐/史	3/7		3/5		3/5	
	账史	1		1		1	

续上表

部门	职名	上府		中府		下府	
		人数	品秩	人数	品秩	人数	品秩
兵曹	司兵参军事	1	从七品下	1	正八品下	由户曹兼管	
	佐/史	3/6		3/4			
法曹	司法参军事	2	从七品下	1	正八品下	1	从八品下
	佐/史	4/8		3/6		2/4	
士曹	司士参军事	1	从七品下	由法曹兼管		由法曹兼管	
	佐/史	3/3					
	参军事	4		3	正九品下	2	
	市令	1	从九品上	1		1	
	丞/佐	1/1		1/1		1	
	史	6		5		3	
	帅	3		2		2	
	仓督	2		2		1	
	经学博士	1	从八品下	1	正九品上	1	正九品下
	助教	2		1		1	
	医学博士	1	正九品下	1	从九品下	1	从九品下
	助教	1		1		1	
	执刀	15		10		10	
	典狱	14		12		8	
	问事	8		6		4	
	白直	20		16		16	

注：下州长史原缺，此据《旧唐书·职官志一》补。

根据以上材料，可得出以下几点结论：

（1）长史在唐代州郡职官体系中，地位较高，仅次于刺史（都督、都护）和别驾，高于司马及各曹参军，阶品从正五品上至正六品下不等①，可以说在唐代地方官系统中属于中高级官员，而在整个唐代职官体系中，则属于中低级官员。

（2）长史的阶品随州郡等级的高下而不同。州郡的级别越高，长史的阶品也越高；反之，则越低。如中都督府、大都护府、上都护府的等级较高，长史皆为正五品上；下都督府、上州的长史皆为从五品上，而中州、下州的长史分别为正六品上和正六品下。

（3）长史的阶品高于诸曹参军，这是其能够"通判列曹"的政治前提。

---

① 张国刚《唐代官制》121页称"别驾、长史、司马，皆为五品官"。按刘昫《旧唐书·职官志一》称：上州长史从五品上，中州长史正六品上，下州长史正六品下。张先生的说法似是一种笼统的概括。

第七章
唐代州郡长史（下）

第六章主要考察了唐代州郡长史的建置与品阶，本章侧重于探讨唐代州郡长史的职掌问题。

唐承隋制，在地方州郡设置长史，以辅佐刺史（太守）处理政务。两晋南北朝时期，由于州刺史多带将军衔，"开府则州与府各置僚属，州官理民，别驾、治中以下是。府官理戎，长史、司马等官是"①。其时长史以参兵政为主，一般不参民政。周、隋以来，由于刺史、总管、都督民政事权的扩大，长史开始参理民政，入唐以后，州郡长史进而演变成以处理民政为主。

关于唐州郡长史的职任，《旧唐书》卷四十四《职官志三》说："长史、司马掌贰府州之事，以纲纪众务，通判列曹。"这是对长史职任的高度概括。

正如前论，长史作为州郡上佐，在本州或本郡之内，地位较高，仅次于刺史或太守，虽然如此，长史的职任却较虚泛，与司户、司仓、司兵、司法、司士等各曹参军专判一曹事务不同，长史并无专司之事，一般充当刺史或太守的副手，通常有"半刺"之称，可以领导诸曹参军，通判本州郡内各曹事务，起"承上率下"之责。

《全唐文》卷一三高宗《减贡献并蠲贷诸州诏》说："长史司马，职惟毗赞。"所谓"毗赞"之任，具有相当大的伸缩性，可实可虚，可大可小，具体要看当州或当郡的实际情况。在刺史或太守暂缺时，常由长史等上佐代行刺史或太守之任，"知州（郡）事"。这一政策在唐前期已经实行，至代宗时成为定制，据《新唐书·杨绾传》："大历十二年，杨绾拜相，又请刺史因故阙人，观察使不得署摄，'听上佐代领'，帝善其谋。"这种以长史知州事的情

---

① 杜佑：《通典》卷三十二《职官十四·州郡上》。

况，其例甚多，兹举若干，如《吉州刺史李昊墓志》(《芒洛冢墓遗文》) 称"拜庐江郡长史知郡事"。李全略任横海军节度使时，奏请朝廷封其子李同捷为"沧州长史、知州事，兼主中军兵马"；"朝廷初不之许，后虑其有奇策，将副经略之旨，遂从之"①。又如，著名诗人卢藏用开元初为黔州长史时，"判都督事"②。徐申为洪州长史时，"刺史嗣曹王（李皋）举江西兵讨李希烈，故以长史行刺史事"③。段秀实为怀州长史时，"知州事"④。咸通十三年（872），沙州刺史、归义军节度使张义潮去世后，"沙州以长史曹义金领州务"⑤。如此等等，皆以长史身份行刺史之任。

还有一种情况，在唐代较为普遍，就是亲王典州时，往往以长史知州事。如太宗之子蜀王李愔为夏州都督，"不之藩，以（刘）兰为长史，总其府事"⑥。严耕望先生认为蜀王"不之藩"，是因为唐初"亲王固不之部"⑦。这种观点值得商榷。《旧唐书·李元轨传》记载，高祖之子霍王李元轨"前后为刺史，至州，唯闭阁读书，吏事责成于长史、司马"，明确说明霍王"至州"，李元轨为李愔之叔，年代在前，因此，严先生的看法未必准确。从以上蜀、霍二王的事例看，初唐亲王刺州，可之藩，亦可不之藩。至开元二年（714）时，玄宗才下制规定诸王典州必须"到官"，而且将长史知州事规为定制。《资治通鉴》卷二百一十一"开元二年"称："群臣以成器等地逼，请循故事，出刺外州。六月，丁巳，以宋王成器兼岐州刺史，申王成义兼幽州刺史，豳王守礼兼虢州刺史，令到官，但领大纲，自余州务皆委上佐主之。是后诸王为都护、都督、刺史者并准此。"玄宗以后，藩王即使在藩，亦不管具体州务，而委上佐代行。由于唐代的别驾时废时置，长史的建置则基本稳定，司马的品秩又低于长史，实际上以上佐知州事者，多指长史，当然也有以别驾或司马代行的。

以上所述以长史知州事，乃是长史职任的特例，不能作为长史职掌的一

---

① 刘昫：《旧唐书》卷一百四十三《李全略列传》。
② 刘昫：《旧唐书》卷九十四《卢藏用列传》。
③ 董浩：《全唐文》卷六三九李翱《唐故金紫光禄大夫检校礼部尚书广州刺史东海郡开国公徐公（申）行状》。
④ 欧阳修、宋祁：《新唐书》卷一五三《段秀实列传》。
⑤ 欧阳修、宋祁：《新唐书》卷二百一十六下《吐蕃传列下》。
⑥ 刘昫：《旧唐书》卷六十九《刘兰列传》。
⑦ 严耕望：《唐史研究丛稿》。

般情况。更为普遍的情况是,长史仍只是刺史或太守的佐官,起"毗赞""通判"之责。不过,虽云"毗赞""通判",从现存史料来看,其职任却有相对的侧重,现分节加以论述。

第一节 通判"户部钱"

安史之乱的爆发,不仅暴露了唐前期政治体制、军事体制的严重缺陷,而且极大地冲击了唐前期的财政体制,使得旧的财政体制难以为继。经过肃宗、代宗二朝的不断调整,到德宗时,最终确定了以两税法、三分法为代表的新的财政体制。户部钱,又称"户部别处钱"①,就出现在这种新的财政体制确立之后。在上供、留使、留州的财政三分法中,户部钱主要是由三分法中的地方财源部分分割而来,特别是来自阙官俸料钱和地方官的职田收入②。

唐后期的地方官阙员现象比较严重,其原因主要有三:一是官员任满或病故,而下任官员由于路途遥远再加上交通不便,到任尚需一段较长的时间。二是有些边远或贫穷的地区,有些官员迟迟不愿赴任,或干脆不去赴任,因而长时间阙员。三是朝廷对州县官不定期实行的减省制度。地方官阙员,造成了大量的阙官钱。据柳宗元的《上户部状》(《柳宗元集》),光是柳州一州的阙官钱,每年计数万贯③。中央为了分割地方留州钱的份额,特别是阙官钱的份额,采取了一种巧妙的方式,那就是实行直官、勒留官制度。这些直官、勒留官都是官、职分离,他们在中央部门任职,但都带地方州县官的衔,这些州县官衔是寄禄官,其俸禄直接来源于挂衔所在的州县,特别是来自地方的留州钱。不过,这些俸钱是通过户部发放的。因此,直官、勒留官是变相的阙官,其俸禄,也就是变相的阙官钱。可以说,这种户部钱是中央对地方财政的进一步分割。毫无疑问,这部分户部钱是中央财政的一部分,所属权在中央;但从日常管理上来看,这种户部钱又可分为中央和地方两部分。其中一部分由中央户部直接管理,"以给京官月俸",剩余部分"以资国用"④,这些钱物都是由地方送交户部的。此外,还有一大部分钱物仍然留在地方州县,正如李绛在《论户部阙官斛斗疏》中所说的那样,"今天下州县,皆有户

---

①②④ 刘昫:《旧唐书》卷十三《德宗本纪下》。
③ 《柳宗元集》卷三九《上户部状》,中华书局,1979年版。

部阙官俸料、职田"①，户部只在需要的时候，才下牒文到地方，再由地方送纳中央。例如柳宗元在奏状中提到的阙官钱也是留在柳州，作为当地左降官的俸料之用②。这些阙官钱的管理者自然是当地的州县长官。

再者，唐后期的常平义仓，虽也属于户部，但由于常平义仓来源及使用上的特点等，决定了其只能设置于当地而无法统一管理。因而，常平义仓的管理权也操纵在州县长官手中。

州县官之所以能参与户部钱物的管理，是因为户部没有像度支、盐铁使那样的巡院系统。而户部之所以没有直属的巡院系统，又是由于户部钱物不是直接由征税得来的，而是由财政分割的特点决定的。"主要是取自于紧缩各种预算支出所得"，"不与纳税人发生直接关系"③。因此，没有必要设置一套遍布全国而直属户部的系统，而主要由地方州县来负责④。

户部钱物由地方州县官管理的方式，与巡院系统这种直属机构的管理方式相比，缺点是显而易见的，那就是容易发生州县长官侵吞户部钱物、中饱私囊的情况。这种地方州县侵夺户部钱物的现象在唐后期比较普遍，有时甚至达到了非常严重的地步，正如李绛在《论户部阙官斛斗疏》中所说的那样，"比及到京输纳之时，损折奸欺，十无七八"⑤。

为了弥补地方州县管理户部钱物的缺陷，中央也采取了不少措施，如设置户部巡院，还有就是加强责任制，特别是规定了以录事参军作为当地专职管理户部钱物的官员。李绛在《论户部阙官斛斗疏》中就提出："今天下户部阙官斛斗，伏请便令所在州县收贮，如是观察州，即令观察判官一人专知判，诸州即录事参军专知判。如有迁转改易，分明交付后人。"长庆四年（824）三月，下制："（义仓）宜令诸州录事参军专主勾当，苟为长吏迫制，即许驿表上闻。考满之日，户部差官交割。"⑥

但是，这种由诸州录事参军专判户部钱物也有一个致命的缺点，因为录事参军是州郡长官的下属，人事权在地方，直接听命于州郡长官，所以未必

---

① 董浩：《全唐文》卷六四五李绛《论户部阙官斛斗疏》。
② 《柳宗元集》卷三九《上户部状》。
③ 陈明光：《唐代财政史新编》，中国财政经济出版社，1991。
④ 李锦绣的《唐代财政史稿》（下卷）（北京大学出版社，2001，第411页）称，户部系统也有巡院的设置，但仅有二例，总的来看，户部巡院的设置很少见，可能是一种临时的举措。
⑤ 董浩：《全唐文》卷六四五李绛《论户部阙官斛斗疏》。
⑥ 王溥：《唐会要》卷八十八《仓及常平仓》。

就能公正地管理户部钱物。如果刺史有所需求，录事参军未必能够秉公办事。事实上，这种地方长官侵吞户部钱物的现象，并没有因为朝廷令录事参军专判就停止了，如宝历元年（825），鄂州长寿县尉马洪沼状告刺史冯定，说他将"阙官职田禄粟"巢贷，然后收钱归己①。又如《旧唐书·庾敬休传》记载，文宗大和年间，剑南、西川、山南西道，"三道诸色钱物，州府逗留，多不送省"②。至宣宗时，这种情况更为严重，"下州应管当司诸色钱物斛斗等"，"多被（地方）官吏专擅破除"③。为了减少这种现象的发生，大中二年（848），宣宗下敕"今后诸州府钱物斛斗文案，委司录事参军专判，仍与长史通判。每至交替，各具申奏，并无悬欠，至考满日，递相交割"④，明确提出，户部钱物除了录事参军专判外，还要与长史通判，而且双方"各具申奏"，经对勘，确定"并无悬欠"之后，方可于离任时交割给各自的继任者。这样，以前由录事参军一人管理户部钱物的制度，变成了录事参军与长史二人管理，以此相互监督，相互制约，减少贪污虚报的现象。

至于为何以长史参与户部钱的管理，可能是因为长史品秩较高，与刺史相差无几，易于牵制刺史的举动，从而能较好地避免刺史等州县长官从事违法活动。从这个意义上说，长史对刺史又具有某种牵制作用，这可能也是朝廷在州郡设置长史一职的深层用意所在。

宣宗制定的这一制度，无疑较以往的录事参军专判制前进了一大步。宣宗以后，长史与录事参军共同管理户部钱物成为一种制度，长史本人也在长期管理财政的工作中不断积累经验，以至于其中某些人，还变成了管理钱物的专家。比如，唐末宣州长史、合肥人骆知祥就以善治金谷著称，为此，淮南节度使杨行密特地将他擢为淮南道的计官，主管淮南道的财赋之事⑤。

---

① 王钦若：《册府元龟》卷一五三《帝王·明罚二》。
② 刘昫：《旧唐书》卷一八七下《庾敬休传》。
③ 王溥：《唐会要》卷五十八《尚书省诸司中》。
④ 王溥：《唐会要》卷五十八《尚书省诸司中》。
⑤ 司马光：《资治通鉴》卷二百六十四"天复三年十二月乙亥"条。

第二节　充当朝集使，岁终上计

一、从上计吏到朝集使

上计制度是中国古代一项重要的财政与会计制度，其核心内容是地方政府把当地的户口、垦田、粮食、钱帛、赋税等情况编为计簿，定期派专人（即上计吏）赴京汇报给中央政府，一般分为岁计（一年一次的会计汇总）和大计（三年一次的会计汇总）两种。上计的时间多为年终，也有根据形势需要，在一年中某一时期向中央上计的。

上计制度最早形成于春秋中期，经过战国、秦代的发展，至西汉发展到成熟阶段。东汉末，实行"计吏拜官"政策，郡国计吏赴京述职后，为了能被朝廷留任为官，往往对各级主官一味讴歌，报喜瞒忧，使得上计本意荡然无存，上计制度走向式微。至隋代，上计制度最终为朝集制度所代替，上计吏改称朝集使。开皇初年，德州司马房恭懿任朝集使，"政为天下之最"，隋文帝"因谓诸州朝集使曰：'如房恭懿志存体国，爱养我百姓……朕即拜为刺史，岂止为一州而已'"①。

唐代沿袭了隋代以上计制度为朝集制度的做法，上计吏亦称朝集使。隋唐朝集制度与秦汉上计制度的一个显著区别在于，秦汉上计制度的核心内容是地方向中央汇报当地的财政情况，而隋唐朝集制度，除了汇报地方财税情况外，有关地方的一切情况皆是上计的内容，特别是当地官吏的治绩更成为朝集制度的核心内容。因此，隋唐时期，上计制度已经演变为中央对地方官吏政绩的一次全面的考察制度。

唐代充当朝集使者，皆为州郡长官或上佐。"凡天下朝集使，皆令都督、刺史及上佐更为之"②，尹、少尹、别驾、长史、司马……岁终则更入奏上计"③。

其实以州郡长史充当上计吏，并非始于唐代，早在西汉，就有文献记载

---

① 魏徵：《隋书》卷七三《房恭懿传》。
② 李林甫：《唐六典》卷三《尚书户部》。
③ 李林甫：《唐六典》卷三十《三府督护州县官吏》。

以郡长史充当上计吏的情况,《汉官六种·汉旧仪》说:"哀帝元寿二年……郡国守、丞、长史上计事竟……敕曰:'诏书殿下,禁吏无苛暴。'丞、长史归告二千石:顺民所疾苦,急去残贼;审择良吏,无任苛刻;治狱决讼,务得其中……归告二千石,务省约如法。且案不改者,长吏以闻。"《汉官六种·汉旧仪》又载:"御史大夫敕上计丞、长史曰:'诏书殿下,布告郡国:臣下承宣无状,多不究,百姓不蒙恩被,守、丞、长史到郡,与二千石同力,为民兴利除害,务有以安之,称诏书。'"① 严耕望先生指出,西汉郡国上计中央,由郡国长史代行,东汉则只遣属吏②。高敏先生也持同样的观点,并认为上计者由西汉的丞、长史下降到东汉的掾、吏承担的变化,反映出上计制度的重要性有下降的趋势③。

唐代,除都督、刺史、府尹等州郡长官外,以长史、别驾等州郡上佐充当上计吏(朝集使)成为一种定制。唐廷还提高了上计吏的级别,恢复西汉时期以长史充当上计吏的做法,说明上计制度又引起了中央政府的高度重视。唐制虽规定了都督、刺史等州郡长官亦可充当上计者,但这些人由于要全面负责州政,实际上很难每年去中央上计,因而平常多以长史等上佐代其赴京。特别是当都督、刺史犯有严重过错,被朝廷明令不许入觐时,更是由长史等上佐完全代行上计之责。如高宗朝时,韩瑗被贬为振州刺史、来济被贬为台州刺史,均"终身不听朝觐"④。杞王李上金、鄱阳王李素节皆为则天所恶,分别被贬为沔州、岳州刺史,"仍不听朝集"⑤。以上四人,皆被朝廷夺去了朝觐的资格,自然无法充当朝集使了。在这种情形下,以长史等上佐充当计官,自然成为当地向中央汇报财政、上送计簿的唯一选择。

此外,唐玄宗时,还规定"灵、胜、凉、相……临、蓟等五十九州为边州;扬、益……安十二州为要州。都督、刺史并不在朝集之例"⑥。玄宗禁止边州、要州都督、刺史充当朝集使,主要是由于这些州郡皆为军事重地,都督、刺史有护土之责,不可轻易离境,因而朝集工作主要由当地的长史、别驾等上佐来承担。玄宗曾说"今寰宇虽宁,燧燔时警,故设备边之政,更深

---

① 孙星衍:《汉官六种》,中华书局,1990,第73-74页。
② 严耕望:《中国地方行政制度史·秦汉地方行政制度》,上海古籍出版社,2007。
③ 高敏:《秦汉史探讨》,中州古籍出版社,1998。
④ 司马光:《资治通鉴》卷二百"显庆二年八月丁卯"条。
⑤ 司马光:《资治通鉴》卷二百二"开耀元年二月"。
⑥ 王溥:《唐会要》卷二十四《诸侯入朝》。

用武之略。其剑南、碛西、关内、陇右、河东,北通燕蓟,既接边隅,是防夷狄。据山川险要,量寇贼多少,分置军旅,足成修备。有事赴敌可以拉朽摧枯,无事养人可以拨距投石"①。可见,玄宗取消边州、要州都督、刺史朝集,是出于"备边之政"的军事需要。

对一些距离京城路途遥远的州郡,玄宗干脆取消了当地的朝集之责,敕"岭南五府管内郡,武安、万安等三十二州,不在朝集之限"②。这些州,不仅刺史无朝集的任务,长史、别驾等上佐亦无须进京朝集。

天宝之后,四方多难,藩镇强而中央弱,朝集制度时废时兴,"自安史乱常,始有专地;四方多故,始有不朝"③。代宗时,"事多留滞,四夷使者及四方奏计,或连岁不遣"。史称"兵兴以来,四方州府不上计、内外不朝会者二十有五年"④。大历十四年(779)六月,德宗即位后锐意削藩,加强中央集权,恢复旧制,令"诸州刺史、上佐,今后准式入计"⑤。但由于藩镇割据,战乱不止,朝廷的政令并不能得到有效的执行,实际上计的人数大不如前。建中元年(780)十一月,天下"州府朝集者一百七十三人"⑥,人数锐减,这与贞元元年(785)户部所奏"今岁入贡者,凡百五十州"⑦的情况基本一致,可见有一半左右的州郡并没有赴京上计,朝集制度明显维持不下去。为此,贞元三年(787)三月,德宗只得下令"诏今年朝集使宜停"⑧。此后,中央政府再也无力恢复朝集制度,朝集使最终退出了历史,以长史充当朝集使的制度也宣告结束。

二、唐代朝集使的职责

唐制规定,"天下朝集,三考一见,皆以十月上计京师,十一月礼见,会尚书省应考绩事,元日陈贡裴,集于考堂,唱其考第,进贤以兴善,简不肖以黜恶"⑨。可见朝集的过程,也是中央对地方官吏治的一次大检查,因而朝集使又称"考使"。其具体方法是,州郡地方应考官皆"具录当年功过行能",由刺史对众宣读,"议其优劣,定为九等考第"。然后本州朝集使将九等

---

① 董浩:《全唐文》卷二十八玄宗《条制番夷事宜诏》。
② 王溥:《唐会要》卷二十四《诸侯入朝》。
③⑨ 欧阳修、宋祁:《新唐书》卷一百三十二《柳冕列传》。
④⑤⑥ 刘昫:《旧唐书》卷十二《德宗本纪上》。
⑦ 司马光:《资治通鉴》卷二百三十二"贞元元年十二月甲戌"条。
⑧ 刘昫:《旧唐书》卷十二《德宗本纪上》。王钦若:《册府元龟》卷六十四。

考状送吏部再加考校，考功员外郎"检覆"考状以后，集中诸州朝集使"对读注定"，并以此决定官吏之黜陟①。

同时，地方参加中央武举的应举之人，每年孟冬也随朝集使至尚书省"勘责文状，而引试焉"②。

此外，朝集使还有"兼举贤良方正、直言极谏之士"③，为国家提供有用人才的职责。

朝集使职责还表现为直接向封建皇帝反映地方治理中的问题。唐制规定，"朝集使六品以上，每日两人随仗待制"④，称"待制官"，也就是充当皇帝的"顾问"。同时还规定朝集使赴京后，"十日一参"皇帝⑤。这也为封建皇帝更多了解地方治理，"访以时政得失，远人疾苦"⑥提供了便利条件。

三、朝集制度的意义

唐代以都督、刺史或长史等上佐充当朝集使，规定朝集使分番上计朝廷，这有助于中央及时全面地掌握地方的治理情况，加强对地方官吏的监督，了解当地的财政状况，加强中央集权，增加国家的财政收入。同时，由于长史品秩较高，以其为朝集使，定期赴京，也有助于朝廷掌握地方政治、经济及社会发展情况，了解包括刺史在内的州官的治绩，从这个意义上说，长史等上佐也担负着代替朝廷监督地方官尤其是刺史的使命。

第三节 搜访贤俊，举荐人才

唐代官员的选拔方式，主要有科举、门荫、纳资、军功等。科举分常科与制科两种，常科每年举行，制科则由皇帝临时下诏举行。常科的科目有进士、明经、明法、一史、三史、道举、童子等科。制科的名目更多，仅徐松在《登科记考》中收录的就有数十百科，较常见的有"贤良方正能直言极

---

① 李林甫：《唐六典》卷二《尚书吏部》。
② 李林甫：《唐六典》卷五《尚书兵部》。
③ 刘昫：《旧唐书》卷七《中宗本纪》。
④ 王溥：《唐会要》卷二十六《待制官》。
⑤ 王浦：《唐会要》卷二十四《诸侯入朝》。
⑥ 司马光：《资治通鉴》卷二百二十六"建中元年十一月"。

谏"科、"博通故典达于教化"科、"详于政术可以理人"科等。门荫主要是指皇亲国戚及五品以上中高级官吏的子孙,这些人除少数人外,一般还需担任三卫(亲卫、勋卫、翊卫)卫官及斋郎、挽郎等职务,番上或纳资若干年,简选合格,才能参加吏部或兵部的文武选。此外,四品以下散官之子、六品以下职事官之子、三至五品勋官之子,也可通过番上或纳资的方式获得入选资格。

行伍出身者主要是通过军功获得勋官,或者擢补低级将校,再通过奏授而获得职事官的入选资格。开元以后,这种入仕方式比较常见。

唐代官员的入仕方式虽然多种多样,但未必能网罗真正优秀的人才,特别是卓行异能之士。在这种情况下,朝廷尚要通过官员搜访或举荐的方式招罗特殊的人才。

这种搜访贤俊或举荐人才的工作,在京师,主要由常参官负责;在地方,则主要由州郡长史担任。

为了网罗民间优秀的人才,玄宗在位时,特地下达了《诏天下搜贤俊制》,规定"(在京)常参官及郡县长史上佐等",皆有搜访天下贤俊之责,如发现"密行异能、博学深识、才堪济代、术可利人、名不彰闻、位不充量、湮沦屠钓、流落风波者",只要"一善可录","便宜公举"。从制度上赋予州郡长史负有为朝廷搜求特殊人才的使命①。

贞元十二年(796)三月,针对当时诸州医学人才"艺非专精,少堪施用"的状况,德宗下敕令诸州长史访求民间医术高明之士,充当州郡医学博士之职,"自今已后,诸州应阙医博士,宜令长史各自访求选试,取艺业优长堪效用者,具以名闻,已出身入式,吏部更不须选集"②。

除搜访贤俊外,长史还有举荐人才的职责。荐官在唐初是一种临时性的非制度化的选人措施,中唐以后,逐渐走向制度化。荐官主要包括两种,一是常参官上任三日内举人自代,另外一个便是"冬荐"。

《通典》卷十五《选举三》在论及"冬荐"时称:

> 贞元四年正月制"春秋举荐"。至五年六月,敕:"在外者,委

---

① 董诰:《全唐文》卷三六六贾至《诏天下搜贤俊制》。
② 王溥:《唐会要》卷八十二《医术》。

诸道观察使及州府长史；其在京城者，委中书、门下、尚书省、御史台。常参清官并诸使三品以上官，左右庶子、少詹事、少卿、监、司业、少尹、谕德、国子博士，长安、万年县令，著作郎、郎中、中允、中舍人、秘书、太常丞、赞善、洗马等，每年一度荐闻。"至八年正月，敕："比来所举，人数颇多，自今以后，中书、门下两省及御史台五品以上，尚书省四品以上，诸司三品以上，应合举人，各令每人荐不得过两人。余官，不得过一人。"至九年十一月，敕："每年冬荐官，吏部准式检勘，成者宜令尚书左右丞、本司侍郎引于都堂，访以理术兼商量时务状，考其理识通者及考第事，疏定为三等，并举主名录奏。试日，仍令御史一人监试。"

《唐会要》卷八十二记载同样的内容，称"贞观五年""贞观四年"，显误，"贞观"当作"贞元"，因该条材料的"观察使"名号，乃肃宗时始有①，贞观中无此官号。

从《通典》所述看，贞元四年（788）曾定制"春秋举荐"，次年又改为每年冬季一度闻荐，故称"冬荐"。能够具备"冬荐"资格的官员，京城由"中书、门下、尚书省、御史台"等常参官担任，地方则由"诸道观察使及州府长史"担任。可见，中唐以后，州郡长史负有"冬荐"之责，每年都要向朝廷推荐人才。推荐的名额，按上引史料，贞元八年以后，定制为在京常参官"每人荐不得过两人"，诸州观察使及州府长史，每人荐官"不得过一人"。当然，被举荐之人，还要参加吏部的简试，"访以理术兼商量时务"，合格者方可获得入仕的资格。

第四节　主管州县学校

唐代形成了从中央到地方比较完备的教育体系，中央官学主要有"六学二馆"，此外还有医学、天文历算学等。六学指国子学、太学、四门学、书

---

① 杜佑《通典》卷三十二《职官十四·州郡上》："至德之后，改采访使为观察，观察皆并领都团练使。"欧阳修、宋邓《新唐书·百官四下》："乾元元年，改（采访处置使）曰观察处置使。"王溥《唐会要》卷七十八《诸使中》："其年（乾元元年），改为观察处置使。"

学、律学、算学，二馆指崇文馆、弘文馆。唐初六学皆由国子监统一领导和管理，龙朔三年（663），高宗下诏，以书学隶兰台，算学隶秘阁，律学隶详刑寺①。国子监是唐代最高的教育行政机关，设国子祭酒一人，为最高教育行政长官，此外还设有司业、丞、主簿等官职。

中央官学中的弘文馆由门下省领导，崇文馆由东宫领导。

中央官学的招生名额各不相同，国子学300人，太学500人，四门学1300人，律学50人，书学30人，算学30人，弘文馆30人，崇文馆20人②。

除中央官学外，唐代还在地方设立州学、县学，招生名额根据州县等级各不相同。京都学生80人，大都督府、中都督府、上州各60人，下都督府、中州各50人，下州40人，京县50人，上县40人，中县、中下县各35人，下县20人③。

各府州的长史是地方官学的教育行政长官，负责领导、管理州县学，并主持对州县学生的选拔工作。《新唐书》卷四十四《选举志上》称"国子监生，尚书省补，祭酒统焉。州县学生，州县长官补，长史主焉"，将地方长史与主管中央官学的国子祭酒对举，可见长史为州县教育行政长官当无疑义。

关于长史的这种地方教育长官的地位，我们还可以从唐代官学的"释奠"之礼中看出。

所谓释奠礼，就是在官学中以周公、孔子为先圣、先师的祭拜活动。在唐代，这种祭礼是学校的重要礼仪之一。释奠礼仪的程序非常复杂，其中非常重要的一点就是祭主（主持人）的确定，早在贞观二十一年（647），许敬宗就对祭主身份的确定问题向太宗上了一道奏章："今请国学释奠，令国子祭酒为初献，祝辞称'皇帝谨遣'，仍令司业为亚献，国子博士为终献。其州学刺史为初献，上佐为亚献，博士为终献。县学县令为初献，县丞为亚献，博士既无品秩，请主簿及尉通为终献。"④ 该奏文明确指出州学释奠活动刺史为初献、上佐为亚献、博士为终献。由于刺史是一州政务的全面负责人，不可能去专管学校的教育，因此按祭主的这个顺序来看，上佐无疑是地方官学尤其是州学的主管者。这里的上佐当然包括别驾、长史、司马，但由于唐代州

---

① 刘昫：《旧唐书》卷四《高宗本纪上》。按详刑寺即大理寺。
②③ 欧阳修、宋祁：《新唐书》卷四十四《选举志上》。
④ 董浩：《全唐文》卷一五一许敬宗《请定释奠主祭奏》。又见杜佑《通典》卷五十三《礼十三》"释奠"条，刘昫《旧唐书·礼仪志四》。

郡别驾时废时置，司马品秩相对长史又较低，因此，所谓"上佐"，实际上多指长史。这正好也与《新唐书·选举志》所谓的"州县学生，州县长官补，长史主焉"的记载相吻合。

此外，还有一则史料也颇能说明长史作为州县教育长官的地位。宋元之际著名的学者马端临，在其《文献通考·学校考四》中，对唐代地方官学颓废而文庙独存的状况，提出了自己的看法，他认为这是由于"长史之有识者以兴学立教，其事重而费巨，故如葺文庙，俾不废夫子之祠"。马氏素以精通故典、长于考据著称，他既然指出唐代诸州长史是"兴学立教"的负责人，我们当可采信。

第五节　巡察属县

巡察属县，本是州郡长官刺史或太守之责，但如果亲王典州时，巡察属县的任务则主要由上佐如别驾、长史或司马承担。此外，有些边州，由于地当外族易侵之处，都督刺史负有保护州土之责，不可轻易离开州治，因而巡县的任务改由长史等上佐担负①。再有，即使本州并非边州，也有以长史巡县的情况。如开元七年（719），高绍由长安令左迁润州长史，开元十年，"因巡属县庙于延陵，与县令吴兴沈炎同谒季子庙"②。又如，上元初，李皋为温州长史时，曾"行县，见一媪垂白而泣"，"哀而问之"③。

唐制规定，刺史（太守）或长史、别驾等每年巡察属县一次。巡县的任务，据《旧唐书》卷四十四《职官志三》记载，主要有这样几项：

一、考核属县官吏

长史巡县时，负有考核属县官吏的职责。对于那些"公廉下己、清直守节"的官员，或者"贪秽谄谀、求名徇私"的吏员，都要谨慎地考察，并将

---

① 刘昫：《旧唐书》卷四十四《职官志三》："若亲王典州，及边州都督刺史不可离州局者，应巡属县，皆委上佐行焉。"

② 董浩《全唐文》卷二九四高绍《重修吴季子庙记》："绍以开元七年，自长安令左迁润州长史，气雪十年，太岁壬戌，因巡属县庙于延陵，与县令吴兴沈炎同谒季子庙，申奠礼也。"按"气雪十年，太岁壬戌"，指开元十年，干支纪年为壬戌年。

③ 刘昫：《旧唐书》卷一百三十一《李皋列传》。

之附录于每年对官吏的考课成绩之内，作为官吏升贬的依据。对那些大善或大恶之人，可以向朝廷"随即奏闻"，不必等到年终考课时再做定夺。

二、观风俗，问百姓

长史巡县时，要"恤鳏寡，阅丁口，务知百姓之疾苦"。若发现"孝子顺孙、义夫节妇，精诚感通，志行闻于乡间者"，则要申奏朝廷，表彰门闾。对那些不孝顺父母，或者"悖礼乱常、不率法令者"，则"纠而绳之"。如肃宗上元初，李皋为温州长史巡察属县时，得知一李姓老妇的两个儿子在京为官，但二十年都不曾回乡看望老母亲，李皋立即上奏朝廷，将二人除名①。

三、举荐笃学异能之士

长史巡县时，若发现"笃学异能闻于乡间者"，要向朝廷举荐，作为朝廷网罗人才的途径之一。若发现"颇有词学者"，则年终上计时，"率与计偕"，携带其人一起赴京。可见巡县也成为长史搜访遗逸、进行"冬荐"的重要途径之一。

四、按覆狱讼，上报符瑞

长史巡察属县时，还要复核该县当年的案件，了解囚徒的状况，如发现"狱讼疑议"，则要上报，请求重审。此外，若发现该县有"符瑞尤异"之事，则要向尚书省申报。

第六节　其他职掌

唐代州郡长史，除以上各节所述的职任外，在某些情况下，或者在某个特定的地区，还肩负有其他的职责。这些职责主要包括：在发生自然灾害时，及时妥善地处理灾情；招缉逃户、流民，减少社会矛盾的发生；开凿河渠，兴修水利；勘察本州官员的服仪。此外，在广州地区，长史还有管理对外贸易的职责。

---

① 刘昫：《旧唐书》卷一百三十一《李皋列传》。

一、处理灾情，安抚灾民

唐代二百九十年中，多次发生自然灾害，其中比较突出的几次有：咸亨元年（670），天下四十余州发生旱灾及霜虫，百姓饥乏，关中尤甚。永隆二年（681），"河南、河北大水"，百姓不得不逃亡"江、淮已南就食"①。武后时，"山东饥，关、陇弊，历岁枯旱，人有流亡"②。穆宗长庆元年（821），发生"水旱灾荒"，有些道的百姓甚至"流离死绝"③。

在发生水、旱、虫等灾害的情况下，诸道长史负有安抚灾民之责。咸通十年（869）六月戊戌，懿宗下制曰"蝗旱有损处，诸道长史，分忧共理，宜各推公，共思济物。内有饥歉，切在慰安，哀此蒸人，毋俾艰食。"④ 这道制书明确规定了诸州长史负有处理灾情、安抚灾民的全面之责。从这个意义上说，长史如果能出色地完成这项工作，有利于化解社会矛盾，巩固封建国家的统治，其本人往往也能够得到朝廷的奖赏，获得升迁。如李皋为温州长史时，温州发生灾荒，"岁俭，州有官粟数十万斛，皋欲行赈救，掾吏叩头乞候上旨。皋曰：'夫人日不再食，当死，安暇禀命！若杀我一身，活数千人命，利莫大焉。'于是开仓尽散之，以擅贷之罪，飞章自劾。天子闻而嘉之，答以优诏，就加少府监。"⑤ 李皋正是由于及时而出色地处理了灾情，而被朝廷擢升为少府监。

二、招缉逃户

唐代虽号称盛世，但由于战争、赋税加上自然灾害等原因，许多人被迫背井离乡，加入逃亡者的行列，成为流民。贞观元年（627）至三年，关中发生灾荒，人民四处流散。永隆二年（681），"河南、河北大水"，百姓不得不逃亡"江、淮已南就食"⑥。永淳元年（682），"国中大饥，蒲、同等州没徙家口并逐粮，饥馁相仍，加以疾疫，自陕至洛，死者不可胜数"⑦。武后时，

---

① 刘昫：《旧唐书》卷五《高宗本纪下》。
② 刘昫：《旧唐书》卷一百九十中《陈子昂列传》。
③ 王溥：《唐会要》卷八五《逃户》。
④ 刘昫：《旧唐书》卷十九上《懿宗本纪》。
⑤ 刘昫：《旧唐书》卷一百三十一《李皋列传》。
⑥ 刘昫：《旧唐书》卷五《高宗本纪下》。
⑦ 刘昫：《旧唐书》卷三十七《五行志》。

"山东饥,关、陇弊,历岁枯旱,人有流亡"①。在这种情况下,为避免流民聚集叛乱,同时也为了增加国家的赋税收入,朝廷常常责令地方官员招辑逃亡百姓,重新使之成为国家的编内之民。这种招辑逃亡的工作,常常由当地的州郡长史担当。开元二十一年(733),福州长史唐循忠在"潮州北、广州东、福州西光龙洞,检责得诸州避役百姓共三千余户",随即上奏朝廷,要求别置一州进行安顿,朝廷允其奏,置汀州以安置这些流民②。

安史乱后,藩镇割据,战争不断,赋役愈重,百姓逃亡的现象达到极致。"士庶恐骇,奔走于路"③。洛阳以东至徐州,"宫室焚烧,十不存一。百曹荒废,曾无尺椽。中间畿内,不满千户。井邑榛棘,豺狼所嗥"④。关中地区,"闾井萧然,百不存一"⑤。肃宗时,"诸州百姓,多有逃亡"⑥,其"乡居地著者百不四五"⑦。这些流民聚集在一起,无疑会对国家政权的稳定构成威胁,同时也影响了国家的财政收入。为此,代宗即位后,下制令天下州府长史及县令安抚流民,招辑逃亡。规定如逃亡百姓能"悔过自陈,各归生业",则"一切并舍其罪"。同时还减轻他们的赋役负担,规定"自今已后,除正租税及正敕,并度支符外,余一切不在征科限"⑧。

对于这些归附的流民,长史、县令要将他们编为国家正式户口,上报朝廷;朝廷则派专人赴当州按覆,如果按覆的情况与上报的情况相符,则作为长史、县令等当地官员"超资进改"的重要依据之一。

三、开凿河渠,兴修水利

《新唐书》卷四二《地理志六》"绵州巴西郡巴西县"条云:"巴西,望。南六里有广济陂,引渠溉田百余顷,垂拱四年,长史樊思孝、令夏侯奭因故渠开。"唐代县级政权无长史一职,此所云"长史"当指绵州长史。从上引可知,兴修水利也是唐代州郡长史的一项职任。

---

① 刘昫:《旧唐书》卷一百九十中《陈子昂列传》。
② 李吉甫:《元和郡县图志》卷二十九《江南道五》,中华书局,2005。
③ 刘昫:《旧唐书》卷九《玄宗本纪下》。
④ 刘昫:《旧唐书》卷一百二十《郭子仪列传》。
⑤ 宋敏求:《唐大诏令集》卷一百一《减京兆尹已下俸钱制》,中华书局,2008。
⑥ 王溥:《唐会要》卷八十五《逃户》。
⑦ 欧阳修、宋祁:《新唐书》卷一百四十五《杨炎列传》。
⑧ 董浩:《全唐文》卷四九代宗《南郊赦文》。

四、勘察服仪

大和六年（832）六月，为规范官员服饰，文宗下敕规定："州府四品已上官，许通服丝布，仍不得有花文，一切禁断。其花丝布及缭绫，除供御服外，委所在长史禁毁讫闻奏。其不可服丝布者，敕下后，限一月并须改易。"[①]州府长史作为"纲纪众务"之官，自然可对官服规范工作进行管理。

五、管理对外贸易

唐代，在广州设置市舶司，作为管理蕃货、海舶、贸易之事的机构。广州的海外贸易，一方面是为了满足帝室对海外珍异物品的奢侈性需求，另一方面在客观上通过征税的方式也增加了国家的财政收入。

唐代对来华贸易的蕃舶采取"收市"制度，即国家财政部门调拨资金，向外国商船购买珍异物品，负责此项事务的主管官员是岭南道长史。高宗显庆二年（657）二月十六日下敕曰："南中有诸国舶，宜令所司，每年四月以前，预支应须市物。委本道长史，舶到十日内，依数交付价值。市了，任百姓交易。其官市物，送少府监简择进内。"[②] 敕文所谓所司，指国家财政有关部门，如负责支度国用、支纳少府物品的度支、"掌库藏出纳之节、金宝财货之用"[③]的金部，以及掌管"四方贡献、百官之俸秩"[④]的太府寺等。按照这份敕文，这些财政部门每年必须在四月份之前制订出采购计划，调拨所需资金，交给岭南道长史向外国商船购买，岭南道长史必须在外国商船抵达后的十日内，购买好所需物品，交付完价值，然后把这些商品送交少府监收管，少府监根据需要挑选后再供给宫廷消费。由于岭南道的治所驻广州，因此，敕文所称的"岭南道长史"，实际就是广州长史。可见，广州长史除了一般州郡长史的职任外，还有自己特有的职责，即管理外商贸易。

---

① 王溥：《唐会要》卷三十二《舆服下》。
② 王溥：《唐会要》卷六十六《少府监》。
③ 李林甫：《唐六典》卷三《尚书户部》。
④ 李林甫：《唐六典》卷二十《太府寺》。

第八章

唐代羁縻府州及属国长史

一、羁縻府州长史

羁縻府州,是唐代为安置边境地区内附的少数民族部落而设置的特殊行政区划。以归顺部落划分,大者为都督府,小者为州,都督、刺史皆由归附的少数民族酋领充任,虽"贡赋版籍,多不上户部"①,但名义上要隶属于唐朝在边地所设的都督府或都护府的领导,是中央政府"因俗施治"政策的现实操作。其实,这一政策并不始于唐代。汉武帝时即在西域地区设有都护府,又在青海设置护羌校尉。东汉改西域都护为西域校尉,三国时在西域置戊己校尉、西域长史府,北魏时置西戎校尉府,等等,皆为唐羁縻府州之前奏。

唐代羁縻府州的数量非常之多,《唐会要》称天宝间,天下"羁縻之州八百"。《新唐书·地理志》序称"大凡府州八百五十六",《志》文开列数目实际为855,剑南道少一州。加上有名未列的49州,共904州。实际上,《新唐书·纪传》和《新唐书·地理志》后附的贾耽《四夷路程》中,还有许多羁縻府州,欧阳修并未将其列入《新唐书·地理志》中,可见,实际数目当高于904个。

从文献资料考察,唐代设置长史的羁縻府州主要有以下这些。

1. 为薛延陀、回纥等铁勒诸部置六府七州

铁勒是我国北方和西北方的游牧部落,种类最为繁多,《隋书·铁勒列传》记载的就有四十余个,及至唐初,据《旧书·铁勒列传》的记载,就有

---

① 欧阳修、宋祁:《新唐书》卷四十三下《地理志七下》。

十五个。薛延陀、回纥、同罗、浑、仆骨、思结、拔野古等部落皆属于铁勒①，臣服于东突厥汗国。公元 630 年，东突厥灭亡后，薛延陀、回纥等铁勒部落势力迅速扩张，经常结伙扰边，成为唐朝北部的严重边患。

贞观二十年（646），唐太宗命李勣进军郁都军山（今蒙古国杭爱山），平复了薛延陀之叛，对漠北铁勒诸部造成了极大的震慑。太宗遂于灵州会见漠北诸部酋长，诸部表示归附唐朝，乞置官司。贞观二十一年正月，太宗为漠北归顺部落置六府七州，以回纥部为瀚海府（今蒙古国色楞格河上游一带）以多览（哥）为燕然府（今蒙古国乌兰巴托东北方），仆骨（固）为金微府（今鄂嫩河上游），拔野古为幽陵府（今鄂嫩河与克鲁伦河之间），同罗为龟林府（今蒙古国境内肯特山一带），思结为卢山府（今蒙古国境内杭爱山东南端），浑都（一作"浑"）为皋兰州（今蒙古国境内土拉河以东、乌兰巴托以西），斛薛为高阙州（位置待考），阿跌为鸡田州（今图拉河下游之东），契苾为榆溪州（今蒙古国境内乌兰巴托南偏东），跌结（奚结）为鸡鹿州（今蒙古国境内肯特山东北端），白霫为寘颜州（今蒙古国境内贝尔湖以南）。府置都督，州置刺史，"府州皆置长史、司马已下官主之"②。"以酋领为都督、刺史、长史、司马"，隶属于燕然都护府③。

2. 为黑水靺鞨置黑水州都督府④

唐时黑水靺鞨分作十六部，散处于黑龙江流域下游地区。

---

① 魏徵《隋书·铁勒列传》：铁勒之先，匈奴之苗裔也，种类最多。自西海之东，依据山谷，往往不绝。独洛河北有仆骨、同罗、韦纥、拔也古、覆罗并号俟斤，蒙陈、吐如纥、斯结、浑、斛薛等诸姓，胜兵可二万。伊吾以西，焉耆之北，傍白山，则有契弊、薄落职、乙咥、苏婆、那曷、乌谨、纥骨、也咥、于尼谨等，胜兵可二万。金山西南，有薛延陀、嘎勒儿、十槃、达契等，一万余兵。康国北，傍阿得水，则有诃咥、曷㠉、拨忽、比干、具海、曷比悉、何嵯苏、拔也未渴达等，有三万许兵。得嶷海东西，有苏路羯、三索咽、蔑促、隆忽等诸姓，八千余。拂菻东则有恩屈、阿兰、北褥九离、伏嗢昏等，近二万人。北海南则都波等。虽姓氏各别，总谓为铁勒。《旧唐书·铁勒列传》：铁勒，本匈奴别种。自突厥强盛，铁勒诸郡分散，众渐寡弱。至武德初，有薛延陀、契苾、回纥、都播、骨利干、多览葛、仆骨、拔野古、同罗、浑部、思结、斛薛、奚结、阿跌、白霫等，散在碛北。
② 刘昫：《旧唐书》卷一百九十五《回纥列传》。
③ 欧阳修、宋祁：《新唐书》卷二百一十七上《回鹘列传上》。
④ 艾冲《唐代都督府研究》（西安地图出版社，2005）将黑水都督府视为羁縻府州（201 页）。郁贤皓《唐刺史考全编》（安徽大学出版社，2000）中，未录黑水都督府，也是将其看作羁縻府州。郑英德认为渤海、黑水靺鞨皆为唐朝治下的一个少数民族地方自治政权，并非属国。因而黑水都督府为唐朝的一级地方政府，并非羁縻府州性质（手稿《唐代渤海、黑水靺鞨、室韦考》，吉林省社会科学院历史研究所，1979 年，1 页，35 页，37 页）。

开元十三年（725），安东都护薛泰上奏朝廷，请于黑水靺鞨内置黑水军，获准。第二年①，朝廷以其最大部落置黑水都督府，"仍以其首领为都督，诸部刺史隶属焉。中国置长史，就其部落监领之"②。黑水都督府的都督由黑水靺鞨首领担任，但长史则由唐朝指派，目的是对其进行监督。据前辈学者考证，黑水都督府故治在今俄罗斯境内黑龙江河下游干流河道东侧、特罗伊茨科耶镇南方的阿纽依河口附近③。

3. 为党项诸部置静边、芳池、相兴三州

党项是我国古代西北部重要的少数民族之一，其历史最早可以上溯至北周武帝天和元年（566）。这一年，"党项羌叛"，北周冀州刺史杨文思，率州兵讨平之④。隋代，大部分党项部落役属于吐谷浑，与吐谷浑经常结伙，侵扰隋朝的西北边境。但也有一些党项部落降附隋朝。唐朝立国之初，局势未稳，群雄割据，党项与吐谷浑乘机不断寇边。贞观三年（629），唐太宗派李靖出击北方强国突厥，致使突厥诸部纷纷降唐，突厥迅速衰落。这一形势大大震慑了党项，使其很多部落开始内附唐朝，太宗先后设置了很多羁縻府州以安置这些归附的党项部族。贞观以后，吐蕃势力逐渐强大，党项诸部有的为吐蕃所征服，有的则因吐蕃所逼，相继内徙。到安史之乱爆发前，唐朝设置了数目庞大的羁縻府州，以安置纷纷内徙的党项部落。安史之乱后，党项又开始了大规模的内徙。

据《新唐书·党项列传》记载，代宗时，为防止党项与吐蕃相结为谋，徙静边州、夏州、乐容等六府党项于银州之北、夏州之东，并置"静边、芳池、相兴三州都督、长史"⑤。在为党项人所置的羁縻府州中设置长史一职，这是史籍唯一的一次记载。至于代宗之前或之后，党项人的羁縻府州是否还设有长史一职，因史籍缺载，不得而知。

羁縻府州的都督、刺史，一般以当地酋领为之，皆得世袭。地位稍低的长史、司马，则根据实际情况，有的由当地酋领担任，有的则为唐朝指派。

---

① 欧阳修、宋祁：《新唐书》卷四十三下《地理志七下》称："黑水州都督府，开元十四年置。"
② 刘昫：《旧唐书》卷一百九十九下《靺鞨列传》。
③ 张博泉：《东北历代疆域史》，吉林人民出版社，1981，第108－110页。
④ 刘昫：《旧唐书》卷一百九十八《党项羌列传》。
⑤ 欧阳修、宋祁：《新唐书》卷二百二十一上《党项列传》。

如贞观二十一年（647）为漠北薛延陀、回纥诸部落设置的六府七州，"以酋领为都督、刺史、长史、司马"①。长史、司马等高级僚佐皆由当地酋领担任。而开元十四年（726）为黑水靺鞨设置的黑水都督府，则由"中国置长史"，不让当地酋领出任此职，这多少也反映了唐朝政府对不同羁縻府州的控制力存在差别。

由于内地正州沿置多有文献记载，而羁縻府州则极少见诸史籍，故其长史设置情况难以考知。从理论上来说，羁縻府州的管理既然受到唐朝中央政府的控制，虽然控制力有限，但其官员设置应该与内地正州并无多大不同。正州既然遍设长史，则羁縻府州中设置长史亦当较普遍。然而遗憾的是，由于史料的极度缺乏，除了见诸记载的上述诸州外，究竟还有哪些羁縻府州设置过长史一职，目前难以考知。看来，只有等到将来考古有了新发现，才能进行更深更广泛的研究了。

二、属国长史

唐时，其周边属国中亦有仿唐制置长史等官职者，如黠戛斯、吐谷浑、高昌等。

1. 黠戛斯

黠戛斯，古坚昆国。地当伊吾之西，焉耆北，白山之旁。其君曰"阿热"，遂姓阿热氏。"其官，宰相、都督、职使、长史、将军、达干六等。宰相七，都督三、职使十，皆典兵；长史十五，将军、达干无员"②。在六等官中，长史居第四，地位高于将军。

2. 吐谷浑

吐谷浑是我国西北少数民族之一，公元四世纪初，吐谷浑部从辽东慕容鲜卑分离出来，西迁至今内蒙古阴山，后又向南、向西扩展，统治了以今天的青海为中心的广大地区。东晋初，吐谷浑建立政权，公元663年（唐龙朔三年）为吐蕃所灭。

关于唐时吐谷浑的官制，《新唐书》卷二百二十一上《吐谷浑列传》称

---

① 欧阳修、宋祁：《新唐书》卷二百一十七上《回鹘列传上》。
② 欧阳修、宋祁：《新唐书》卷二百一十七下《回鹘列传下》。

"其官有长史、司马、将军、王、公、仆射、尚书、郎中",明确指出唐时吐谷浑的官号中有长史一职。但《旧唐书·吐谷浑传》则称"其官初有长史、司马、将军,近代已来,有王、公、仆射、尚书、郎中"。《旧传》并没有明确指出唐时吐谷浑是否还有长史的官号,只是指出了各种官号出现的时间次序。今按《晋书·吐谷浑传》称"其官置长史、司马、将军",所叙与《旧传》相合。这样看来,长史、司马、将军是吐谷浑初期就有的官号,而王、公、仆射、尚书、郎中等官员,则是隋唐时期新出现的官号。但问题是,在唐代,吐谷浑的官号是否还保留了长史一职,因文献缺载,对这个问题难以考证清楚,今权置于此,以做参考。

3. 高昌

关于麹氏高昌(502—640)的官制,《周书·高昌传》做了记载:"官有令尹一人,比中夏相国;次有公二人……次有左右卫;次有八长史,曰吏部、祠部、库部、仓部、主客、礼部、民部、兵部等长史也;次有建武、威远、陵江、殿中、伏波等将军;次有八司马,长史之副也;次有侍郎、校书郎、主簿、从事。"《册府元龟》卷九六二亦有相同的表述,可能是引用了《周书》的缘故。从《高昌传》的记载来看,早期高昌职官设有长史一职,关于这一点,吐鲁番出土文书给我们提供了很多实例,兹引两则如下:

《麹悖墓表》(建昌六年十一月二十四):"初拜长史、广威将军、领兵部事。"①

《张忠墓表》(延和六年五月二十三):"迁驿林令,转长史,又迁库部郎中。"②

以上所引吐鲁番出土文书,充分说明了《周书》记载的可信。入唐以后,从史籍及出土文书来看,高昌王朝仍设有长史一职。

《旧唐书》卷一九八《高昌列传》记载,太宗时,高昌国王麹文泰因与叶护合谋,将击伊吾,太宗以其反覆,下书切让,文泰"乃遣其长史麹雍来谢罪"。

吐鲁番文书《高昌延寿十七年(640)屯田下交河郡、南平郡及永安等县

---

① 穆舜英、王炳华:《隋唐五代墓志汇编·新疆卷》,天津古籍出版社,1991。
② 侯灿、吴美琳:《吐鲁番出土砖志集注》,巴蜀书社,2003。

符为遣麹文玉等勘青苗事》①，是一份说明屯田职掌的重要资料。这份下行文件由屯田长史高某、屯田司马司空某签发，是为派麹文玉等下地方检查庄稼情况而下达的通知，涉及交河、南平二郡，永安、安乐、浐林、龙泉、安昌、□昌六县。

以上事例充分说明了入唐以后，高昌的官制中仍设有"长史"一职。

---

① 国家文物局古文献研究室、新疆维吾尔自治区博物馆、武汉大学历史系：《吐鲁番出土文书·第四册》，文物出版社，1983。

附录

对唐人墓志及《全唐文》中所载几种长史的考辨

以上各章,分别论述了《旧唐书·职官志》《新唐书·百官志》(简称两《志》)中的各类长史,但唐人墓志及《全唐文》中还记载了另外几种长史,为两《志》及《通典》《唐会要》《唐六典》等重要典章制度之书所未见。现分别论述如下。

一、国公府长史

唐人墓志中,有两则记载了国公府设置长史的情况,现引述如下:

1. 英国公府长史

《唐代墓志汇编续集》垂拱〇〇四《大唐皇朝英国公长史李(威)府君墓志铭》(垂拱元年六月十六日):"君讳威,字景仁,陇西人也……不谓清流急夜,泫露危朝,遘疾弥留,遂成沉痼。以垂拱元年岁次乙酉五月景午朔廿七日壬申卒于长安之私第,春秋六十有三。游魂响像,既切永于扬飙;灵魄依稀,更凄歌于薤露。即以其年六月乙亥朔十六日庚寅葬于京兆高阳之原,礼也。"英国公指李勣,贞观十一年(637)封[①]。

2. 凉国公府长史

《唐代墓志汇编》(简称《汇编》)永淳018《大唐故凉国公府长史上骑都尉张君(达)墓志铭并序》(永淳元年十月二十六日):"门多贵介,席有胜宾。至于两馆词人,三吴彦士,粉署含香之侣,石室藏书之寮,莫不咸得缔交,俱来接赏。曾任凉国公契苾何力府长史……以永淳元年十月一日卒于

---

① 刘昫:《旧唐书》卷六十七《李勣列传》。

思顺里，春秋五十有九。"凉国公指契苾何力，乾封元年（666）封为凉国公①。

唐代实行九等爵位：一等为王，食邑10000户，正一品；二等为郡王、嗣王，食邑5000户，从一品；三等为国公，食邑3000户，从一品；四等为开国郡公，食邑2000户，正二品；五等为开国县公，食邑1500户，从三品；六等为开国侯，食邑1000户，从三品；七等为开国县伯，食邑700户，正四品上；八等为开国县子，食邑500户，正五品上；九等为开国县男，食邑300户，从五品。国公在九等爵位中，属于第三等，低于第一等的亲王和第二等的郡王、嗣王。唐代定制，亲王开府则置长史以下属官，"郡王、嗣王不置长史"②。国公的地位低于郡王、嗣王。按照制度规定，郡王府、嗣王府都无设置长史的资格，国公府自然不可能设置长史。但制度并非一成不变，在非常情况下，朝廷有可能越过制度，给予某些功臣以特权。上两则墓志的府主李勣和契苾何力，都是太宗、高宗朝赫赫有名的大将，为唐朝的建立和巩固立下了不朽的战功，因此，朝廷为了表彰他们的杰出贡献，很有可能突破制度的束缚，授予他们特别的荣誉，比如允许他们开府置长史以下官属。因此，墓志所载的情况，应该符合历史事实。

二、御史府长史

《全唐文》卷一三七令狐德棻《大唐故柱国燕国公于君碑铭并序》（简称《碑》）称志主"贞观元年，拜御史府长史"。《碑》中志主名讳阙文，今据《碑》文所述生平仕履，知为唐初名臣于志宁。

《碑》文撰者令狐德棻，年齿与于志宁相当，二人皆仕高祖、太宗、高宗三朝，均为唐初名臣，按此，则德棻述志宁事迹，当无差错。然而《新唐书》《旧唐书》中《于志宁传》，皆未载"御史府长史"一事。史书书法简约，仕履缺载，事虽寻常，只是御史府设长史一职，乃汉时制度，自魏晋以后，除上引事例外，遍检文献，未闻御史府属官有长史者。又按汉代御史长史，乃御史中丞更名而来，因此，颇疑令狐德棻所称"御史府长史"，实即"御史中丞"，称"御史府长史"者，盖沿用汉时旧称，并非唐代制度所定。

---

① 刘昫：《旧唐书》卷一百九《契苾何力列传》。
② 欧阳修、宋祁：《新唐书》卷四十九下《百官志四下》。

三、司属寺长史

《汇编》长庆〇〇四《唐故朝议郎行扬州大都督府法曹参军京兆韦府君（署）墓志文》（长庆元年八月二十七日）："曾祖兴宗，皇朝散大夫司属寺长史；祖令裕，皇朝散大夫尚书屯田员外郎；父传经，皇朝议郎京兆府盩厔县尉。"府君长庆元年卒，春秋七十四，志文题"孤子式己□记"。

司属寺即宗正寺，乃光宅元年（684）武后改易官名时所立新名，神龙中复为宗正寺①。按两《唐书·职官志》及《唐会要》《资治通鉴》《通典》诸书，皆未见寺、监官属有长史者，可知非制度性常设官职，盖武后朝权宜之置。尚书省所属机构设长史，前代亦有之，如"北齐有将作寺，其官曰大匠。兼领功曹、主簿、长史、司马等官属"②；隋代祀部亦设有长史，侯灿《解放后新出土吐鲁番墓志录》收有《张延衡墓表》，称"更迁凌江将军、祀部长史……大唐统御，泽被故老，蒙授骑都尉"，然皆非制度性常设，可见制度之外，官职权置者亦屡见不鲜。

四、尚舍直长史

《全唐文》卷二四六李峤《为武承嗣谢男授官表》："臣某言：伏奉恩制，除臣息尚舍直长史某为左监门卫长史，荣随恩集，欢与惧并。"卷二三五富嘉谟《为并州长史张仁亶谢赐长男官表》："臣某言：伏奉二月十四日敕，赐臣绢一百匹；又奉其月二十六日敕，除臣男之辅尚舍直长史。丽泽之来，匪月而降，受赏转级，惟臣及子。"

按此二文中的"尚舍直长史"，应为"尚舍直长"，"史"字衍。考《唐六典》，尚舍局属殿中省，为殿中省六局之一。尚舍局置"奉御二人，从五品"，"直长六人，正七品下"，"奉御掌殿廷张设，供其汤沐，而洁其洒扫。直长为之贰，"又见《旧志》。其他五局尚食、尚药、尚医、尚乘、尚辇等，职员设置与尚舍局基本一致，都设奉御为长，直长为贰，皆无长史一职。且历代以来，三省职事官中皆未设"长史"职位，因知"史"字必衍。

---

① 刘昫：《旧唐书》卷四十四《职官志三》。
② 杜佑：《通典》卷二十七《职官九》。

结　语

唐代的长史制度，是在继承前代并加以变革的基础上创立的。无论哪一类长史，基本上都体现了这种特征。

正如第一章第五节所论，唐代以前，不管是丞相长史，还是三公长史，都具有较大的职权，地位也较高。唐代自立国之始，就不设丞相，三公也只是赠官，自无长史等官属。行使前朝丞相职权的，一般是以他官，尤其是六部尚书、侍郎，加"同平章事"或"同中书门下三品"的名号组成，这便是通常所谓的宰相，而且往往同时设几个宰相，以相互牵制、相互监督。玄宗以后，以翰林学士组成的集团参与到决策层。此外，宦官集团由于掌握禁军，也在逐步侵夺宰相的职权。这种决策体制的变化和多元化，反映了唐代统治者有意平衡中枢权力的真实意图，虽然这种意图未必获得了成功。

两晋南北朝时，除大将军、卫将军、骠骑将军、车骑将军外，其他二、三品乃至四、五品将军，皆设置长史等属官。唐代的将军长史，基本上承袭了隋代的体制，但与两晋、南北朝不同，只在朝廷诸卫及太子诸率府中设置长史，其他将军例不设置。这种变化，也在一定程度上体现了朝廷降低将军地位与事权的用意。

就行军长史而言，与前代不同，唐廷往往派遣重臣充任，如长寿二年（693），默啜犯塞，武后以薛怀义为朔方道行军大总管，以内史（宰相）李昭德为行军长史，率军出击[①]。又如建中三年（782），蔡帅李希烈反叛，德宗以普王李谊为襄汉元帅，以户部尚书萧复为行军长史，率军讨伐[②]。行军长

---

① 刘昫：《旧唐书》卷一百八十三《薛怀义列传》。
② 刘昫：《旧唐书》卷一百五十《李谊列传》。

史固然为出征时军队的僚佐，主要起参谋军务之作用；但唐朝安排高级官员充任，至少说明朝廷对出征将帅并不完全放心，因而派遣重臣充当首僚，以起到牵制和监督出征将帅的作用。唐代后期，行军长史一职逐渐为节度使所辟的副使或判官所代，反映了中央对地方控制权的削弱。

与前代一样，唐代在诸王府中遍设长史等官属，不过，与南朝、隋代不同，拥有这种资格的只有亲王，郡王府、嗣王府皆无设置长史的资格。从实际事例来看，与前代相比，唐代王府长史的地位似乎更高，事权也较大，可以综理府务，在非常情况下可以将不法僚佐逐出王府甚至加以诛杀，如权万纪任太宗之子齐王李祐的长史时，齐王宠信昝君谟、梁猛彪二人，"万纪骤谏不纳，遂斥逐之"①。高宗时，孔祯为曹王李明的长史，"明左右有侵暴下人者，祯捕而杖杀之"②。此外，几乎可以肯定的是，王府长史还负有代替朝廷监督诸王行动的职责，以至于诸王对长史颇为忌惮，如权万纪为吴王李恪的长史时，"王畏其直，善遇之"③。与前代尤其是六朝相比，唐代诸王很少发生叛乱，其中的原因固然是多样的，但与朝廷采取了设置长史以监督诸王行动、防止不法的措施，应该具有某种关系。

就一般州郡而言，两汉在边郡设置长史以代郡丞，掌兵马，而内郡不设长史，这说明，汉代边郡长史的主要职责在于理戎，而不在民政。魏晋南北朝时期，"长史遂为军府官"④，在刺史府（一般带将军衔）或总管府、都督府供职，其职任亦在参理兵政。隋代，随着刺史、总管、都督民政事权的加强，长史开始参管民政。到唐代，州郡长史的职责进而演变为以处理民政为主，且具有一定的事权，在某种程度上，还具有代替朝廷牵制州郡长官的作用。唐中叶以后，藩镇割据，很多地方处于半自治甚至自治的状态，对朝廷不缴财税，并自设试摄官员。为分割中央财力，藩镇长官往往为这些试摄官奏授长史等上佐之职，以便寄名支俸。这反映了唐代后期中央对地方控制力的削弱。

通过以上各章的论述，我们可以得出一个基本的结论，那就是唐代的长史，除了具有本部门长官重要僚佐的属性外，还具有牵制本部门长官的意义。

---

① 刘昫：《旧唐书》卷七十六《李祐列传》。
② 刘昫：《旧唐书》卷一百九十《孔祯列传》。
③ 欧阳修、宋祁：《新唐书》卷一百《权万纪列传》。
④ 杜佑：《通典》卷三十三《职官十五》。

唐廷安排这个职位，不仅是为了安排较高级别的闲散官员，也是为了部门内吏员权力的相对均衡。因此，至少在唐代，长史在帝国行政系统的运作中，是一个相对活跃的阶层，是唐代职官体系的重要组成部分，对巩固帝国的统治具有不可忽视的作用。研究这一职位，对我们研究现代行政体制中的秘书长或办公厅主任一职，无疑具有一定的参考和借鉴意义。

下　编　唐长史年表

凡　例

（1）本年表按年代顺序编制。

（2）称"某年至某年之间"，并非表示"起于某年讫于某年"，而是表示"任期在此时间段内的某段时间"。

（3）凡明确考知任职起讫时间者，则称"某年—某年"。

（4）凡明确考知某段时间在任，但任职起、讫年代皆不详者，则称"某年—某年在任"，或"某年在任"。

（5）凡明确考知任职始年，而任职讫年不详者，则在"某年"后加一"始"字。

（6）凡明确考知任职讫年，而任职始年不详者，则在"某年"前加一"讫"字，并缀以圆括号。

（7）凡任职始年不详，但明确考知在某年后者，则在"某年"后加一"后"字，但并非表示该年为任职的始年。

（8）凡任职讫年不详，但明确考知在某年前者，则在"某年"后加一"前"字，但并非表示该年为任职的讫年。

（9）凡在任职年代后加"?"者，表示任职年代不能肯定。

（10）凡已任命为长史，而实际未到任者，亦予收入，并加"【】"标出，并在任职年代后加"未之任"三字以示区别。

（11）本书力求广泛搜罗史料，所引材料主要有：《旧唐书》《新唐书》《资治通鉴》《新五代史》《旧五代史》等史书资料；《通典》《唐会要》《唐六典》等政书资料；《全唐文》《唐文拾遗》《唐文续拾》《全唐文补编》《全唐诗》《全唐诗补编》《文苑英华》等诗文总集；《册府元龟》《太平御览》《太平广记》等类书资料；《元和姓纂》《古今姓氏书辩证》等姓氏书资料；

《朝野佥载》《大唐新语》《隋唐嘉话》《因话录》《唐语林》《广异记》《云溪友议》等杂史、笔记类资料；《元和郡县图志》《太平寰宇记》等地理书、地方志资料；《金石录》《宝刻丛编》《金石萃编》《唐代墓志汇编》《唐代墓志汇编续集》等碑碣墓志资料；《千唐志斋藏志》、北京及上海等图书馆所藏碑志拓片资料；《宋高僧传》《续高僧传》《古清凉传》《广清凉传》等佛藏文献资料；等等。

（12）为节省篇幅，本文上编及下编所引资料采用简称：如《旧唐书》简称《旧书》，《新唐书》简称《新书》，《唐会要》简称《会要》，《唐六典》简称《六典》，《全唐文》简称《全文》，《全唐诗》简称《全诗》，《资治通鉴》简称《通鉴》，《册府元龟》简称《元龟》，《太平广记》简称《广记》，《太平御览》简称《御览》，《元和姓纂》简称《姓纂》，《唐代墓志汇编》简称《汇编》，《唐代墓志汇编续集》简称《续汇》，《千唐志斋藏石》简称《千唐志》，等等。

（13）有些诗文名或墓志名太长，以简称拟出。

（14）引文原文如缺字，则概加"□"表示，一"□"表示一字。若长史姓阙，则在名字前缀以"阙姓"二字；如名字缺，则在姓后加一"某"字。如原引文中名字有漫漶不清时，则用"□"表示，如"周顶□"。

（15）典籍中明显的错别字以及因避讳而改之字，一般直接改正。如唐墓志中"隋代"作"随代"，《全唐文》中"玄宗"作"元宗"，等等，本文径改为原字，不一一注明。

（16）凡长史本人的传记（包括附传），一律简称"本传"或"《旧传》""《新传》"。凡在前文已明的情况下，称帝纪为"《旧纪》"或"《新纪》"，称职官志或地理志为"《旧志》"或"《新志》"。

（17）对长史的任职年代，本书重在注明资料出处和考证结论，对考证过程则尽可能做简要的叙述。如资料本身已能说明问题者，则不再重复说明。

唐代王府长史年表

说明：

（1）本年表以王府为单位，同一王府内按长史的任职年代顺序编制。

（2）在王府名后附府主姓名，若府主名字后来发生改变，仍标当时王号时所用之名。如李旦初为殷王时，其名为"旭轮"，则殷王府后标"李旭轮"；后为豫王，改名为"李旦"，则豫王府后标"李旦"。

（3）每个长史，先列姓名，次列任职时间，次列文献来源，次为笔者考证文字，最后为府主简介。

（4）同一名号王府，府主为同一人时，其王府历任长史，归于一起。府主简介仅附于第一个长史条目后，后面的诸长史条目，因与第一个长史的府主相同，故不再另附府主简介。

（5）府主为同一人但王号不同时，亦归于一起。如李旦先为殷王、次为豫王、再为相王，则殷王府、豫王府、相王府置于一起，仍标王府名以示区别。

（6）王号相同，但府主不同，不归于一起。仍在府主简介里注明姓名，以示区别。

秦王府　李世民

崔君肃　武德中

《汇编》久视〇一五《大周故中大夫行并州盂县令崔（哲）府君墓志铭》

（久视元年十月廿八日）："祖君肃，□黄门侍郎，秦王府长史，使持节襄州诸军事襄州刺史……（哲）以久视元年……终于毓德里之私第，春秋六十有九。"又见开元三〇二《大唐故魏州冠氏县令清河崔府（羡）君墓志》："曾祖君肃，皇朝黄门侍郎、秦王府长史、襄州刺史。"

秦王，李世民 《新书·高祖纪》："（武德元年六月），庚辰，立世子建成为皇太子，封世民为秦王，元吉齐王"。

权弘寿 武德中

《旧书·权怀恩传》："祖弘寿……以从义师之功，累转秦王府长史，太宗遇之甚厚。"《新书·权怀恩传》未及。《续汇》景龙〇一一《唐故袁州刺史右监门卫将军驸马都尉天水权（毅）君墓志铭》："祖弘寿，秦王府长史，天水郡开国公，陕东道大行台□□太仆卿，兵、户二部尚书。"

晋王府 李 治

赵方海 贞观五年（631）—贞观十七年（643）

《汇编》天授〇三七《大唐故泗州刺史赵（本质）府君墓志铭》（天授二年十月廿四日）："父方海，洛州总监、职方郎中、太仆少卿、晋王府长史、持节诸军事申州刺史……（本质）以天授二年（691）五月三日寝疾，薨于履道坊之私第，春秋七十。"

晋王，李治 《旧书·高宗纪》："（贞观）五年，封晋王……十七年，皇太子承乾废，魏王泰亦以罪黜，太宗与长孙无忌、房玄龄、李勣等计议，立晋王为皇太子。"

马 周 贞观十五年（641）—贞观十七年（643）

《旧书》本传："（贞观）十五年，迁治书侍御史，兼知谏议大夫，又兼检校晋王府长史。王为皇太子，拜中书侍郎，兼太子右庶子。"（《新书》本传略同。又见《元龟》卷七〇八宫臣部）。按，贞观十七年，李治被册为太子（见两《唐书·高宗纪》）。

越王府 李　泰

赵弘智　贞观八年（634）前

《金石录》卷二四跋尾一四："右《唐赵弘智碑》，云'弘智，字处仁'，而《史》不载。又云'自太子舍人为吏部员外郎，迁国子博士、检校吏部郎中，寻为越王府长史，兼检校吏部侍郎，遂转黄门侍郎。'"按赵弘智贞观八年在黄门侍郎任（《旧书·太宗纪》：贞观八年正月，"壬寅，命尚书右仆射李靖……廓州大都督府长史皇甫无逸……黄门侍郎赵弘智使于四方，观省风俗"），知其为越王府长史当在贞观八年前。

越王，李泰　《旧书·太宗诸子传》："濮王泰……贞观二年，改封越王……十年，徙封魏王。"

魏王府 李　泰

韦庆植　贞观十年（636）—贞观十七年（643）

《广记》卷一三四引《法苑珠林》："唐贞观中，魏王府长史韦庆植有女先亡，韦夫妇痛惜之。"《新书·宰相世系四上》东眷韦氏："庆植，魏王府长史。"

魏王，李泰　《旧书·太宗诸子传》："（贞观）十年，徙封魏王……泰潜有夺嫡之意……（贞观）十七年……乃幽泰于将作监。"

杜楚客　（讫）贞观十七年（643）

《旧书》本传："贞观四年，召拜给事中，上谓曰：'……宜识朕意，继尔兄（杜如晦）之忠义也。'拜楚客蒲州刺史，甚有能名。后历魏王府长史，拜工部尚书，摄魏王泰府事。楚客知太宗不悦承乾……因说泰聪明，可为嫡嗣。人或以闻，太宗隐而不言。及衅发，太宗始扬其事，以其兄有佐命功，免死，废于家。"《新书》本传略同。按李泰贞观十年徙封魏王，十七年谋立太子事败而被太宗幽禁，楚客亦因此事获罪，则楚客为魏王府长史，止于贞观十七年。

赵王府 李元景

王 祥 贞观十年（636）前

《汇编》上元〇一三《大唐故赵王府长史王（祥）君墓志铭》（上元二年八月十三日）："公以良冶成资，黄中表异，弱无好弄，少负不羁……筮仕贞朝，清阶有渐，载扬声实，望藉风猷，寻除赵王府长史……王事既致，素里游神，逝者如斯，徂龄易迫。春秋七十二，寝疾卒于私第。即以上元二年（675）八月十三日迁窆于青槐乡阿城原，礼也。"

赵王，李元景 《旧书·高祖诸子·李元景传》："荆王元景，高祖第六子也。武德三年，封为赵王……（贞观）十年，徙封荆王，授荆州都督。"

荆王府 李元则

独孤义恭 贞观十年（636）前

《全文》卷二七八刘待价《朝议郎行兖州都督府方与县令上护军独孤府君（仁政）碑铭并序》："祖义恭，隋京兆郡富平县令，唐秦王府仓曹参军事，荆王府长史，右卫郎将、左卫中郎将，左监门率，温、汾、归、婺四州诸军事、婺州刺史，上柱国，高平县开国侯……（仁政）以景龙二年（708）三月廿九日，遘疾卒于河内郡之私第，春秋七十有七。"（注：郁贤皓《刺史考·温州》缺载独孤义恭，《汾州》卷引《独孤仁政碑铭》称卒于"景龙三年"，似误）按仁政卒景龙二年（708），知其生于贞观六年（632），则其祖父任荆王府长史约在贞观初年。而唐初封荆王者有二人，一为李元景，贞观十年徙封荆王（见《旧书·高祖诸子·李元景传》）；一为李元则，武德四年封荆王（见《旧书·高祖诸子·李元则传》），贞观十年改封彭王。按此，则《独孤仁政碑铭》所称"荆王"当为李元则。

荆王，李元则 《旧书·高祖诸子·李元则传》："彭王元则，高祖第十二子也。武德四年，封荆王。贞观七年，授豫州刺史。十年，改封彭王……永徽二年薨。"

齐王府　李　祐

薛大鼎　贞观十年（636）—贞观十一年（637）在任

《旧书·李祐传》："（贞观）十年，改封齐王……溺情群小，尤好弋猎，长史薛大鼎屡谏不听，太宗以大鼎辅导无方，竟坐免。"（又见《元龟》卷二九九宗室部、七〇九宫臣部、七一五宫臣部）。按，薛大鼎罢后，由权万纪接任长史，贞观十一年十月万纪尚在吴王府，见后"权万纪"条。

齐王，李祐　《旧书·李祐传》："（贞观）十年，改封齐王。"

权万纪　（讫）贞观十七年（643）

《旧书·李祐传》："（贞观）十年，改封齐王……溺情群小，尤好弋猎，长史薛大鼎屡谏不听，太宗以大鼎辅导无方，竟坐免。权万纪前为吴王恪长史，有正直节，以万纪为祐长史，以匡正之……十七年，诏刑部尚书刘德威往按之，并追祐及万纪入京。祐大惧，俄而万纪奉诏先行，祐遣燕弘信兄弘亮追于路，射杀之。"（又见两《唐书》本传、《通鉴·贞观十七年》二月、《元龟》卷一二二帝王部、卷二九九宗室部）。按《通鉴·贞观十一年》：十月，"安州都督吴王恪数出畋猎，颇损居人……上曰：'长史权万纪事吾儿，不能匡正，罪当死。'柳范曰：'房玄龄事陛下，犹不能止畋猎，岂得独罪万纪！'上大怒，拂衣而入"。可知贞观十一年权万纪尚在吴王府。

汉王府　李元昌

杨怀德　贞观十年（636）—贞观十七年（643）

《续汇》开元〇五一《大唐故青州参军杨府（晖）君墓志铭》（开元□年十一月一日）："祖怀德，通议大夫、汉王府长史。"杨晖开元中卒，春秋五十二。按唐初，宗室中有多人被封汉王：李元庆，武德六年（623）至八年为汉王（见《旧书·高祖诸子·李元庆传》）；李恪，武德九年至贞观二年（628）为汉王（见两《唐书·太宗纪》）；李贞，贞观五年至十年为汉王（见《旧书·太宗诸子传·李贞传》）；李元昌，贞观十年至十七年为汉王（见《旧书·高祖诸子·李元昌传》）。按杨晖卒年及享年，其《墓志》所称汉王，当为元昌。

汉王，李元昌　《旧书·高祖诸子·李元昌传》："汉王元昌，高祖第七子也……（贞观）十年，改封汉王……十七年……太宗事不获已，乃赐元昌自尽于家。"

韦　师　贞观十年（636）—贞观十七年（643）

《续汇》垂拱〇一七《大唐故使持节怀州诸军事怀州刺史上柱国临都县开国男京兆韦（泰真）公墓志铭》（垂拱四年正月十三日）："父师，皇朝度支仓部郎中、虢王府司马兼虢州别驾、汉王府长史、洛州都督府司马、洋博二州刺史。"按泰真仕于高宗后期、武后前期，则其父韦师所任长史之府主当指李元昌。

蜀王府　李　愔

孙　曜　贞观十年（636）后

《陕西金石志》卷十（《汇编》开元一三九）《唐故青州长史长孙（安）府君墓志铭》（开元九年十一月）："公擢根芳苑，养秀华池，隋太常卿纬之嫡孙，蜀王府长史曜之元子……春秋七十三，咸亨二年（671）三月十五日遘疾终于官舍。"

蜀王，李愔　《旧书·太宗诸子·李愔传》："蜀王愔，太宗第六子也。贞观五年，封梁王……十年，改封蜀王……（永徽）四年，坐与（李）恪谋逆，黜为庶人，徙居巴州。寻改为涪陵王。"

夏侯绚　永徽三年（652）—永徽四年（653）

《续汇》永徽〇四三《唐故使持节睦州诸军事睦州刺史夏侯（绚）府君墓志铭》（永徽六年十月廿五日）："永徽元年，改使持节涪州诸军事涪州刺史……三年，授蜀王府长史兼行黄州长史。未几，王改巴州，又兼巴州长史，王府如故。四年，王以荆吴构逆，缘坐废府。授公使持节江州诸军事江州刺史。"按，蜀王李愔永徽四年被黜为庶人。

韩王府　李元嘉

崔义玄　贞观十年（636）后

《旧书》本传："贞观初，历左司郎中，兼韩王府长史，行州府事。与友人孟神庆虽志好不同，各以介直匡正府幕，王并委任之。"（《新书》本传略同。又见《元龟》卷七〇九宫臣部）。按贞观十年李元嘉徙封韩王。

韩王，李元嘉　《旧书·高祖诸子传》："韩王元嘉，高祖第十一子也……武德四年，封宋王，徙封徐王……（贞观）十年，改封韩王，授潞州都督。"

纪王府　李　慎

崔义直　贞观十年（636）后

《芒洛冢墓遗文五编》卷五（《汇编》开元一七四）《大唐故银青光禄大夫守工部尚书赠荆州大都督清河郡开国公上柱国崔（泰之）公墓志铭》（开元十一年十月五日）："祖义直，纪、越二王长史，陕州刺史……中兴之际，公（泰之）有力焉。中宗嘉之，拜太仆少卿，封安平县开国男，兼卫王长史。居无何，奸臣武三思窃弄国柄，稍斥朝贤，出公为洺州刺史……春秋五十有七，以开元十一年六月七日寝疾，薨于京平康里第。"

《汇编》太极〇〇三《唐故正议大夫行太子右赞善大夫判太子率更令上柱国清河崔（孝昌）府君墓志铭》（太极元年二月廿一日）："祖义直，皇朝长安县令，纪、越二府长史，使持节陕州诸军事陕州刺史，武城县开国公……神龙初，公（孝昌）兄以叶赞经纶为奸臣所忌，转徙边郡，公亦随贬衢州长史。景云二岁，征拜太子右赞善大夫。"

纪王，李慎　《旧书·太宗诸子·李慎传》："纪王慎，太宗第十子也。贞观五年，封申王……十年，改封纪王……文明元年，加授太子太师，转贝州刺史。"

越王府　李　贞

崔义直　贞观十年（636）后

《芒洛冢墓遗文五编》卷五（《汇编》开元一七四）《大唐故银青光禄大夫守工部尚书赠荆州大都督清河郡开国公上柱国崔（泰之）公墓志铭》（开元十一年十月五日）："祖义直，纪、越二王长史，陕州刺史……中兴之际，公（泰之）有力焉。中宗嘉之，拜太仆少卿，封安平县开国男，兼卫王长史。居无何，奸臣武三思窃弄国柄，稍斥朝贤，出公为洛州刺史。"

《汇编》太极〇〇三《唐故正议大夫行太子右赞善大夫判太子率更令上柱国清河崔（孝昌）府君墓志铭》（太极元年二月廿一日）："祖义直，皇朝长安县令，纪、越二府长史，使持节陕州诸军事陕州刺史，武城县开国公……神龙初，公（孝昌）兄以叶赞经纶为奸臣所忌，转徙边郡，公亦随贬衢州长史。景云二岁，征拜太子右赞善大夫。"

越王，李贞　《旧书·太宗诸子·李贞传》："越王贞，太宗第八子也。贞观五年，封汉王……（贞观）十年，改封原王，寻徙封越王……"按，武后时因谋反饮药而死。

裴怀节　贞观十七年（643）前

《续汇》龙朔〇二八《大唐故宫府大夫兼检校司驭少卿裴（皓）君墓志铭》（龙朔三年十月五日）："父怀节……皇朝授秦王府录事参军……行扬州都督府长史兼越王府长史，除洛州诸军事、洛州刺史。"按裴怀节为洛州刺史在贞观十七年［见《会要》卷六八："贞观十七年五月十三日，废都督府，复为洛阳（阳字衍）州，以裴怀节为长史。"按"长史"当为"刺史"，显庆二年始改洛州牧为长史，贞观中洛州无长史之称。《新表一上》东眷裴氏："怀节，洛州刺史"。又《全文》卷五〇一权德舆《唐温州刺史裴府君（希先）神道碑铭并序》："四代祖怀节……荆、扬二州大都督府长史，洛州刺史。"《全文》卷七八四穆员《河东少尹裴公（济）墓志铭》："高祖怀节，皇朝洛州刺史。"以上皆称刺史，可知《会要》之误］。

吴王府　李恪

权万纪　贞观十一年（637）在任

《新书》本传："久之，由御史中丞进尚书左丞，出为西韩州刺史。徙吴王长史。王畏其直，善遇之。"《旧书》本传未及。《通鉴·贞观十一年》：十月，"安州都督吴王恪数出畋猎，颇损居人……上曰：'长史权万纪事吾儿，不能匡正，罪当死。'柳范曰：'房玄龄事陛下，犹不能止畋猎，岂得独罪万纪！'上大怒，拂衣而入"（又见《旧书·李祐传》）

吴王，李恪　《旧书·太宗诸子·李恪传》："吴王恪，太宗第三子也。

武德三年（当作'贞观三年'），封蜀王……（贞观）十年，又徙封吴王。"

鲁王府　李灵夔

贺兰某　贞观十四年（640）后

《大唐故贺兰都督（敏之）墓志并序》："金声□□□□□□□□□□皇朝尚衣奉御、鲁王府长史，银青光禄大夫、散骑常侍、使持节□州诸军事□□州刺史，应山县开国男……父安石……"敏之咸亨二年（671）八月六日卒，春秋二十九。按唐初为鲁王者，一为高祖第七子李元昌，武德三年封，贞观十年改封汉王；一为高祖第十九子李灵夔，贞观十四年封（见《旧书·高祖诸子·李灵夔传》）。按贺兰敏之生于贞观十五年（641），则其祖父贺兰某所任王府之府主当为灵夔，非元昌。

鲁王，李灵夔　《旧书·高祖诸子传》："鲁王灵夔，高祖第十九子也……（贞观）十四年，改封鲁王，授兖州都督……（垂拱）四年，与兄元嘉子黄公譔结谋，欲起兵应接越王贞父子，事泄，配流振州，自缢而死。"

霍王府　李元轨

段宝玄　贞观二十年（646）在任

《元龟》卷一六二帝王部："（贞观二十年）九月，遣霍王府长史段宝玄、沧州别驾张开谅、同州别驾张文会等三道使，巡察岭南诸州"。

霍王，李元轨　《旧书·高祖诸子·李元轨传》："霍王元轨，高祖第十四子也。少多才艺，高祖甚奇之。武德六年，封蜀王。八年，徙封吴王……（贞观）十年，改封霍王……（垂拱）四年，坐与越王贞连谋起兵，事觉，徙居黔州，仍令载以槛车，行至陈仓而死。"

曹王府　李　明

费胤斌　显庆元年（656）始

《汇编》咸亨〇七一《□□□□州刺史上护军费（胤斌）府君墓志铭》

（咸亨三年十二月三日）："显庆元年，除曹王府司马，迁长史，兼行梁州都督府长史，寻授使持节巴州诸军事巴州刺史，转辰州刺史……咸亨三年八月二十五日，卒于河南里第，春秋八十三。夫人陇西李氏，粤以其年十二月三日，合葬于平阴乡之原，礼也。"

曹王，李明　《旧书·太宗诸子·李明传》："曹王明，太宗第十四子。贞观二十一年受封……显庆中，授梁州都督……永崇（永隆）中，坐与庶人贤通谋，降封零陵王，徙于黔州。"按李贤获罪被废，在调露二年（永隆元年）（680）八月（见《旧书·高宗纪》）。

崔思约　约高宗前期

《汇编》开元三〇二《大唐故魏州冠氏县令清河崔（羨）府君墓志铭》（开元十八年正月廿一日）："祖思约，皇朝祠部郎中，曹王府长史，壁、复、和三州刺史……（羨）春秋六十九，以开元十七年（729）三月六日遘疾，终于魏州冠氏县之官舍。"

周王府　李　显

源直心　显庆二年（657）—龙朔二年（662）

《全文》卷一八九："直心，相州临漳人，高宗时为周王府长史，擢太常伯，流死岭南。"唐释彦悰纂录《集沙门不应拜俗等事》卷四有《周王府长史源直心参军元思敬等议状一首》。《旧书·源乾曜传》："父直心，高宗时为司刑太常伯，坐事配流岭南而卒。"未及为周王府长史事，《新书·源乾曜传》亦未及。按《旧书·刑法志》："龙朔二年，改易官号，因敕司刑太常伯源直心、少常伯李敬玄、司刑大夫李文礼等重定格式，惟改曹局之名，而不易篇第。"证知龙朔二年（662）直心在司刑太常伯任。

周王，李显　《旧书·中宗纪》："中宗大和圣昭孝皇帝讳显，高宗第七子，母曰则天顺圣皇后。显庆元年（656）十一月乙丑，生于长安。明年封周王，授洛州牧。仪凤二年，徙封英王，改名哲。"

郇王府　李素节

权知节　显庆二年（657）后

《续汇》景龙〇一一《唐故袁州刺史右监门卫将军驸马都尉天水权（毅）君墓志铭》（景龙三年八月十八日）："父知节，郇王府长史，沁、亳、润三州刺史……天授二年（691），枉□于都市，（权毅）卒年卌有五。"

郇王，李素节　《旧书·高宗诸子传》："许王素节，高宗第四子也。年六岁，永徽二年，封雍王……年十二（显庆二年），改封郇王……永隆元年，转岳州刺史，后改封葛王。则天称制，又进封许王。"

尔朱义琛　武后时

《汇编》上元〇三六《大唐故银青光禄大夫定州刺史上柱国尔朱（义琛）府君墓志》（上元三年十月十五日）："乃授申州刺史，居无何，又属许王出阁，更求贤相……授以许王之辅，又除许王府长史兼行同州长史……俄迁太仆少卿……以大唐上元三年（674）岁次景子正月二十三日薨于东都修业坊之私第，春秋八十有五。"按显庆二年（657）李素节封郇王，永隆元年（680）以后封葛王，则天称制时，又改封许王（见《旧书·高宗诸子·李素节传》），其时尔朱义琛早已去世。故《墓志》所谓"许王府长史"必误，当是"郇王府长史"。

殷王府　李旭轮

李义府　龙朔二年（662）—龙朔三年（663）

《旧书》本传："（龙朔）二年，起复为司列太常伯、同东西台三品……时殷王初出阁，又以义府兼王府长史。三年，迁右相，殷王府长史仍知选事并如故。"《新书》本传略同。《元龟》卷三三三："龙朔三年夏四月戊子诏曰：'右丞相兼行殷王府长史河间郡公李义府……可除名配流巂州。'"《全文》卷一二高宗《李义府罢相诏》略同。《续汇》垂拱〇一七《大唐故使持节怀州诸军事怀州刺史上柱国临都县开国男京兆韦（泰真）公墓志铭》（垂拱四年正月十三日）："皇帝之开藩邸也，始封殷王，圣慈之所钟爱，以中书令李义府为府长史，僚佐选人才地胄资次高者以充之……龙朔三年，乃授公记室参军事。"

殷王，李旭轮（李轮、李旦）　《旧书·睿宗纪》："睿宗玄真大圣大兴孝皇帝，讳旦……龙朔二年六月己未，生于长安。其年封殷王……总章二年，徙封冀王。上初名旭轮，至是去'旭'字。"

沛王府　李　贤

皇甫公义　总章二年（669）—咸亨二年（671）在任

《旧书·韦思谦传》："擢授监察御史……时中书令褚遂良贱市中书译语人地，思谦奏劾其事，遂良左授同州刺史。及遂良复用，思谦不得进，出为清水令……左肃机皇甫公义检校沛王府长史，引思谦为同府仓曹……累迁右司郎中。永淳初，历尚书左丞、御史大夫。"《新书·韦思谦传》略同。唐释彦悰纂录《集沙门不应拜俗等事》卷四有《沛王府长史皇甫公义文学陈至德等议状一首》。《元龟》卷一六一帝王部："总章二年四月，令左肃机兼检校沛王府长史皇甫公议（义）往虑岐州诸县囚徒，量事原免之。"卷九二五总录部："贺兰敏之，天后姊子，为兰台左侍极，当时咸倾附之，有罪徙岭外，尚书右丞兼检校沛王府长史皇甫公义以附敏之，长流横州。"按，贺兰敏之坐贬，在咸亨二年［见《通鉴·咸亨二年》："六月，丙子，敕流（贺兰敏之）雷州，复其本姓。至韶州，以马缰绞死。朝士坐与敏之交游，流岭南者甚众。"］。

沛王，李贤（李德）　《旧书·李贤传》："章怀太子贤，字明允，高宗第六子也。永徽六年，封潞王……龙朔元年，徙封沛王……咸亨三年，改名德，徙封雍王……上元元年，又依旧名贤。"

豫王府　李　旦

王德真　永隆元年（680）—文明元年（684）

《通鉴·永隆元年》："九月，甲申，以中书侍郎、同中书门下三品王德真为相王府长史，罢政事。"《旧书·则天皇后纪》：文明元年二月，"太常卿兼豫王府长史王德真为侍中"（又见《旧书·苏瑰传》）。按李旦，仪凤三年（678）徙封豫王，至圣历元年（698）复封相王（见《旧书·睿宗纪》），则《通鉴》所谓永隆元年（680）以王德真为"相王府长史"必误，当是"豫王府长史"，《旧书·则天皇后纪》正作"豫王府"，亦可印证。

豫王，李旦（李旭轮、李轮） 《旧书·睿宗纪》："睿宗玄真大圣大兴孝皇帝，讳旦……总章二年，徙封冀王。上初名旭轮，至是去'旭'字。上元二年，徙封相王……仪凤三年，迁洛牧；改名旦，徙封豫王……圣历元年，中宗自房陵还。帝数称疾不朝，请让位于中宗。则天遂立中宗为皇太子，封帝为相王。"

相王府　李　旦

姚崇（姚元崇、姚元之）　长安四年（704）始

《旧书》本传："长安四年，元之以母老，表请解职侍养，言甚哀切，则天难违其意，拜相王府长史，罢知政事，俾获其养。其月，又令元之兼知夏官尚书事、同凤阁鸾台三品……改为春官尚书……为易之所谮，改为司仆卿，知政事如故，使充灵武道大总管。神龙元年，张柬之、桓彦范等谋诛易之兄弟，适会元之自军还都，遂预谋。"[《新书》本传、《中宗纪》略同。又见《元龟》卷三一九宰辅部、卷四六〇台省部，《全文》卷九五武则天《许姚元之解职制》、卷二三〇张说《姚文贞公（崇）神道碑》、卷九九三阙名《唐太原节度使韦凑神道碑》]。

相王，李旦（李旭轮，李轮） 《旧书·睿宗纪》："睿宗玄真大圣大兴孝皇帝，讳旦……总章二年，徙封冀王。上初名旭轮，至是去'旭'字。上元二年，徙封相王……仪凤三年，迁洛牧；改名旦，徙封豫王……圣历元年，中宗自房陵还。帝数称疾不朝，请让位于中宗。则天遂立中宗为皇太子，封帝为相王，又改名旦。"

袁恕己　神龙元年（705）在任

《旧书·中宗纪》：神龙元年三月，"己丑，中书侍郎兼检校相王府长史、南阳郡公袁恕己为中书令，兼检校安国相王府长史"。两《唐书》本传未及。《全文》卷一六中宗《封五王制》："中书令兼检校安国相王府长史上柱国南阳郡开国公袁恕己……可封为南阳郡王。"

张嘉福　神龙初

《元龟》卷一七二："睿宗景云二年三月，故吏部尚书张嘉福追复官爵。嘉福，神龙初为吏部尚书兼相府长史，唐隆元年同中书门下三品、河北道宣劳使。"按唐制，宰相多称同平章事或同中书门下三品，其官属无长史一职，故上引文"相府长史"，疑当作"相王府长史"，原文脱"王"字。

豆卢钦望　神龙中

《旧书》本传："中宗即位，以钦望宫僚旧臣，拜尚书左仆射、知军国重事，兼检校安国相王府长史，兼中书令、知兵部事、监修国史。"《旧书·中宗纪》：神龙二年十二月，"丙申，特进、尚书左仆射兼安国相王府长史、芮国公豆卢钦望为开府仪同三司，依旧平章军国重事"（《新书》本传略同。又见《全文》卷一六九豆卢钦望小传、《陕西历史博物馆馆刊》第六辑刊《乾陵出土石刻》）。《新书·百官四下》谓"高宗、中宗时，相王府长史以宰相兼之"，时钦望在相位，故例兼相王府长史。

韦安石　神龙中

《旧书》本传："神龙初，征拜刑部尚书。是岁，又迁吏部尚书，复知政事。俄代张柬之为中书令，封郧国公，以尝为宫僚，赐实封三百户，又兼相王府长史。"

益王府　府主不详

武尚宾　武后时

《新书·宰相世系四上》武氏："尚宾，河间王、益王府长史。"乃高平王武重规之兄。按天授元年（690），武则天广封诸武为王，除武承嗣、武三思被封为亲王外，其他封郡王。如武攸宁为建昌王，武懿宗为河内王，武尚宾之兄武重规为高平王（见《旧书·武承嗣传》），等等。而史传未载武尚宾爵号，盖史有缺文，不能遍载。今按分封诸武的原则，《新表》所称"河间王"，当为武尚宾的郡王爵号，所谓"河间王、益王府长史"，"长史"只指"益王府长史"，并非兼指"河间王府长史""益王府长史"。因为按唐代制度，郡王府不置长史。但遍查史籍，唐代封益王者，仅三人，一为代宗第九子李乃（见《旧书·代宗诸子传》）。二为武宗第二子李岘（《见旧书·武宗诸子传》），三为僖宗第二子李升（见《旧书·僖宗诸子传》）。此处"益王"

显非以上三人。

益王　姓名不详。

魏王府　武承嗣

韦安道　武后时

《广记》卷二九九引《异闻录》："京兆韦安道,起居舍人真之子……唐大定（足）年中,于洛阳早出……既至,谒天后……遂以安道为魏王府长史……天册中,安道竟卒于官。"

魏王,武承嗣　《旧书·武承嗣传》：天授元年,"封承嗣为魏王……如意元年,授特进。寻拜太子太保,罢知政事。承嗣以不得立为皇太子,怏怏而卒。"按《则天纪》卒于圣历二年（699）。

卫王府　李重俊

崔泰之　神龙元年（705）始

《芒洛冢墓遗文五编》卷五（《汇编》开元一七四）《大唐故银青光禄大夫守工部尚书赠荆州大都督清河郡开国公上柱国崔（泰之）公墓志铭（并序）》（开元十一年十月五日）："祖义直,纪、越二王长史,陕州刺史……中兴之际,公有力焉。中宗嘉之,拜太仆少卿,封安平县开国男,兼卫王长史。居无何,奸臣武三思窃弄国柄,稍斥朝贤,出公为洺州刺史。"

卫王,李重俊　《旧书·中宗诸子·李重俊传》："节愍太子重俊,中宗第三子也。圣历元年,封义兴郡王……神龙初,封卫王……二年秋,立为皇太子。"按神龙三年（707）谋诛韦氏败,为部下所杀。

彭王府　府主不详

魏　明　神龙中或开元初期

《全文》卷二五二苏颋《授魏明彭王府长史制》："银青光禄大夫使持节建州诸军事行建州刺史钜鹿县开国伯魏明,才业可称,器能适用……可行彭王府长史，散官勋封如故。"按，苏颋神龙中为中书舍人掌制诰，开元初复掌制诰，此制当为知制诰时所撰。

彭王，不知何人。按两《唐书》称彭王者，惟高祖子彭王李元则，肃宗子彭王李仅，宪宗子彭王李惕三人，皆非此制诏所称之彭王。

邠王府　李守礼

张成绘　中宗时？

《新书·宰相世系二下》吴郡张氏："成绘，邠王府长史。"其祖父张后胤，仕于贞观中，永徽初卒（见《旧书·张后胤传》）。

邠王，李守礼（李光仁）　《旧书·李守礼传》："守礼本名光仁，垂拱初改名守礼……神龙中，遗诏进封邠王……（开元）二十九年薨。"

源乾曜　开元元年（713）

《旧书》本传："寻出为梁州都督……开元初，邠王府僚吏有犯法者，上令左右求堪为王府长史者，太常卿姜皎荐乾曜公清有吏干……上甚悦之，乃拜少府少监，兼邠王府长史。寻迁户部侍郎、兼御史中丞。无几，转尚书左丞。四年冬，擢拜黄门侍郎、同紫微黄门平章事。"（《新书》本传略同。又见两《唐书·李守礼传》、《元龟》卷七〇八宫臣部）

袁嘉祚　开元二年（714）

《旧书·李守礼传》："开元初，历虢、陇、襄、晋、滑六州刺史，非奏事及大事，并上佐知州。时宁、申、岐、薛、邠同为刺史，皆择首僚以持纲纪。源乾曜、袁嘉祚、潘好礼皆为邠府长史兼州佐，守礼唯弋猎、伎乐、饮谑而已。九年已后，诸王并征还京师。"《新书·李守礼传》略同。又见《元龟》卷七〇八宫臣部。按，袁嘉祚盖接乾曜之任，其人两《唐书》无传。

潘好礼　开元三年（715）—开元六年（718）

《旧书》本传："擢为监察御史，开元三年，累转邠王府长史。俄而邠王出为滑州刺史，以好礼兼邠王府司马，知滑州事……寻迁豫州刺史。"（《新书》本传略同。又见两《唐书·李守礼传》、《元龟》卷七〇八宫臣部、《全文》卷二七九潘好礼小传）《全文》卷二七玄宗有《授潘好礼邠王府长史诏》。郁贤皓《刺史考》以为邠王刺滑约在开元六年（见《刺史考·滑州》）。

宋　樽　开元前期？

《续汇》贞元〇六一《大唐故朝议郎行大理评事上柱国西河宋府君（顺）墓志铭并序》（贞元十七年二月四日）："曾祖樽，中大夫、使持节光州诸军事、守光州刺史……又转抚州刺史，曾未期岁，累迁邠王府长史……生承德郎、守徐州司士参军讳光……公即徐州□□□诏前烈，不殒遗业……（顺）以贞元十六年（800）五月十七日终于河南府河南县修善里□□，春秋五十四。"按《志》文所叙，似宋樽为宋顺之祖父，而非曾祖。按郁贤皓《刺史考·光州》、《抚州》，"宋樽"皆缺载。

苏务玄（苏务元）　开元中

《旧书》本传："开元中，为邠王府长史。"《新书》本传略同，惟"务玄"作"务元"。

刘彦方　开元中？

《姓纂》卷五京兆武功刘氏："隋通州刺史刘猛，孙弘基，唐右骁卫大将军……生仁行、仁景……仁行生彦贞、彦方……彦方，邠王长史。"

徐玄之　开元中

《嘉泰吴兴志》卷一四刺史题名："徐玄之，开元七年自谏议大夫授，改邠王府长史。《统记》云，开元十五年。"

阴行先　约开元中

《全文》卷二三一张说《邠王府长史阴府君碑铭》："贤哉阴侯，孝友仁信。符彩外发，清真内镇。史门文宗，国子儒胤……微言教胄，直道匡王。年惟大耋，克茂精爽……葬收子婿，碑传外孙。"《全文》卷四〇八张均《邠王府长史阴府君碑》："寻拜命宜城公主府记室参军……入为庆王友，转太子中允，又拜国子司业、邠王府长史……某年月日，寝疾东都，终于永丰第，春秋七十有五。"

按阴府君，即阴行先，为张说之妹婿。《全诗》卷八七张说有《幽州别阴长河行先》。《旧书·李憕传》称："开元初为咸阳尉，时张说……乃以妹婿行真女妻于憕。"《全文》卷四〇八张均《邠王府长史阴府君碑》亦称"寻拜命宜城公主府记室参军……署宰长河……夫人范阳县君张氏，丞相燕公之妹"。《姓纂》卷五武威阴氏："行光，国子司业，即张燕公妹婿也。"行先、行真、行光实为一人。《文苑英华》卷二六七、宋刻蜀本《张说之文集》、《唐诗纪事》卷一七均作"行先"，当是。

郯王府　李嗣直

崔恪　先天元年（712）—先天二年（713）

《元龟》卷一五二帝王部："先天三年正月以郯王府长史崔恪与昆弟不睦……解见任。"按先天惟二年，无三年，疑《元龟》误。

郯王，李嗣直（李潭、李琮）　《旧书·玄宗诸子·李琮传》："奉天皇帝琮，玄宗长子也，本名嗣直……先天元年八月，进封郯王……（开元）十三年，改封庆王，仍改名潭……二十一年，加太子太师，改名琮。"

杨祯　开元初期

《全文》卷二五二苏颋《授杨祯太子右谕德制》："大中大夫前试剡（郯）王府长史上柱国郑国公杨祯，敬以安仁，恭而合礼，相门华胄，夙著清徽；王邸元僚，复膺高选……可行太子右谕德。"此制当为苏颋开元初期掌制诰时所撰。

张知运　开元四年（716）在任

《唐大诏令集》卷三五《郯王嗣直安北大都护等制》："右卫大将军兼安北大都护上柱国长平郡开国公张知运……可安北副大都护，仍兼郯王府长史及安抚诸蕃副大使……开元四年正月二十一日。"（《全文》卷二一玄宗《授郯王嗣直等都护制》略同。又见《全文》卷二五三苏颋《命薛讷等与九姓共伐默啜制》）。

陶禹　开元十三年（725）前

《汇编》开元三二〇《大唐故银青光禄大夫使持节陈州诸军事陈州刺史上柱国陶（禹）府君墓志铭》（开元十九年二月十二日）："弱冠以资授右千牛，转尚食直长、家令丞、典设、符宝郎……入迁太子中允，僕（濮）、郯王府长史、国子司业……累牧绵、泽、陈三郡。"开元十九年（731）二月十二日卒，春秋五十四。

申王府　李成义（李捴）

尹思贞　先天二年（713）后

《旧书》本传："睿宗即位，征为将作大匠……时左仆射窦怀贞兴造金仙、玉真两观……怀贞伏诛,乃下制曰:'……将作大匠尹思贞……可御史大夫。'俄兼申王府长史,迁户部尚书,转工部尚书……开元四年卒,年七十七。"《新书》本传未及。按修金仙、玉真二观,在景云二年(711)(见《通鉴·景云二年》九月),诛窦怀贞在先天二年七月(见《通鉴》先天二年七月)。

申王,李成义(李捴) 《旧书·睿宗诸子·李成义传》:"惠庄太子捴,睿宗第二子也。本名成义……睿宗践祚,进封申王……开元二年,带司徒兼幽州刺史。俄避昭成太后之称,改名捴……十二年,病薨"

王守廉 约开元初期

《全文》卷二五二苏颋《授王守廉申王府长史制》:"朝议大夫守忠州刺史上骑都尉王守廉,饬躬清苦,居心孝悌……可申王府长史,散官、勋如故。"按苏颋,中宗神龙中掌制诰,玄宗开元初复掌制诰,开元四年任宰相。而"睿宗践祚"时,李成义始封申王,则此制诰当为苏颋开元初复掌制诰时所撰。

宋王府 李成器

郑谞 开元四年(716)前

《全文》卷二五一苏颋《授郑谞国子司业制》:"银青光禄大夫宋王府长史上柱国襄城县开国伯郑谞,纯固仁厚,温恭雅实……可行国子司业。"按苏颋开元初期复掌制诰,开元四年升为宰相,此当为其掌制诰时所撰。

宋王,李成器(李宪) 《旧书·睿宗诸子·李宪传》:"让皇帝宪,本名成器,睿宗长子也……唐隆元年,进封宋王……(开元)四年,避昭成皇后尊号,改名宪,封为宁王……(二十九年)十一月薨。"辨误:按成器徙封宁王在开元七年,见《旧书·玄宗纪》:开元七年九月,"宋王宪徙封宁王"。《新书·玄宗纪》亦称开元七年九月。而按上引本传乃称"四年""封为宁王",显误,"封为宁王"前当缺"七年"二字。

程行谋 开元四年(716)前

《全文》卷二五八苏颋《御史大夫赠右丞相程行谋(谌)神道碑》:"景龙六年,鸣牡肆孽……征拜公长安令……除将作少匠、少府少监……转刑部侍郎兼检校宋王府长史……明年王正月……命公为蒲州刺史本道按察。"(辨误:1."程行谋"当作"程行谌",《全文》卷二八《禁刺史进奉诏》称:

"蒲州刺史程行湛"。《元龟》卷一一三、卷一五九皆称"蒲州刺史程行谌"。2. "景龙六年"当作"景龙四年",景龙无六年,按"鸣牝肆孽"当指韦后及安乐公主篡弑,其时正当景龙四年。)按《元龟》卷一一三:"(开元)六年七月辛酉诏曰:'……去年从京向都,尝亦处分,蒲州刺史程行谌、同州刺史李朝隐……至其州界,咸有进奉。'"可知开元五年程行谌已在蒲州任。

陕王府　李嗣升

郭虔瓘　开元四年（716）在任

《唐大诏令集》卷三五《郯王嗣直安北大都护等制》:"右羽林大将军兼安西大都护四镇经略大使上柱国潞国公郭虔瓘……可安西副大都护,仍兼陕王府长史安抚诸蕃副大使……开元四年正月二十一日。"《全文》卷二一玄宗《授郯王嗣直等都护制》略同。

陕王,李嗣升（李亨,李浚,李玙,李绍）　《旧书·肃宗纪》:"肃宗文明武德大圣大宣孝皇帝讳亨,玄宗第三子,母曰元献皇后杨氏。景云二年乙亥生。初名嗣升,二岁封陕王……开元十五年正月,封忠王,改名浚……二十三年,改名玙……二十六年六月庚子,立上为皇太子,改名绍。后有言事者云:绍与宋太子名同,改今名。"

忠王府　李　浚

李思绚　开元十五年（727）—开元二十六年（738）

《新书·宗室世系下》蒋王房:"忠王府长史思绚。"为蒋王恽之孙,六安公珙之子。

忠王,李浚（李嗣升,李玙,李绍,李亨）　《旧书·肃宗纪》:"肃宗文明武德大圣大宣孝皇帝讳亨……开元十五年正月,封忠王,改名浚……二十六年六月庚子,立上为皇太子,改名绍。"

殷彦方　开元二十四年（736）至二十六年（738）之间

《全文》卷三〇九孙逖《授殷彦方等王傅制》:"中散大夫守忠王府长史兼侍读上柱国殷彦方等,朝廷雅望,人物周才……教导之功,既闻于日就;

温文之德，遂涉于春储……宜进秩于高位，俾升荣于近傅。"按孙逖，开元二十四年为中书舍人，掌制诰，丁父丧免，二十九年服阕，复为中书舍人，上元中卒（见《旧书·孙逖传》）。又按肃宗开元十年为忠王，二十六年立为太子。

岐王府　李范

崔子源　约开元初期

《全文》卷二五二苏颋《授崔子源岐王府长史制》："朝散大夫守尚书驾部郎中崔子源，地绪清茂，风襟亮拔……可检校岐王府长史，散官如故。"此制诏亦为苏颋开元初掌制诰时所撰。

岐王，李范　《旧书·睿宗诸子传》："惠文太子范，睿宗第四子也。本名隆范，后避玄宗连名，改单称范。初封郑王，寻改封卫王。长寿二年，随例却入阁，徙封巴陵郡王……睿宗践祚，进封岐王……（开元）十四年，病薨。"

裴子余　约开元十一年（723）—开元十四年（726）

《旧书》本传："开元初，累迁冀州刺史。政存宽惠，人吏称之。又为岐王府长史，加银青光禄大夫。十四年卒。"（《新书》本传略同。又见《全文》卷二七〇裴子余传、《元龟》卷五六二礼仪部、卷五九五掌礼部）。按，开元十年，裴子余在冀州刺史任（见《元龟》卷四九七：开元"十年六月，博州黄河堤坏……诏博州刺史李畲、冀州刺史裴子余、赵州刺史柳儒乘传旁午分理"），其为岐王府长史在此之后。

沂王府　府主不详

黄承源　约开元前期

《全文》卷五二二梁肃《外王父赠秘书少监东平吕公神道表铭》："享年若干，时开元二十五年也……夫人黄氏……沂王府长史虢国公承源之女，洪州刺史京兆韦同之甥……后公七岁而终。"

沂王，不知何人。按两《唐书》称沂王者，惟昭宗子沂王李禋，乾宁元年（894）封（见《旧书·昭宗诸子传》），显非《神道表铭》所谓之"沂王"。

濮王府 府主不详

陶　禹　开元前期

《汇编》开元三二〇《大唐故银青光禄大夫使持节陈州诸军事陈州刺史上柱国陶（禹）府君墓志铭》（开元十九年二月十二日）："入迁太子中允，僕（濮）、郯王府长史、国子司业……累牧绵、泽、陈三郡。"开元十九年（731）卒。按开元中，何人曾被封为濮王，史籍缺载。

濮王，姓名不详。

薛王府 李　业

司马诠　开元前期

《汇编》开元三三五《大唐故薛王傅上柱国司马（诠）府君墓志铭》（开元十九年十一月廿七日）："改仙州刺史，入为薛王府长史，转宋州刺史，授薛王傅。"开元十九年（731）六月二十二日卒，春秋六十七。

薛王，李业　《旧书·睿宗诸子·李业传》："惠宣太子业，睿宗第五子也。本名隆业，后单名业……睿宗即位，进封薛王……（开元）二十二年正月，薨。"

义王府 [1]李　漼、[2]李　玼

[1]**向游仙**　开元十三年（725）—开元十五年（727）

《全文》卷二五二苏颋《授向游仙义王府长史等制》："奉议郎试太子左赞善大夫京兆府推勾官轻车都尉向游仙、奉议郎前行宣州司户参军京兆推勾官上护军纪千钧等……游仙可朝散大夫守义王府长史，勋如故；千钧可太子通事舍人，散官、勋如故。"按苏颋，据《旧书》本传，开元十三年知吏部选事，十五年卒。而李漼开元十三年始封为义王（见《旧书·玄宗诸子·李漼

传》），则苏颋所撰《授向游仙义王府长史等制》当在开元十三年至十五年之间。

义王，李漼（李玭）　　《旧书·玄宗诸子传》："义王玭，玄宗第二十四子也，初名漼。开元十三年三月，封为义王。二十三年七月，授开府仪同三司，仍改名玭。"按兴元元年（784）四月丁卯薨（见《旧书·德宗上》）。

²**张九章**　天宝十载（751）在任

《旧书·礼仪志》：天宝十载正月，遣"义王府长史张九章祭南海广利王"（又见《全文》卷九八七阙名《册祭广利王记》）。

永王府　李　璘

陈宏（陈闳）　开元十三年（725）后

《新书·艺文志》："陈宏画《安禄山图》、《玄宗马射图》、《上党十九瑞图》，永王府长史。"《历代名画记》卷九："陈闳为永王府长史，善写画貌，工鞍马，与韩（幹）同时。"作"陈闳"。

永王，李璘（李泽）　　《旧书·李璘传》："永王璘，玄宗第十六子也……开元十三年三月，封为永王……二十年七月，加开府仪同三司，改名璘……（至德二载）因中矢而薨。"

李成伏　开元十三年（725）后

《汇编》开成〇一七《唐前左金吾卫录事参军崔公慎经夫人陇西李氏墓志铭》（开成三年十月十三日）："曾祖成伏，皇任永王府长史"。

颖王府　¹李　沄、²李　璬

¹**辛替否**　开元十三年（725）后

《旧书》本传："开元中，累转颖王府长史。天宝初卒，年八十余。"（《新书》本传略同。又见《全文》卷二七二辛替否传）按开元十三年李沄封颖王。

颖王，李沄（李璬）　　《旧书·玄宗诸子传》："颖王璬，玄宗第十三子也。读书有文词。初名沄。开元十三年，封颖王。十五年，遥领安东都护、平卢军节度大使。二十三年，加开府仪同三司，改名璬……建中四年薨，年六十六。"

²**甘守默**　天宝十载（751）在任

《旧书·礼仪志》：天宝十载正月，遣"颍王府长史甘守默祭霍山应圣公"。

信王府　李沔（李瑝）

李行同　开元十三年（725）后

《新书·宗室世系下》纪王房："信王府长史行同。"《旧书·太宗诸子·李慎附李行同传》："封慎少子铁诚为嗣纪王，后改名澄……开元初，历德、瀛、冀三州刺史、左骁卫将军，薨。子行同嗣，天宝中为右赞善大夫，同正员。"

信王，李沔（李瑝）　《旧书·玄宗诸子传》："信王瑝，玄宗第二十三子也，初名沔。开元十三年三月，封为信王。二十三年七月，授开府仪同三司，仍改名瑝。"按李瑝，大历九年（774）卒（见《旧书·代宗纪》）。

陈王府　李珪

韦友谦　开元二十三年（735）后

《新书·宰相世系四上》东眷韦氏彭城公房："友谦，陈王府长史。"乃贞观中魏王府长史韦庆植曾孙（《广记》卷一三四引《法苑珠林》："唐贞观中，魏王府长史韦庆植有女先亡，韦夫妇痛惜之。"）。

陈王，李珪（李涣）　《旧书·玄宗诸子传》："陈王珪，玄宗第二十五子也，初名涣。开元二十三年七月，封为陈王。二十四年三月改名珪。"李珪卒于兴元元年（784）（见《新书·德宗纪》）。

窦　濯　开元二十三年（735）后

《新书·宰相世系一下》窦氏三祖房："濯，陈王府长史。"乃润州刺史窦孝谌之孙，孝谌则天时刺润，长寿二年（693）卒（见《旧书·窦孝谌传》）。

陈　闳　（讫）上元二年（761）

《旧书·李珍传》："上元二年，珍与朱融善……融乃诱崔昌、赵非熊等并中官六军人同谋逆……珍赐死。其同谋……试太子洗马兼知司天台冬官正事赵非熊、陈王府长史陈阌……国子监广文进士张夬等六人，特宜决杀。"（又见《通鉴·上元二年》三月、四月）

裴齐婴 肃宗时？

《新书·宰相世系一上》东眷裴氏房："齐婴，陈王府长史。"按其叔裴鼎，开元二十一年自金吾卫将军移越州刺史，见《会稽掇英总集·唐太守题名》，疑齐婴任陈王府长史约在肃宗时。

裴希先 代宗时？

《全文》卷五○一权德舆《唐故朝议郎使持节温州诸军事温州刺史充静海军使赐绯鱼袋河东裴府君（希先）神道碑铭并序》："君讳希先……仕于王国，历济、陈、蜀三府，初为骑曹掾，次为长史，次为傅……贞元六年冬十一月，殁于钟陵之私第，享年若干……夫人永年郡主……初天宝十三年，诏选资地才令，以府君有安仁武子之美，而下嫁焉。"

张令光 兴元元年（784）前

《续汇》贞元○○三《□□河东节经略副使九州都知团练兵马使开府仪同三司试太子詹事兼御史中丞建康郡王张（嘉宾）公墓志铭》（贞元二年一月十□日）："（嘉宾）以贞元元年十二月二十六日寝食不瘳，薨于右师子里之私第，春秋六十有八……嗣子天宁军副将左监门率府长令贲……侄保宁军虞侯陈王府长史令光等……事上克忠，居家能孝。"按陈王兴元元年卒。

丰王府 李珙

杜鹏举 开元二十五年（737）始

《元龟》卷一五八帝王部：开元二十五年七月，以"邠王府司马杜鹏举为丰王府长史，课勤也"。《旧书·杜鸿渐传》："父鹏举，官至王友。"

丰王，李珙（李澄） 《旧书·玄宗诸子传》："丰王珙，玄宗第二十六子也，初名澄。开元二十三年七月，封为丰王。二十四年二月改名珙……（广德元年）赐死。"

元 环 天宝十四载（755）在任

《续汇》大历○四○《唐故金紫光禄大夫颍王府司马上柱国元（环）府君墓志铭》（大历十四年二月十日）："改怀州刺史……加银青光禄大夫，除丰王府长史。属狂寇称乱，中原不宁，鏖辂省方，豺狼窃位。朝廷簪绂，多受胁从……苏武遂生入汉廷，邓收乃复归晋室。除颖王府司马……以上元元年（760）七月八日寝疾，终于上都。"

恒王府　李　瑱

寇　洋　（讠它）天宝七载（748）

《汇编》天宝一三六《唐故广平郡太守恒王府长史上谷寇（洋）府君墓志铭》（天宝七载十一月三十日）："历吉、舒二州刺史，南阳、广平二郡太守……晚加衰疾，屡表恳辞，由是除恒王府长史。将行，以天宝七载六月十五日薨于外馆，春秋八十有四。"

恒王，李瑱　《新书·玄宗诸子传》："恒王瑱，好方士，常服道士服。从帝幸蜀，还，代宗时薨。"

宋　逖　代宗时？

《京畿冢墓遗文》卷中（《汇编》贞元〇八八）《唐故朝散大夫试恒王府长史前守瀛州司马行德州安陵县令上柱国宋（逖）府君墓志铭》（贞元十四年十一月廿七日）："贞元元年三月十日，卒于德州安陵县之官舍，时春秋五十有一。"按恒王李瑱，代宗时卒。

蜀王府　李　偲

索玄爱　至德二载（757）后

《续汇》贞元〇八〇《大唐故银青光禄大夫蜀王府长史索（玄爱）府君墓纪铭》（贞元二十一年二月二日）："转银青光禄大夫，寿王府司马，蜀王府长史……以大历五年五月十一日寝疾，终于京兆之私第，春秋七十有六。"按玄、肃、代之际，封蜀王者惟肃宗子李偲一人，至德二载封召王。《旧书·肃宗纪》云：乾元三年四月甲子，制"蜀王偲邠宁节度大使"。按此，则至德二载至乾元三年（760）之间，李偲曾改封蜀王，元和元年（806）薨。蜀王者，殆即此人。

蜀王，李偲　《旧书·肃宗纪》：乾元三年四月甲子，制"蜀王偲邠宁节度大使"。《旧书·肃宗诸子传》："召王偲，肃宗第十一子。至德二载十二月封，元和元年薨。"

泾王府　李侹

李万靖　至德二载（757）后

《全文》卷七一七崔元略《兴元元从正议大夫行内侍省内侍知省事上柱国赐紫金鱼袋赠特进左武卫大将军李公（辅光）墓志铭并序》："（辅光）以元和十年（815）正月十七日薨于官次……祖万靖，皇泾王府长史……（辅光）易箦之日，享年七十有四。"

泾王，李侹　《旧书·肃宗诸子传》："泾王侹，肃宗第七子。天宝中，封东阳郡王，授光禄卿同正员。至德二载十二月，进封泾王。乾元三年，领陇右节度大使。兴元元年薨。"

张安仁　至德二载（757）后

《全文》卷四二〇常衮《凉王妃张氏墓志铭》："父安仁，皇朝正议大夫泾王府长史，曳裾上邸，托乘西园……（张氏）以广德二年（764）五月十三日，终于上都之内邸，春秋三十七。"

杞王府　李倕

桑　华　至德二载（757）后

《汇编》元和〇六六《唐故黎阳桑氏夫人墓志铭》（元和八年十一月十七日）："烈祖讳华，杞王府长史……皇考讳忠，逍遥不仕。"桑氏元和八年（813）十月二十九日卒，春秋六十八。

杞王，李倕　《旧书·肃宗诸子传》："杞王倕，肃宗第十子。母段婕妤，贞元六年六月赠为昭仪。倕，至德二载封，贞元十四年薨。"

济王府　李环

苏　震　乾元二年（759）始

《新书》本传："二京平，封岐阳县公，改河南尹。九节度兵败相州，震与留守崔圆奔襄、邓，贬济王府长史。起为绛州刺史，进户部侍郎。"《旧书》苏震无传。按《通鉴·乾元二年》：三月，"（东都）留守崔圆、河南尹苏震等官吏南奔襄、邓，诸节度各溃归本镇"。《新书·肃宗纪》：乾元二年三月，"东京留守崔圆、河南尹苏震、汝州刺史贾至奔于襄、邓"。

济王，李环（李溢）　《旧书·玄宗诸子传》："济王环，玄宗第二十二子也，初名溢。开元十三年三月，封济王。二十三年七月，授开府仪同三司，其月改名环。"

寿王府　李瑁

马　浩　大历中

《续汇》贞元〇四五《大唐故金紫光禄大夫行潭州别驾上柱国扶风郡开国公马（浩）府君墓志铭》（贞元十四年十一月十五日）："维贞元八年四月……扶风郡开国公薨于位，享年七十四……公讳浩……释褐任易州遂城尉，以禄山包危代兴灭之机，献策于金门之侧……以卫社稷，特拜少府少监……又总寿春牧，才经考秩，改四镇节度参谋，后以权臣不德，执柄协私，除寿王府长史。十载班朝，四转别乘，优游骥足，徇禄江潭。"按以上所引，天宝末安禄山叛乱之际，马浩始释褐为遂城尉，后历少府少监、寿州刺、四镇节度参谋等职，寿王府长史为其最后所任之职，而寿王李瑁卒于代宗大历十年（775），知马浩为其长史当在大历中。

寿王，李瑁（李清）　《旧书·玄宗诸子传》："寿王瑁，玄宗第十八子也，初名清……（开元）十三年三月，封为寿王……二十三年，加开府仪同三司，改名瑁。"按李瑁，大历十年薨（见《新书·玄宗诸子·李瑁传》）。

益王府　李　乃

张　曼　大历十年（775）在任

《唐文拾遗》卷二四邵说《唐故开府仪同三司兼左羽林军大将军知军事文安郡王赠工部尚书清河张公（维岳）神道碑铭并序》："议其祚胤，则益王府长史曼，左监门卫率府录事参渠杲，太子司议郎晟。"维岳大历十年（乙卯，

775）卒。

益王，李乃　《旧书·代宗诸子传》："益王乃，代宗第九子。大历四年封。"

嘉王府　李　运

李　瓒　大历十年（775）—贞元十七年（801）

《新书·宗室世系上》蜀王房："嘉王府长史瓒。"按李瓒为蜀王李湛（高祖之兄）五世孙。

嘉王，李运　《旧书·代宗诸子传》："嘉王运，代宗第十五子。大历十年封，贞元十七年薨。"

柳　晟　贞元六年（790）—贞元七年（791）

《全文》卷七三八沈亚之《故银青光禄大夫检校户部尚书左金吾大将军兼御史大夫上柱国河南县开国公食邑二千户赐紫金鱼袋赠太子少保柳公（晟）行状》："公讳晟……宸舆幸汉中，公奉辔至南梁，还拜原王府长史。贞元六年改嘉王府长史，岁余，翰林舍人吴通元谪死，公为疏陈雪……竟雪通元，改沣州别驾。"两《唐书》本传未及。

马　闰　贞元十七年（801）前

《续汇》大中〇〇二《唐故刘（从鹏）公扶风郡马氏夫人墓志铭》（大中元年二月廿四日）："父闰，皇中散大夫检校太子宾客兼殿中监试嘉王府长史……（马氏）享年七十有三……以大中元年（847）……卜宅京兆长安县龙首乡小严里之北三百步。"

睦王府　李　述

臧叔献　大历十年（775）后

《全文》卷三六四张孚《金紫光禄大夫左金吾卫将军赠扬州大都督臧府君（希晏）神道碑铭并序》："有唐广德二年八月五日朔，左金吾卫将军臧公薨于□都安邑里之私第，享年五十有三。大历五年十月十五日，葬于三原县长坳乡，礼也……嗣子睦王府长史叔献、次子鄯州别驾叔雅、季子河南府河清县主簿叔清，栾栾孝思，攀号罔极。"

睦王，李述　《旧书·代宗诸子传》："睦王述，代宗第四子……（大历）十年二月，诏曰：'……述可封睦王。'……贞元七年薨。"

李则之　（讫）贞元二年（786）

《旧书》本传："贞元二年，自睦王府长史迁左金吾卫大将军。"（《新书》本传略同。又见《元龟》卷二六九宗室部）。

通王府　李　谌

兰有俊　大历十四年（779）后

《考古与文物》一九九〇年四期刊拓本（《续汇》开成〇一二）《大唐故兰夫人墓志铭》（开成二年十月二十五日）："故通王府长史有俊之女……（兰氏）以开成二年（837）七月七日终于旗亭里之私第也，春秋六十有一。"

通王，李谌　《旧书·德宗诸子传》："通王谌，德宗第三子也。大历十四年封，制授开府仪同三司。贞元九年十月，领宣武军节度大使。"

丁　琼　（讫）贞元三年（787）

《旧书·李晟传》："（贞元二年）十二月……罢晟兵柄。三年三月，册拜晟为太尉、中书令，奉朝请而已……晟既罢兵权，朝谒之外，罕所过从。有通王府长史丁琼者，亦为张延赏所排，心怀怨望，乃求见晟言事……遽执琼以闻。四年三月，诏为晟立五庙。"（《新书·李晟传》略同。又见《元龟》卷三七四将帅部）。

丹王府　李　逾

李佐国　建中四年（783）后

《新书·李嗣业传》："子佐国，袭爵，历丹王府长史。"《旧书·李嗣业传》未及。按李嗣业为玄、肃时名将，乾元二年（759）正月卒。

丹王，李逾　《旧书·代宗诸子传》："丹王逾，代宗第五子。大历十年，封郴王，领渭北鄜坊节度大使。建中四年，改丹王。元和十五年薨。"

杜　鼎　建中四年（783）后

《新书·宰相世系二上》濮阳杜氏："鼎，丹王府长史。"按，其父杜鸿渐相代宗，大历四年（769）卒（见《旧书·杜鸿渐传》）。

吴 晕 元和五年（810）在任

《旧书·吐蕃传》："（元和五年）七月，遣鸿胪少卿、摄御史中丞李铭为入蕃使，丹王府长史、兼侍御史吴晕副之。"（《新书·吐蕃传》略同。又见《元龟》卷九八〇外臣部）。

李 宙 （讫）元和七年（812）

《元龟》卷七〇〇牧守部："李宙为丹王府长史，元和七年，以前任复州刺史坐赃，贬为贺州司户参军。"

薛昌期 元和九年（814）始

《全文》卷六〇宪宗《贬路恕田景度等诏》："光禄大夫行太子詹事路恕……可吉州刺史……右武卫将军薛昌期，惑于诳诱，通是货财，可丹王府长史。"《元龟》卷一五三称此为元和九年正月己未诏。

舒王府 李 谊

元 宽 （讫）贞元二年（786）

《旧书·元稹传》："父宽，比部郎中、舒王府长史，以稹贵，赠左仆射。稹八岁丧父，其母郑夫人，贤明妇人也；家贫，为稹自授书，教之书学。"《新书·宰相世系五下》元氏："宽，比部郎中、舒王长史。"《新书》本传未及。《全文》卷六〇五元稹《唐故朝议郎侍御史内供奉盐铁转运河阴留后河南元君（秬）墓志铭》："有魏昭成皇帝十一代而生我隋朝兵部尚书府君讳某，后五代而生我比部郎中舒王府长史府君讳某，君即府君之第二子也，讳某，字元度。"《全文》卷六七九白居易《河南元公（稹）墓志铭》："考讳宽，比部郎中舒王府长史，赠尚书右仆射。"卷六八〇《唐河南元府君（宽）夫人荥阳郑氏墓志铭》："有唐元和元年九月十六日，故中散大夫尚书比部郎中舒王府长史河南元府君讳宽夫人荥阳县太君郑氏，年六十，寝疾殁于万年县靖安里私第。"按，元稹大历十四年（779）生，贞元二年（786），其父元宽卒。

舒王，李谊（李谟） 《旧书·德宗诸子传》："舒王谊，本名谟，代宗第三子昭靖太子邈之子也。以其最幼，德宗怜之，命之为子。大历十四年六月，封舒王……永贞元年十月薨。"

循王府 李遹

吴 卓 约贞元中

《考古与文物》一九九〇年四期刊拓本（《续汇》元和〇五五）《大唐故吴府君（卓）墓志铭》（元和九年七月廿八日）："逮西平（指西平郡王李晟）入觐，公隶属神策，宿卫中禁，垂二十年。上加勤劳，授循王府长史。未几迁□王傅。"按李晟大历前期入京为右神策都将，德宗初率神策兵赴剑南击吐蕃，还朝为太子宾客，前后在右神策十余年，而《吴卓墓志》言卓在神策军"垂二十年"，则李晟为太子宾客时，吴卓尚在神策军，可知其任循王府长史约在德宗贞元中。

循王，李遹　《旧书·代宗诸子传》："循王遹，代宗第十七子。大历十年封。"

李宗之 约德宗时

《新书·宗室世系下》虢王房："循王府长史宗之。"按，宗之为吏部尚书、昭义节度使承昭之子，肃宗时承昭为山南采访使（见《新书·韩滉传》），代宗初为昭义节度使（见《新书·李抱真传》），大历中复为昭义节度使，又为相州刺史（见《新书·田承嗣传》），知李宗之任循王府长史约在德宗时。

原王府 李逵

柳 晟 （讫）贞元六年（790）

《新书》本传："德宗立，晟亲信用事。朱泚反，从帝至奉天……乘舆还京师，擢原王府长史。吴通玄得罪，晟上书理其辜……通玄得减死。"《旧书》本传未及。《全文》卷七三八沈亚之《柳晟行状》："宸舆幸汉中，公奉辔至南梁，还拜原王府长史。贞元六年改嘉王府长史。岁余，翰林舍人吴通元谪死，公为疏陈雪……竟雪通元，改沣州别驾。"

原王，李逵　《旧书·代宗诸子传》："原王逵，代宗第十九子。大历十年封。大和六年薨。"

郑公逵 约穆宗初

《全文》卷六五八白居易《郑公逵可陕州司马制》："朝议郎守原王府长史上柱国赐绯鱼袋郑公逵，众推士行，时许吏才……春秋已高，宜罢曳裾之勤，往赞坐棠之理……可守陕州大都督府右司马，散官、勋、赐如故。"按白居易穆宗初掌制诰，此制当此时所撰。

虔王府 李 谅

胡 者 （讫）贞元十年（794）

《汇编》元和一一一《唐故横野军判官朝请大夫试虔王府长史胡（者）府君墓志》（元和十二年十月五日）："何图修短不测，天降灾祸，越贞元十年甲戌岁七月三日，终于私第，春秋六十矣。"

虔王，李谅　《旧书·德宗诸子传》："虔王谅，德宗第四子。大历十四年封，授开府仪同三司……（贞元）十六年，徐帅张建封卒，徐军乱，又以谅领徐州节度大使、徐泗濠观察处置等使，以建封子愔为留后。"

郯王府 李 经

刘泰清 元和八年（813）在任

《续汇》元和〇五一《河间郡太夫人宋氏墓志铭》（元和九年正月廿五日）："（夫人之父）以夫人与刘氏，生二男，嗣子郯王府长史、袭彭城郡王泰清……（夫人）唐元和八年十月十八日卒于京师兴宁里之私第，春秋七十有三。"

郯王，李经（李浼）　《旧书·顺宗诸子传》："郯王经，本名浼，顺宗次子。始封建康郡王，贞元二十一年封。大和八年薨。"《旧书·顺宗纪》：贞元二十一年四月，"建康郡王浼封郯王，改名经"。

邵 同 （讫）元和十五年（820）

《通鉴·元和十五年》：十月，"以郯王府长史邵同为太府少卿兼御史中丞，充答吐蕃请和好使"。《元龟》卷九八〇外臣部：元和十五年，"以郯王府长史邵同为太府少卿兼御史中丞持节入吐蕃，充答请和好使"。

均王府 李 纬

潘高阳 元和十年（815）始

《全文》卷六〇宪宗《贬潘高阳均王府长史诏》："河南少尹潘高阳，顷以母老兄患，恳求宁觐。览其章奏，用遂私情，而乃自求宴安……宪司举劾，宜有薄惩。可均王府长史。"《元龟》卷一五三称此为元和十年五月辛未朔诏。

均王，李纬（李沔） 《旧书·顺宗诸子传》："均王纬，本名沔，顺宗第三子。始封洋川郡王，贞元二十一年进封。"《旧书·顺宗纪》：贞元二十一年四月，"洋川郡王沔封均王，改名纬"。

李彦璋 长庆二年（822）在任

《元龟》卷一三六帝王部："（长庆二年）七月甲寅命司勋郎中崔护、均王府长史李彦璋分往昭义、魏博两道宣慰。"

荣王府 府主不详

何 溢 元和十三年（818）始

《汇编》大中〇四七《大唐故何（溢）府君墓志铭》（大中庚午十二月廿八日）："故中书令河东裴公度，奉诏伐淮夷……公即首膺其辟也。奏公为太子通事舍人，充义彰军军从事。明年，凯歌北旋，册功诏下，授荣王府长史，后迁本府司马。"按裴度讨伐淮西吴元济，事在元和十二年（见《旧书·裴度传》）。

荣王，不知何人。按两《唐书》及其他史籍，未载何人中唐时期被封为荣王。

冀王府 李 絿

王 翼 约元和中

《汇编》大和〇六五《唐故正议大夫守殿中监致仕上柱国赐紫金鱼袋太原王公（翼）府君墓志铭》（大和八年正月廿日）："次任检校大理少卿兼侍御

史、权知唐州刺史……次任冀王府长史充东都闲厩、宫苑等使，次任嘉王傅、通王傅，次任守殿中监致仕。"大和七年（833）卒，春秋八十六。按此，其致仕约在元和末，而李絿乃顺宗即位后进封为冀王，顺宗在位不足一年，因此，王翼任冀王府长史约在元和中。

冀王，李絿（李淮）　《旧书·顺宗诸子传》："冀王絿，本名淮，顺宗第十子。初授太常卿，封宣城郡王，贞元二十一年进封。大和九年薨。"

抚王府　李昈

郑　逢　元和中？

《全唐文补遗》第八辑杨汉公《唐华州潼关防御判官朝请郎殿中侍御史内供奉骁骑尉赐绯鱼袋杨汉公故夫人荥阳郑氏墓志铭》："夫人讳本柔，字本柔，荥阳人也……曾祖縩，皇博州刺史。祖审，皇秘书监……烈考逢，皇抚王府长史……（夫人）以长庆三年（823）正月三日，终于华州官舍，享年卅二。"《续汇》咸通〇〇八郑薰《唐故银青光禄大夫检校户尚书使持节郓州诸军事守郓州刺史充天平军节度郓曹濮等州观察处置等使御史大夫上柱国弘农郡开国公食邑二千户弘农杨（汉）公墓志铭》（咸通二年十一月廿日）："（汉公）以咸通二年七月十日，薨于宣教坊之私第……前夫人郑氏……秘书监审之孙。先公以雄文硕学，洁行全德，不求闻达，屈居下位，至抚王府长史，赠右仆射。夫人即仆射之幼女，余之姊也……先公三十有九年而没。"

抚王，李昈　《旧书·顺宗诸子传》："抚王昈，顺宗第十七子。贞元二十一年封。咸通四年，特册拜司空。五年，册司徒。乾符三年，册太尉。其年薨。"

福王府　李绾

包　陈　元和中？

《汇编》大和〇一一《国子祭酒致仕包（陈）府君墓志铭》（大和二年二月十六日）："考讳佶，天宝中，以弱冠之年，升进士甲科……赠礼部尚书、太子少保……君即少保之胤……授雅州刺史、本州经略使、福王府长史、□

王傅，国子祭酒，致仕。年五十七，终于西京升平里第。"

福王，李绾（李泹）　《旧书·顺宗诸子传》："福王绾，本名泹，顺宗第十五子。母庄宪王皇后，宪宗同出。初授光禄卿，封河东郡王，贞元二十一年进封。咸通元年，特册拜司空。明年薨。"

安王府　李　溶

源　寂　*穆宗初*

《全文》卷六五八白居易《源寂可安王府长史制》："义成军节度判官检校兵部员外源寂，早膺慰荐，累展才能……俾从宾佐，入补王官。"按白居易元和十五年（820）十二月为主客郎中知制诰，长庆元年（821）十月转中书舍人，掌朝廷文字之职。二年七月，出为杭州刺史，后历太子左庶子、苏州刺史、秘书监、刑部侍郎、太子宾客、河南尹等职（见《旧书·白居易传》《旧书·穆宗纪》），无复制诰之任。

安王，李溶　《旧书·穆宗诸子传》："安王溶，穆宗第八子。母杨贤妃，长庆元年封。"

袁王府　李　绅

李　逢　*穆宗初*

《全文》卷六四八元稹《授嗣虢王溥太仆少卿等制》："正议大夫行宗正丞嗣虢王溥、守随州司马员外置同正员李逢等：昔我宪宗章武皇帝，法尧睦族，深惟本枝……溥可权知太仆少卿，逢可守袁王府长史。"按，元稹穆宗初为中书舍人知制诰，长庆二年（822）二月拜相，六月罢，出为同州刺史（见两《唐书·元稹传》及两《唐书·穆宗纪》）。

袁王，李绅　《旧书·顺宗诸子传》："袁王绅，顺宗第十九子。贞元二十一年封。"

武　昭　*约长庆二年（822）—宝历元年（825）*

《旧书·裴度传》："度之讨淮西也，（武）昭求进于军门……度以为可用，署之军职，随度镇太原，奏授石州刺史。罢郡，除袁王府长史。昭既在散位，心微悒郁，而有怨（李）逢吉之言。而奸邪之党，使卫尉卿刘遵古从人安再荣告事，言武昭欲谋害李逢吉。狱具，而武昭死，盖欲讦度旧事以污之也。"《旧书·敬宗纪》：宝历元年，"秋九月……丁丑，卫尉卿刘遵古役人安再荣告前袁王府长史武昭谋害宰相李逢吉，诏三司鞫之"。又见《新书·裴度传》，两《唐书·李逢吉传》，《通鉴·宝历元年》八月、九月、十月（注：是月武昭杖死），《元龟》卷一五三、九三四、九四九。按宪宗元和十一年（816）李逢吉曾为相，后罢，穆宗长庆二年复为相（见《旧书·李逢吉传》，《新书》本传略同），郁贤皓《刺史考》（见《刺史考·石州》）以为武昭约元和十五年任石州刺史，后罢为袁王府长史，则其所谓谋害宰相李逢吉，当是逢吉第二次为相时。由此证知武昭为袁王府长史约长庆二年至宝历元年。

绛王府　李　悟

薛昌族　穆宗初

《全文》卷六四八元稹《授薛昌族王府长史等制》："建邦之王府，置长史司马，以纪掾属之秩序，而稽其职业也。前宁州刺史薛昌族、前泌州刺史乌重儒等，皆勋伐之子孙，并良能之牧守……昌族可行绛王府长史，重儒可守冀王府司马，散官勋如故。"按穆宗初，元稹掌制诰之职。

绛王，李悟（李寮）　《旧书·宪宗诸子传》："绛王悟，本名寮，宪宗第六子也。贞元二十一年，封文安郡王。元和元年，进封绛王。七年，改今名。宝历二年冬遇害。"

江王府　李　涵

段　钊　长庆四年（824）在任

《旧书·敬宗纪》：长庆四年八月，"壬辰，江王府长史段钊上言，称前任龙州刺史，近郭有牛心山，山上有仙人李龙迁祠，颇灵应，玄宗幸蜀时，特立祠庙。上（敬宗）遣高品张士谦往龙州检行，回奏牛心山有掘断处。"

江王，李涵（李昂）　《旧书·文宗纪》："文宗元圣昭献孝皇帝讳昂，穆宗第二子……长庆元年封江王。初名涵。"

颍王府 李瀍

李 佐 宝历元年（825）始

《旧书·敬宗纪》：宝历元年（825）十月，"己未，以崖州安置人嗣郧王佐为颍王府长史，分司东都，仍赐金紫"。

颍王，李瀍（李炎）　《旧书·武宗纪》："武宗至道昭肃孝皇帝讳炎，穆宗第五子……长庆元年三月，封颍王，本名瀍。"

琼王府 李悦

裴简永 宝历三年（827）在任

《全文》卷六九五："（裴）简永，宝历时官琼王府长史。"《会要》卷六七："宝历三年六月，琼王府长史裴简永状，请与诸王共置王府一所。"

琼王，李悦　《旧书·宪宗诸子传》："琼王悦，长庆元年封。"

翼王府 李绰

田 锐 （讫）大和元年（827）

《续汇》大和〇〇八《唐故朝请大夫翼王府长史充左街副使雁门田（锐）府君墓志铭》（大和二年二月十日）："改左金吾卫翊府中郎将……除翼王府长史，充左街副使……长途未半，大运俄殁……以大和元年七月三日终于长安永兴里之私第，享年卅有八。"按翼王府长史为其最后所任。

翼王，李绰　《旧书·顺宗诸子传》："翼王绰，顺宗第二十一子。贞元二十一年封。咸通二年薨。"

洋王府 李忻

吴 达 （讫）大和二年（828）

《全文》卷六九五寇同《奉义郎试洋王府长史濮阳吴（达）府君墓志铭

（并序）》："历阶奉义郎，累试洋王府长史。始著籍于豫章，晚徙家于京国，优游坟典，怡性林泉……不幸以大和四年夏六月有六日，遘疾终于胜业里之私第，春秋六十七。"按洋王李忻卒于大和二年。

洋王，李忻（李寰） 《旧书·宪宗诸子传》："洋王忻，本名寰，宪宗第五子也。贞元二十一年，封为高密郡王。元和元年，进封洋王。七年，改今名。大和二年薨。"

鲁王府　李　永

郑　肃　大和六年（832）—大和七年（833）

《旧书·李永传》："庄恪太子永，文宗长子也。母曰王德妃。大和四年正月，封鲁王。六年，上以王年幼，思得贤傅辅导之……因以……太常卿郑肃守本官，兼王府长史……其年十月，降诏册为皇太子……（开成三年）薨。"《新书·李永传》、两《唐书》本传略同。《旧书·郑肃传》："（大和）六年，转太常少卿。肃能为古文，长于经学……以肃本官兼长史，由是知名。明年（大和七年），鲁王为太子，肃加给事中。"（辩误：《旧书·郑肃传》称大和七年，"鲁王为太子"，而据《旧书·李永传》在大和六年，《新书·文宗纪》亦称大和六年，"十一月甲子，立鲁王永为皇太子"。《通鉴》称大和六年"十月，甲子，立鲁王永为太子"。可知《旧书·郑肃传》之误。）又见《元龟》卷七〇八宫臣部、《会要》卷六七。

鲁王，李永　《旧书·文宗诸子·李永传》："庄恪太子永，文宗长子也。母曰王德妃。太和四年正月，封鲁王。六年，上以王年幼，思得贤傅辅导之……其年十月，降诏册为皇太子。"

淄王府　李　协

段少真　开成元年（836）前

《续汇》咸通〇八一《唐故乡贡进士段（庚）府君墓志铭》（咸通十二年十月一日）："考少真，皇淄王府长史。公即第三子也，幼乐诗书……以咸通十二年（871）八月二十六日终于云中官舍，享年五十有六。"又见《续汇》

咸通〇八三《大唐故乡贡进士段（庚）府君墓志铭》（咸通十二年十月廿四日）。

淄王，李协　《旧书·宪宗诸子传》："淄王协，宪宗第十四子也。长庆元年封，开成元年薨。"

嘉王府　府主不详

王少继　开成三年（838）在任

《续汇》开成〇一八《唐故游击将军守左金吾卫将军员外置同正员上柱国王（文超）府君墓志铭（并序）》（开成三年十月廿九日）："开成三祀，岁在戊午九月十六日，薨于京师禁营之内，时春秋七十有四……长曰少继，右神策军衙前虞候、左中大夫□嘉王府长史；次曰少达……"

嘉王，不知何人　考两《唐书》及其他史籍，中晚唐封嘉王者，惟代宗第十五子李运，大历十年（775）封，贞元十七年（801）薨（见两《唐书·代宗诸子传》），显非此人。

沔王府　李恂

林　赞　开成三年（838）在任

《旧书·文宗纪》：开成三年四月，"癸丑，屯田郎中李衢、沔王府长史林赞等进所修《皇唐玉牒》一百五十卷"。《元龟》卷五六〇国史部："李衢为屯田郎中，文宗开成三年四月与沔王府长史林赞进所撰《皇唐玉牒》一百五十卷。"

沔王，李恂　《旧书·宪王诸子传》："沔王恂，长庆元年封。"

光王府　李怡

李　衢　开成四年（839）始

《元龟》卷一五三帝王部："（开成）四年七月，贬襄王傅徐元弼为杭州刺史、大理少卿李衢为光王府长史，惩赃罪也。"

光王，李怡（李忱）　《旧书·宣宗纪》："宣宗圣武献文孝皇帝讳忱，宪宗第十三子……长庆元年三月，封光王，名怡。会昌六年三月一日，武宗疾笃，遗诏立为皇太叔，权勾当军国政事。翌日，柩前即帝位，改今名，时年三十七。"

益王府　李岘

郑简之（郑柬之）　会昌三年（843）始

《元龟》卷七〇八宫臣部："武宗会昌三年二月以（狄）兼谟兼益王傅，郑简之兼益王府长史。"《全文》卷六九八李德裕有《授狄兼谟兼益王傅郑柬之兼益王府长史制》，作"郑柬之"。

益王，李岘　《旧书·武宗诸子传》："武宗五子：杞王峻，开成五年封；益王岘、兗王岐、德王峄、昌王嵯，皆会昌二年封。"

蒋王府　李宗俭

刘　某　大中二年（848）前

《八琼室金石补正》卷七四（《陕西金石志补遗》卷上同，又见《唐文拾遗》卷三一，少二百余字）《唐故光禄大夫太子太傅致仕上柱国彭城郡开国公食邑二千户赠司徒刘公（沔）神道碑铭并序》："曾祖玄，银青光禄大夫检校太子宾客和州长史兼监察御史……公（沔）两子，长□□□神勇武毅，为右神策军押衙银青光禄大夫检校太子詹事前蒋王府长史兼侍御史。"刘沔大中二年（848）十一月七日卒，春秋六十五。

蒋王，李宗俭　《新书·文宗诸子传》："蒋王宗俭，开成二年始王。亡薨年。"

濮王府　李泽

严　某　大中二年（848）后

《续汇》咸通〇二六《唐守魏王府长史段璲亡室严氏玄堂铭并序》（咸通

六年四月十七日）："夫人姓严氏……烈考皇通议大夫行濮王府长史、上柱国赐绯鱼袋□。夫人即长史府君之长女也……享年三十有二……长史（段璨）抱梧桐琴瑟之痛，伤二子幼稚之悲。"严氏咸通六年（865）葬于万年县。

濮王，李泽　《旧书·宣宗诸子传》："濮王泽，第五子也。大中二年封。"

庆王府　李　沂

纥干臬　大中中

《全文》卷七九三韩琮《贬纥干臬庆王府长史分司东都制》："钟陵问俗，澄清之化靡闻；南海抚封，贪黩之声何甚。而又交通诡遇，沟壑无厌。迹固异于澹台，道殊乖于吴隐。"韩琮，两《唐书》无传，《全文》卷七九三称"大中时官中书舍人"，则此制当为韩琮以中书舍人掌制诰时所撰。

庆王，李沂　《新书·宣宗诸子传》："庆王沂，大中十四年薨。"《旧书·宣宗诸子传》："庆王沂，第四子也。会昌六年封，大中四十年薨。"（按，"四十"当作"十四"）

棣王府　李　惴

郑　薰　大中十二年（858）—大中十三年（859）在任

《新书》本传："郑薰，字子溥，亡乡里世系。擢进士第。历考功郎中、翰林学士，出为宣歙观察使。前人不治，薰颇以清力自将。牙将素骄，共谋逐出之，薰奔扬州，贬棣王府长史，分司东都。懿宗立，召为太常少卿。"（《旧书》无传。又见《全文》卷七九〇郑薰小传）又，同卷郑薰《祭梓华府君神文》："维大中十二年岁次戊寅十月己丑朔二十一日己酉，中散大夫守棣王府长史分司东都上柱国郑薰……以清酌庶羞之奠，致祭于敬亭山梓华府君之灵。"

棣王，李惴　《旧书·宪宗诸子传》："棣王惴，大中六年封，咸通三年薨。"

蜀王府 李佶

荆从皋 咸通三年（862）始

《续汇》咸通○七四《大唐故银青光禄大夫检校右散骑常侍使持节沧州诸军事兼沧州刺史御史大夫充义昌军节度沧齐德等州观察处置使上柱国始平县开国伯食邑七百户赠工部尚书汝阳郡荆（从皋）公墓志铭》（咸通十一年十一月廿四日）："至（大中）十四年，迁马军厢使……迄今上（懿宗）二年，出为襄乐镇遏使。明年，入为都押衙。当年，转蜀王府长史、侍御史……七年，加左骁卫将军、御史中丞。"

蜀王，李佶　《旧书·懿宗诸子传》："蜀王佶，咸通三年封。"

荣王府 李愭

程修己 咸通三年（862）—咸通四年（863）

《汇编》咸通○二七《唐故集贤直院官荣王府长史程（修己）公墓志铭》（咸通四年四月十七日）："祖凤，婺州文学；父仪，苏州医博士……公幼而专固，通《左氏春秋》，举孝廉，来京师，游公卿名人间……大和中，陈丞相言公于昭献，因授浮梁尉……（修己）累迁至太子中舍，凡七为王府长史。"咸通四年二月一日卒，享年□十九。

荣王，李愭　《旧书·宪宗诸子传》："荣王愭，咸通三年封，广明元年八月十九日，授开府仪同三司，守司空，其年十月九日薨。"

魏王府 李佾

段璲 咸通六年（865）在任

《续汇》咸通○二六《唐守魏王府长史段璲亡室严氏玄堂铭》（咸通六年四月十七日）："夫人姓严氏……烈考皇通议大夫行濮王府长史、上柱国赐绯鱼袋□。夫人即长史府君之长女也……享年三十有二……长史（段璲）抱梧桐琴瑟之痛，伤二子幼稚之悲。"严氏咸通六年葬于万年县。《续汇》咸通○

三〇《唐故洋州录事参军段（琮）君墓志铭》（咸通六年七月五日）："君讳琮……咸通六年己酉三月二十日殁于洋州官舍，其侄囗任魏王府长史，生知孝敬，能禀义方。痛启手足之囗，及临兆，发使赍货币辇护归于万年县。"按《段琮墓志》所叙其侄段某事履，与《严氏铭》所叙之段瑎相同，当为同一人。

魏王，李佾　《旧书·懿宗诸子传》："魏王佾，咸通三年封。"

凉王府　李　健

于涓（于琄）　咸通十三年（872）始

《旧书·懿宗纪》：咸通十三年五月，"前青州刺史、平卢军节度使于涓为凉王府长史，分司东都"。又见《通鉴·咸通十三年》五月，作"于琄"。

凉王，李健　《旧书·懿宗诸子传》："凉王健，咸通三年封，乾符六年薨。"

广王府　李　澭

殷　琼　乾符二年（875）始

《续汇》乾符〇二四《唐故翰林供奉朝散大夫前守右千牛卫将军上柱国赐紫金鱼袋殷（琼）府君墓志铭》（乾符六年六月廿四日）："（乾符）二年八月，又宠金紫，继迁广王府长史，授右千牛卫将军。"

广王，李澭　《旧书·宣宗诸子传》："广王澭，大中十一年封。"

唐代诸卫、诸军及诸率府长史年表

左右卫

隋左右卫与左右武卫、左右候、左右武候、左右领军、左右率府各设大将军一人，所谓十二卫大将军。开皇末年，罢十二卫大将军。炀帝大业三年（607），复置左右卫为左右翊卫，其所领名为骁骑。唐朝复左右卫府，官属与隋代略同。龙朔二年（662）去"府"字。

左 卫

南 琮 武德三年（620）始

《全文》卷一四五于志宁《南安懿公（琮）碑》："父辩，隋上柱国、使持节秦州诸军事秦州总管、潭州总管、左武卫大将军……高祖大武皇帝御紫极而统天……刘武周称兵马邑……公（南琮）知包三略，勇冠六军，运奇谋以抗千里，舞劲剑而摧八阵。凶徒既殄，反旆还京，除左卫长史，其中郎将如故。"按平刘武周在武德三年（见两《唐书·高祖纪》）。

颜仁楚 麟德元年（664）—麟德二年（665）

《汇编》乾封〇〇六《大唐故左卫长史颜（仁楚）君墓志铭》（乾封元年二月廿三日）："麟德元年，特征待诏北阙，擢迁奉医直长……帝有嘉焉，即年授左卫长史……既而瑶坛望幸，金舆省方，公欣陪日观之封，企奉云门之奏，而辒辌俄复，天孙遽游，以麟德二年十二月十一日薨于路，春秋卅有五。

皇帝遣使吊祠，赐以灵舆，泉布传置，归于本第，礼也。"乾封元年二月二十三日窆于邙山之北原。

司空俭　约高宗初期

《续汇》圣历〇〇八《大唐故雍州新丰县令朝议郎上柱国司空（俭）府君墓志铭》（圣历二年八月廿一日）："秩满，任左卫长史……寻迁雍州新丰县令……上元二年（675），终于其任，春秋六十有三。"

刘　某　永淳中

《全文》卷二五七苏颋《司农卿刘公神道碑》："以殊绩迁左卫长史，佐其戎昭，钦若军令。属永淳之岁，元元亏稔，命公泛舟之役，穷于恒、岱。"

员半千　嗣圣元年（684）在任

《旧书·员半千传》："嗣圣元年，半千为左卫长史，与凤阁舍人王处知、天官侍郎石抱忠，并为弘文馆直学士，仍与著作佐郎路敬淳分日于显福门待制。半千因撰《明堂新礼》三卷，上之。则天封中岳，半千又撰《封禅四坛碑》十二首以进，则天称善。"《元龟》卷八四〇总录部："员半千为右卫长史、显福门待制，则天封中岳，半天撰《封禅四坛碑》十二首。"称"右卫长史"，不知孰是，今从《旧传》。

甘子布　武后前期

《全文》卷二五九："子布博学有才，年十七，为左卫长史，登封时卒。"又见《广记》卷一四六引《朝野佥载》卷一："周甘子布博学有才，年十七为左卫长史，不入五品。登封年病，以驴舆强至岳下，天恩加两阶，合入五品，竟不能起。邻里亲戚来贺，衣冠不得，遂以绯袍覆其上，怗然而终。"

萧元恭　武后时？

《全文》卷六九一符载《尚书比部郎中萧府君（存）墓志铭》："五世祖唐刑部尚书生雅州都督，都督生左卫长史元恭，长史生密州莒县主簿，主簿生扬州府功曹颖士，颖士字茂挺，特达聪明……开元中进士擢第……君即功曹之子也……春秋六十二，（贞元）十五年（799）冬十月五日遘疾，十六年冬十月五日卒于浔阳溢城之私第。"

李才谦　武后时？

《汇编》天宝〇九九《大唐故太子舍人李（字霞光）府君墓志铭》（天宝五载十二月己酉）："公国之良也，生有嘉闻，弱不好弄，□鬻受义方于厥考朝散大夫秋浦县长讳文逸，树荫施于王父朝议大夫左卫长史讳才谦，袭儒行于烈曾朝请大夫将作少匠柏乡公讳祚。"霞光天宝丙戌岁（746）卒。

高　嵘　开元中

《汇编》开元二九五《大唐故右监门卫中郎将高（嵘）府君墓志铭》（开元十七年十月十六日）："君弱冠崇文生明经擢第，授荆州参军，特敕试通事舍人，寻正除。无何，以亲累出为唐州长史，不之任，改左卫长史、少府少监。"开元十七年（729）五月二十七日卒，春秋六十。

王希俊　开元中

《汇编》开元三四五《唐故左卫伊川府长史太原王（希俊）府君墓志铭》（开元二十年七月廿一日）："以门荫补左卫勋卫……俄移武禁，遴入文场，调补左卫伊川府长史。"春秋五十三，开元二十年（732）葬于河南府洛阳县。

郭子仪　开元中

《旧书·郭子仪传》："子仪长六尺余，体貌秀杰，始以武举高等补左卫长史，累历诸军使。天宝八载，于木剌山置横塞军及安北都护府，命子仪领其使，拜左卫大将军。"《新书》本传略同，又见《全文》卷三三二郭子仪传、《元龟》卷六五〇贡举部。按子仪建中二年（781）卒，年八十五，则其为左卫长史当在开元中。

范尧臣　（讫）开元十四年（726）

《旧书·张说传》："时中书主事张观、左卫长史范尧臣并依倚（张）说势，诈假纳赂……为（崔）隐甫等所鞫伏罪……（高）力士奏曰：'说曾为侍读，又于国有功。'玄宗然其奏，由是停兼中书令。"又见《元龟》卷六一九刑法部。按张说获贬，在开元十四年，《通鉴·开元十四年》云："夏四月癸丑，御史中丞宇文融与御史大夫崔隐甫弹尚书右丞相、兼中书令张说，鞫于尚书省……庚申，张说停兼中书令。"

伊　悦　开元中？

《全文》卷四九七权德舆《唐故光禄大夫检校尚书右仆射兼右卫上将军南充郡王赠太子太保伊公（慎）神道碑铭并序》："元和六年（811）十二月晦，寝疾薨于光福里……初公之曾王父皇太子通事舍人澄，生左卫长史悦，悦生赠太子太保衡，公之祖祢也。"按《旧书·伊慎传》，伊慎卒年六十八。

崔　谔　肃宗时？

《汇编》大和〇四六《唐故试太常寺太祝范阳卢府君妻清河崔夫人墓志铭》（大和六年正月廿六日）："曾祖谔，左卫长史。"夫人大和五年（辛亥，

831）十月卒，春秋卌六。

裴　适　大历中

《汇编》大历〇七八《大唐故试大理正兼河南府告成县令河东裴（适）公墓志铭》（大历十四年四月廿日）："蒙敕授试仆寺丞，转左卫长史。在使数年，因迁累职承恩，又改河中府功曹参军……蒙敕授河南府渑池县令，转试大理正兼河南府告成县令。"大历十三年（778）十一月八日卒，春秋五十七。

罗　温　贞元中？

《续汇》大中〇一四《唐故朝请大夫尚辇奉御上柱国罗（士则）公墓志铭》（大中二年四月廿日）："春秋六十二，戊辰岁二月二十六日终于崇仁里第。祖温，皇左卫长史……奉御以其年四月二十日葬于京兆府万年县郑村。"按戊辰岁乃大中二年（848）。

臧克贞　元和十年（815）在任

《汇编》元和〇八六《唐朝散大夫检校太子宾客上护军臧协亡妻淮阳向氏夫人墓志铭》（元和十年十月十二日）："长子登仕郎、试左卫长史、上护军克贞。"向氏元和十年九月十五日卒，享龄三十六，以其年权厝于龙门天阙之南伊汭乡中梁之原。

王　贲　宝历二年（826）在任

《汇编》宝历〇一八《王（敬仲）府君墓志》（宝历二年十月廿七日）："于宝历二年三月二十一日终于饶州乐安之旅馆，享龄六十有八。于时邑僚哀悼，行路凄恻。有令弟试左卫长史名贲，伤手足分割，追攀哭恸，服仪可则矣。"

何　某　宝历二年（826）在任

《汇编》宝历〇一六《福建都团练押衙何（洪□）君志铭》（宝历二年八月廿四日）："曾从源，皇任潮州司马；祖肃，皇任广州浈阳县令；父今任左卫长史，母南阳张氏，君童幼仁顺，孝敬发自天性。长史以慈顺加等，未尝一日阙晨昏温清之礼。由是亲族咸属意焉。呜呼，既秀既实，宜享眉寿，天乎不祐，歼我令士。功未宣于王室，官未及于一命。"何君宝历二年（826）八月五日卒，其年葬于万年县。

右　卫

崔修业　龙朔中

《全文》卷二〇四："修业，龙朔中官右卫长史。"唐释彦悰纂录《集沙门不应拜俗等事》卷四有《右卫长史崔修业等议状一首》。

任　晃　上元中？

《全文》卷一九四杨炯《益州温江县令任君（晃）神道碑》："累迁右卫长史。南京左掖，上将陪藩；北落师门，天军列卫。东观汉记，梁统有清白之名；中兴晋书，薛兼有恪勤之誉。诏迁朝散大夫，行益州温江县令……享年五十有九，以仪凤二年（677）六月二十五日，卒于（温江县）官第。"

赵崇基　高宗时？

《全文》卷三九二独孤及《唐故虢州宏农县令天水赵府君（令则）墓志》（页3987）："曾祖元楷，隋殿中监、工部尚书、淮安公。祖崇基，国朝岐州郿县令、符玺郎、右卫长史。"令则至德二载卒，春秋若干。

尹知古　武后时？

《陕西金石志》卷一二（《汇编》开元四三四）《唐故宁远将军庆王府左典军上柱国尹府君（大简）墓志铭并序》（开元二十四年七月十九日）："皇考正议大夫、右卫长史讳知古。"府君开元二十三年（735）闰十一月五日卒，春秋八十二。

曹　秀　武后时？

《汇编》建中〇一五《唐故云麾将军左龙武军将军知军事兼试光禄卿上柱国谯郡开国公赠扬州大都督曹（景林）府君墓志铭》（建中三年九月己酉）："右卫长史秀之曾孙，左卫中郎将赠恒王府司马智之孙。"建中三年（782）卒，春秋五十三。

李　况　武后时？

《新书·宰相世系二上》李氏东祖房："况，右卫长史。"乃隋清池令李孝俊五世孙。

张处斌　景云初

《旧书·艺文志》："景云初，睿宗又敕户部尚书岑羲、中书侍郎陆象先……右卫长史张处斌……刑部主事阎义颛凡十人，删定格、式、律、令。

太极元年二月奏上，名为《太极格》。"《新书·艺文志》、《会要》卷三九略同。

王嶷 开元十年（722）在任

《全文》卷二六四李邕《赠安州都督王仁忠神道碑》："春秋六十有一，以开元十年三月癸酉朔，捐馆宇于京兆与宁里之私第……即以其年八月壬寅朔，安厝左翊太原旧茔，礼也。长子右卫长史嶷、次子尚衣奉御嵩……并昭奖光训，宪矩令猷。"《新书·宰相世系二中》河东王氏："嶷，右卫长史。"

李楚球 开元中？

《汇编》贞元〇二四《唐故魏州贵乡县尉陇西李（峦）府君墓志铭》（贞元五年十二月廿三日）："大父楚球，右卫长史……先父峦，学总九流，德行兼备。"题嗣子李汇"贞元五年"撰并勒石。又见《汇编》元和〇二五《有唐故抚州法曹参军员外置陇西李（汇）府君墓志铭》（元和三年七月廿九日）："祖楚球，朝散大夫右卫长史。"李汇卒于贞元二十一年（805），春秋七十。

李齐昌 开元后期？

《新书·宗室世系下》蒋王房："右卫长史齐昌。"按其父李据（琚）封中山王在开元初（见《新书·高宗诸子·许王李素节传》："开元初，封琳为嗣越王……嗣赵王琚为中山王，武阳王继宗为澧国公。"）。

郑崇 天宝中？

《汇编》大中〇二五《故荥阳郑（镐）公墓志铭》（大中三年二月十七日）："曾祖试右卫长史讳崇。"郑公大中二年（848）四月二十二日卒，春秋七十六。

周思仁 天宝中？

《续汇》大中〇五六《唐故平州刺史卢龙节度留后周（玙）府君墓志铭》（大中十年九月三日）："先公讳玙，字仲信……八代祖泫明，武德中为安州总管。曾王父讳思仁，右卫长史……王考讳道荣。"府君大中十年（856）卒，春秋七十。

李防（李昉） 贞元中？

《新书·宰相世系二上》李氏姑臧大房："防，右卫长史，一作'昉'。"按其子李众，宪宗时任湖南团练观察使、恩王傅、左散骑常侍［《全文》卷六二八吕温《湖南都团练副使厅壁记》："元和三年冬，天子命御史中丞陇西李公，以永嘉之清政、京兆之懿则，廷赐大斾，俾绥衡湘……元和五年七月五日，东平吕温记。"《会要》卷六二："（元和）六年九月，以前湖南观察使李众为恩王傅。"《宝刻类编》卷五有裴璘书："《左常侍李众碑》，李绛撰，元和十三年十二月。"]。

附：左右卫归属不详者

司马思温
《姓纂》卷二司马氏："苍梧公景之七代孙思温，唐左卫长史。"

左右骁卫

隋炀帝改左右备身为左右骁卫，寻以左右骁卫所领名豹骑，而又别置备身。唐朝置左右骁卫府。龙朔二年（662）除"府"字，光宅元年（684）改为左右武威卫，神龙元年（705）复为左右骁卫。

左骁卫

王玄策　龙朔中
《全文》卷二〇四："玄策……龙朔中官左骁卫长史。"唐释彦悰纂录《集沙门不应拜俗等事》卷四有《左骁卫长史王玄策骑曹萧灌等议状一首》。

成　几　高宗时
《续汇》永隆〇〇五《唐徐州长史成（几）公墓志铭》（永隆二年三月廿一日）："迁左骁卫长史……又迁栎阳县令……敕迁徐州长史……永隆二年三月二十一日，终于任所，春秋七十。"

崔　瑶　睿宗时？
《续汇》天宝〇五七《唐故光禄卿崔（瑶）公墓志铭》（天宝八载十月廿三日）："巨唐天宝八载（749）……崔府君感疾薨于东京鼎门之南别业……凡寿七十有二岁……公年甫弱冠，尚永和县主，特拜朝散大夫，授太子通事舍人……转殿中尚直长、左骁长史，复为尚衣奉御。迁太子仆……贬忠州别驾，稍改资州别驾……除宣州刺史，内忧去职。制阕，转兖府都督，又移睦州刺史……拜右卫将军……拜光禄卿。"

范庭芬　开元二十八年（740）在任

《续汇》开元一七八《唐镇军大将军范（安及）公墓志铭》（开元二十八年十一月十九日）："春秋六十有八，以开元二十八年二月十五日遘疾，终于京师之兴宁里第……元子游击将军左卫率府中郎将庭芝……次左骁卫长史庭芬……"

李劝均　天宝中？

《新书·宗室世系上》蜀王房："左骁卫长史劝均。"按，劝均乃黔州刺史、黔中观察使李国清之叔，国清大历十二年（777）任黔州刺史（见《旧书·代宗纪》：大历十二年二月"丁未，以朗州刺史李国清为黔州刺史、经略招讨观察使。"）。

荆千载　元和中？

《续汇》开成〇二〇《唐故朝议郎试左骁卫长史荆（千载）府君墓志铭》（开成四年七月六日）："府君讳千载，本望汝南人也……以大和九年（835）三月六日寝疾，终于私第，享年九十有二。"

右骁卫

崔敦礼　武德六年（623）始

《全文》卷一四五于志宁《上柱国固安郡公崔敦礼碑》："武德二年奉敕夺情，授左勋卫，四年授通事舍人……六年奉敕检校右骁卫府长史。"《元龟》卷六六一奉使部："崔敦礼为检校右骁卫长史，武德九年，太宗令敦礼往幽州召庐江王李瑗，瑗举兵反，执敦礼问以京师消息。敦礼竟无屈挠，及瑗诛，太宗壮之，赐以良马及黄金器物。"

倪　彬　开元十三年（725）后

《汇编》天宝一九六《大唐故中大夫守晋陵郡别驾千乘倪（彬）府君墓志铭》（天宝十载十二月十一日）："陪位东封，承优见擢，超授太子率更寺丞，充安西节度判官，进级右骁卫长史。使还，迁海州长史。"按玄宗东封在开元十三年（《旧书·玄宗纪》：开元十三年十月，"辛酉，东封泰山，发自东都"）。

郭宗衡 大中中？

《续汇》咸通〇九二《唐故吉州长史郭(克全)公墓志铭》(咸通十四年二月七日)："曾王父兴……生王父镒……生显考宗衡,任右骁卫长史……(克全)后任吉州长史,太守邓敞,公每延揖,观公所言,察公所理,当为得人,而为心膂……当府廉察李公遽以召赴州,摄首席之任。凡军旅之任,皆悦随,各得其情。"克全咸通十三年(872)十月十日卒,春秋卅八。

左右武卫

隋置左右武卫府,有大将军一人、将军二人。唐初因之。光宅元年(684)改为左右鹰扬卫,神龙元年(705)复故。

左 武 卫

范 强 贞观中？

《全文》卷九一二怀素传:"怀素,俗姓范氏,其先南阳人。父强为左武卫长史,遂为京兆人。贞观十九年从玄奘出家,居宏济寺。上元三年,诏住西太原寺。寻归西京。卒年七十四。"又见《宋高僧传》卷一四《怀素传》。按此怀素乃初唐僧人,非盛唐书法家怀素。

周乐智 高宗时？

《续汇》天宝〇七九《大唐故兵部选上柱国周(敬本)府君墓志铭》(天宝十一载二月廿四日):"祖乐智,皇左武卫长史……(敬本)春秋七十有七,以天宝十一载(752)二月一日终于东京洛阳县里仁里之私第。"

何 某 初唐

《汇编》咸通〇五四《唐临江郡故何长史(俛)府君墓志》(咸通七年十一月十九日):"凤池曾公之远胤……皇朝请郎、试左武卫长史……高祖讳元琮,曾祖讳承裕。"府君咸通七年(866)卒,享龄六十六。

杜西岩(杜栖岩) 贞元中？

《古志石华》一三(《汇编》大和〇五一)杜宣猷《唐朝请大夫试绛州长史上柱国赵郡李君故夫人京兆杜氏(琼)墓志铭并序》(大和六年十月十一

日）："父栖岩，皇朝散大夫试左武卫长史。夫人长史之淑女也……（杜氏）以大和五年（831）十二月三十日，薨于襄州旌孝里之私第，春秋六十五。"又见《全文》卷七六五杜宣猷《唐朝请大夫试绛州长史上柱国赵郡李君故夫人京兆杜氏墓志铭》，作"（杜）西岩"。

张 矩 文宗时？

《汇编》广明〇〇三《唐故南阳张（周抗）府君庐江郡何氏夫人祔葬墓志铭》（广明庚子十月五日）："公讳周抗……列（烈）考皇讳矩，缵业先邦，而送事忠□出入孝悌，终左武卫长史；先天□□平宋氏。公即次子也。"咸通七年（866，丙戌）卒，春秋五十一。

宗 庠 大中中？

《续汇》咸通〇五〇《唐故魏博节度天雄军司马南阳郡宗（庠）府君墓志铭》（咸通九年正月）："起家授奉义郎，试左武卫长史，判献奉作坊，事庞剧务，人讶清廉……魏帅以忠勤可录，改摄天雄军骑曹参军……加节度随军天雄军司马……以大中六年（852）闰七月十四日遘疾，终于魏州贵乡县履信坊之私第，享年五十有五。"

（阙姓）若（希） 大中中？

《全文》卷九五九（阙姓）庠《唐残墓志》（咸通十一年二月二十四）："曾祖讳豪，皇不仕。王父讳旭，皇仕蕲□□□□□府君讳若，皇仕左武卫率府长史。君实府君第四子也……（志主）以咸通十年（869）岁次己丑四月戊子朔廿二日巳酉终于家，享年四十九。"

《汇编》咸通〇八〇题盖俱阙（咸通十一年二月二十四日）："曾祖讳豪，皇不仕；王父讳旭，皇任蕲□□□□□府君讳希，皇任左武卫率府长史。君实府君第四子也。"咸通十年四月二十二日卒，寿龄四十九。

右 武 卫

徐 庆 龙朔中

《全文》卷二〇四："庆，龙朔中官右武卫长史，封孝昌县公。"唐释彦悰纂录《集沙门不应拜俗等事》卷四有《右武卫长史孝昌县公徐庆等议状一首》。

张　成　（讬）垂拱三年（687）

《汇编》垂拱〇三八《大唐故上柱国右武卫长史张（成）府君墓志铭》（垂拱三年五月九日）："以公久持戎律，武艺少闲，夙厕行流，文充长史。虽才高位下，不戚戚于贫穷；禄薄官卑，有欣欣于雅志……以垂拱三年四月十二日春秋五十有二卒于私第。"

附：左右武卫归属不详者

任处权　贞观初

《全文》卷二三六任知古《宁义寺经藏碑》："青州寿光县宁义寺经藏者，有唐至孝此寺比邱奉孝之所立也。法师俗姓任氏……法师父恻，昔在隋季，遭家不造……贞观初，太夫人奄随风过……从伯左右武卫长史处权为之颂，清芬懿迹，可得而详也。"

董务忠　仪凤中

《文博》一九九六年第二期刊石刻（《续汇》天授〇一三）《唐朝散大夫行遂州司马董君（务忠）墓志铭并序》："仪凤之中，擢授中书主书，寻改武卫、金吾二长史。然则中书凤池，出纳天涣之所；金吾武卫，巡警元戎之地。"

左右威卫

隋初，置左右领军府，炀帝改为左右屯卫，唐初因之。至龙朔二年（662），改为左右威卫，别置左右屯营，亦有大将军等官。光宅元年（684）改为左右豹韬卫，神龙元年（705）复为左右威卫。

左威卫

董　明　贞观中？

《汇编》显庆一一二《大唐故北平县令董（明）府君墓志》（显庆四年十月廿七日）："父由，隋永城县令……公神情秀挺……解褐任隆化府帅都督，迁左屯卫府长史，俄迁高阳郡北平县令……公归政家园，萧然自得。不谓霜露先侵，封崇郊隧，大渐之辰，年七十有八。夫人郗氏……春秋七十四，以显庆四年（659）十月十一日卒，即以其月二十七日合葬于邙山平乐乡原，礼也。"按《墓志》未载董明卒于何时，今据志文所叙，当先于夫人郗氏不久卒。

杨　上　高宗初期？

《续汇》垂拱〇〇七《大唐故太子洗马杨（上）府君及夫人宗氏墓志铭》（垂拱元年八月十七日）："父晖，隋并州大都督……（上）累迁左威卫长史、太子文学及洗马。俄以永隆二年（681）八月十三日终于里第，春秋九十有三。"

崔安都　龙朔中

《全文》卷二〇四："安都，龙朔中官左威卫长史。"《广弘明集》卷二五有《左威卫长史崔安都录事沈玄明等议状一首》。

宇文思纯　麟德元年（664）在任

《旧书·高宗纪上》：麟德元年，"九月己卯，诏曰：'周京兆尹、左右宫伯大将军、司卫上将军、少冢宰、广陵郡公宇文孝伯，忠亮存心，贞贤表志……其孙左威卫长史思纯，可加授朝散大夫。'"（又见《全文》卷一二高宗《加宇文思纯朝散大夫诏》）。《元龟》卷一三八帝王部："麟德元年十月：周京兆尹少冢宰广陵郡公宇文孝伯……其孙左威卫长史思纯，可朝散大夫。"作"十月"。

郑信卿　神龙中

《全文》卷二二〇崔融《唐故密亳二州刺史赠安州都督郑公（仁恺）碑》："俄□衣而□□□□□元□岁□□□九月□□朔廿五日□□遘疾薨于东都惠训里第，享年七十有六……以其年十一月，与夫人合葬□□□□□□□□□平原，礼也……神龙二年二月一日，制赠公□□□□□□□□军事安□□□□□之赠，鸿恩被于九京……次子慈明，赵□□□□□卿曹州刺□；次子信卿，左屯卫长史。"

李　戢　开元十三年（725）后

《汇编》天宝一一六《大唐故宁远将军守左卫率府中郎嗣曹王（李戢）墓志铭》（天宝六载十二月廿日）："开元十三载，皇帝东封泰山，亲侍大礼，以景命授尚辇直长，转左威卫长史。时西戎别种，将违树敦，诏择宗子右威卫将军行祎问之……（王）请为介也……念兹戎功……朝廷加之，特授朝散大夫、棣王友。"

右威卫

许世绪 武德中

《旧书·刘文静传》："文静初为纳言时，有诏以太原元谋立功，尚书令、秦王某，尚书左仆射裴寂及文静，特恕二死。左骁卫大将军长孙顺德……左屯卫府长史许世绪等十四人，约免一死。"《新书·刘文静传》略同。

任　某 武后时？

《全文》卷三二六王维《故右豹韬卫长史赐丹州刺史任君神道碑》："祖某，隋梁州南郑县令；父某，皇石州离石县令……（君）以乡贡明经擢第，解褐益州新都尉。居无何，丁母忧……服阕，授左金吾卫兵曹参军，转左卫录事参军，又迁右豹韬卫长史……春秋若干，以某年月日，寝疾卒于永兴里第……嗣子曰某，善继先志……以某年月日从驾谒五陵。""谒五陵"当指玄宗开元中之事。

李景亮 长庆中

《汇编》长庆〇二〇《大唐故陇西郡君卑失氏夫人神道墓志铭》（长庆三年四月十三日）："夫皇朝授开府仪同三司、行司天监兼晋州长史、翰林待诏、上柱国、开国公食邑一千户李素……次男宣德郎起复守右威卫长史翰林待诏赐绯鱼袋景亮。"夫人长庆二年（822）卒，三年安厝于万年县。

张宗厚 咸通中

《续汇》咸通〇一五《大唐故赠平原长公主墓志铭》（咸通四年四月十七日），题"翰林待诏将仕郎前守右威卫长史臣张宗厚奉敕书"。文曰："有唐咸通三年十二月二十二日宣宗皇帝第十一女薨，享年二十有九。"

左右领军卫

唐朝因隋屯卫名，后改为威卫；又采前代领军名，别置领军卫。龙朔二年（662）改为左右戎卫，咸亨元年（670）复旧，光宅元年（684）改为左右玉钤卫，神龙元年（705）复故。

左领军卫

王 绾 高宗时？

《续汇》乾元〇〇二《（上泐）宣义郎左藏署令王君墓志》（乾元二年二月十二日）："曾祖绾，皇任左领军卫长史……天宝中，（君）以劳迹从仕，解褐授陈留郡录事……十三年冬，选授司农寺太仓署丞……遂□敕差权知左藏署令事……盖寝疾累□□□长安，享年六十……夫人姓李……开元末年，卒于河南私第，□年三十有五。"

李元逞 开元中？

《新书·宗室世系上》蜀王房："左领军长史元逞。"按元逞为蜀王李湛曾孙，其弟元邃为岐王府功曹参军。李范（李隆范）景云元年（710）被封为岐王，开元十四年（726）卒（见《旧书·睿宗诸子传》）。

钟嘉伟 开元中？

《新书·宰相世系五上》钟氏："嘉伟，左领军卫长史。"其父钟绍京相睿宗。

曹惟良 天宝三载（744）在任

《汇编》天宝〇五五《唐故河南宇文（琬）府君墓志铭》（天宝三载十月廿日），题"国子进士周珍撰""宣德郎行左领军长史曹惟良书"，时天宝三载。

右领军卫

田仁汪 贞观初期

《续汇》乾封〇〇六《大唐故兼司卫正卿田（仁汪）君墓志铭》（乾封元年十一月十日）："贞观之始，授右卫兵曹参军。侍戟丹陛，飞缨紫闱。寻因诏举，移任右领军卫长史。"

李义范 龙朔中

《全文》卷二〇三："义范，龙朔中官右戎卫长史。"

皇甫文备　文明元年（684）始

《汇编》长安〇六三《大周故正议大夫使持节都督姚宗等卅六州诸军事守姚州刺史上柱国皇甫（文备）君墓志》（长安四年八月十九日）："弱冠以明法擢第，拜登仕郎……授居宣德郎守中书，加骑都尉……文明元年，加朝散大夫，授右玉钤卫长史……旋奉中旨，迁司刑正……以长安四年二月二日薨于姚府公第，春秋七十三。"

王积薪　开元末、天宝初？

《全文》卷三〇九孙逖《授王积薪庆王友制》："朝散大夫前行右领军卫长史王积薪，博艺多能，精心敏识，久从班秩，颇著勤劳。俾迁环卫之司，宜在从车之列。可庆王友，余如故。"按孙逖开元二十四年（736）为中书舍人掌制诰，丁父忧，二十九年起复为中书舍人。天宝三载（744），权判刑部侍郎，上元中卒（见《旧书·孙逖传》）。又，庆王李琮乃玄宗长子，开元十三年封庆王，天宝十一载薨。

《全诗》卷三五六刘禹锡《观棋歌送儇师西游》："自从仙人遇樵子，直到开元王长史。"王长史即王积薪。其人擅棋，开元中曾为棋待诏，见《新唐书·艺文志三》："王积薪《金谷园九局图》一卷，开元待诏。"王积薪从仙人学棋事（见《集异记》卷一，又见《桂苑丛谈》）。

李廷珍　开元末、天宝初？

《全文》卷三一〇孙逖《授李廷珍沂州司马制》："朝议郎行右领军长史李廷珍，爱以畴人，遂居先职，不修其任，是旷于官。历象之司，既非适用；海沂之佐，俾效所能。可行沂州司马员外置同正员。"

左右金吾卫

隋置左右武候府，大业三年（607）改为左右武候卫。唐初因之。龙朔二年（662），改为左右金吾卫。

左金吾卫

许　绪　武德元年（618）

《汇编》显庆一五九《□故大府卿真定郡公许（绪）府君墓志铭》（显庆

五年十二月十三日）："□□绪，字玄嗣……祖彪，魏瀛州刺史；父康，镇西将军……（君）弱冠辟州主簿……于是高祖经纶大宝，初谋伐桀之师……除左武侯长史，与裴寂等同□□□之诏。"

崔泰之　约武后时

《汇编》开元一七四《大唐故银青光禄大夫守工部尚书赠荆州大都督清河郡开国公上柱国崔（泰之）公墓志铭》（开元十一年十月五日）："父知温，中书令……丁中令府君忧……服阙，授太子通事舍人，转左金吾卫长史、司宾丞、太子司仪郎……中兴之际，公有力焉。中宗嘉之，拜太仆少卿，封安平县开国男，兼卫王长史。居无何，奸臣武三思窃弄国柄，稍斥朝贤，出公为洺州刺史。"

张去奢　开元初

《汇编》天宝一一〇《大唐故少府监范阳县伯张（去奢）公墓志铭》（天宝六载十月七日）："公以恩例起家拜右卫率府仓曹参军。开元初，历左卫率府、左金吾卫二长史、太子司议郎。"

南宫说　开元八年（720）在任

《会要》卷四二："开元八年六月十五日，左金吾卫长史南宫说奏：'《浑天图》空有其书，今臣既修《九曜占书》，要须量校星象，望请造两枚。一进内，一留曹司。'许之。"

宋友信　开元中？

《汇编》贞元〇八八《唐故朝散大夫试恒王府长史前守瀛州司马行德州安陵县令上柱国宋（逊）府君墓志铭》（贞元十四年十二月廿七日）："左金吾卫长史友信之孙。"府君贞元元年（785）三月十日，卒于德州安陵县之官舍，时春秋五十有一。

裴利物　天宝中？

《续汇》乾元〇〇七《大唐故左金吾卫长史故妻窦夫人墓志》（乾元二年十月十一日）："故左金吾卫长史裴利物妻窦夫人……以乾元二年九月九日遂寝疾弥留，终于怀远里，春秋五十有七。其年……迁合于裴公，礼也。"

士庭铦　贞元十四年（798）在任

《续汇》贞元〇四六《大唐故文林郎行总监苑西面监事河南士（崇俊）府君墓志铭》（贞元十四年十一月廿一日）："春秋七十四，大历四年五月十五日卒于京师东缠里之私第……夫人太原王氏……岁六十一，大历三年十一月二十八日，卒于家寝，先府君十七旬矣……季子庭铦，朝议大夫、试左金吾卫长史、充湖南部团练使驱使官……以贞元十四年岁次戊寅十一月景午朔二十一日景寅合祔于浐川龙首原岗曾门大茔之左，不远祖宗，礼也。"

万国俊 元和初

《新书·李惟简传》："宪宗时，为左金吾卫大将军，长史万国俊夺兴平民田，吏畏不敢治，至是诉于惟简，即日废国俊，以地与民。"按《旧书·李惟简传》称元和初为左金吾卫大将军。

俱文明 长庆元年（821）在任

《陕西金石志》卷一六（《汇编》长庆〇〇一）《唐故朝请郎行抚王府功曹参军平原郡俱（海）府君墓志铭》（长庆元年二月廿三）："元子文明，儒林郎试左金吾卫长史；仲子文谊，昭武校尉前守左威卫慈州吉昌府折冲都尉。"府君长庆元年（821）正月十七日卒，春秋七十二，当年二月二十三日与夫人合祔于旧茔。

明　援 大和七年（833）在任

《唐文拾遗》卷二八："援，大和中儒林郎试左金吾卫长史上护军。"《汇编》大和〇五六《唐胡府君夫人朱氏墓志铭》（大和七年二月），题"儒林郎试左金吾卫长史上护军明援撰"，府君元和十二年（817）卒，朱氏大和七年正月卒，春秋八十二，当年与亡夫合葬。

秦严己 开成中

《续汇》开成〇〇四《大唐故戴夫人墓志铭》（开成元年十月十三日），题"朝议郎前试左金吾卫长史秦严己撰"，文曰："（戴氏）开成元年闰五月六日而终于长安辅兴坊夫人之私室，春秋十有九……以其冬十月十三日卜葬于京兆府长安县承平乡大严村之原，礼也。"

韦文颀 文宗时？

《续汇》咸通〇五二《大唐故夫人韦氏墓志》（咸通九年七月三十日）："父文颀，皇朝议郎试左金吾卫长史……（韦氏）享年五十有四，以咸通九年（868）正月十九日，寝疾终于长安街西修德坊之私第也。"

张　液 文宗时

《续汇》会昌〇一七《唐故文林郎试左金吾卫长史清河张（液）府君墓志铭》（会昌四年十月六日）："以会昌四年九月十有七日遘微疾，终于金城里之私宅，享年七十有九。"

林　言　大中五年（851）在任

《汇编》大中〇五二《唐故宣义郎行内侍省内仆局丞员外置同正员上柱国李（从证）府君墓志铭》（大中五年正月廿三日），题"乡贡进士尹震铎撰""试左金吾卫长史林言书"，大中五年。

魏弘章　（讫）大中七年（853）

《汇编》大中〇七八《唐故东都留守散兵马使银青光禄大夫检校秘书监试左金吾卫长史上柱国魏（弘章）府君墓志铭》（大中七年七月廿日）："以大中七年四月九日遘疾而终，享年五十有一。"

吾仁约　大中十二年（858）在任

《全文》卷七九二沈瑊《大唐苏州华亭县顾亭林市新创法云禅寺记》："院在市西北隅，其地阜，势极秀。有二大长者，朝议郎前试左金吾卫长史上柱国吾仁约及兄瑛、弟绪并诸子侄……贸他山之栋材，召彼郡之良工。不逾二载，大中十三年春建，至十四年冬成……续奉祠部牒，改院名为寺讫。奉命纪其年月，以俟未来。"

郭傅则　大中十四年（860）—咸通二年（861）

《续汇》咸通〇一七《唐故朝议郎守魏王府谘议参军郭（傅则）公墓志铭》（咸通四年十月廿五日）："初释褐，授承议郎试左金吾卫兵曹参军。至大中十四年，授朝议郎试左金吾卫长史……至咸通二年七月，授朝议郎行左卫率府胄曹参军。"

崔　筠　咸通九年（868）在任

《汇编》咸通〇七二《唐故彭城刘（遵礼）公墓志铭》（咸通九年十一月八日）题"翰林承旨学士"刘瞻撰、"前左金吾卫长史"崔筠书并篆盖。文称刘遵礼咸通九年六月卒，十一月葬于万年县。

右金吾卫

张公谨　武德中

《旧书》本传："武德元年，与王世充所署洧州刺史崔枢以州城归国，授邹州别驾，累除右武候长史。"《新书》本传略同。《汇编》神功〇〇四《唐故朝散大夫益州大都督府郫县□张（愃）君墓志铭》（神功元年十月廿日）："祖公谨，属隋原鹿走，晋野龙兴……唐朝授公右武候长史，随、邹、虞三州别驾。"

王　淑　乾元三年（760）在任

《唐文拾遗》卷二二："淑，乾元中右金吾长史。"又见《会要》卷八二："（乾元）三年正月十日，右金吾长史王淑奏：'医术请同明法选人……'"

崔　让　元和中？

《汇编》乾符〇〇六《唐故通议大夫检校国子祭酒行蔚州司马兼侍御史上柱国博陵崔（璘）府君墓志铭》（乾符丙申二月十八日）："郑州管城县尉道谦，即公之曾祖也；右金吾卫长史讳让，即公之大父也；太常寺协律郎讳立，即公之烈考也。"乾符二年（乙未，875）卒，寿龄五十六。

贺　珪　元和中？

《汇编》乾符〇三六《唐故金城郡申屠府君夫人贺氏墓志铭》（乾符六年十一月五日）："府君讳□……祖讳轸……伯讳珪，节度要籍登仕郎、试右金吾卫长史、右补充节度遂要。"府君乾符三年（876）卒，寿龄七十九。

王幼虞　乾符中

《续汇》乾符〇〇八《唐右金吾卫长史兼殿中侍御史王（幼虞）府君墓志铭》（乾符三年十一月廿九日）："乾符三年……薨于京兆府万年县永乐里私第，公春秋卌有六"

附：左右金吾卫归属不详者

张宝藏　贞观中

《广记》卷一四六："贞观中，张宝藏为金吾长史。"又见《独异志》卷上。

董务忠　仪凤中

《续汇》天授〇一三《唐朝散大夫行遂州司马董（务忠）君墓志铭》（天授二年十月十二日）："仪凤之中，擢授中书主书，寻改武卫、金吾二长史。然则中书凤池，出纳天涣之所；金吾武卫，巡警元戎之地。"

李　绍　初唐

《新书·宰相世系二上》李氏东祖房："绍，金吾长史。"乃隋左亲仗李素王五世孙。

张　旭　天宝四载（745）在任

《全文》卷三三七颜真卿《张长史十二意笔法记》："予罢秩醴泉，特诣京洛，访金吾长史张公旭，请师笔法。长史于时在裴儆宅，憩止已一年矣。众师张公求笔法，或有得者，皆曰神妙。仆顷在长安，二年师事，张公皆大笑而已。"按《全文》卷三九四令狐峘《光禄大夫太子太师上柱国鲁郡开国公颜真卿墓志铭》："弱冠进士出身，寻判入高第，授秘书省校书郎。天宝初制策甲科，作尉醴泉，又以八使表能，迁于长安。未几，拜监察御史。"知真卿天宝初为醴泉尉，傅璇琮以为在天宝四载（《唐五代文学编年史·盛唐卷》，798 页）。两《唐书·颜真卿传》未及醴泉尉。怀素《藏真帖》："怀素，字藏真，生于零陵，晚游中州，所恨不与张颠长史相识。近于洛下，偶逢颜尚书真卿，自云颇传长史笔法，闻斯法，若有所得也。"

裴承嗣　天宝中

《续汇》天宝〇八一《大唐故朝议郎左金吾卫长史河东裴（承嗣）公墓铭》（天宝十一载五月廿一日）："调补□王府户曹事，力必陈也。迁左羽林、金吾两长史，执殳严更，百刻千起，以用勤也……即耳顺之年也，在天宝十有一载……而云殁焉。"

韦　缋　玄宗时？

《新书·宰相世系四上》东眷韦氏彭城公房："缋，试金吾卫长史。"乃贞观中魏王府长史韦庆植五世孙。

严　维　约永泰元年（765）—大历七年（772）在任

《宋高僧传》卷一七《唐越州焦山大历寺神邕传》："俟遇禄山兵乱，东归江湖，经历襄阳……旋居故乡法华寺。殿中侍御史皇甫曾、大理评事张河、金吾卫长史严维……校书陈允初，赋诗往复。"《全诗》卷二六〇秦系《将移耶溪旧居留赠严维秘书》，按严维为秘书郎后未归越，题当从《文苑英华》卷一六六作"留呈严长史陈校书"，严长史即严维，陈校书即陈允初。卷二八一章八元有《归桐庐旧居寄严长史》，严长史即严维。傅璇琮《唐五代文学编年史·中唐卷》以为严维任金吾卫长史约在永泰元年（150 页）；秦系此诗作于永泰二年（173 页）；章八元诗作于大历七年（247 页）。

翟庆全　咸通中

《续汇》咸通〇二七《唐故右街使押衙试金吾卫长史翟（庆全）府君墓志铭》（咸通六年四月廿日）："以咸通六年正月二十四日终于金城里之私第，

享年六十有一。"

左右监门卫

隋置左右监门府。唐初因之。龙朔二年（662），改府为卫。

左监门卫

王粲 贞观中？

《汇编》长安〇五六《大周故朝议郎行郴州录事参军上柱国王（询）君墓志》（长安四年二月十七日）："祖瑾，隋郑州司马；父粲，唐左监门卫长史、和州长史……（询）以上元三年（676）五月十九日卒于私第，春秋七十有二。"又见《汇编》神龙〇〇六《大唐故朝议郎行司仆寺长泽监王（及德）君墓志铭》（神龙元年三月六日）："祖粲，唐左监门卫长史、和州长史。"

武某 武后时

《全文》卷二四六李峤《为武承嗣谢男授官表》："臣某言：伏奉恩制，除臣息尚舍直长史某为左监门卫长史，荣随恩集，欢与惧并。"

侯祥（侯祥云） 久视元年（700）在任

《通鉴·久视元年》：六月，"太后又多选美少年为奉宸内供奉，右补阙朱敬则谏曰：'陛下内宠有易之、昌宗，足矣。近闻左监门卫长史侯祥等，明自媒衒，丑慢不耻……'"《旧书·张昌宗张易之传》略同，惟"侯祥"作"侯祥云"。

李晱 开元中？

《续汇》天宝〇八八《唐故卢阳郡洛浦县尉员外置李（曙）墓志铭》（天宝十二载五月廿日）："考晱，皇朝散大夫、行左监门卫长史、上柱国……公即长史之元子也……（曙）春秋五十有六，不禄彼□公馆……夫人荥阳郑氏……开元十二载十二月二十七日先公而逝。"

王守道 （讫）开元十九年（731）

《旧书·王毛仲传》："毛仲男太子仆守贞，贬施州司户；太子家令守廉，贬溪州司户；率更令守庆，贬鹤州司仓；左监门长史守道，贬涪州参军。"按王毛仲获罪，在开元十九年［见《旧书·玄宗纪》："（开元）十九年春正月壬戌，开府仪同三司、霍国公王毛仲贬为襄州别驾，中路赐死，党与贬黜者十数人。"］。

杜元徽 开元末、天宝初

《全文》卷三九五刘太真《房州刺史杜府君（元徽）神道碑》："解巾署陪戎校左金吾翊府，寻授左监门卫长史……属房起幽都，兵交中原，二京弛禁，六龙偏幸……以乾元二年夏四月十八日，遘疾终于长安居德里私第，春秋六十有四。"

陈 讽 咸通中？

《续汇》广明○○一《唐宁州刺史兼御史中丞陈（讽）府君墓志铭》（广明元年二月十二日）："释褐授洪州建昌尉，次授三皇五帝庙丞……又累官兼左监门卫长史、威王友、巍王府谘议参军……恩加左骁卫将军……特奏兼宁州刺史……享年五十一，不幸以乾符六年（879）十一月五日，寝疾殁于泥阳之官舍。"按李侨，咸通六年（778）为鄠王，十年徙威王（见《新书·懿宗诸子传》）。

右监门卫

苏 恭 永徽初

《全文》卷一八六孔志约《本草序》："既而朝议郎行右监门府长史骑都尉臣苏恭，摭陶氏之乖违，辨俗用之纰紊，遂表请修定，深副圣怀，乃诏太尉扬州都督监修国史上柱国赵国公臣无忌、大中大夫行尚药奉御臣许孝崇等二十二人与苏恭详撰。"按高宗即位后，册长孙无忌为太尉兼扬州都督（见《旧书·长孙无忌传》）。

苏 敬 显庆中

《旧书·吕才传》："显庆中，高宗以琴曲古有《白雪》……更作《白雪歌词》十六首，付太常编于乐府。时右监门长史苏敬上言，陶弘景所撰《本草》，事多舛谬。诏中书令许敬宗与才及李淳风、礼部郎中孔志约，并诸名医，增损旧本，仍令司空李勣总监定之，并图合成五十四卷，大行于代。"（又见《新书·艺文志》）

武怀道　高宗时？

《新书·宰相世系四上》武氏："怀道，右监门长史。"其子攸宁相武后，攸暨相中宗。

薛谔　天宝中？

《全文》卷四〇三薛钧《唐故翙麾副□置同正员骑都尉薛君（良佐）塔铭》（天宝二载闰二月十四日）："父谔，朝散大夫行右监门卫长史……君小敛在床……敬崇法因，乃遵所请，以来年闰二月十四日，建塔于终南山施陀林善知识之次，其实天宝二祀也。"享年二十八。

附：左右监门卫归属不详者

皇甫慎　（讫）开元十九年（731）

《千唐志·□唐□□监门卫长史安定皇甫公（慎）墓志铭并序》："调任尚乘直长，督守马政……又换监门卫长史，两考，因遘疾在京，以开元十九年三月二日告终于京兆通义坊之客舍，春秋卅有□。"

郑颙　贞元中？

《续汇》大和〇〇六《大唐故朝议大夫试沔州司马荥阳郡郑（溥）府君墓志铭》（大和元年十二月九日）："烈考颙，试监门卫长史……公即长史公爱子……以大和元年（828）二月二十六日，寝疾终于兴道里私第，春秋六十三。"

左右千牛卫

隋炀帝改左右领左右府为左右备身府。唐贞观中，复为左右领左右府。显庆五年（660），始置左右千牛府。龙朔二年（662）改左右千牛府为左右奉宸卫，神龙元年（705）复为左右千牛卫。

左千牛卫

郭敬宗　约高宗初期

《续汇》文明〇〇二《大唐故濮州刺史太原郭（敬宗）府君墓志铭》（文

明元年八月十一日）："父俭，隋任右千牛鹰扬郎将……（府君）年方志学，爰从筮仕，调为文德太皇太后挽郎，即授幽州都督府仓曹参军事等，转东宫□□舍人，鹯觚、盐泉二县令，俄除左千牛府长史、司津监丞，加朝散大夫，行昌乐令，历滑、越二州司马，赵州长史，迁使持节密、济、濮三州刺史……以文明元年七月二十三日，薨于洛阳修义里第，春秋七十有四。"

长孙泽 约高宗前期

《新书·宰相世系二上》长孙氏："泽，左千牛卫长史。"乃太宗、高宗时权臣长孙无忌之子。

梁宪诚 开元前期？

《续汇》元和〇六一《梁氏夫人墓志铭》（元和十一年二月十三日）："曾祖宪诚，皇左千牛卫长史……（梁氏）以元和十年（815）三月三十日终永兴里第，享年六十有五。"

王　舟 天宝中？

《全文》卷五〇五权德舆《严公（震）墓志铭并序》："（贞元）十六年（800）六月癸巳，感疾薨于理所，春秋七十六……前夫人武功郡夫人苏氏，剑州长史束之女。继夫人沂国夫人王氏，试左千牛卫长史舟之女。"

陈　远 贞元中？

《唐文拾遗》卷三一王顼《唐故颍川陈夫人墓志铭并序》："曾祖远，皇左千牛卫长史。"夫人大中十年（856）卒，年仅二十五。

归　恒 元和六年（811）在任

《续汇》元和〇三三《唐故朝议大夫同州长史骑都尉赐紫金鱼袋天水赵（晏）公墓志铭》（元和六年九月十日）："元和六年七月七日，寝疾终于吴郡释菜里之私第，享龄七十四。越九月十日，权于武丘北原……长女适左千牛卫长史归恒。"

高承金 （讫）元和八年（813）

《汇编》元和〇六八《唐故左千牛卫长史渤海高（承金）公合祔墓志铭》（元和八年十二月）："维元和八年冬十一月九日戊午，左千牛卫长史高氏捐馆舍于慈州立义里第，春秋四百四十五甲子。"

杭季稜 约大和初期

《汇编》大和〇五二《大唐故儒林郎试左千牛卫长史飞骑尉杭（季稜）府君故颍川陈氏夫人合祔墓志铭》（大和六年十月廿六日）："自少纵心得黄

老，味患桎梏，不求爵禄……有知者在朝列……遂授儒林郎，试左千牛卫长史、飞骑尉……又数载……因沉疾于苏吴之间。"大和六年（832）正月十七日卒，春秋七十。

右千牛卫

强　伟　贞观二十二年（648）

《通鉴》卷一九九：贞观二十二年，"七月，遣右领左右府长史强伟于剑南道伐木造舟舰，大者或长百尺，其广半之"。

士许琮（许琮？）　武后时

《汇编》长寿〇〇四《大周朝散大夫行右千牛卫长史上骑都尉高阳郡公士许琮故妻赞皇县君李氏墓志铭》（长寿二年正月廿九日）："适于许氏，爰自笄年，箕帚无劳，松萝有义……春秋卅有四，以如意元年七月十八日，寝疾终于神都思恭坊里第。"按《志》题曰"士许琮"，而文曰"适于许氏"。

张知古　开元十三年（725）在任

《全文》卷二二六张说《大唐开元十三年陇右监牧颂德碑》："于是明威将军行右卫郎将南使梁守忠……右千牛长史北使张知古……都使判官果毅齐琛、总监韦绩及五使长户三万一千人佥曰：……"

王　某　元和六年（811）在任

《汇编》元和〇四九《唐右千牛卫长史王公夫人薄氏墓志》（元和六年十一月十二日）："年十五，出嫔于我右千牛卫长史王公。"夫人元和六年十月二十四日卒，春秋卅四，以其年葬于洛阳县平阴乡积润村之原。按《墓志》称十五岁出嫔右千牛卫长史，"长史"之称呼，当是以后来之官号称从前之事。

附：左右千牛卫归属不详者

郑元□　开元中？

《八琼室金石补正》卷六八《唐故朝请大夫守国祭酒郑府君（伸）神道碑》："曾祖元□，皇千牛卫长史……贞元十八年，授（郑伸）朝散大夫鄂州刺史兼御史［中］丞鄂□□□□□□□□□□□□□□□

□□□国子祭酒。"享年五十九，元和二年（807）二月葬。碑题仅存九字，补。

李思颉 元和中？

《新书·宗室世系下》江王房："试千牛卫长史思颉。"按思颉堂叔尚芬为奉天定难功臣。

左右羽林军

隋左右屯卫，所领兵名曰羽林。龙朔二年（662），置左右羽林军。

左羽林军

桑克诚 高宗时？

《唐文拾遗》卷二四刘震《唐故朗州武陵县主簿桑公（崿）墓志铭并序》："曾祖克诚，皇朝左羽林军长史。"桑崿天宝五载（746）卒，享年不详。

谷补衮 初唐

《全文》卷五〇一权德舆《唐故义武军节度支度营田易定等州观察处置等使检校司空同中书门下平章事赠太傅上谷郡王张公夫人邓国夫人谷氏神道碑铭并序》："曾祖补衮，左羽林军长史。祖倚相，秘书省正字，仍代藏器，晦而不耀。考崇义，天宝末有行师北鄙之劳，累书勋伐。"

姚重暾 开元中后期

《汇编》开元三六八《大唐故左羽林军长史姚（重暾）府君墓志铭》（开元二十一年闰三月十七日）："乃受仆寺丞，寻迁左羽林军长史。"卒于长史之位，年三百八十甲子，开元二十一年闰三月葬于邙山。

裴承嗣 天宝中？

《续汇》天宝〇八一《大唐故朝议郎左金吾卫长史河东裴（承嗣）公墓铭》（天宝十一载五月廿一日）："调补□王府户曹事，力必陈也。迁左羽林、金吾两长史，执殳严更，百刻千起，以用勤也……即耳顺之年也，在天宝十有一载……而云殁焉。"

右羽林军

长史暂缺。

左右龙武军

太宗时,选飞骑之尤骁健者,别署百骑,以为翊卫之备。武后时,加置千骑,中宗加置万骑,分为左右营,置使以领之。自开元以来,与左右羽林军名曰北门四军。开元二十七年(739),改为左右龙武军,官员建置同羽林军。

左龙武军

长史暂缺。

右龙武军

郑 据 约大和中

《全诗》卷四六〇白居易《胡吉郑刘卢张等六贤皆多年寿予亦次焉……纪之传好事者》诗自注:"卫尉卿致仕冯翊吉皎,年八十六。前右龙武军长史荥阳郑据,年八十四。"白氏此诗,会昌五年(845)作。

左右神武军

至德二年(757),肃宗在凤翔置。当时肃宗方收京城,以羽林军减耗,寇难未息,乃别置神武军,与羽林、龙武谓之北衙六军。

左神武军

李弘益（李宏益）　　乾宁元年（894）前

《全唐文补编》卷一三八阙名《唐宗子陇西李氏（明振）再修功德记》："次男朝议郎前守左神武军长史兼侍御史弘益……于时大唐乾宁元年岁次甲寅十月庚申朔五日甲子立。"按《功德记》所叙，弘益祖父至德中卒，外祖父乃张义潮，其父明振官至御史中丞，年五十二卒。又见《全文》卷九九〇阙名《沙州千佛洞唐李氏再修功德碑》："时则妻父……南阳张公讳义潮，慕公之高望，藉公之文武，于是乃为秦晋……宣宗临轩，□□所以，公具家谍，面奏玉阶……次男朝议郎前守左神武军长史兼侍御史宏益，三端俱备，六艺精通。"

右神武军

长史暂缺。

太子左右卫率府

隋炀帝改左右卫率为左右侍率，唐初复为左右卫率。龙朔二年（662）改左右卫率为左右典戎卫。咸亨时又改为左右卫率。

左卫率府

杜延基　　显庆中

《陕西金石志》卷九（《汇编》显庆〇八七）《大唐太子左卫杜长史故妻薛氏墓志铭》（显庆三年十二月一日）："夫人讳瑶华……幼资神颖，长而懿淑。太子左卫长史、上轻车都尉京兆杜延基，籍望清华，声芳寓县，求我令德，宜其室家……（夫人）显庆二年十一月十二日遘疾卒，时年二十六。"显庆三年（658）十二月一日安葬于少陵之南原。

杨　纯　武后时？

《汇编》开元一二四《唐故晋州霍邑县令杨（纯）府君墓志铭》（开元九年十月十一日）："仪凤初，授密州司户参军，转右骁卫骑曹参军，左卫率府长史，晋州霍邑令……享年六十有三，神功元年（697）四月五日，遘疾终于河南县择善里之私第。"

张去奢　开元初

《汇编》天宝一一〇《大唐故少府监范阳县伯张（去奢）公墓志铭》（天宝六载十月七日）："公以恩例起家拜右卫率府仓曹参军。开元初，历左卫率府、左金吾卫二长史、太子司议郎。"

梁令瓒　开元前期

《旧书·僧一行传》："时《麟德历经》推步渐疏，敕一行考前代诸家历法，改撰新历，又令率府长史梁令瓒等与工人创造黄道游仪，以考七曜行度，互相证明。于是一行推《周易》大衍之数，立衍以应之，改撰《开元大衍历经》。至（开元）十五年卒。"《全文》卷二二三张说《进浑仪表》："伏惟开元神武皇帝陛下建中立极，纬武经文……又奉恩旨，更立浑仪，臣等准敕，令左卫率府长史梁令瓒检校创造。"

雷　宽　开元前期？

《续汇》大历〇一六《唐故左武卫泽州安平府折冲都尉吴郡朱（定真）府君夫人冯翊县太君雷氏墓志铭》（大历六年十月九日）："祖宽，左卫率□府长史……（雷氏）大历五年（770）五月十日终于细柳里，春秋六十有七。"

魏光乘　开元中

《旧书·元行冲传》："初，有左卫率府长史魏光乘奏请行用魏征所注《类礼》，上（玄宗）遽令行冲集学者撰《义疏》，将立学官。行冲于是引国子博士范行恭、四门助教施敬本检讨刊削，勒成五十卷，（开元）十四年八月奏上之。"《新书·李宪传》："诸王日朝侧门，既归，即具乐纵饮……所至辄中使劳赐相踵，世谓天子友悌，古无有者。帝（玄宗）于敦睦盖天性然，虽谗邪乱其间，而卒无以摇。时有鹡鸰千数集麟德殿廷树，翔栖浃日。左清道率府长史魏光乘作颂，以为天子友悌之祥。帝喜，亦为作颂。"（又见《全文》卷二〇玄宗《鹡鸰颂并序》）

右卫率府

陈子良 武德中

《旧书·贺德仁传》："及高祖平京师,隐太子封陇西公,用(贺)德仁为陇西公友。寻迁太子中舍人,以衰老不习吏事,转太子洗马。时萧德言亦为洗马,陈子良为右卫率府长史,皆为东宫学士。"(又见《全文》卷一三四陈子良小传)。

王玄策 贞观二十二年(648)

《全文》卷二〇四:"玄策,贞观十二年为右卫率府长史,使西域。"(又见《旧书·太宗纪》,《吐蕃传》,《通鉴》贞观二十二年五月,《全文》卷二〇四,《御览》卷七九二四夷部,《元龟》卷一二帝王部、九七〇武臣部)

杨 忠 (讫)天宝元年(742)

《陕西金石志》卷十三(《汇编》天宝一八一)《大唐故大内皇城判官右卫率大明长史弘农郡杨(忠)公始平郡冯夫人墓志铭》(天宝十载八月廿二日):"君讳忠……解褐库谷令……转右卫率府大明长史。我皇幸东京,留后皆委,兼判大内,吏人愧畏。考秩既满,卧疾斯起;舍财善施,专心大乘。生存积善,临终道场。春秋六十四,天宝元载夏六月六日卒于崇化里。"

滕殷晋 穆宗初

《全文》卷六五七白居易有《滕殷晋可试右卫率府长史知儁州事兼充左江都知兵马使制》,按居易穆宗初知制诰(见《旧书·白居易传》),此制当撰于此时。

太子左右司御率府

隋文帝置左右宗卫率各一人、副率二。炀帝改为左右武侍率,唐初复为左右宗卫。龙朔二年(662)改为左右司御卫率府,神龙初又为宗卫,开元初复为左右司御率府。

左司御率府

马大师　龙朔中

《全文》卷二〇三马大师小传："龙朔中官左司御卫长史。"

边　惠　武后前期

《汇编》圣历〇〇九《大周故朝散大夫泗州司马上柱国边（惠）君墓志铭》（圣历二年一月五日）："解褐任隰州司法参军事……秩满，鹰扬卫兵曹，俄迁司御卫长史……万岁通天元（年）七月十三日，授朝散大夫，改泗州司马……遽归于嵩里。春秋六十有一，终于廨宇。"

王玄起　武后时

《汇编》开元一七五《大唐故中大夫行定州鼓城县令王（玄起）君墓志铭》（开元十一年十月十日）："朝廷壮其忠焉，以功授朝散大夫行和州历阳县令……御史韦安石廉君清白，状闻，除太子左司御率府长史。纪纲环卫，趋侍宫朝，岁满调补定州鼓城县令……以万岁通天元年四月十九日，遘疾薨于会节里第，春秋卅有八。"

臧　某　开元中

《文博》一九九六年一期刊石刻（《续汇》开元〇九八）《大唐故冠军大将军、左羽林军大将军臧府君（怀亮）墓志并序》（开元十八年十月廿一日）："以开元十七年八月二十二日，薨于京师平康私第，春秋六十有八……公有五子，长子前左监门卫中郎将……四子前左司御率府长史，五子前殿中省进马。并淳孝济义，攀号永慕。"

郭　温　开元中

《续汇》开元一七二《（上渤）卫中郎郭（温）府君墓志铭》（开元廿七年十月一日）："开元二十七年七月十五日，中郎将郭君□于京兆万年县安兴里，其年十月一日，葬于河南府河南县东北原……（郭温曾任）国子监直讲、左司御率府长史……卫尉寺丞。"

臧奉忠　开元十八年（730）前

《全文》卷二六五李邕《左羽林大将军臧公（怀亮）神道碑》："以开元十七年八月二十二日，薨于京师平康里之私第，春秋六十有八……明年秋七月日，葬于白鹿原，礼也。长子敬廉……四子奉忠，前左司御率府长史赐绯鱼袋上柱国……并淳孝齐义，昭武懿文。"

贾令琬　（讫）开元二十三年（735）

《汇编》天宝〇〇五《大唐故朝议郎行相州临河县今（令）上柱国贾（令琬）公墓志铭》（天宝元年三月廿八日）："转左威卫仓曹……又迁左司御率府长史，授相州临河县令……三年有成，褫簪归告。呜呼……开元二十九年十一月二十五日，遘疾终于洛阳毓财里之私第，春秋五十有五。"又见天宝〇七五《大唐故朝议郎行相州临河县令贾（令琬）公墓志文》（天宝四载十月廿五日）："迁左司御率府长史。无何，丁石州府君忧去职……服阕，授相州临河县令。"按两《墓志》所叙，贾令琬开元二十三年丁其父之丧，二十六年服阕，任临河县令。

李景亮　穆宗初

《全文》卷六五七白居易《翰林待诏李景亮授左司御率府长史依前待诏制》："况待诏宫闱，饬躬晨夜，比于他职，宜有加恩。宫坊卫官，以示优奖。"

右司御率府

长史暂缺。

太子左右清道率府

隋文帝置左右虞候，炀帝改为左右虞候率。唐初因之。龙朔二年（662）改为左右清道卫，神龙初又为虞候率府，开元初复为清道率府。

左清道率府

蒋真胄　龙朔中

《全文》卷二〇四："真胄，龙朔中官左清道卫长史。"

薛洽　开元中？

《续汇》大历〇一三《唐前滑州白马县尉柳公夫人河东薛氏墓志》（大历

五年正月廿一日）："曾祖洽，皇左清道率府长史……（薛氏）以大历三年（768）遘疾终于柏乡县之私第，春秋二十。"

梁　晟　天宝中？

《汇编》大和〇一二《大唐故开府邺国梁（守谦）公墓志铭》（大和二年二月廿三日）："曾祖晟，皇任左清道率府长史。"守谦大和元年（827）十月二十日卒，春秋四十九。

右清道率府

李　洽　龙朔中

《全文》卷二〇四李洽小传："洽，龙朔中官右清道卫长史。"唐释道宣《广弘明集》卷二五有《右清道卫长史李洽等议状一首》。

张守节　开元中

《全文》卷三九七："守节，开元时官诸王侍读，守右道清率府长史。"

附：左右清道率府归属不详者

石抱忠　约武后时

《新书·员半千附石抱忠传》："抱忠，长安人。名属文。初置右台，自清道率府长史为殿中侍御史，进检校天官郎中，与侍郎刘奇、张询古共领选，寡廉洁，而奇号清平，二人坐綦连耀伏诛。"

太子左右监门率府

隋文帝置左右监门率，炀帝改为左右宫门将。唐初复改为监门率。龙朔二年（662）改为左右崇掖卫，咸亨复旧。垂拱中改为鹤禁卫，神龙初复旧。

左监门率府

窦尚义　龙朔中

《全文》卷二〇四:"尚义,龙朔中太府少卿师纶子,官左崇掖卫长史。"

卢　翊　武后时

《汇编》开元三七九《唐故通议大夫鄂州刺史上柱国卢(翊)府君墓志铭》(开元廿一年十月十六日):"属则天皇后受图温洛,以门子预执边豆,因调选授杭州钱唐丞,入为右武卫仓曹,左监门率府长史……迁御史台主簿……寻以亲累授梁州城固令……拜太子文学……出为滁州司马,复历泗、齐、汴三州。"开元十九年(731)十月十四日卒,春秋六十二。

于克构　开元二年(714)在任

《全文》卷二〇五姚崇《兖州都督于知微碑》:"以□□二年六月廿五日,薨于长安常乐之里第,春秋七十九……以开元二年十一月十八日,迁窆于京兆府三原县万寿乡长坳原旧茔,礼也……(嗣子克勤)、次子朝议郎行左监门率府长史上柱国武阳县开国男克构、朝议郎行华州司户参军上柱国黎阳县开国男克懋等,聿修祖德,不坠家风。"《新书·宰相世系二下》于氏:"克构,左监门率府长史。"

牛季环　咸通九年(868)在任

《续汇》咸通〇五六《唐故右金引驾游击将军守左卫翊府中郎将上柱国萧(行群)府君墓铭》(咸通九年十一月八日),题"朝议大夫行左监门率府长史上柱国赐绯鱼袋牛季环书并篆"。文曰:"(行群)以咸通九年戊子岁秋八月壬戌廿六日丁亥薨于长安延政里之私第,春秋七十有七。"

右监门率府

李行敏　龙朔中

《全文》卷二〇三:"行敏,龙朔中官右崇掖卫长史。"

太子左右内率府

隋文帝置左右内率，唐初因之。龙朔二年（662）改为左右奉裕率，神龙初复旧。

左内率府

桓法嗣　贞观九年（635）在任

《全文》卷九二三江旻《唐国师升真先生王法主真人立观碑》："贞观九年四月至山，敕文遣太史令薛赜、校书郎张道本、太子左内率长史桓法嗣等，送香油镇彩金龙玉璧于观所，为国祈恩。"

邱神静　龙朔中

《全文》卷二〇四："神静，左奉裕卫长史。"未及年代，然神静乃与马大师、窦尚义、李行敏、蒋真冑等，皆作《议沙门不应拜俗状》，亦当在龙朔中。

柳娘奴　（讫）景龙三年（709）

《汇编》景龙〇四七《大唐故朝议郎行卫尉寺丞柳（顺）府君墓志铭》（景龙四年五月廿二日）："公讳顺，字良奴，自幼以字行……奉天授二年腊月九日敕：'柳娘奴……可承务郎守右武威卫兵曹参军事。'秩满，转太子仆寺丞，稍迁为左内率府长史。景龙三年以调，又迁为卫尉寺丞……景龙四年五月二日，暴终于时邕里第。"

董思温　开元十四年（726）在任

《汇编》开元二三五《大唐故云麾将军行右威卫将军董（怀义）公墓志》（开元十四年十一月十日）："享年五十，开元十四年九月五日薨于位……夫人侯氏……先公薨……以今年岁次景寅十一月乙亥朔十日甲申，合葬北邙原……嗣子左内率府长史思温衔哀七日，泣血三年。"

田　章　文宗时？

《续汇》大中〇六四《大唐故田（章）府君墓志铭》（大中十二年闰二月廿八日）："早年入仕，解褐授宣州宁国县尉，充教坊使判官。公处理有方，功勤秉志，迁朝散郎、行左内率府长史、兼左神策军推官……又迁太子左赞善兼澧州司马……又迁游击将军、守左卫中郎将兼左街副使……检校国子祭酒、使持都督琼州诸军事兼琼州刺史、充琼管五州招讨使……又迁福王府傅……大中十一年（857）十月八日终于京兆府万年县之私第，享龄六十有九。"

右内率府

薛伯珍　永徽四年（653）在任

《全文》卷一三六长孙无忌《进〈五经正义〉表》："臣无忌等言：'臣闻混元初辟，三极之道分焉……宣德郎守太学博士臣孔志约、右内率府长史宏文馆直学士臣薛伯珍……儒林郎守四门助教臣王真儒等，上禀宸旨，傍摭群书……永徽四年二月二十四日，太尉扬州都督上柱国公臣无忌等上。'"

元　让　永淳二年（683）始

《旧书》本传："永淳元年，巡察使奏让孝悌殊异，擢拜太子右内率府长史。后以岁满还乡里。"《元龟》卷一三八帝王部："永淳二年……五月以雍州人元让为太子右内率府长史。"《元龟》卷七〇八宫臣部："元让，高宗末为太子右内率府长史。"

郑日用　开元中

《汇编》开元三〇二《大唐故魏州冠氏县令清河崔（羡）府君墓志铭》（开元十八年正月廿一日）："夫人荥阳郑氏，即右内率府长史日用之姊也。"崔羡开元十七年（729）卒，春秋六十九，十八年葬于河南府河南县。

赵文信　文宗时？

《续汇》会昌〇二七《唐故试右内率府长史赵（文信）府君墓志铭》（会昌六年二月十三日）："自释褐从公，解巾入仕，多居右职，皆著能名。俄授试右内率府长史、充军器使推官……粤以会昌五年（845）岁次乙丑三月戊申朔十四日辛酉寝疾，敛手足于永兴里之私第，春秋八十三。"

附：率府长史归属不详者

李　洽　（洊）龙朔三年（663）

《旧书·李义府传》："（龙朔）三年，迁右相，殷王府长史仍知选事并如故……于是右金吾仓曹参军杨行颖表言义府罪状……义府次子率府长史洽、千牛备身洋、子婿少府主簿柳元贞等，皆凭恃受赃，并除名长流巂州。"《新书·李义府传》略同。

张　旭　玄宗时

《全文》卷四四六窦泉《述书赋》注："张旭，吴郡人，左率府长史，俗号'张颠'。"

王元明　开元十九年（731）前

《八琼室金石补正》卷四六《左率府长史王元明尊胜幢记》："开元十九年岁次辛未十一月景午朔十五日庚申，前左率府长史王元明……建立此幢，咸同此福。"

李国宁　约大历前期

《新书·宗室世系上》蜀王房："左率府长史国宁。"按其弟黔中观察使国清，大历十二年（777）在黔州刺史任（见《旧书·代宗纪》：大历十二年二月"丁未，以朗州刺史李国清为黔州刺史、经略招讨观察使。"）。

唐代雍洛二州及扬、益、荆、并四大都督府长史年表

说明：

（1）由于唐代的大都督府长史多兼驻在州刺史或本道按察、观察、节度诸使，因而同一人，在此文献称刺史或诸使，而彼文献称长史者，予以收入。但所有文献均单称刺史或诸使，而未称长史者，不收入本表。

（2）遥领长史者，在姓名前加"＊"号表示。

（3）同一人，先后任同一州或大都督府长史者，分别按年代先后单列。

（4）贞观二十三年（649）七月，高宗即位后，改别驾为长史，故武德、贞观中别驾亦予收入。

雍　　州

隋京兆郡。武德元年（618）改为雍州，置牧一人，以亲王为之，以别驾理州事。贞观二十三年（649），改别驾为长史。天授元年（690），则天建立武周，改雍州为京兆郡，其年复旧。开元元年（713），改雍州为京兆府，改雍州长史为京兆尹。天宝元年（742），以京师为西京。领县二十三：万年、长安、蓝田、渭南、昭应（新丰）、三原、富平、栎阳、咸阳、高陵、泾阳、醴泉、云阳、兴平（金城）、鄠、武功、好畤、盩厔、奉先、奉天、华原、美原、同官。

李弘节　约贞观八年（634）前后

上海图书馆馆藏拓片《并州太原县令李冲墓志》："父弘节，皇朝任杭、

庆、原三州刺史……并州大都督府长史，雍州别驾，交、桂二州都督。"按，弘节贞观十二年为桂州都督，见《芒洛四编·李君（道素）墓志铭并序》谓"贞观十二年随父任桂州都督"，可知弘节任雍州别驾约在贞观十一年之前，郁贤皓《刺史考·雍州》以为在贞观八年前后。北京图书馆馆藏拓片《唐前濮州录事参军陈公故夫人赵郡李氏墓志铭并序》（乾元二年十月十六日）："曾祖弘节，皇并、雍二京长史。"称"长史"，似误，当作"别驾"。

刘德威　约贞观十四年（640）—贞观十七年（643）

《旧书》本传："（贞观）十一年，复授大理卿……数岁，迁刑部尚书，兼检校雍州别驾。十七年，驰驿往济州推齐王祐还，至濮州，闻祐杀长史权万纪，德威入据济州，遣使以闻。"《新书》本传略同。又见《元龟》卷八六二总录部。按《旧书·李祐传》："（贞观）十七年，诏刑部尚书刘德威往按之，并追（李）祐及（权）万纪入京。"则贞观十七年刘德威已任刑尚。

杨纂　约贞观十八年（644）—贞观十九年（645）

《旧书》本传："后历太常少卿、雍州别驾，加银青光禄大夫。复为尚书左丞，迁太仆卿，检校雍州别驾。迁户部尚书。永徽初卒。"按此，则杨纂曾先后两任雍州别驾，又贞观二十年正月杨纂以尚书左丞巡察四方，见《元龟》卷一六一，郁贤皓《刺史考》以为其初任雍州别驾约在十八九年。《大唐新语》卷九作"长史"："贞观中，金城坊有人家为胡所劫者，久捕贼不获。时杨纂为雍州长史，判勘京城坊市诸胡，尽禁推问。"《广记》卷二四九引《御史台记》亦作"长史"："唐杨纂，华阴人也，累迁雍州长史、吏部尚书。"《长安郊外隋唐墓·独孤思敬妻杨氏志》亦称"长史"："祖纂……太常少卿，银青光禄大夫，雍州长史，太仆卿，度支、户部两司尚书。"按此时"雍州长史"当称"雍州别驾"。

于志宁　约贞观十九年（645）—贞观二十年（646）

《关中金石记》卷二《于志宁碑》："后为卫尉卿、判太常卿，以本官兼雍州别驾，迁礼部尚书。"又《全文》卷一三七《于志宁碑》缺字较多，其可见者有："行卫尉卿、判太常卿事……二十一年迁礼部尚书。"可知，于志宁为雍州别驾当在二十一年前。

杨纂　贞观二十（646）—贞观二十三年（649）

《旧书》本传："后历太常少卿、雍州别驾，加银青光禄大夫。复为尚书左丞，迁太仆卿，检校雍州别驾。迁户部尚书。永徽初卒。"可知杨纂再任雍州别驾在"复为户部尚书"前,又按《仆尚丞郎表》谓二十三年自雍州别驾迁户部尚书,则其再任别驾约在二十至二十三年。

卢承庆 贞观二十三年（649）

《旧书》本传:"太宗嗟赏久之。寻令兼检校兵部侍郎……俄历雍州别驾、尚书左丞。永徽初,为褚遂良所构,出为益州大都督府长史。"《新书》本传略同。

高履行 贞观二十三年（649）

《会要》卷六七:"贞观二十三年七月三日,改别驾为长史,领州事,以高履行为之。"两《唐书》本传未及。

卢承业 贞观二十三年（649）

《旧书》本传:"贞观末,官至雍州长史、检校尚书左丞。兄弟相次居此任,时人荣之。"《新书》本传略同。此为第一次任雍州长史。

唐 临 永徽元年（650）—永徽二年（651）

《新表四下》唐氏:"临,字本德,雍州长史,工、刑、兵、礼、户、吏六尚书。"两《唐书》本传未及雍州长史,按两传所叙仕历,贞观二十一年（647）工尚、二十三年吏侍、永徽二年至五年为刑尚、显庆元年（656）为兵尚、度支尚,二年为吏尚,四年卒,可知其为雍州长史约在永徽初。

长孙祥 永徽六年（655）

《元和郡县志》卷一京兆府:"大唐永徽六年,雍州长史长孙祥奏言……"又见《太平寰宇记》卷二一、《长安志》卷一九。

卢承业 显庆元年（656）

《旧书》本传:"显庆初,复为雍州长史。"又见《芒洛四编》卷三《卢公（承业）墓志铭并序》:"今上嗣历,拜雍州司马,仍迁长史……出为忠州刺史……复为雍州司马,顷除长史……又兼邢州刺史。"此当第二次为雍州长史〔又见《千唐志·大中大夫卢全操志》（开元二十三年九月十八日）、《范阳卢氏女子志》（天宝十五载三月六日）、《唐故兖州邹县尉卢仲容志》（乾元二年二月十二日）〕。《新表三上》卢氏:"承业,雍、扬二州长史。"

刘祥道 龙朔三年（663）—麟德元年（664）

《旧书》本传:"龙朔元年,权检校蒲州刺史。三年,兼检校雍州长史,俄迁右相。"又据《新书》本传:"（麟德元年）司列太常伯刘祥道兼右相。"

卢承庆 约麟德二年（665）—总章二年（669）

《旧书》本传:"显庆四年,代杜正伦为度支尚书,仍同中书门下三品。

寻坐度支失所，出为润州刺史，再迁雍州长史，加银青光禄大夫。总章二年，代李乾祐为刑部尚书。"《通鉴·总章二年》二月："以雍州长史卢承庆为司列太常伯。"又见《元龟》卷七七一。

李 晦 约总章二年（669）—咸亨二年（671）

《旧书》本传："乾封中，累除营州都督，以善政闻……转右金吾将军，兼检校雍州长史，纠发奸豪，无所容贷，为人吏畏服……则天临朝，迁户部尚书。"（《新书》本传略同。又见《元龟》卷七八、六九〇、九〇一、《广记》卷四九三引《谭宾录》、《全文》卷九九二阙名《大唐故秋官尚书河间公（李晦）碑》）。《会要》卷六七："咸亨二年正月七日，高宗幸洛阳，以雍州长史李晦为西京留守。"按《元龟》卷六八九牧守部："李晖检校雍州长史，纠发奸豪，无所容贷，甚为吏人畏服。"两《唐书》无李晖，其事迹与《元龟》卷六九〇叙李晦略同，故先生《刺史考》以为"李晖"为"李晦"之讹（见《刺史考·雍州》）。

李 弼 约咸亨、上元中

《会要》卷一昭陵陪葬名氏有雍州长史李弼，《长安志》卷一昭陵陪葬三品丞郎中亦有雍州长史李弼。又，李弼咸亨五年（674）在卫尉卿任（见《新书·东夷·新罗传》："咸亨五年，纳高丽叛众，略百济地守之。帝怒……诏刘仁轨为鸡林道大总管，卫尉卿李弼、右领军大将军李谨行副之，发兵穷讨。"），可知其为雍州长史约在咸亨、上元间。

高审行 约仪凤中

《芒洛续编》卷下《大唐故右监门卫中郎将高府君（嵘）墓志铭并序》（开元十七年二月十六日）："父审行，皇尚书右丞、雍州长史、户部侍郎。"《唐姜遐碑》残文亦有"雍州长史高审行亦以宏亮博茂而前受制焉"之语。《全文》卷二四七李峤有《上雍州高长史书》，郁贤皓《刺史考·雍州》以为高长史即高审行。

邓 惲 约高宗中后期

《续汇》延和〇〇一《大唐故忠武将军右卫率邓（温）府君墓志之铭》（延和元年七月十五日）："祖弘政，隋任左千牛，皇朝通议大夫、新野侯。父惲，皇朝金紫光禄大夫、殿中监、迁雍州长史，除营缮大匠兼尚书左丞、刑部尚书、淮阳郡开国公。"邓温卒于太极元年（712）五月十二日，春秋五十六，知其生于显庆二年（657），则其父任雍州长史约在高宗中后期。按郁贤皓《刺史考》缺载。

李义琛 约永隆二年（681）—永淳元年（682）

《旧书·李义琰传》："从祖弟义琛，永淳初，为雍州长史。"（又见《新书》本传、两《唐书·苏珦传》《唐摭言》卷七、《广记》卷一七九、《元龟》卷八四三）。《旧书》高宗纪：永隆二年正月，"上诏雍州长史李义玄曰：'朕思还淳返朴，示天下以质素……'"《全文》卷一三高宗有《令雍州长史李义元（玄）禁僭侈诏》，《元龟》卷一五九作"李义琛"，郁贤皓《刺史考》以为"李义玄"为"李义琛"之讹（见《刺史考·雍州》）。

苏良嗣 永淳元年（682）

《旧书》高宗纪：永淳元年六月，"以岐州刺史苏良嗣为雍州长史"（又见《旧书》本传、《新书·韦安石传》、《元龟》卷六九五）。

杨守愚 文明元年（684）前后

《旧书·杨纂传》："子守愚，则天时官至雍州长史。"又《新表一下》杨氏越公房："守愚，雍州长史。"又见《长安城郊隋唐墓·大周独孤府君（思敬）故夫人杨氏墓志铭并序》（长安三年）："父守愚……雍州长史兼文昌左丞。杨氏垂拱三年卒，年三十二。"按武后文明元年始改尚书左丞为文昌左丞，长安三年（703）又改为中台左丞，神龙元年（705）复为尚书左丞。

韦泰真 垂拱元年（685）—二年（686）

《隋唐五代墓志汇编·洛阳卷》第六册《唐怀州刺史韦公（泰真）墓志铭并序》（垂拱四年一月十三日）："垂拱初，车驾留神都……乃以公为雍州长史……二年疾甚。七月，迁授怀州刺史。"

马　载 垂拱二年（686）

《旧书·马周传》："子载，咸亨年累迁吏部侍郎，善选补，于今称之。卒于雍州长史。"《新书·马周传》略同。《仆尚丞郎表》谓其罢吏部侍郎不会早于垂拱二年，则其为雍州长史最早在垂拱二年，可能为继韦泰真之任。

李　彻 武后时

北图藏拓片《杨高及夫人李满墓志铭》（长安三年三月三日）："夫人讳满，寿安宫也，雍州长史彻之女。"夫人长安二年二月二十日卒。

岑曼倩 武后时？

《新表二中》岑氏："曼倩，雍州长史。"其父岑文本贞观十六年（642）相太宗（《旧书·太宗纪》：贞观十六年正月，"兼中书侍郎、江陵子岑文本为中书侍郎，专知机密"），其子岑羲相睿宗（《旧书·中宗纪》：景龙四年六月癸未，"吏部尚书张嘉福、中书侍郎岑羲、吏部侍郎崔湜并同中书门下平章事"。《睿宗纪》：太极元年正月，"乙未，户部尚书岑羲、左台御史大夫窦怀贞并同中书门下三品"）。按中宗景龙四年（710）六月壬午崩，韦后总庶政，癸未乃以岑羲为相，其时中宗已卒。

陈崇业 约圣历中—久视元年（700）

《旧书·裴子余传》：举明经，累补鄠县尉。时同列李朝隐、程行谌皆以文法著称，子余独以词学知名。或问雍州长史陈崇业，子余与朝隐、行谌优劣，崇业曰："譬如春兰秋菊，俱不可废也。"（又见《新书·裴子余传》）郁贤皓以为崇业为雍州长史约在圣历至久视元年之间（见《刺史考·雍州》）。

薛季昶 久视元年（700）—长安三年（703）

《旧书》本传："久视元年，季昶自定州刺史入为雍州长史，威名甚著，前后京尹，无及之者。俄迁文昌左丞。"（《新书》本传略同，又见《元龟》卷六七七、六八九）。按薛季昶长安初在雍州长史任［见两《新书·卢承泰传》："长安初，为雍州参军。武后诏长史薛季昶择僚吏堪御史者，季昶访于齐卿。"《旧书·卢承泰传》略同。又《新书·武后纪》："（长安二年三月）突厥寇并州，雍州长史薛季昶持节山东防御大使以备之。"《通鉴·长安二年》三月亦同］，长安三年，仍在雍州长史任（见《新书·李乂传》："长安三年，诏雍州长史薛季昶选部吏才中御史者，季昶以乂闻，擢监察御史。"）。

郑　某 长安二年（702）

《大正藏》一七一三号卷末法藏《般若波罗蜜多心经略疏后记》："法藏长安二年于京清禅寺翻经之暇，属同礼部兼检校雍州长史荥阳郑公……令出略疏。"

杨再思 长安四年（704）—神龙元年（705）

《旧书》本传："长安四年，以本官检校京兆府长史，又迁检校扬州大都督府长史。中宗即位，拜户部尚书，兼中书令。"又《元龟》卷七二帝王部：神龙元年四月，"户部尚书、同中书门下三品兼检校雍州长史杨再思兼检校扬州大都督府长史、判都督事"。又见卷一七二。

窦怀贞 神龙二年（706）

《旧书》本传："神龙二年，累迁御史大夫，兼检校雍州长史。"（又见《新书》本传、两《唐书·李元纮传》、《朝野佥载》卷二）

崔日用　唐隆元年（710）

《通鉴》唐隆元年七月："戊辰，以日用为雍州长史……己巳，赦天下，改元（景云）。"（又见《旧书》本传、《元龟》卷七二）《旧书·睿宗纪》：唐隆元年，"秋七月癸丑，兵部侍郎兼知雍州长史崔日用为黄门侍郎，参知机务"。《全文》卷一八睿宗《以崔日用参知机务制》、卷二五〇苏颋《授崔日用黄门侍郎制》。《唐大诏令集》卷四四《以崔日用参知机务制》注为唐隆元年七月四日。

张　说　景云元年（710）—景云二年（711）

《旧书》本传："睿宗即位，迁中书侍郎，兼雍州长史。景云元年秋，谯王重福于东都构逆而死……睿宗令说往按其狱……明年，同中书门下平章事，监修国史。"《新书》本传同。

宋　璟　先天元年（712）—先天二年（713）

《新书》本传："睿宗立，以吏部尚书、同中书门下三品……进幽州都督，以国子祭酒留守东都，迁雍州长史。玄宗开元初，以雍州为京兆府，复为尹。"

李　晋　先天二年（713）

《旧书·玄宗纪》："先天二年七月三日，尚书左仆射窦怀贞……雍州长史李晋、左羽林大将军常元楷、右羽林将军李慈等与太平公主同谋，期以其月四日以羽林军作乱。"（又见两《唐书》本传、《新书·太平公主传》、《崔湜传》、《朝野佥载》卷五、《广记》卷二四〇、《通鉴·先天二年》六月）

崔日用　先天二年（713）

《元龟》卷一二八："先天二年七月，诛窦怀贞等，赏定策功臣，下制曰：'……赐吏部侍郎兼雍州长史崔日用实封二百户，通旧四百户。'"《旧书》本传："及讨萧至忠、窦怀贞之际，又令权检校雍州长史。"《新书》本传略同，又见两《唐书·孙逖传》。

张　昕　开元元年（713）

《旧书》本传："及太平之败，（刘）幽求追拜尚书左仆射、兼侍中；昕为大理卿，封邓国公，实封三百户，逾月又加权兼雍州长史。其年十二月，改元开元，以雍州为京兆府，长史为尹。昕首迁京兆尹。"（又见《新书》本传、《会要》卷六七）

洛 州

隋河南郡。武德四年（621），讨平王世充，置洛州总管府。其年十一月，罢总管府，置陕东道大行台。九年，罢行台，置洛州都督府，领洛、怀、郑、汝等四州，权于府置尚书省。贞观十八年（644），废都督府。显庆二年（657），置洛州牧，改刺史为长史，理州事。开元元年（713），改洛州为河南府，改洛州长史为河南尹。天宝领县二十六：河南、洛阳、偃师、巩、缑氏、告成、登封、陆浑、伊阙、伊阳、寿安、新安、福昌、渑池、长水、永宁、密、河清、颍阳、河阳、氾水、温、河阴、阳翟、济源、王屋。

韦恪 武德初

《旧书·韦机传》："祖元礼，隋浙州刺史。父恪，洛州别驾。机，贞观中为左千牛胄曹，充使往西突厥，册立同俄设为可汗。"《全文》卷四九七权德舆《唐故光禄大夫检校太尉兼中书令成都尹赠太师韦公先庙碑铭并序》："六代祖范，字元礼，以字行于代……实生孝恪，雅有文宪，武德初由侍御史为洛州别驾。生司农府君讳机，为第一室。"此条郁贤皓《刺史考》缺载。

崔长先 武德四年（621）—武德八年（625）

《汇编》武德〇〇五题阙（武德九年二月二十三日）："□讳长先，字后已，博陵安平人也……父期，齐东郡太守……（公）释褐黄州黄陂县尉……王世充窃名假号，旅拒三川，秦王受赈出征……总督军粮……改授洛州总管府司马……总管府废，仍授洛州别驾……以武德八年岁次乙酉七月癸巳朔，十四日景午，终于洛州公馆，春秋六十有二。"按洛州总管府，武德四年置，其年又废（见《旧书·地理志·河南府》）。此条郁贤皓《刺史考》缺载。

崔某 武德中

《汇编》武德〇〇三《大唐洛州别驾大将军崔公妻库狄夫人墓志铭》（武德六年六月五日）："（夫人）武德六年岁次癸未六月乙巳朔二日景午，卒于洛州廨舍，时年五十有九……第二息行褒，第四息行感。"此条郁贤皓《刺史考》缺。

张会 贞观中？

《汇编》开元〇五二《唐齐州山茌县丞张（齐丘）府君墓志铭》（开元五年三月廿日）："祖父会，隋国子进士。武德初，佐五府兵曹、郑县令、通事舍人，历幽、原二州长史，同州别驾、洛州长史。"此条郁贤皓《刺史考》缺载。

陆善宗　武德中？

《汇编》垂拱〇五四《大唐故韩王府兵曹参军延陵县开国公陆（绍）君墓志铭》（垂拱四年五月十五日）："祖善宗，皇朝驾部郎中，使持节德、光、怀三州刺史，洛州长史，上柱国，延陵县开国公……（绍）以显庆四年（659）十二月一日遘疾终于私第，春秋卅有四。"此条郁贤皓《刺史考》缺载。

杨　敏　武德九年（626）—贞观二年（628）

《汇编》贞观〇〇五《□□□国洛州长史金乡县开国公杨（敏）府君墓志铭》（贞观二年十月十二日）："俄而三川告捷，四表来王，东夏形胜，旧维京宇，乃以君为洛州治□。君□□□□，政刊式序，州改为都督府，仍转府长史……以大唐贞观二年六月十九日卒于洛州第舍，春秋六十有一。粤以其年十月十二日丧（葬）于洛州北芒山，礼也。"按洛州，武德九年置都督府（见《旧书·地理志·河南府》）。此条郁贤皓《刺史考》缺载。

宝　轨　贞观中？

《续汇》圣历〇一九《大周故隰州刺史建平公于（遂古）公墓志铭》（圣历二年四月一日）："（遂古）春秋七十有五，圣历元年（698）五月廿九日终于明堂县进昌里之私第……夫人宝氏，即洛州长史、行台左仆射鄀黄公轨之孙，左卫将军、凉州都督、驸马都尉奉节、房陵长公主之长女。以垂拱二年七月三日奄捐昭代。"此条郁贤皓《刺史考》缺载。

裴熙勋　贞观中

《新书·宰相世系一上》东眷裴氏："熙勋，洛州长史。"乃隋兵曹郎裴镜民之子。其兄熙载贞观中为尚书左丞（见《旧书·裴居道传》）。此条郁贤皓《刺史考》缺载。

张文会　贞观中？

《汇编》开元三六五《唐故京兆府渭南县尉张（时誉）府君墓志铭》（开元廿一年三月五日）："高祖讳懃，隋亳州刺史；曾祖文会，皇朝洛州长史。"府君开元二十一年（733）正月卒，春秋卅有六。此条郁贤皓《刺史考》缺载。

裴怀节　贞观十七年（643）—贞观二十一年（647）

《会要》卷六八："贞观十七年五月十三日，废都督府，复为洛阳（阳字衍）州，以裴怀节为长史"（《旧书·地理志·河南府》称"十八年，废都督府"）。又《隋唐五代墓志山西卷·大唐故宫府大夫兼检校司驭少卿裴君（皓）墓志铭并序》："父怀节……皇朝授秦王府录事参军……迁荆府长史，征拜工部侍郎……除洛州诸军事洛州长史，加上护军……贞观二十一年，告以定公（裴怀节）之患，君（裴皓）歔欷哽咽，悲动圣衷，驰驿遣殿中医人赍药往洛救疗。及下艰罚，毁悴过礼。"按洛州都督府罢后，复为洛州，长官称刺史，则上引《裴皓墓志》"长史"当作"刺史"，至显庆二年（657）置洛州牧，复改刺史为长史。《新表一上》东眷裴氏："怀节，洛州刺史。"又《全文》卷五〇一权德舆《唐温州刺史裴府君（希先）神道碑铭并序》："四代祖怀节……荆、扬二州大都督府长史，洛州刺史。"又《全文》卷七八四穆员《河东少尹裴公（济）墓志铭》："高祖怀节，皇朝洛州刺史。"以上皆称刺史，可知《会要》及《裴皓墓志》之误，盖制度初改之际，官名易混耳。又按《裴皓墓志》可知其父裴怀节贞观二十一年卒于洛州长史任。

周护仁（周仁护）　永徽三年（652）

《姓纂》卷五周氏："隋乐州刺史、乐陵公周儒生护仁，唐右武卫大将军，洛州长史，嘉川公。"《金石录》有《唐辅国大将军嘉国公周仁护碑》，作"周仁护"。按"嘉川公"，岑仲勉以为当作"嘉国公"。昭陵博物馆1964年出土许敬宗撰《周护碑》："永徽三年……检校洛州刺史。"郁贤皓以为"周护"即"周护仁"（见《刺史考·洛州》）。

段宝玄　显庆二年（657）—显庆三年（658）

《会要》卷六八："显庆二年六月五日敕：洛阳（阳字衍）州及河南、洛阳二县官，同京官，以段宝玄为长史。"《唐大诏令集》卷六二及《全文》卷一四显庆三年七月十九日《册段宝玄越州都督文》称"银青光禄大夫行洛州长史段宝玄"。《会稽掇英总集·唐太守题名》："段宝命（玄），显庆三年六月十一日自洛州长史授。"《嘉泰会稽志》同。《金石补正》卷五五《北岳神庙碑》："碑阴又称段公讳愔……王父乾，字宝元（玄），唐刑部郎中……尚书右丞，洛州刺史。"按此时已改为长史，故"刺史"当为"长史"。《八琼室金石补正续编》卷二八《恒岳碑阴记段使君（愔）□德政》："王父乾，字宝玄，唐刑部郎中……洛州刺史，建都授洛州长史。"

卢承业　约显庆中

《千唐志·大中大夫使持节房州诸军事房州刺史上柱国魏县开国子卢府君

(全操）志铭》（开元二十三年九月十八日）："皇父承业，皇银青光禄大夫，尚书左、右丞，雍、洛二州长史，使持节同、陕二州诸军事。"［又见《唐故兖州邹县尉卢府君（仲容）墓志铭并序》（乾元二年二月十二日）、《范阳卢氏女子殁后记》（燕圣武元年三月六日）］。两《唐书》本传未及为洛州长史事，《旧书》本传称显庆初为雍州长史（"贞观末，官至雍州长史、检校尚书左丞。兄弟相次居此任，时人荣之。俄坐承庆事左迁忠州刺史。显庆初，复为雍州长史。"），证知其为洛州长史约在显庆中。

许力士 龙朔二年（662）在任

《新书·许绍传》："绍初爵谯国公，以子智仁自有封，故诏孙力士袭之，终洛州长史。"《旧书·许绍传》略同。《全文》卷九三三杜光庭《历代崇道记》："高宗龙朔二年，诏洛州长史谯国公许力士于邙山建上清宫以镇鬼。"《会要》卷六二："龙朔二年十月，秦令言新除监察御史，推洛州长史许力士子犯法。"又见《元龟》卷五二二宪官部（作"泰令言"）。

韩孝威 麟德元年（664）

《续高僧传》卷二二《洛州天宫寺释明导传》："麟德元年，今上造老子像敕送芒山，仍令洛下文物备列。时长史韩孝威妄托天威，黄巾扇惑，私嘱僧尼普令同送。"静泰《大唐东京大敬爱寺一切经论目序》："又奉麟德元年正月二十六日敕，取履味沙门十人……敕使洛州长史银青光禄大夫南康郡开国公韩威……等，精加检覆。"（见《大正藏》二一四八号《众经目录》卷首）"韩威"，当即《续高僧传》之"韩孝威"。

崔 深 高宗前期？

洛阳关林藏石刻《周故使持节巂州都督陆公夫人崔氏墓志铭》："父深，唐朝散大夫洛州长史。"崔氏万岁通天二年（697）卒，年七十。

贾敦实 咸亨元年（670）—咸亨四年（673）

《旧书》本传："咸亨元年，累转洛州长史，甚有惠政。时洛阳令杨德干杖杀人吏，以立威名……常抑止德干，德干亦为之稍减。四年，迁太子右庶子。"（《新书》本传略同。又见《旧书·张仁愿传》，《元龟》卷六八一、六八三、六八八、七〇七、八二〇）《隋唐五代墓志汇编·洛阳卷》第十五册《贾伯饶墓志》（某年十一月十九日）："考敦实，太子左庶子，洛州长史。"

李 晦 高宗后期

《全文》卷九九二阙名《大唐故秋官尚书河间公（李晦）碑》："检校雍

州长史……寻检校洛州长史兼知东都留守……及高宗晏驾……授户部尚书。"两《唐书》本传未及。

辛文陵　高宗时

《姓纂》卷三陇西狄道辛氏："文陵，左武卫大将军，并、洛二州长史，长山公。"按文陵显庆中与薛仁贵破契丹于黑山（见《元龟》卷三九三："薛仁贵，高宗显庆中与辛文陵破契丹于黑山"），龙朔三年防吐蕃［见《通鉴·龙朔三年》：五月，"上（高宗）以凉州都督郑仁泰为青海道行军大总管，帅右武卫将军独狐卿云、辛文陵等分屯凉、鄯二州，以备吐蕃"］，则其为洛州长史当在高宗时。

苏良嗣　高宗时

《新书》本传："始，良嗣为洛州长史，坐僚婿累，下徙冀州刺史。"（又见《元龟》卷八五〇）《大唐新语》卷七："苏良嗣为洛州长史，坐妻犯赃，左迁冀州刺史……后为荆州长史。"知良嗣为洛州长史在荆州长史前。又按良嗣为荆州长史在高宗时（见《新书》本传："高宗时为周王府司马……选荆州长史……垂拱初，迁冬官尚书"），可知良嗣为洛州长史当在高宗时。按《旧书》本传未及洛州长史。

权怀恩　高宗时

《旧书》本传："咸亨初，累转尚乘奉御……后历庆、莱、卫、邢四州刺史，洛州长史。"（《新书》本传略同。又见《广记》卷二六三引《朝野佥载》）

李仲玄　永淳二年（683）

《旧书·高宗纪》：永淳二年，"二月甲午，洛州长史李仲玄为宗正卿"。

韦泰真　光宅元年（684）—垂拱元年（685）

《隋唐五代墓志汇编·洛阳卷》第六册《大唐故使持节怀州诸军事怀州刺史上柱国临都县开国男京兆韦公（泰真）墓志铭并序》（垂拱四年一月十三日）："光宅元年事毕，蒙授正议大夫行洛州长史……垂拱初……乃以公为雍州刺史。"

武懿宗　约天授元年（690）

《隋唐五代墓志汇编·陕西卷》第三册《大唐故怀州刺史赠特进耿国公武府君（懿宗）墓志铭并序》（景龙元年十一月二十六日）："天授建元之初……封河内郡王……三为洛州长史。"又《旧书》本传："天授年，封

（武）士逸为蜀王，懿宗封为河内郡王，历迁洛州长史、左金吾卫大将军。"可知第一次任约在天授元年。

薛元嗣　约武后时

《新表三下》薛氏："元嗣，洛州长史。"又《千唐志·大唐故右领军卫将军薛府君（璇）墓志文并序》："大父元嗣，司农、太常卿，岐、贝州刺史，洛州长史。"薛璇卒于开元二十年（732），春秋五十二。

王方庆　证圣元年（695）—万岁登封元年（696）

《旧书》本传："证圣元年，召拜洛州长史，寻加银青光禄大夫，封石泉县男。万岁登封元年，转并州长史，封琅邪县男。未行，迁鸾台侍郎、同凤阁鸾台平章事。"《新书》本传略同。

武懿宗　约万岁通天二年（697）

《全文》卷二二五张说《为河内郡王武懿宗平冀州贼契丹等露布》称"大总管右金吾卫大将军兼检校洛州长史河内郡王"。按懿宗为神兵道大总管平契丹在万岁通天二年（见《通鉴》万岁通天二年五月："以右金吾卫大将军武懿宗为神兵道行军大总管，与右豹韬卫将军何迦密将兵击契丹。"六月："制以契丹初平，命河内王武懿宗、娄师德及魏州刺史狄仁杰分道安抚河北"），则第二次任洛州长史约在万岁通天二年。

宋元爽　神功元年（697）

《旧书·姚璹传》："神功初左授益州大都督府长史……时新都丞朱待辟坐赃至死，逮捕系狱……则天又令洛州长史宋元爽、御史中丞霍献可等重加详覆。"（《新书·姚璹传》略同，又见《元龟》卷六一九）《姓纂》卷八扶风宋氏："元爽，尚书左丞，秋官侍郎，扬、洛二州长史。"

李道广　神功元年（697）

《新书·宰相表上》：神功元年六月，"（李）道广兼检校洛州长史。"两《唐书》本传未及。

魏元忠　久视元年（700）

《旧书》本传："圣历二年，擢拜凤阁侍郎、同凤阁鸾台平章事，检校并州长史。未几，加银青光禄大夫，迁左肃政台御史大夫，兼检校洛州长史。"《新书》本传略同（又见《元龟》卷六七四、六八九）。《新书·宰相表上》：久视元年，"三月癸丑，（魏）元忠兼洛州长史"。

敬　晖　大足元年（701）—长安二年（702）

《旧书》本传："大足元年，迁洛州长史。天后幸长安，令晖知副留守事。"（《新书》本传略同。又见《元龟》六七三）《通鉴·长安二年》："（九月）庚辰，以太子宾客武三思为大谷道大总管，洛州长史敬晖为副。"

武懿宗　约长安中

《隋唐五代墓志汇编·陕西卷》第三册《大唐故怀州刺史赠特进耿国公武府君（懿宗）墓志铭并序》（景龙元年十一月二十六日）："天授建元之初……封河内郡王……三为洛州长史。"又按《旧书》本传："神龙初，随例降爵，封耿国公，累转怀州刺史，寻卒。"可知武后失位后，武懿宗随即失势，则第三次任洛州长史约在武后长安中。

徐昕　武后时？

《新表五下》北祖上房徐氏："昕字光烈，又字景韵，字修文，洛州长史。"按《姓纂》卷二东海剡州徐氏称："昕，万年令。"其子《徐琎碑》谓昕为库部郎中、万年令、太子詹事，皆未及洛州长史，未知《新表》所云是否属实。

王希俊　武后时？

《全文》二九三张九龄《故太仆卿上柱国华容县男王府君（希俊）墓志铭并序》："稍迁蒲州司马，洛州长史、蒲州长史。三为郡佐，一以贯之……俄迁随州刺史……再领遂、绵二州刺史……先是，景云岁……遂作越州都督。"

薛季昶　长安末—神龙元年（705）

《旧书》本传："长安末，为洛州长史，所在皆以严肃为政。神龙初，以预诛张易之兄弟功，加银青光禄大夫，拜户部侍郎。"（又见《敬晖传》，《新书》本传，《桓彦范传》，《通鉴·神龙元年》，《元龟》卷三三六、六七七、六八九，《广记》卷一七〇引《定命录》）

张仁愿（张仁亶）　神龙二年（706）—神龙三年（707）

《通鉴·神龙二年》："十月，己卯，车驾发东都，以前检校并州长史张仁愿检校左屯卫大将军兼洛州长史。"《旧书·中宗纪》：神龙三年，"五月戊戌，左屯卫大将军兼检校洛州长史张仁亶为朔方道大总管，以备突厥"。又见两《唐书》本传，《元龟》卷一一九、四二〇（作"洛州刺史"）、六八一、六九七、九八六。按仁愿本名仁亶，以音类睿宗名讳改焉（见《旧书》本传）。

李承嘉　神龙中

《朝野佥载》卷六："神龙中，户部尚书李承嘉不识字，不解书，为御史大夫兼洛州长史，名判司为狗，骂御史为驴，威振朝廷。"又见《广记》卷三六一引《朝野佥载》卷六。又《隋唐嘉话》卷下："神龙中，洛城东地若水影，纤微必照，就视则无所见，长史李承喜上表庆贺。"作"李承喜"，疑"承喜"为"承嘉"之讹。

张知謇 景龙二年（708）

《旧书》本传："弟知泰，景龙二年卒，优诏褒赠，谥曰'定'。时知謇为洛州长史、东都副留守。"

宋　璟 景龙四年（710）

《新书·睿宗纪》：景龙四年七月，"丁巳，洛州长史宋璟检校吏部尚书、同中书门下三品。"（《旧书·睿宗纪》、两《唐书》本传略同。又见《新书·宰相表》、《通鉴》景龙四年七月丁巳、《元龟》卷七二）

崔日知 景云元年（710）

《通鉴·景云元年》："八月，庚寅，往（裴）巽第按问。（李）重福奄至，县官驰出，白留守；群官皆逃匿，洛州长史崔日知独帅众讨之……以功拜东都留守。"《全文》卷二七三崔沔有《为崔日知谢洛州长史表》。按两《唐书》本传皆作"洛州司马"，误。

卢　某 景云二年（711）

《金石录》卷五："《唐洛州长史卢公善政颂》，撰人姓名残缺，苏诜八分书，景云二年。"

皇甫知常 睿宗时

《千唐志·监门卫长史安定皇甫公（慎）墓志铭》（开元十九年四月七日）："父知常……扬、洛二州长史。"慎卒于开元十九年（731）。又《姓纂》卷五寿春皇甫氏："知常，洛州长史。"《新表五下》皇甫氏："知常，洛州、扬州长史。"《全文》卷四二二杨炎《安州刺史杜公（鹏举）神道碑》："岁满，以书判超等授济源尉，以正议登朝，拜右拾遗……洛州长史皇甫知常，人之标准，美公志行，尝与请交。公精义入神，洞究奥赜。初睿宗践祚，冥感祥符，睹元期于化元，启成命于幽教，人所以伫非常之运，天所以归亿兆之心。元宗时在东宫，表公所言，请编史册。"按鹏举为济源尉，在中宗景龙末（见《广记》卷三〇〇引《处士萧时和作传》："景龙末，韦庶人专制。故安州都督赠太师杜鹏举，时尉济源县。"），又《碑》去"睿宗践祚""玄宗时在东宫"等语，知其拜右拾遗并为洛州长史皇甫知常所赏当在睿宗时。

陆余庆　约先天元年（712）—先天二年（713）

《广记》卷三二八引《御史台记》："陆余庆，吴郡人……久视中，迁凤阁舍人，历陕州刺史，洛州长史，大理卿……出为沂州刺史。"《朝野佥载》卷二："唐尚书右丞陆余庆转洛州长史，其子嘲之曰：'陆余庆，笔头无力嘴头硬，一朝受辞讼，十日判不竟。'"（又见《广记》卷二五九引）郁贤皓以为其任洛州长史约在先天元年至二年（见《刺史考·洛州·陆余庆》）。

辨误一则：

《旧书·蒋沇传》："以孝廉累授洛阳尉、监察御史。与兄演、溶，弟清，俱以干局吏事擅能名于天宝中。长史韩朝宗、裴迥咸以推覆检勾之任委之，处事平允，剖断精当，动为群僚楷式。"此称天宝中蒋沇为洛阳尉时，为"长史韩朝宗、裴迥"所器重，而开元元年改洛州为河南府，改长史曰尹，自是洛州无复长史之号。此称"长史"，盖沿用旧称之故，当作"河南尹"。《新书·蒋沇传》称"河南尹韩朝宗、裴迥"，甚是。

扬　　州

隋江都郡。武德三年（620），于润州江宁县置扬州，以隋江都郡为兖州，置东南道行台。七年，改兖州为邗州。九年，省江宁县之扬州，改邗州为扬州，置大都督，督扬、和、滁、楚、舒、庐、寿七州。贞观十年（636），改大都督为都督，督扬、滁、常、润、和、宣、歙七州。龙朔二年（662），升为大都督府。天宝元年（742），改为广陵郡，依旧大都督府。乾元元年（758），复为扬州。自后置淮南节度使，亲王为都督，领使；长史为节度副大使，知节度事。领县七：江都、江阳、六合、海陵、扬子、高邮、天长。

武士彟　武德六年（623）始

《全文》卷二四九李峤《攀龙台碑》："大周无上孝明皇帝，讳某字某……杜伏威初行僭逆，辅公祏继以乱亡……以本官权检校扬州大都督府长史，赐锦袍宝带一具……（武德）九年，太宗以储宫统事……事以殊礼。"按平辅公祏之乱在武德六年八月（见两《唐书·高祖纪》）。此条郁贤皓《刺史考》缺载。

杨恭仁　（讫）贞观五年（631）

《旧书》本传："贞观初，拜雍州牧，加左光禄大夫，行扬州大都督府长史。五年，迁洛州都督。"《新书》本传略同。此为第一次为扬州长史。

杨恭仁　贞观七年（633）

《元龟》卷八九九："杨恭仁为洛州都督，太宗贞观七年正月戊申诏曰：'……左光禄大夫行扬州大都督长史观国公恭仁……可特进。'时恭仁以疾乞骸骨，故有此授。"又见《全文》卷五太宗《加杨恭仁特进诏》。按上引《旧书》本传，恭仁贞观五年自扬州长史迁洛州都督，《元龟》引《加杨恭仁特进诏》称贞观七年以扬州长史加特进，必是洛州都督任后复为扬州长史。故此为第二次任扬州长史。

李袭誉　贞观八年（634）—贞观十三年（639）

《旧书》本传："后历光禄卿、浦州刺史，转扬州大都督府长史，为江南道巡察大使，多所黜陟……寻转凉州都督。"《新书》本传略同。《旧书·太宗纪》：贞观八年正月，"壬寅，命尚书右仆射李靖……扬州大都督府长史李袭誉……黄门侍郎赵弘智使于四方，观省风俗"（又见两《唐书·曹宪传》、《大唐新语》卷九）。《元龟》卷六〇七："李袭誉为扬州总管长史，撰《忠孝图》二十卷，贞观十三年十一月奏之，太宗览而称善。"《元龟》卷九七、《会要》卷三六同。《太平寰宇记》卷一二三："贞观十八年，李袭誉为扬州长史，引雷塘水。又筑句城塘以溉田八百余顷。"《元龟》卷六七八亦载之，然未注年月。按《会要》卷八年记此事为"贞观十一年"，疑《寰宇记》误。

裴怀节　（讫）贞观十七年（643）

《续汇》龙朔〇二八《大唐故宫府大夫兼检校司驭少卿裴（皓）君墓志铭》（龙朔三年十月五日）："父怀节……皇朝授秦王府录事参军……行扬州都督府长史兼越王府长史，除洛州诸军事、洛州刺史。"按裴怀节为洛州刺史在贞观十七年，见《会要》卷六八："贞观十七年五月十三日，废都督府，复为洛阳（阳字衍）州，以裴怀节为长史。"按"长史"当为"刺史"，显庆二年（657）始改洛州牧为长史，贞观中洛州无长史之称。《全文》卷五〇一权德舆《唐温州刺史裴府君（希先）神道碑铭并序》："四代祖怀节，皇给事中、工部侍郎，荆扬二州大都督府长史、洛州刺史。"

冯长命　贞观中

《全文》卷二二九张说《故括州刺史赠工部尚书冯公（昭泰）神道碑》："祖兵部尚书左仆射魏国公世基，以曹参之力，经济隋文；大父尚书左丞检校御史大夫少府监扬州长史安昌公长命，以佳吏之名，勤劳王室。"按贞观十

三、十四年冯长命在少府监任（见《法书要录》卷四，《法苑珠林》卷七九引《冥报记》）。

长孙操　贞观中

《旧书》本传："贞观中，历洺州刺史、益扬二州都督府长史，并有善政。二十三年，以子诠尚太宗女新城公主，拜岐州刺史。"《元龟》卷三〇一同。《新书》本传谓"齐、扬、益三州刺史"。

张士贵　贞观二十二年（648）—永徽二年（651）

《考古》1978年第3期《大唐辅国大将军荆州都督虢国公张公（士贵）墓志铭并序》："（贞观）十九年率师度辽……授茂州都督。雅邛等州山獠乱，以为雅州道行军总管……事平，拜金紫光禄大夫扬州都督府长史……永徽二年召拜左领军大将军。"显庆二年六月三日卒。按张士贵讨雅邛等州山獠乱，事在贞观二十二年九月（见《新书·太宗纪》及《通鉴》贞观二十二年九月壬寅），十一月讨平（见《旧书·太宗纪下》）。

房仁裕　永徽四年（653）

《旧书·高宗纪》：永徽四年十月，"戊申，睦州女子陈硕贞举兵反，自称文佳皇帝，攻陷睦州属县。婺州刺史崔义玄、扬州都督府长史房仁裕各率众讨平之"（又见《通鉴》永徽四年十月、《元龟》卷一三六）。《金石补正》卷三六《房仁裕母清河太夫人李氏碑并铭》："太夫人八女一男。洎乎弱冠，位□方岳……□授金紫光禄大夫行扬、润、宣、常、滁、和六州诸军事、扬州都督府长□□。"

李君球　约高宗中期

《旧书》本传："龙朔三年，高宗将伐高丽，君球上疏谏曰……寻迁蔚州刺史。未行，改为兴州刺史。累迁扬州大都督府长史。政尚严肃，人吏惮之，盗贼屏迹，高宗频降书劳勉。时有吐谷浑犯塞，以君球素有威重，转为灵州都督。寻卒官。"（又见《元龟》卷六七三、《全文》卷一五九小传）按高宗伐高丽及君球谏伐，乃龙朔元年事（见《旧书·高宗纪》、《新书·高丽传》、《元龟》卷五四三、《会要》卷九五），《旧传》误。其为扬州长史约为高宗中期。

卢承业　（讫）咸亨二年（671）

《芒洛四编》卷三《大唐故银青光禄大夫行扬州大都督府长史魏县子卢公（承业）墓志铭并序》："久之，除陕州刺史……又诏为银青光禄大夫，行扬州大都督府长史……以咸亨二年龙集辛未八月二十四日薨于官舍，春秋七十有一。"由此知《旧书》本传称"总章中，卒于扬州大都督府长史"误。又见《旧书·娄师德传》、《元龟》卷八四三、《新表三上》卢氏。

柳　范　高宗时

《旧书》本传："高宗时历位尚书右丞、扬州大都督府长史。"《新书》本传略同。《芒洛遗文·故薛府君夫人河东郡郡君柳氏墓志铭并序》："考范，皇朝尚书右丞，商、蔚、淄、雅、婺五州刺史，扬州大都督府长史。"柳氏卒于开元六年（718），春秋七十六。又见《唐文拾遗》卷六五。

鱼承曗　咸亨四年（673）

《全文》卷九九五阙名《故银青光禄大夫秘书监兼昭文馆学士侍读上柱国常山县开国公赠润州刺史马公（怀素）墓志铭》："父文超……龙朔初，黜陟使举检校江州浔阳丞，弃官从好，遂寓居广陵……公即浔阳府君第三子也。幼聪颖，六岁能诵书……十五遍诵《诗》、《礼》、《骚》、《雅》，能属文，有史力。长史鱼承曗尽特见器异，举孝廉，引同载入洛。"怀素开元六年（718）卒，春秋六十，知其生于显庆四年（659），咸亨四年（673）十五岁。此条郁贤皓《刺史考》缺载。

李敬玄　（讫）永淳元年（682）

《旧书》本传："贬授衡州刺史。稍迁扬州大都督府长史。永淳元年卒，年六十八。"《新书》本传略同。《元龟》卷六〇七："李敬玄撰《正论》三卷，位至扬州大都府长史。"

陈敬之　（讫）光宅元年（684）

《旧书·则天皇后纪》：光宅元年九月，"故司空李勣孙柳州司马徐敬业伪称扬州司马，杀长史陈敬之，据扬州起兵，自称上将，以匡复为辞"。《通鉴》光宅元年九月同。（两《唐书·李敬业传》、《新书·则天皇后传》略同。又见《朝野佥载》卷一）《姓纂》卷三京兆陈氏有"唐扬州长史陈敬之"。拓本永贞元年（805）十二月《唐故庆州长史赵郡李府君（肃）墓志》："夫人颖川陈氏，即故扬府长史、采访本道敬之之曾孙，饶州纪纲掾邕之女也。"

弓彭祖　垂拱中

《姓纂》卷一太原弓氏："彭祖，扬府长史、蒲州刺史、晋阳公。"按《新书·则天皇后纪》：永昌元年八月，"丁未，杀相州刺史弓志元、蒲州刺史弓彭祖"。

薛宝积　长寿前

《全文》卷四九七权德舆《大唐浙江西道都团练观察等使润州刺史兼御史大夫河东郡公薛公（苹）先庙碑铭并序》："隋礼部尚书道实，道实生皇尚书议曹郎德儒，德儒生宝积，济、齐、润三州刺史扬州大都督府长史。宝积生代州定襄道行军司马待诏，公之曾也，为第一室。"《山右金石记十》："《唐扬州长史薛宝积碑》，周长寿二年。"

李上义　武后时

《新表二上》陇西李氏姑臧房："上义，右庶子，扬州长史。"乃贞观中润州刺史玄义之子。北图藏拓片《唐故承议郎行瀛州平舒县主簿知蓟州渔阳县事赏绯鱼袋陇西李府君（弘亮）墓志铭并序》（元和十四年二月二十四日）："烈考曰子武，怀州武陟县丞……武陟府君之父曰真玉，朝散大夫累任至常州无锡县令，无锡府君之父曰上义，银青光禄大夫，泾、陇、汾、晋、岐、曹等七州刺史，扬府长史，右庶子，陇西县开国公。"弘亮卒元和十三年（818），春秋四十四。

李怀远　武后时

《旧书》本传："出为邢州刺史，以其本乡，固辞不就，改授冀州刺史。俄历扬、益等州大都督府长史，未行，又授同州刺史。在职以清简称。入为太子左庶子，兼太子宾客，历迁右散骑常侍、春官侍郎。大足年，迁鸾台侍郎，寻同凤阁鸾台平章事。"《新书》本传略同。

武攸宜　武后时

《全文》卷二四五李峤有《为武攸宜让扬州都督府长史表》，《新书》本传未及扬州长史。

宋元爽（宋玄爽）　证圣中（695）

《姓纂》卷八扶风宋氏："元爽，尚书左丞，秋官侍郎，扬、洛二州长史。"按圣历元年（698），玄爽官文昌左丞（见《新书·突厥传上》）；神功初，官洛州长史（见《旧书·姚璹传》）。按《旧书·姚璹传》、《元龟》卷六一九、《通鉴·圣历元年》九月均作"元爽"。

武攸绪　圣历前

《旧书》本传："天授中封安平郡王，历迁殿中监，出为扬州大都督府长史。圣历中，弃官隐于嵩山，以琴书药饵为务。"（《新书》本传略同。又见《元龟》卷九八、《姓纂》卷六沛国武氏、《新表四上》武氏、《全文》卷八一五顾云《题致仕武宾客（攸绪）嵩山旧隐诗序》)。《文苑英华》卷五七八阙名《为安平王让扬州大都督府长史表》,安平王即武攸绪。

柳秀诚 武后时

《新表三上》柳氏:"秀诚,扬州长史。"《郎官柱》金部郎中有柳秀诚,在卢师立、杜从则后,梁皓、卢万石前,约武后时人。《姓纂》卷七河东解县东眷柳氏:"季诚,金部郎中,扬州刺史。""季诚"当为"秀诚"之讹。

张　潜 圣历中

《旧书·苏瓌传》:"长安中,累迁扬州大都督府长史。扬州地当冲要,多富商大贾,珠翠珍怪之产,前长史张潜、于辩机皆致之数万,唯瓌挺身而去。"《新书·苏瓌传》略同。《新表二下》清河张氏:"潜,扬州长史。"(又见两《唐书·韦湊传》、《广记》卷二六三引《朝野佥载》)

于知微 久视元年(700)—长安二年(702)

《全文》卷二〇五姚崇《兖州都督于知微(字辩机)碑》:"神功之岁复除恒阆二州刺史……久视元年又改授扬州大都督府长史……长安二年改授常州刺史。"《姓纂》卷二河南洛阳于氏:"辩机,扬府长史、左庶子,常、绛二州刺史。"(又见两《唐书·苏瓌传》)。

苏　瓌 长安二年(702)—长安四年(704)

《旧书》本传:"长安中,累迁扬州大都督府长史。扬州地当冲要,多富商大贾,珠翠珍怪之产,前长史张潜、于辩机皆致之数万,唯瓌挺身而去。神龙初,入为尚书右丞。"(《新书》本传略同。又见《全文》卷一六八小传)。《元龟》卷六七九:"苏瓌为扬州大都督府长史岁时转陕州刺史。"

韦安石 长安四年(704)

《旧书》本传:"长安三年……检校中台左丞,兼太子左庶子、凤阁鸾台三品……四年,出为扬州大都督府长史。神龙初,征拜刑部尚书。"《新书》本传略同。《旧书·则天皇后纪》:长安四年八月,"韦安石检校扬州大都督府长史"。《新书·宰相表上》、《通鉴·长安四年》八月同。

杨再思 神龙元年(705)

《旧书》本传:"长安四年,以本官检校京兆府长史,又迁检校扬州大都督府长史。中宗即位,拜户部尚书,兼中书令。"《新书》本传略同。《旧书·中宗纪》:神龙元年四月,"右庶子、西留守、户部尚书、弘农郡公杨再思为检校扬州大都督府长史、判都督事"。《通鉴·神龙元年》四月、《元龟》

卷七二、一七二略同。

窦怀贞 约神龙元年（705）—神龙二年（706）

《旧书》本传："圣历中为清河令，治有能名。俄历越州都督、扬州大都督府长史，所在皆以清干著称。神龙二年，累迁御史大夫，兼检校雍州长史。"《嘉泰会稽志》："窦怀贞，长安四年自尚方监授，移扬州刺史。"

陆　某 景龙三年（709）

《全诗》卷五一宋之问《伤王七秘书监寄呈扬州陆长史通简府僚广陵以广好事》："我行会稽郡，路出广陵东。"按宋之问约景龙三年贬越州长史，此诗当为路过扬州时作。郁贤皓《刺史考》谓"王七"即王绍宗（见《刺史考·扬州》）。

卢万石 约中宗时

《新书·姚绍之传》："奉使江左，过汴州，廷辱录事参军魏传弓。久之，传弓为监察御史，而绍之坐赃，诏传弓即按。绍之谓扬州长史卢万石曰……狱具，得赃五百万，法当死，韦后女弟救请，故减死，贬琼山尉。"《旧书·姚绍之传》称"长吏万石"，"长吏"疑当为"长史"。按《旧传》称"韦后女弟救请"，当在中宗时。

皇甫知常 约中宗时

《新表五下》皇甫氏："知常，洛州、扬州长史。"《千唐志·□监门卫长史安定皇甫公（慎）墓志铭并叙》："父知常，汾、怀、汴等六州刺史，扬、洛二州刺（长）史。"慎卒于开元十九年（731），享年四十余。按知常，睿宗景云中为洛州长史，见本文"洛州"中的"皇甫知常"条。

崔日用 景云中

《旧书》本传："为相月余，与中书侍郎薛稷不协，于中书忿竞，由是转雍州长史，停知政事。寻出为扬州长史，历婺、汴二州刺史、兖州都督、荆州长史。"按景云元年（710）七月，"己巳，（崔）日用罢为雍州刺（长）史"（见《新书·宰相表上》）。

姚　崇 先天元年（712）

《旧书》本传："时玄宗在东宫，太平公主干预朝政……元之同侍中宋璟密奏请令公主往就东都，出成器等诸王为刺史，以息人心。睿宗以告公主，公主大怒……乃贬元之为申州刺史。再转扬州长史、淮南按察使，为政简肃，人吏立碑纪德。俄除同州刺史。先天二年，玄宗讲武在新丰驿，召元之代郭

元振为兵部尚书、同中书门下三品。"（又见《新书》本传、《元龟》卷六七七）

刘知柔 约开元初期

《旧书》本传："历荆扬曹益宋海唐等州长史刺史、户部侍郎、国子司业、鸿胪卿、尚书右丞、工部尚书、东都留守。"《新书》本传未及。《全文》卷二六四李邕《唐赠太子少保刘知柔神道碑》："出荆府长史，复户部，徙同、宋二州扬、益二府，一淮南廉察，再山东巡抚，加银青光禄大夫，进爵彭城侯……春秋七十有五，以开元十一年六月十五日，遇疾薨于东都康俗里之私第。"

王志愔 开元四年（716）

《旧书》本传："太极元年，又令以本官兼御史中丞、内供奉，特赐实封一百户。寻加银青光禄大夫，拜户部侍郎。出为魏州刺史，转扬州大都督府长史，俱充本道按察使……久之，召拜刑部尚书。开元九年，上幸东都，令充京师留守。"《新书》本传略同。《全文》卷二五三苏颋《遣王志愔等各巡察本管内制》："诸道按察使扬州长史王志愔、广州都督宋璟、益州长史韦抗……梁州都督张守洁等，并迈迹垂宪，伟才通识，有其直方，无所回避，宜令各巡本管内。"《大诏令集》卷一〇四载此制署"开元四年七月六日"。

李 杰 开元六年（718）前

《旧书》本传："杰护作时，引侍御史王旭为判官。旭贪冒受赃，杰将绳之而不得其实，反为旭所构，出为衢州刺史。俄转扬州大都督府长史，又为御史所劾，免官归第。寻卒，赠户部尚书。"《新书》本传："迁扬州大都督府长史，复为御史劾免，开元六年卒。"（又见《元龟》卷八二五、《旧书·元行冲传》）

程行谌（程行谋） 开元六、七年（718、719）

《全文》卷二五八苏颋《御史大夫赠右丞相程行谌神道碑》："公名则，字行谌，世以字行……为蒲州刺史本道按察……又迁扬州大都督府长史……徵拜鸿胪卿，即殿中监。"卒开元十四年，年八十三（郁贤皓《刺史考》误引为"年八十二"），按开元四年至六年刺蒲（见《刺史考·蒲州·程行谌》），则其为扬州长史在开元六、七年。《元龟》卷一一三、一五九以及《全文》卷二五三皆作"行谋"。《精舍碑》殿中侍御史兼内供奉亦作"程行谌"，在王守廉后、裴漼前。盖"谋""谌"形近易讹之故。

狄光嗣　开元七年（719）始

《旧书·狄仁杰传》："长子光嗣……开元七年，自汴州刺史转扬州大都督府长史，坐赃贬歙州别驾卒。"《新书》本传略同。

王　怡　开元八年（720）

《元龟》卷一六二："（开元）八年五月，置十道按察使；八月，以御史大夫王晙充关内道按察使，扬州长史王怡充淮南道按察使。"

王易从　开元十二年（624）—开元十四年？（726？）

《全文》卷二五八苏颋《扬州大都督长史王公（易从）神道碑》："出为扬州大都督府长史……景命不融，流年孰返？以年月日，遘疾终于府之官舍，享年六十……（开元十五年）卜葬于京兆咸阳洪渎原。"又见《全文》卷三六二徐季鸰《屯留令薛仅善政碑》（《刺史考》误引作"薛季鸰"）。《元龟》卷六七一："开元十二年……王易从以吏部侍郎为扬州大都督府长史。"

李朝隐　开元中期

《旧书》本传："（开元）十年，迁大理卿……俄转岐州刺史，母忧去官。起为扬州大都督府长史，抗疏固辞，制许之。朝隐性孝友，时年已衰暮，在丧尤加毁瘠。明年，制又起为扬州长史，不获已而就职，复入为大理卿，累封金城伯，代崔隐甫为御史大夫……俄转太常卿。二十一年，兼判广州事，仍摄御史大夫，充岭南采访处置使。"《新书》本传略同。《全文》卷二三六李朝隐有《让扬州长史起复表》（又见《全文》卷三六二徐季鸰《屯留令薛仅善政碑》）。

陆象先　约开元十七年（729）后

《新书》本传："入为太子詹事，历户部尚书，知吏部选事，母丧免。起为扬州大都督府长史。迁太子少保。卒，年七十二。"《旧书》本传未及，惟称"十三年，起复同州刺史，寻迁太子少保，二十四年卒"。按《旧书·玄宗纪上》：开元十七年二月庚子，"同州刺史陆象先为太子少保"。扬州长史约在刺同后、太子少保前。

韦　铣　约开元中

《姓纂》卷二东眷韦氏彭城公房："铣，给事中，扬府长史。"按景云至开元初，韦铣在润州刺史任（见《旧书·裴宽传》）。

李　瑱　开元中

《新书·李知本传》："开元中，孙瑱为给事中、扬州长史。"《新表二上》

赵郡李氏东祖房："瑱，扬州长史。"《旧书·李知本传》："孙瑱，开元中为给事中，扬州刺史。"

李海通 开元中？

《隋唐五代墓志汇编·陕西卷》第一册《大唐故陇西李夫人墓志铭并序》（大历十年四月八日）："族祖海通，扬府长史。父福延，唐元功臣。"李氏大历十年（775）卒，年五十二。

韦虚心 开元二十二年（734）

《新书》本传："历荆、潞、扬三大都督府长史……入为工部尚书、东京留守。"（《旧书》本传略同。又见《元龟》卷六八九）《元龟》卷一六二：开元二十二年二月，"辛亥，初置十道采访处置使，命……扬州长史韦虚心为淮南采访使"（又见《全文》卷三一三孙逖《东都留守韦虚心神道碑》）。

李尚隐 开元二十四年（736）前

《新书》本传："改尚隐太子詹事。不阅旬，进户部尚书。前后更扬、益二州长史、东都留守，爵高邑伯。开元二十八年，以太子宾客卒。"《旧书》本传未及。按《全文》卷二三玄宗有《授李尚隐户部尚书益州长史剑南节度采访使制》，可知尚隐乃以户部尚书兼益州长史，而《旧传》称"二十四年，拜户部尚书"，则其年亦兼益州长史矣，知其为扬州长史约在此前。

李知柔 开元二十六年（738）—二十八年（740）

《会要》卷六九："（开元）二十八年六月，淮南道采访使李知柔奏……"《全文》卷三二二萧颖士《为扬州李长史贺立皇太子表》《为扬州李长史作千秋节进毛龟表》。按扬州长史多兼本道采访使。又按，李玙（肃宗李亨原名李玙）立为皇太子在开元二十六年。

皇甫翼 开元末天宝初

《元龟》卷八六二："皇甫翼为潞州大都督府长史，家艰去职，起复为扬州大都督府长史，充淮南道采访使。"《千唐志·大唐故广陵郡海陵县丞张府君（俊）墓志铭并序》（天宝四载十月二十五日）："调授广陵郡海陵县丞……复以扬子、江都咸阙毗赞，本道使皇甫翼刘楚属城荐君，名闻九天，委君位摄二邑……（府君）以天宝三载十月十三日遘疾终于陈留郡之客舍，春秋五十有九。"按皇甫翼开元二十一年（733）官检校尚书右丞（见《元龟》卷一六二）。

李 憕 天宝初期

《新书》本传："天宝初，除清河太守。举美政，迁广陵长史，民为立祠赛祝，岁时不绝。以捕贼负，徙彭城太守。"《旧书》本传未及。

赵居贞　（讵）天宝九载（750）

《姑苏志》卷三八："赵居贞……天宝九载二月自扬州长史迁吴郡太守。"

卢　翘　天宝中？

《新表三上》卢氏："翘，兵部尚书，广陵长史。"《刺史考·扬州》称其兄卢翙开元十九年（731）任鄂州刺史。

窦庭蕙　约天宝后期

《新表一下》窦氏三祖房："庭蕙，扬府长史。"其父窦诫盈天宝前期为青州刺史，见《金石录》卷七："《唐北海太守窦诫盈碑》，徐浩撰并八分书题额，李遇正书，天宝七年正月。"

张　宥　玄宗时？

《新表二下》清河张氏："宥，扬州长史。"其父张洽中宗时为左卫将军（见两《唐书·郭山恽传》）。

李成式　天宝十五载（756）

《旧书·李琦传》："天宝十五年六月，玄宗幸蜀，在路除琦为广陵大都督，仍领江南东路及淮南河南等路节度支度采访等使，以前江陵大都督府长史刘汇为之副，以广陵长史李成式为副大使、兼御史中丞。"《通鉴·天宝十五载》七月同。又见《元龟》卷一二二，《全文》卷三六六贾至《玄宗幸普安郡制》、卷三六七《授李成式大理卿薛景仙少府监制》，《大诏令集》卷三六《命三王制》。《通鉴·至德元载》：十二月，"季广琛袭广陵长史淮南采访使李成式于广陵"。按天宝十五载七月改元至德。

高　适　至德元载（756）—至德二载（757）

《旧书》本传："及是永王叛，肃宗闻其论谏有素，召而谋之。适因陈江东利害，永王必败。上奇其对，以适兼御史大夫、扬州大都督府长史、淮南节度使……兵罢，李辅国恶适敢言，短于上前，乃左授太子少詹事。"《新书》本传略同。又见《广记》卷二七七引《定命录》。《旧书·肃宗纪》：至德元载十二月戊子，"谏议大夫高适为广陵长史、淮南节度兼采访使"。《通鉴·至德元载》十二月略同。

邓景山　至德二载（757）—上元二年（761）

《旧书》本传："至德初，擢拜青齐节度使，迁扬州长史、淮南节度。为政简肃，闻于朝廷。居职四年，会刘展作乱，引平卢副大使田神功兵马讨贼。

神功至扬州，大掠居人资产，鞭笞发掘略尽，商胡大食、波斯等商旅死者数千人。上元二年十月，追入朝，拜尚书左丞。"（《新书》本传略同。又见《旧书·肃宗纪》、《元龟》卷六八〇、《封氏闻见记》、《姓纂》卷九安定邓氏、《广记》卷四〇三引《广异记》、《全文》卷三七三苏源明《谏幸东京疏》）

王　玙　上元二年（761）

《旧书》本传："罢知政事，为刑部尚书……上元二年，兼扬州长史、御史大夫。充淮南节度使。肃宗南郊礼毕，以玙使持节都督越州诸军事、越州刺史，充浙江东道节度观察处置使，本官兼御史大夫，祠祭使如故。"《新书》本传略同。《嘉泰会稽志》："王玙，自扬州长史兼御史大夫授。"

崔　圆　上元二年（761）—大历三年（768）

《旧书·肃宗纪》：上元二年二月癸亥，"以太子詹事、赵国公崔圆为扬州大都督府长史、淮南节度观察等使"。又《代宗纪》：大历三年六月，"庚子，淮南节度使检校尚书左仆射、知省事、扬州大都督府长史、赵国公崔圆卒"〔又见两《唐书》本传，《金石录》卷八《唐淮南节度使崔圆颂德碑》，《全文》卷三一八李华《唐赠太子少师崔公（景晊）神道碑》、卷三八七独孤及《送蒋员外奉事毕还扬州序》、卷四一〇常衮《授崔圆左仆射制》，《韩昌黎集》卷三七《赠太傅董公（晋）行状》等〕。

韦元甫　大历三年（768）—大历六年（771）

《旧书·代宗纪》：大历三年闰六月庚申，"以尚书右丞韦元甫扬州大都督府长史兼御史大夫，充淮南节度观察等使"。六年"八月乙卯，淮南节度使韦元甫卒"。《旧书》本传："会淮南节度使缺，鸿渐又荐堪当重寄，遂授扬州长史、兼御史大夫、淮南节度观察等使。在扬州三年，政尚不扰，事亦粗理。大历六年八月，以疾卒于位。"（又见《元龟》卷三二二四、卷六八〇，《姓纂》卷二东眷韦氏阆公房，《全文》卷四三四小传）《全文》卷三九三独孤及有《祭扬州韦大夫文》。《千唐志·唐故北海郡守赠秘书监江夏李公墓志铭并序》称："戊申之岁……御史大夫、扬州长史韦公。"戊申为大历三年。

张延赏　大历六年（771）—大历八年（773）

《旧书·代宗纪》：大历六年八月，"庚午，以御史大夫张延赏为扬州大都督府长史、淮南节度使"。十一年四月，"己卯，以前淮南节度使、扬州大都督府长史、御史大夫张延赏为江陵尹、兼御史大夫充荆南节度使"。《旧书》

本传作"扬州刺史"。又见《全文》卷三九二独孤及《舒州山谷寺上方禅门第三祖璨大师塔铭》。按大历八年陈少游为扬州长史,见以下"陈少游"条,知张延赏任止大历八年。

陈少游　大历八年(773)—兴元元年(784)

《旧书·代宗纪》:大历八年十月乙丑,"以浙东观察使、越州刺史陈少游为扬州大都督府长史,充淮南节度使"。《德宗纪上》:兴元元年,"十二月乙亥,淮南节度使、检校司空、平章事陈少游卒"(又见两《唐书》本传,《元龟》卷六八八、六九七,《全文》卷三九五刘太真《为陈大夫谢上淮南节镇表》)。《通鉴·建中三年》:"十一月己卯朔,加淮南节度使陈少游同平章事。"

杜　亚　兴元元年(784)—贞元五年(789)

《旧书·德宗纪上》:兴元元年十二月,"庚辰,以刑部侍郎杜亚为扬州长史、淮南节度使"。《德宗纪下》:贞元五年十二月,"辛未,以(前)淮南节度使杜亚为东都留守、畿汝州防御使"[又见《旧书》本传,《旧书·食货志上》,《元龟》卷六九八,《全文》卷四六二陆贽《杜亚淮南节度使制》、卷五一八梁肃《送韦拾遗归嵩阳旧居序》(称"扬州刺史杜公")、卷五一九《通爱敬陂水门记》(称"扬州牧杜公"),《唐语林》卷一]。按《新书》本传称"又拜淮西节度使",误,当作"淮南节度使"。

窦　觎　贞元五年(789)

《旧书·德宗纪下》:贞元五年十月,"癸巳,以户部侍郎窦觎为扬州长史、兼御史大夫、淮南节度使"。又本传:"数月,为扬州大都督府长史、御史大夫、充淮南节度副大使、知节度事,既非德举,人咸薄之。赴镇旬日,暴卒。"(又见《姓纂》卷九河南洛阳窦氏、《新表一下》窦氏三祖房)《全文》卷五〇一权德舆《唐绛州刺史赐紫金鱼袋赠扬州大都督府李公(国贞)神道碑铭并序》:"夫人扶风郡君窦氏,鸿胪丞光之女,扬府长史御史大夫觎之妹也。"

杜　佑　贞元五年(789)—贞元十九年(803)

《旧书·德宗纪下》:贞元五年十二月,"壬申,以陕虢观察使杜佑检校礼部尚书,兼扬州长史、淮南节度使"。十九年"三月壬子朔,以杜佑检校司空、同中书门下平章事、太清宫使"。《旧书》本传:"(贞元)十六年,徐州节度使张建封卒,其子愔为三军所立,诏佑以淮南节制检校左仆射、同平章事，兼徐泗节度使，委以讨伐。"（又见《新书》本传，《新书·宰相表中》，《元龟》卷一七六）《全文》卷六〇〇刘禹锡《为杜司徒让淮南立去思碑表》称"顷镇江都，十有四载"。又卷六九〇符载《淮南节度使灞陵公杜佑写真赞并序》称"以虎符龙节清镇淮海，凡十五年"（又见《柳河东集》卷九《唐故朝散大夫永州刺史崔公墓志》）。

王　锷 贞元十九年（803）—元和三年（808）

《旧书·德宗纪下》：贞元十九年三月壬子朔，"以淮南行军司马王锷检校尚书右仆射，兼扬州大都督府长史、淮南节度使"。又《宪宗纪上》：元和三年九月戊戌，"以淮南节度使王锷检校司徒、河中尹、河中晋绛慈隰节度使"（又见两《唐书》本传，《大诏令集》卷一一九《讨李锜诏》）。

李吉甫 元和三年（808）—元和六年（811）

《旧书·宪宗纪上》：元和三年九月，"戊戌，以中书侍郎、平章事李吉甫检校兵部尚书兼中书侍郎、平章事、扬州大都督府长史、淮南节度使"。六年正月，"庚申，以淮南节度使、中书侍郎、同平章事、赵国公李吉甫复知政事、集贤殿大学士、监修国史"（又见两《唐书》本传，《旧书·李德裕传》，《元龟》卷七三、卷三二二，《全文》卷五六宪宗《授李吉甫中书侍郎平章事制》）。

李　鄘 元和五年（810）—元和十二年（817）

《旧书·宪宗纪上》：元和五年十二月，"癸酉，诸道盐铁转运使、刑部尚书李鄘检校吏部尚书，兼扬府长史，充淮南节度使"。《宪宗纪下》：元和十二年十月，"甲申，以淮南节度使、检校左仆射李鄘为门下侍郎、同中书门下平章事"（又见两《唐书》本传、《新书·宰相表中》、《元龟》卷七三）。

李夷简 元和十三年（818）—长庆二年（822）

《旧书·宪宗纪下》：元和十三年七月，"辛丑，以门下侍郎、同平章事李夷简检校左仆射、同平章事、扬州大都督府长史、淮南节度使"。《穆宗纪》：长庆二年三月甲寅，"以前淮南节度使李夷简为右仆射"（又见《新书》本传、《宰相表中》）。《全文》卷五八宪宗有《授李夷简淮南节度制》，《大诏令集》卷五三称元和"十二年七月"，"十二"当为"十三"之讹。

【裴　度 长庆二年（822）　（未之任）**】**

《旧书·穆宗纪》：长庆二年三月，"壬子，以新授东都留守裴度为扬州大都督府长史，充淮南节度使……戊午，司徒裴度复入中书知政事"（又见两

《唐书》本传、《元龟》卷七三、《大诏令集》卷三七、《全文》卷六四穆宗《授裴度平章事制》)。

王　播　长庆二年（822）—大和元年（827）

《旧书·穆宗纪》：长庆二年三月戊午，"以中书侍郎、平章事王播检校右仆射，兼扬州大都督府长史，充淮南节度使，依前兼诸道盐铁转运使"。《文宗纪上》：大和元年六月，"癸巳，以淮南节度副大使、知节度事、管内营田观察处置临海监牧等使，兼诸道盐铁转运等使、银青光禄大夫、检校司空、同中书门下平章事、扬州大都督府长史、上柱国、太原县开国伯、食邑七百户王播可尚书左仆射、同中书门下平章事，依前充诸道盐铁转运使"（又见两《唐书》本传、《新书·宰相表下》、《大诏令集》卷四八、《全文》卷六九文宗《加王播尚书左仆射制》)。《全文》卷七一四李宗闵《故丞相尚书左仆射赠太尉太原王公（播）神道碑铭并序》："（长庆）二年，公用相印为淮南节度使，以其职随。四年，言事者谓盐运之设，宜留京师，用制方士，加检校司空，去其使。未几，上念公成法，又以使属公，加司徒。今上践祚，急召征公，至即拜左仆射同中书门下平章事，仍其使。"

崔　从　大和四年（830）—大和六年（832）

《旧书·文宗纪下》：大和四年三月癸卯，"以前太子宾客崔从检校右仆射、扬州大都督府长史、淮南节度使"。六年十一月，"丁未，淮南节度使、检校右仆射崔从卒"。《新书》本传略同。《旧书》本传称：六年十月卒于镇（又见《新表二下》南祖崔氏，《金石录》卷一〇有《唐淮南节度使崔从碑》)。上图藏拓片《唐故右拾遗清河崔府君（舣）与荥阳郑氏夫人合祔墓铭并序》（乾宁五年八月六日）："祖从，皇淮南节度使、检校尚书右仆射。"北图藏拓片《梁故清河崔府君（崇素）墓铭并序》："曾祖从，唐淮南节度使、检校尚书右仆射。"

牛僧孺　大和六年（832）—开成二年（837）

《旧书·文宗纪下》：大和六年十二月，"乙丑，以中书侍郎、同平章事牛僧孺检校右仆射、同平章事、扬州大都督府长史，充淮南节度使"。开成二年五月，"辛未，诏以前淮南节度使牛僧孺为检校司空、东都留守"〔又见两《唐书》本传、《新书·宰相表下》、《元龟》卷三二二、《全文》卷七二〇李珏《故丞相太子少师赠太尉牛公（僧孺）神道碑铭并序》，卷七五五杜牧《唐故太子少师奇章郡开国公赠太尉牛公（僧孺）墓志铭并序》〕。北图藏拓片《唐故太常丞赠谏议大夫温府君（佶）墓志铭并序》（大和七年）："淮南节度副大使知节度事管内营田观察处置等使金紫光禄大夫检校尚书右仆射同中书门下平章事兼扬州大都督府长史上柱国奇章郡开国公（下泐）。"

李德裕 开成二年（837）—开成五年（840）

《旧书·文宗纪下》：开成二年五月丙寅，"以浙西观察使李德裕检校户部尚书，兼扬州大都督府长史，充淮南节度使"。《武宗纪》：开成五年"九月，以淮南节度使、检校尚书左仆射李德裕为吏部尚书、同中书门下平章事，寻兼门下侍郎"（又见两《唐书》本传，《新书·宰相表下》，《全文》卷七〇八李德裕《平泉山居草木记》、卷七〇九《天性论》、卷六九七《大孤山赋并序》、卷六〇九刘禹锡《唐故淮南支使试大理评事兼监察御史杜君（颁）墓志铭》）。

李　绅 开成五年（840）—会昌二年（842）

《旧书》本传："（开成）四年，就加检校兵部尚书。武宗即位，加检校尚书右仆射、扬州大都督府长史，知淮南节度大使事。会昌元年，入为兵部侍郎、同平章事。"《新书》本传略同。按《旧书·武宗纪》及《通鉴》皆云会昌二年拜相，今从二年（又见《全文》卷九六八阙名《据三司推勘吴湘狱罪状奏》、《唐文拾遗》卷三〇孔温业《李绅拜相制》、《云溪友议》卷上）。《白居易集》卷七一有《淮南节度使检校尚书右仆射赵郡李公（绅）家庙碑铭并序》。

李　珏 大中三年（849）—大中六年（852）

《旧书》本传：大中二年，"征入朝为户部尚书。出为河阳节度使。入为吏部尚书，累迁金紫光禄大夫、检校尚书右仆射、扬州大都督府长史、淮南节度使、上柱国、赞皇郡开国公、食邑一千五百户。大中七年卒，赠司空"（《新书》本传略同。又见《东观奏记》、《唐语林》卷三）。《全文》卷七八八蒋伸有《授李珏扬州节度使制》。《全文》卷七四八杜牧《李珏册赠司空制》："维大中六年岁次壬申，五月丁卯朔，十六日壬午。皇帝若曰：'……故淮南节度副大使知节度事管内营田观察处置等使金紫光禄大夫检校尚书右仆射兼扬州大都督府长史御史大夫上柱国赞皇县开国公食邑一千五百户李珏……今遣使某官，某副使某官某，持节册赠尔为司空。'"（又见《大诏令集》卷六三）按《旧纪》称大中六年七月丙辰卒，《旧传》谓大中七年卒，今据《册赠司空制》，知皆误。

崔　铉 大中九年（855）—咸通三年（862）

《旧书》本传："（大中）九年，检校司徒、扬州大都督长史，进封魏国公、淮南节度使……咸通初，移镇襄州。"《新书》本传："宣宗初……进尚书左仆射，兼门下侍郎……久之，出为淮南节度使……居九年……咸通初，徙山南东道、荆南二镇，封魏国公。"《大诏令集》卷五三、《全文》卷七九宣宗有《授崔铉淮南节度平章事制》："光禄大夫守尚书左仆射兼门下侍郎同中书门下平章事兼宏文馆大学士充太清宫使上柱国魏郡开国公食邑二千户崔铉……可检校尚书左仆射同中书门下平章事兼扬州刺史大都督长史充淮南节度副大使知节度事管内营田观察处置等使。"（又见《新书·宰相表下》，《通鉴》大中九年七月和大中十二年七月、八月、十月，《唐诗纪事》卷五一，《唐语林》卷二，《北梦琐言》卷六，《广记》卷三一一）按《新传》称在扬州九年，今按令狐绹咸通三年任扬州长史（见以下"令狐绹"条），则崔铉在扬州共八年，《新传》似误。

令狐绹　咸通三年（862）—九年（868）

《旧书》本传："咸通二年，改汴州刺史、宣武军节度使。三年冬，迁扬州大都督府长史、淮南节度副大使、知节度事……九年，徐州戍兵庞勋自桂州擅还……绹既丧师，朝廷以左卫大将军、徐州西南面招讨使马举代绹为淮南节度使……十二年八月，授检校司徒、太子太保，分司东都。"（《新书》本传略同。又见《旧书·懿宗纪》）

马举　咸通九年（868）—咸通十一年（870）

《旧书·懿宗纪》：咸通九年九月，"制以徐州南面招讨使、检校尚书左仆射、右神武大将军、权知淮南节度事、扶风县开国伯、食邑一千户马举可检校司空，兼扬州大都督府长史、淮南节度副大使、知节度事"（又见两《唐书·令狐绹传》）。《通鉴考异·咸通九年》引《实录》："（咸通十年）二月，以马举为淮南节度使，充南面招讨使。"

李蔚　咸通十一年（870）—乾符元年（874）

《旧书·懿宗纪》：咸通十一年十二月，"以蔚检校吏部尚书、扬州大都督府长史，兼淮南节度副大使、知节度事"。《僖宗纪》：乾符元年四月，"以前淮南节度使李蔚为吏部尚书"。《旧书》本传："咸通十四年，转扬州大都督府长史、淮南节度副大使知节度事。乾符三年受代，百姓诣阙乞留一年，从之。四年，复为吏部尚书，寻迁检校司空、东都留守、东畿汝都防御使。"《新书》本传称"乾符初，以吏部尚书同中书门下平章事"，《新书·宰相表下》称乾符二年六月前已在吏部尚书任，今按《新传》《宰相表》及两

《纪》，知《旧传》起讫年代皆误。

刘　邺　乾符元年（874）—六年（879）

《旧书》本传："僖宗即位，萧仿、崔彦昭秉政，素恶邺，乃罢邺知政事，检校尚书左仆射、同平章事、扬州大都督府长史、淮南节度使……黄巢渡淮而南，诏以浙西高骈代还，寻除凤翔尹、凤翔陇右节度使，以疾辞，拜左仆射。"（《新书》本传略同。又见《南部新书》癸，《元龟》卷三二二、三三三、九三一）《新书·宰相表下》：乾符元年，"十月丙辰，邺检校尚书左仆射、同平章事、淮南节度使"。《通鉴·乾符元年》十月同。按高骈代邺，在乾符六年（见以下"高骈"条）。

高　骈　乾符六年（879）—光启三年（887）

《旧书·僖宗纪》：乾符六年"十月，制以镇海军节度、浙江西道观察处置等使高骈检校司徒、同平章事、扬州大都督府长史，充淮南节度副大使、知节度事、江淮盐铁转运、江南行营招讨等使，进封燕国公"。光启三年"九月辛未朔，淮南节度使高骈为其牙将毕师铎所杀"（又见《新书·僖宗纪》，两《唐书》本传、《刘邺传》，《元龟》卷一二〇，两《五代史》梁太祖纪、雷满传，《通鉴》乾符六年、中和元年、光启二年、光启三年，《全文》卷七六七郑畋《讨巢贼檄》《切责高骈诏》）。

【朱全忠　光启三年（887）—龙纪元年（889）（未之任）】

《旧书·僖宗纪》：光启三年十一月，"制授全忠检校太尉、侍中，兼扬州大都督府长史，充淮南节度观察等使、行营兵马都统"。《昭宗纪》：龙纪元年"四月壬戌朔，以宣武淮南等节度副大使、知节度事、管内营田观察处置等使、开府仪同三司、检校太傅、兼侍中、扬州大都督府长史、汴州刺史、充蔡州四面行营都统、上柱国、沛郡王、食邑四千户朱全忠为检校太尉、中书令，进封东平王，仍赐赏军钱十万贯"。《新五代史·梁太祖纪上》："（中和四年）九月，天子以全忠为检校司徒、同中书门下平章事。"光启三年，"淮南节度使高骈死……天子以王兼淮南节度使……文德元年（888）正月，王如淮南，至宋州而还"。又见《旧五代史》梁太祖纪、郭言传，《十国春秋·吴太祖世家》。

益 州

隋蜀郡。武德元年（618），改为益州，置总管府，三年，罢总管，置西南道行台。九年，罢行台，置都督府，龙朔二年（662），升为大都督府。天宝元年（742），改益州为蜀郡，依旧大都督府。十五载，玄宗幸蜀，驻跸成都。至德二年（757）十月，驾回西京，改蜀郡为成都府，长史为尹。领县十：成都、华阳（蜀县）、新都、新繁、犀浦、双流、广都、郫、温江、灵池（东阳）。

李厚德　武德初期

《全文》卷二七五薛稷《朱隐士图赞》："朱桃椎者，隐士也，以武德元年，于蜀县白女毛村居焉……前长史李厚德，后长史高士廉，或招以弓旌，或遗以尺牍，并笑傲不答。"按《新书·李育德传》称：兄厚德，拜殷州刺史，为王世充所杀。

裴之隐　武德中

《全文》卷二八二李迥秀《唐齐州长史裴府君（希惇）神道碑》："父之隐，隋侍御史，上仪同三司……皇太仆、司农二少卿……通直散骑常侍，益州长史，会稽县开国男。"希惇卒于永徽元年（650）三月四日，春秋六十三。

萧锐　贞观中

唐释惠详《弘赞法华传》卷十："左仆射宋国公萧瑀崇佛法……子锐。封襄城公驸马都尉。袭父爵为宋公……尝为益府长史。"按萧锐尚太宗女襄城公主，公主永徽二年（651）薨，锐先公主而卒（见《新书·诸帝公主传》："襄城公主，下嫁萧锐……锐卒，更嫁姜简。永徽二年薨。"），则其任益州长史当在贞观中。

高士廉（高俭）　贞观二年（628）—贞观五年（631）

《旧书》本传："贞观元年，擢拜侍中……出为安州都督，转益州大都督府长史……五年，入为吏部尚书，进封许国公。"《新书》本传略同（又见《新书·朱桃椎传》，《元龟》卷六七八、六八七、八一〇，《大唐新语》卷一〇，《全文》卷二七五薛稷《朱隐士图赞》）。《元龟》卷六七一："高士廉为光禄大夫，太宗以蜀王恪为益州大都督，幼未之藩，以士廉有众望，才足镇静方面，拜光禄大夫，行益州大都督府长史。"按蜀王（吴王、郁林王）李恪为益州都督,事在贞观二年(见《新书·李恪传》:"贞观二年徙蜀,与越、燕二王同封。不之国。"《旧书·李恪传》称"武德三年"为益州都督,误)。

杜文纪　贞观六年(632)始

《四川成都志》卷一一:"贞观六年,杜文纪以谏议大夫为益州都督府长史。"(见《郎官柱》卷七引)

皇甫无逸　贞观八年(634)—贞观十三年(639)

《旧书》本传:"寻拜民部尚书,累转益州大都督府长史……母在长安疾笃,太宗令驿召之……道病卒……太常考行,谥曰'孝'。礼部尚书王珪驳之曰:'……'竟谥为'良'。"《新书》本传略同。《元龟》卷五九五、八六四作"益州刺史"。按两《传》,无逸乃卒官于益州长史,而贞观八年尚在鄜州长史任(见《旧书·太宗纪》:贞观八年正月,"壬寅,命尚书右仆射李靖……鄜州大都督府长史皇甫无逸……黄门侍郎赵弘智使于四方,观省风俗"),知无逸为益州长史当在贞观八年后。郁贤皓《刺史考》系于贞观元年至二年,似误。按贞观八年至十三年,王珪在礼部尚书任(见《旧书·王珪传》:贞观"七年,坐漏泄禁中语,左迁同州刺史。明年,召拜礼部尚书……十三年,遇疾……寻卒"),知无逸为益州长史不晚于贞观十三年。

刘德威　(讫)贞观十一年(637)

《旧书》本传:"贞观初,历大理、太仆二卿,加金紫光禄大夫。俄出为绵州刺史,以廉平著称,百姓为之立碑。寻检校益州大都督府长史。十一年,复授大理卿。"《新书》本传略同。

郭福善　贞观十二年(638)前

唐释惠详《弘赞法华传》卷八引《集古录目》:"《唐益州长史郭福善碑》,碑首残缺,不见书撰人名氏。福善,字福善,太原晋阳人,唐初官至益州都督府长史,谥曰'慎',碑以贞观十二年立。"

陆立素　贞观中?

《全文》卷九九二阙名《纪国先妃陆氏碑》:"祖立素,益州大都督府长史,太子□庶子……(陆氏)以麟德二年(665)六月廿六日,薨于泽州之馆舍,春秋三十有五。"(又见《金石萃编》卷五六)

唐皎(唐晈)　贞观中

《旧书》本传:"贞观中,累转吏部侍郎……历迁益州长史。卒。"《新书》本传作"晈"。《新表四下》唐氏:"晈字本明,尚书左丞、益州长史。"

郁贤皓考证贞观八年唐皎在吏部侍郎任（见《刺史考·益州》）。

长孙操　贞观中

《旧书》本传："贞观中，历洺州刺史，益、扬二州都督府长史，并有善政。二十三年（735），以子诠尚太宗女新城公主，拜岐州刺史。"（《新书》本传略同。又见《元龟》卷三〇一）

宋卓然　贞观中？

《姓纂》卷八广平宋氏："卓然，比部员外、益州长史。"乃北齐宋季绪孙。《新表五上》宋氏同。

卢承庆　永徽初

《旧书》本传："永徽初，为褚遂良所构，出为益州大都督府长史。遂良俄又求索承庆在雍州旧事奏之，由是左迁简州司马。"《新书》本传未及。《宋高僧传》卷二《唐益州多宝寺道因传》："长史申国公高士廉、范阳公卢承庆及前后首僚……具申虔仰。"道因显庆三年（658）卒，春秋七十二。

张　绪　约永徽后期

唐释道宣《集神州三宝感通录》卷中《唐雍州蓝田金像出石中缘四十六》："唐永徽年……其年益州光明寺柱上有一佛二菩萨现，虽削还影出，初在九陇佛堂，长史张绪以聚众移入光明，今见在。"《千唐志·故□州司马杨公夫人张氏墓志铭并序》（开元二十七年十月二十五日）："祖绪，皇朝并、益二州长史。"张氏开元二十二年（734）卒，春秋五十七。按张绪永徽三年（652）在并州长史任[见《元龟》卷九九一外臣部：（永徽）"三年六月戊申，诏兵部尚书崔敦礼、并州都督府长史张绪发并、汾步骑万人往戍州"]。

高履行　显庆元年（656）—显庆四年（659）

《通鉴·显庆元年》：十二月，"以太常卿驸马都尉高履行为益州长史"。又，《显庆四年》四月，"益州长史高履行累贬洪州都督"。《考异》曰："《旧传》云'三年'，误也。今从《唐历》。"（又见两《唐书》本传）

乔师望　显庆五年（660）—龙朔三年（663）

《会要》卷六二："显庆三年七月，监察御史胡元范使越、巂，至益州，驸马都尉乔师望为长史，出迎之。"按，师望显庆三年十月在凉州刺史任，见《全文》卷一四高宗《册乔师望凉州刺史文》："维显庆三年，岁次戊午，十月庚辰朔十一日庚寅，皇帝若曰：'……惟尔正议大夫守凉州都督驸马都尉乔师望……为使持节八州诸军事凉州刺史。"可知《会要》误，郁贤皓《刺史考》以为，"三年"疑为"五年"之讹。《元和郡县图志》卷三一剑南道成都府广都县："今广都县，龙朔三年长史乔师望重奏置。"

丘孝恭（丘行恭？） 高宗前期

《姓纂》卷五河南丘氏："孝恭，右金吾将军、益府长史，渭源公。"乃行恭弟。《会要》卷六八：武德三年（620），"罢益州行台……龙朔二年（662）十二月六日，又为大都督，以丘行恭之"。作"丘行恭"。未知《姓纂》误，抑或《会要》误？

胡树礼 乾封元年（666）在任

《卢照邻集》卷七有《益州长史胡树礼为亡女造画赞》，又《相乐夫人檀龛赞并序》："相乐夫人韦氏者，益州都督长史胡公之继亲也……粤以乾封纪岁，流火司晨。敬遣灵龛，奉图真相。"证知乾封元年在任。郁贤皓以为"胡公"即胡树礼（见《刺史考·益州》）。

李崇义 咸亨元年（670）—咸亨二年（671）

《旧书》本传："降爵为谯国公，历蒲、同二州刺史，益州大都督长史，甚有威名。后卒于宗正卿。"《新书》本传略同。又见《元龟》卷二八一。《新书·宗室世系上》蔡王房："益州长史谯国公崇义。"《全文》卷一八三王勃《益州夫子庙碑》："咸亨元年，又下诏曰：'……银青光禄大夫谯国公讳崇义……高秋九月（《刺史考》误引作"八月"）……拜玉节于秦京，辉金章于蜀郡。'"《元和郡县志》卷三一汉州金堂县："咸通（当作'咸亨'）二年，蜀郡长史李崇义析雒县、新都及简州金水三县置。"《卢照邻集》卷七《益州至真观主黎君碑》称"前长史谯国公"，即李崇义。

来恒 高宗时

《杨炯集》卷四《大唐益州大都督府新都县学先圣庙堂碑文并序》："通议大夫行长史南阳来恒，隋十二卫大将军荣国公之元子，申侯太岳，镇其灵襟。"《旧书·来济传》："兄恒，有学行，与济齐名。上元中，官至黄门侍郎、同中书门下三品。"《新表三上》来氏称："恒，相高宗。"

杜行敏 高宗时

《旧书·杜佑传》："曾祖行敏，荆、益二州都督府长史、南阳郡公。"《姓纂》卷六京兆杜氏、《新表二上》襄阳杜氏略同。《全文》卷四九六权德舆《大唐同中书门下平章事岐国公杜公（佑）淮南遗爱碑铭并序》："曾祖讳行敏，皇银青光禄大夫，荆、益二州大都督府长史，南阳郡公。"又见卷五〇五权德舆《唐丞相金紫光禄大夫守太保致仕赠太傅岐国公杜公（佑）墓志铭并序》。按行敏贞观十七年（643）任齐州兵曹，执齐王李祐（见《旧书·太宗纪》），则其为益州长史当在高宗时。

郑　某　高宗时？

《千唐志·元子上妻荥阳郑氏墓志铭》（开元二十六年二月十六日）："曾祖□□，唐朝益州长史。"郑氏开元二十六年（738）二月六日卒。

郑燕基　高宗时

《汇编》开元四六五《□□□州参军元子上妻荥阳郑氏墓志铭》（开元廿六年二月十六日）："曾祖燕基，唐朝益州长史。"夫人开元二十六年（738）二月六日卒，未载享年。此条郁贤皓《刺史考》缺载。

李孝逸　咸亨二年（671）—弘道元年（683）

《旧书》本传："高宗末，历给事中，四迁益州大都督府长史。则天临朝，入为左卫将军。"《新书》本传略同。又见《元龟》卷二八一。《通鉴·仪凤三年》正月："又命益州大都督府长史李孝逸等发剑南、山南兵以赴之。"《旧书·吐蕃传上》略同。《嘉泰会稽志》："李孝逸，咸亨二年三月自常州刺史授，移益州长史。"又见《全文》卷三四一颜真卿《朝议大夫守华州刺史上柱国赠秘书监颜君（元孙）神道碑铭》、卷九二三王太霄《元珠录序》。按弘道元年十二月丁巳，则天临朝称制（见《旧书·则天皇后纪》："弘道元年十二月丁巳，大帝崩，皇太子显即位，尊天后为皇太后。既将篡夺，是日自临朝称制。"）。

李崇真（李崇贞）　光宅元年（684）

《全文》卷二一二陈子昂《谏雅州讨生羌书》："往年益州长史李崇真将图此奸利，传檄称吐蕃欲寇松州，遂使国家盛军以待之，转饷以备之，未二三年，巴蜀二十余州骚然大弊，竟不见吐蕃之面，而崇真赃钱已计巨万矣。"《御览》卷九六六引《广古今五行记》："唐光宅中，李崇真（《广记》卷四五七引作'崇贞'）任益州刺史。"按，唐代大都督府长史例兼驻在州刺史。

杜慎行　天授中？

《旧书·杜鸿渐传》："祖慎行，益州长史。"《新表二上》濮阳杜氏："慎行，荆、益二州长史。"又见《全文》卷三一二孙逖《故滕王府谘议杜公（义宽）神道碑》、卷四二二杨炎《安州刺史杜公（鹏举）神道碑》。按垂拱中慎行在荆州长史任，见《全文》卷三六九《故相国杜鸿渐神道碑》："垂拱中，大父慎行荆州长史，以文武式南邦。"

任令辉（任令晖） （讫）长寿元年（692）

《旧书·来俊臣传》："如意元年，地官尚书狄仁杰、益州长史任令晖、冬官尚书李游道、秋官尚书袁智宏……等六人，并为其罗告。"《通鉴·长寿元年》："九月，庚子，御则天门，赦天下，改元……癸丑，同平章事李游道、王璇、袁智弘……益州长史任令辉，皆为王弘义所陷，流岭南。"

【李怀远　武后中期　（未之任）】

《旧书》本传："俄历扬、益等州大都督府长史，未行，又授同州刺史。在职以清简称。入为太子左庶子，兼太子宾客，历迁右散骑常侍、春官侍郎。大足年，迁鸾台侍郎。"《新书》本传略同。

王及善　长寿中—万岁通天二年（697）

《旧书》本传："垂拱中，历司属卿……寻拜春官尚书，秦州都督，转益州大都督府长史，以老病乞致仕……后契丹作乱，山东不安，起授滑州刺史……留拜内史。"《新书》本传略同。又见《元龟》卷四五七。《旧书·武后纪》："（万岁通天二年四月）前益州大都督府长史王及善为内史。"（《新书·则天皇后纪》、《宰相表上》同。又见《通鉴》万岁通天二年四月）按万岁通天二年九月改元神功，见《旧书·则天皇后纪》："（万岁通天二年）九月，以契丹李尽灭（契丹首领，原名李尽忠，则天改为尽灭）等平，大赦天下，改元为神功。"

姚　璹　万岁通天二年（697）始

《旧书·武后纪》："（通天二年）秋八月，纳言姚璹为益州大都督府长史。"《新书·宰相表上》、《通鉴》万岁通天二年八月同。《旧书》本传："神功初左授益州大都督府长史……俄拜地官尚书，岁余，转冬官尚书。"《考古》一九八六年五期刊拓本《唐故蒲州猗氏县令陇西李府君（景由）墓志铭并序》："稍迁益州大都督府士曹参军，皆非所好。时逆臣朱待辟、苟抱节等图覆成都，其事发觉……长史姚公委君典治大狱。"（又见《新书》本传，《元龟》卷六一九、六七三）按，万岁通天二年九月始改元神功。

张文感　武后后期？

《隋唐五代墓志汇编·山西卷·唐故河东节度右厢兵马使文安郡王张公（奉璋）墓志铭并序》（大历四年九月）："祖银青光禄大夫行益州长史讳文感。"奉璋大历四年（769）卒，春秋六十五。

武尚宾　武后时

《姓纂》卷六沛国武氏："尚宾，河间王，益府长史。"《新表四下》作益王府长史，今两存之，以待后证。其弟重规，仕武后，封高平王。

李通广（李道广）　久视元年（700）

《姓纂》卷七北海朱虚县丙氏："道广，殿中监，平章事，益州长史，金城侯。"其祖父丙粲与高祖有旧，因姓犯讳，赐姓李氏。《元和郡县志》卷三一成都府灵池县："久视元年，长史李通（道）广奏分蜀县、广都置东阳县。"

张知泰　长安中

《旧书》本传："通天中，知泰为洛州司马……寻以知泰为夏官、地官侍郎，益州长史，中台右丞……及神龙元年，中宗践极……自兵部侍郎授右御史大夫。"《新书》本传略同。

苏味道　长安中—神龙元年（705）

《旧书》本传："长安中，请还乡改葬其父，优制令州县供其葬事。味道因此侵毁乡人墓田，役使过度，为宪司所劾，左授坊州刺史。未几，除益州大都督府长史。神龙初，以亲附张易之、昌宗，贬授郿州刺史。"《新书》本传略同。

崔敬嗣　神龙元年（705）

《旧书·崔光远传》："祖敬嗣……则天初，为房州刺史。中宗为庐陵王，安置在州，官吏多无礼度，敬嗣独以亲贤待之，供给丰赡，中宗深德之。及登位，有益州长史崔敬嗣，既同姓名，每进拟官，皆御笔超拜之者数四。后引与语，始知误宠。"（又见《南部新书》戊，《广记》卷一一七引《谭宾录》，《元龟》卷一七二、八九五、九五三）

崔玄晖　神龙元年（705）始

《旧书·中宗纪》：神龙元年四月，"右庶子崔玄晖为特进、检校益州大都督府长史、判都督事。"（又见两《唐书》本传，《新书·宰相表上》，《广记》卷一四三引《朝野佥载》，《元龟》卷七二、一七二，《通鉴·神龙元年》四月、五月）《汇编》开元○二六《大唐故特进中书令博陵郡王赠幽州刺史崔（玄晖）公墓志铭并序》（开元三年十月己酉朔）："神龙元年……迁中书令……又除特进……出为益州大都督府长史判都督事、同中书门下三品，封博陵郡王。"

【苏味道　神龙中　（未之任）】

《旧书》本传："神龙初，以亲附张易之、昌宗，贬授郿州刺史。俄而复为益州大都督府长史，未行而卒，年五十八。"《新书》本传略同。《广记》卷一四六引《定命录》："其后出为眉州刺史，改为益州长史。"

裴元质　景龙二年（708）始

《四川成都志》卷一一："景龙二年，以御史中丞裴元质领益州大都督府长史。"《隋唐五代墓志汇编·洛阳卷》第十一册《唐故裴夫人墓志铭并序》（天宝八载七月十日）："夫人……皇蜀郡大都督府长史、尚书左丞、本郡太守讳元质之元孙。"裴氏天宝八载（749）卒，享年不详。

毕　构　景龙中

《旧书》本传："武三思恶之，出为润州刺史。累除益州大都督府长史。景云初，召拜左御史大夫，转陕州刺史。"（《新书》本传略同。又见《大唐新语》卷六）

李思训　景云初？

《旧书》本传："神龙初，中宗初复宗社，以思训旧齿，骤迁宗正卿，封陇西郡公，实封二百户。历益州长史。开元初，左羽林大将军，进封彭国公。"《新书》本传略同。

窦怀贞　景云二年（711）

《旧书》本传："韦庶人败，左迁濠州司马。寻擢授益州大都督府长史。以附会太平公主，累拜侍中。"（《新书》本传略同。又见《元龟》卷四八二）《通鉴·景云二年》：正月，"太平公主与益州长史窦怀贞等结为朋党，欲以危太子"。

毕　构　景云二年（711）—先天元年（712）

《旧书》本传："景云初，召拜左御史大夫，转陕州刺史……复授益州大都督府长史，兼充剑南道按察使……寻拜户部尚书，转吏部尚书，并遥领益州大都督府长史。玄宗即位，累拜河南尹。"《新书》本传略同。《元龟》卷六七三："毕构为益州长史，先天元年以政声召至。"

＊毕　构　先天元年（712）

《旧书》本传："寻拜户部尚书，转吏部尚书，并遥领益州大都督府长史。玄宗即位，累拜河南尹。"按上引《元龟》所谓"先天元年以政声召至"，则毕构至京后仍遥领益州长史。

毕　构　先天二年（713）在任

《通鉴》：先天二年七月，"遣益州长史毕构等六人宣抚十道"。（又见《元龟》卷一六二）先天二年毕构又实领益州长史。

陆象先　先天二年（713）—开元三年（715）

《旧书·玄宗纪》：先天二年七月，"中书侍郎陆象先为益州大都督府长史兼剑南道按察兵马使"（又见两《唐书》本传，《通鉴》先天二年七月，《大唐新语》卷九，《元龟》卷六八〇，《新书》宰相表中、颜春卿传，《全文》卷二五三苏颋《遣姚巂陆象先等依前按察制》）《通鉴·开元二年》：二月，"丁卯，复置十道按察使，以益州长史陆象先等为之"。《元和郡县志》卷三二黎州："开元三年，本道使陆象先重奏置，天宝初废。"按上引《通鉴·开元二年》，则所谓"本道使"当指"按察使"，乃象先以益州长史兼任。又，《元龟》卷三二二谓象先"先天三年出为益州大都督府长史"，误，先天无三年。

魏奉古　开元初

《广记》卷二一三引《酉阳杂俎》："开元初，有尼魏八师者，常念大悲咒。双流县百姓刘乙名意儿……时魏奉古为（益州）长史。"

韦　抗　开元三年（715）—开元四年（716）

《旧书》本传："开元三年，自左庶子出为益州长史。四年，入为黄门侍郎。"《新书》本传略同。《全文》卷二五三苏颋《遣王志愔等各巡察本管内制》："益州长史韦抗……宜令各巡本管内官人。"《唐大诏令集》卷一〇四注此制为"开元四年七月六日"。《全文》卷二五八苏颋《刑部尚书韦公（抗）神道碑》："命公为益州大都督长史，持节巡按……入拜黄门侍郎。"《元龟》卷九八："开元四年八月，诏益州山人勾洪礼、陈元德在峨眉山，宜令长史韦抗诏召，以礼发遣，令内品官李思远领赴京。"

齐景胄　开元五年（717）或开元六年（718）

《元龟》卷一七二帝王部："（开元）六年二月以少府少监齐景胄为益州大都督府长史，充剑南道度支防御兼松、尝、姚、巂等州处置兵马使。"《会要》卷七八称开元五年二月。

刘知柔　开元中

《旧书》本传："历荆扬曹益宋海唐等州长史刺史、户部侍郎、国子司业、鸿胪卿、尚书右丞、工部尚书、东都留守。"《全文》卷二六四李邕《唐赠太子少保刘知柔神道碑》："出荆府长史，复户部，徙同、宋二州扬、益二府，一淮南廉察，再山东巡抚，加银青光禄大夫，进爵彭城侯……春秋七十有五，以开元十一年六月十五日，遇疾薨于东都康俗里之私第。"

李 濬 （讬）开元八年（720）

《旧书》本传："寻拜虢、潞二州刺史，又拜益州长史、剑南节度使，摄御史大夫。所历皆以诚信待物，称为良吏。及去职，咸有遗爱。（开元）八年卒官，赠户部尚书。"《新书》本传略同（又见《元龟》卷六七七、《新书·宗室世系表上》）。

苏 颋 开元八年（720）—开元九年（721）

《旧书》本传："（开元）八年，除礼部尚书，罢政事。俄知益州大都督府长史事。"（《新书》本传略同。又见《新书·颜春卿传》、《元龟》卷六七四、《全文》卷二五六苏颋《利州北题佛龛记》）据《全诗》卷七四苏颋《将赴益州题小园壁》："岁穷惟益老，春至却辞家。"知其赴任益州当在九年春。

韦 抗 开元十年（722）

《金石苑》卷二《唐千佛崖韦抗造像碑》："剑南道按察使银青光禄大夫行益州大都督府长史韦抗功德，开元十年六月七日。"

张嘉贞 开元十二年（724）

《旧书》本传："（开元）十一年……嘉祐（嘉贞弟）赃污事发……因出为幽州刺史……明年，复拜户部尚书，兼益州长史，判都督事……明年，坐与王守一交往，左转台州刺史。"（《新书》本传略同。又见两《唐书·李勉传》，《元龟》卷二五五、六八七）

张敬忠 开元十二年（724）—开元十三年（275）

《金石补正》卷五三《青城山常道观敕并阴》："敕益州长史张敬忠，顷者西南阻化，徭役殷繁……开元十二年岁次甲子闰十二月十一日。十三年正月十七日，左散骑常侍、益州大都督府长史、剑南道节度大使……张敬忠上表。"[又见《金石苑》卷二《唐玄宗赐青城山张敬忠敕》、《千唐志·太原府少尹上柱国范阳卢君（明远）墓志铭并序》（天宝六年十月十九日）、《全文》卷二九〇张九龄《益州长史叔置酒宴别序》]

张守洁 开元十四年（726）—开元十五年（727）

《四川成都志》卷一一："开元十四年，以尚书左丞充朝集使张守洁授剑南节度使、益州大都督府长史，一年。"（见《御史台精舍题名考》卷一引）

《元龟》卷一三九："（开元）十五年九月制曰：'故益州长史张守洁……授委藩镇，克著勤劳……宜官造灵舆，给传还乡。"（又见《全文》卷二二玄宗《优恤张守洁等制》）

裴　观　开元十五年（727）—开元十六年（728）

《四川成都志》卷一一："开元十五年，裴观以弘文馆学士为剑南节度使、大都督府长史，一年。"

张敬忠　开元十七年（729）

《隋唐五代墓志汇编·洛阳卷》第十册《唐故朝请大夫尚书刑部员外郎骑都尉蔡公（希周）墓志铭并序》："改蜀郡新繁尉，而西南之使臣曰前张公守洁，后张公敬忠，间以裴公观相踵诣部，虚心□能，皆以公职事修理，命公为采访支使兼节度判官。"此为张敬忠再任益州。《全文》卷九三三杜光庭《历代崇道记》："开元十七年夏四月五日，益州大都督府长史张敬忠奏"。岑仲勉谓"十七"或为"十九"之讹。而按《蔡希周墓志》，敬忠乃在裴观后再临益州，裴观十六年离任，敬忠接掌其任，故《崇道记》未误，而岑先生误矣。郁贤皓《刺史考》乃采岑先生之说，系于十九年，恐误。

宋之悌　约开元十七年（729）—开元十八年（730）

《旧书》本传："开元中自右羽林将军出为益州长史、剑南节度兼采访使。寻迁太原尹。"《新书》本传略同。《姓纂》卷八弘农宋氏："之悌，太原尹、益州长史，河南（当作'河东'）、剑南节度。"按之悌开元十八年十二月除河东，见《会要》卷七八："十八年十二月，宋之悌除河东节度。"

卢从愿　开元十九年（731）—开元二十年（732）

《会要》卷七四："景云二年，卢从愿为吏部侍郎，杜暹自婺州参军调集，补郑县尉，后为户部尚书。从愿自益州长史入朝，暹立在卢上。谓曰……"（又见《广记》卷一六九引《谭宾录》）两《唐书》本传未及。按开元二十年杜暹始为户部尚书（见《旧书·杜暹传》：开元"二十年，上幸北都，拜暹为户部尚书，便令扈从入京"）。

王　昱　开元二十一年（733）—开元二十二年（734）

《全文》卷二八四张九龄《敕剑南节度王昱书》称："剑南节度副大使兼采访使益州长史摄御史中丞王昱。"又《玉海》："开元二十二年二月辛亥（十九日），初置十道采访使，剑南王昱。"《元龟》卷一六二：开元二十三年二月，"辛亥，初置十道采访处置使，命……益州长史、持节剑南节度副大使王昱为剑南道采访使。"按,《旧书·玄宗纪》及《会要》卷七八皆称开元二十二年二月辛亥置十道采访使,《新书·韩朝宗传》亦言"二十二年",惟《元龟》称"二十三年",误。郁贤皓《刺史考》亦系于开元二十三年,恐误。

李尚隐 开元二十四年（736）始

《新书》本传："代王丘为御史大夫。时司农卿陈思问引属吏多小人,乾隐钱谷,尚隐按其违,赃累巨万,思问流死岭南。改尚隐太子詹事。不阅旬,进户部尚书。前后更扬、益二州长史、东都留守,爵高邑伯。开元二十八年,以太子宾客卒。"《旧书》本传未及益州长史,惟云"（开元）二十四年,拜户部尚书、东都留守。二十八年,转太子宾客,寻卒"。又按《全文》卷二三玄宗有《授李尚隐户部尚书益州长史剑南节度采访使制》,可知尚隐乃以户部尚书兼益州长史,而《旧传》称"二十四年,拜户部尚书",则其年亦兼益州长史矣。

张绍贞 开元二十四年（736）后

《全文》卷三〇八孙逖《授张绍贞尚书右丞制》："朝议大夫守益州大都督府长史持节剑南节度支度营田副大使知节度事兼采访处置使摄御史中丞上柱国张绍贞……可尚书右丞。"按孙逖,开元二十四年为中书舍人,掌制诰,寻丁父丧免,二十九年服阕,复为中书舍人,上元中卒（见《旧书·孙逖传》）,此制盖其知制诰时所撰。郁贤皓《刺史考》系于开元二十三年至二十四年,似误。

王　昱 开元二十六年（738）

《旧书·玄宗纪》：开元二十六年九月,"益州长史王昱率兵攻吐蕃安戎城,为贼所据,官军大败。"（《新书·玄宗纪》略同。又见《旧书·吐蕃上》、《元龟》卷四四三）

张　宥 开元二十六年（738）—开元二十七年（739）

《旧书·吐蕃传上》："王昱既败之后,诏以华州刺史张宥为益州长史、剑南防御使。"《通鉴·开元二十七年》：十一月甲辰,"剑南节度使张宥,文吏不习军旅,悉以军政委团练副使章仇兼琼。……丁巳,以宥为光禄卿。"《全文》卷三四三颜真卿《中散大夫京兆尹汉阳郡太守赠太子少保鲜于公（仲通）神道碑铭》："二十六年调补益州新都尉,视事二十日,谢病去。二十七年,长史张宥奏充剑南采访支使,宥方谋拔安戎,独与公计画,幕中之事,一以咨公。"《旧书·杨国忠传》："益州长史张宽恶其为人，因事笞之，竟以屯优授新都尉。"郁贤皓称："张宽"当为"张宥"之误（见《刺史考·益州》），《新书·杨国忠传》正作"张宥"。

章仇兼琼　开元二十七年（739）—天宝五载（746）

《旧书·吐蕃传上》：开元二十七年，"拔兼琼令知益州长史事，代张宥节度"。《通鉴·开元二十七年》：十一月丁巳，"以（张）宥为光禄卿，十二月，以兼琼为剑南节度使。"又《天宝五载》：五月乙亥，"以剑南节度使章仇兼琼为户部尚书；诸杨引之也"（又见《旧书·玄宗纪下》，《元和郡县志》卷三二真州，《会要》卷七八、卷九八，《元龟》卷二六、一七〇，《新书·地理志》成都府成都县、温江县）。《全文》卷三〇二韦述《赠东平郡太守章仇府君（兼琼）神道之碑》："开元廿九载秋七月诏曰：'益州大都督府长史兼□御史中丞持节剑南节度□使营田副大使本道兼山南西道采访处置使章仇兼琼父故将仕郎元素……'天宝三载秋九月诏曰：'蜀郡大都督府长史兼御史大夫章仇兼琼祖故博陵郡录事参军孝方、父赠睢阳郡司马元素等。'"《金石萃编》卷八八同。

郭虚己　天宝五载（746）—天宝八载（749）

《四川成都志》卷一一："天宝五载，郭虚己以御史大夫领剑南节度采访使、蜀郡大都督府长史，三年。"《旧书·玄宗纪》："（天宝五载）八月，以户部侍郎郭虚己为御史大夫、剑南节度使。"《全文》卷三四一颜真卿《河南府参军赠秘书丞郭君（揆）神道碑铭》："父虚已，银青光禄大夫守工部尚书兼御史大夫蜀郡大都督府长史持节充剑南节度支度营田副大使本道并山南西道采访处置使。"[又见卷三四三《中散大夫京兆尹汉阳郡太守赠太子少保鲜于公（仲通）神道碑铭》、《元和郡县志》卷三二真州]

鲜于仲通　天宝八载（749）—天宝十一载（752）

《元龟》卷三三帝王部：天宝八载九月，"（命）蜀郡长史鲜于仲通祭江渎"。《旧书·杨国忠传》："国忠荐阆州人鲜于仲通为益州长史。"（又见《元龟》卷四四三、《金石录》卷二七）《全文》卷三三七颜真卿《鲜于氏离堆记》："君讳向，字仲通……天宝九载，以益州大都督府长史兼御史中丞、持节充剑南节度副大使知节度事、剑南山南西道采访处置使。"《通鉴·天宝十一载》："四月，壬午，剑南节度使鲜于仲通讨南诏蛮，大败于泸南。"《全文》卷三四三颜真卿《中散大夫京兆尹汉阳郡太守赠太子少保鲜于公（仲通）神道碑铭》："及郭公（虚己）云亡……遂拜公为蜀郡大都督府长史兼御史中丞持节充剑南节度副大使……十一载拜京兆尹。"

杨国忠　天宝十一载（751）十月—十一月

《旧书》本传："（天宝）十载，国忠权知蜀郡都督府长史，充剑南节度副大使，知节度事，仍荐仲通代己为京兆尹。国忠又使司马李宓率师七万再讨南蛮……凡举二十万众，弃之死地，只轮不还，人衔冤毒，无敢言者……十一载，南蛮侵蜀，蜀人请国忠赴镇，林甫亦奏遣之。将辞，雨泣恳陈必为林甫所排，帝怜之，不数月召还。"《通鉴·天宝十一载》：十月，"南诏数寇边，蜀人请杨国忠赴镇；左仆射兼右相李林甫奏遣之。国忠将行，泣辞上，言必为林甫所害，贵妃亦为之请。上谓国忠曰：'卿暂到蜀区处军事，朕屈指待卿，还当入相。'……十一月……庚申，以杨国忠为右相，兼文部尚书，其判使并如故。"按郁贤皓《刺史考》以为国忠天宝十载至十四载乃遥领益州，并未赴任，似误。今据上引《旧传》，所谓"不数月召还"及《通鉴·天宝十一载十月》所述，十一载十月国忠亲赴蜀郡，十一月返京任右相。

***杨国忠**　天宝十载（751）十一月—天宝十四载（755）六月

《通鉴·天宝十载》：十月，"杨国忠使鲜于仲通表请己遥领剑南。十一月丙午，以国忠领剑南节度使"。《旧书》本传："（天宝）十一载，南蛮侵蜀，蜀人请国忠赴镇，林甫亦奏遣之。将辞，雨泣恳陈必为林甫所排，帝怜之，不数月召还。会林甫卒，遂代为右相，兼吏部尚书。"《新书》本传、《通鉴·天宝十一载》十月略同。《旧书·玄宗纪下》：天宝十一载十一月，"庚申，御史大夫兼蜀郡长史杨国忠为右相兼文部尚书"（又见《新书·宰相表中》、《元龟》卷七二）。《大诏令集》卷四五《杨国忠右相制》："权知太府卿兼蜀郡长史持节剑南节度使支度营田等副大使本道兼山南西道采访处置使……杨国忠……可守右相兼吏部尚书……仍判度支及蜀郡大都督府长史剑南节度支度营田副大使本道兼山南西道采访处置使……天宝十一载十一月。"《全文》卷二五玄宗《授杨国忠右相制》略同。则国忠除右相后仍兼益州长史本道节度采访使。此时，国忠已还京，则当为遥领。按国忠自侍御史以至宰相，凡领四十余使，直至天宝十四载（755）六月被杀前，当一直遥领益州。今将实领与遥领分列，盖得其实矣。

崔　圆　天宝十四载（755）—天宝十五载（756）

《旧书·玄宗纪》：天宝十四载十二月，"以永王璘为山南节度使，以江陵长史源洧副之；颍王璬为剑南节度使，以蜀郡长史崔圆副之。二王不出阁"。十五载六月，"庚子，以司勋郎中、剑南节度留后崔圆为蜀郡长史、剑南节度副大使"。丙午，"授圆中书侍郎、同中书门下平章事，蜀郡长史、剑南节度如故"〔又见两《唐书》本传，《新书·宰相表中》，《松窗杂录》，《全文》卷三一八李华《唐赠太子少师崔公（景晊）神道碑》、卷三二一《太子少师崔公（景晊）墓志铭》（郁贤皓《刺史考》误引作"卷三二〇"）〕。

李 峘 至德二载（757）

《旧书·肃宗纪》：至德二载正月，"甲寅，以襄阳太守李峘为蜀郡长史、剑南节度使"（又见《元龟》卷一二二帝王部）。

卢正己 至德二载（757）

《全文》卷四二〇常衮《太子宾客卢君（正己）墓志铭》："公尝拜蜀郡长史成都尹剑南节度采访等使。"卷六一七段文昌《菩提寺置立记》："蜀城正南……天宝末，玄宗巡狩此方，崇护法教，度僧建寺，大启休福。至德二年，长史卢公元俗奏置此寺，以菩提为号焉。"按，至德二年改蜀郡为成都府，长史称尹，此后益州无复长史矣。

辨误一则：

《金石录》卷三："《唐益州长史裴镜民碑》，李百药撰，殷令名正书，贞观十一年十月。"又见《宝刻丛编》卷二〇引（殷令名，"名"原作"民"，何焯校作"名"，按《萃编》所载碑文及本书卷二十三"跋尾"正作"名"，何校是，据改。《刺史考》仍作"殷令民"，似误）。

按裴镜民为隋人，开皇十六年（596）死于西南夷之乱，《金石录》卷三称其为"唐益州长史"，大误。今据《全唐文》卷一四三李百药《隋故益州总管府司马裴君（镜民）碑铭并序》以作论证：

蜀王秀以□子之尊，拥旄作镇，僚属望重，妙简时贤，以君为西南道行台兵部侍郎。及行台废，除□州总管府掾，寻改益州总管府司马。蜀王年止胜衣，童心未改，文武佐吏，多非正人，君言必尽忠，行惟直道，省府之内，莫不敬而惮之……开皇十六年，西南夷□□从构乱，君总率士卒，应机致讨，后军不系，战危丧律，以三月癸丑朔十九日辛未，陷于贼庭。季路结缨，志无苟免；温序衔须，义不生辱。

按上引文，知裴镜民所任乃益州司马，非所谓"益州长史"；其人在开皇十六年，因讨伐西南夷之乱而陷于敌手，并死于王事。可见《金石录》所云大误,"隋"误作"唐","益州司马"误作"益州长史"。关于《金石录》著录的失误,清人何焯曾有论及:"'隋',叶本讹'唐'。裴镜民、皇甫诞皆隋臣死王事者,故贞观中追立以表之。然《裴碑》世不多见,传写遂讹为'唐'字。康熙己丑,余收得,始知之。"(见金文明《金石录校证》卷二三跋尾一三引何焯校语)《刺史考·益州》误将此条置于贞观中。

荆　　州

隋为南郡。武德初,萧铣所据。四年(621),平铣,改为荆州。五年,置大总管府;七年,改大总管府为大都督府。贞观二年(628),降为都督府。龙朔二年(662),升为大都督。天宝元年(742),改为江陵郡。乾元元年(758)三月,复为荆州大都督府。上元元年(760)九月,置南都,以荆州为江陵府,长史为尹,观察、制置,一准两京。领县七:江陵、枝江、当阳、长林、石首、松滋、公安。

岑文本　武德四年(621)

《元龟》卷七二八幕府部:"岑文本字景仁,南阳人。萧铣僭号,召署中书侍郎,及河间王孝恭定荆州,署荆州别驾。孝恭进击辅公祏,召典军书,复署行台考功郎中。"《元龟》卷八九一总录部略同。李孝恭平荆州在武德四年(见两《唐书·高祖纪》)。此条郁贤皓《刺史考》缺载。

杜　隆　贞观中

《宝刻丛编》卷八引《京兆金石录》有《唐荆州长史杜隆碑》,贞观十四年(640)立。

裴怀节　贞观中

《全文》卷五〇一权德舆《唐温州刺史裴府君(希先)神道碑铭》:"四代祖怀节,皇给事中、工部侍郎,荆扬二州大都督府长史、洛州刺史。"《隋唐五代墓志·山西卷·大唐故宫府大夫兼检校司驭少卿裴君(皓)墓志铭并序》(龙朔三年十月五日):"父怀节……皇朝授秦王府录事参军……迁荆府长史,征拜工部侍郎。"皓卒龙朔二年(662),年五十五。

李　纬　贞观中

《全文》卷二〇一李尚一《开业寺碑并序》:"开业寺者……李公舍山第之所立也……公讳裔……曾孙纬,皇朝宗正、卫尉、司农三寺卿,金紫光禄大夫，荆州大都督府长史……怀、洛、蒲三州刺史。"按，李纬贞观二十一年（647）在洛州刺史任。

王　俨　贞观末

北图藏拓片《大唐陇西李公夫人墓志铭并序》（光启二年七月五日）："夫人即周灵王太子晋以近谏废黜，降为庶人，时人号曰王家，子孙因以命氏……至于皇朝光禄卿检校荆州长史俨，是其后也。"按《新表二中》京兆王氏："俨，工部侍郎。"又按永徽五年（654），王俨在工部侍郎任，见《元龟》卷一〇五、卷一六一："（永徽）五年正月，诏工部侍郎王俨往河北简行遭水诸州，乏绝者赈贷之。"

薛大鼎　永徽四年（653）—五年（654）

《旧书》本传："永徽四年，授银青光禄大夫，行荆州大都督府长史。明年卒。"（《新书》本传略同。又见《会要》卷七九）

长孙祥　显庆二年（657）始

《通鉴·显庆四年》四月："祥，无忌之从父兄子也，前此自工部尚书出为荆州长史，故敬宗以此诬之。"工部尚书，按《旧书·长孙无忌附长孙祥传》作"刑部尚书"。又按《千唐志·唐故刑部尚书长孙府君（祥）墓志铭》（上元二年二月十八日）："寻转御史大夫，又迁刑部尚书、检校荆州长史，又除常州刺史……以显庆四年□□□日，因事卒于雍州界，春秋六十一。"严氏《仆尚丞郎表》谓显庆二年自刑尚出为荆州长史。

独孤腾云（独孤滕云）　高宗时

《姓纂》卷一〇京兆独孤氏（岑仲勉补）："滕云，荆府长史，广武公。"乃独孤卿云之兄。按《新书·吐蕃上》："显庆三年……慕容诺曷钵与弘化公主引残落走凉州，诏凉州都督郑仁泰为青海道行军大总管，率将军独孤卿云等屯凉、鄯，左武候大将军苏定方为安集大使，为诸将节度，以定其乱。"又据《新书·东夷·高丽传》："乾封元年……诏独孤卿云由鸭渌道，郭待封积利道，刘仁愿毕列道，金待问海谷道，并为行军总管，受（李）勣节度（以讨高丽）。"证知独孤卿云为高宗时人。

李安期　乾封二年（667）始

《旧书·高宗纪》："（乾封二年八月）丙辰，东台侍郎李安期出为荆州大都督府长史。"《新书·宰相表上》《通鉴·乾封二年》皆作"八月辛亥"（又见两《唐书》本传，《新书·忠义传上》，《元龟》卷七七五、八一〇）。

杜行敏　高宗时

《姓纂》卷六京兆杜氏："行敏，常州刺史，荆、益二长史，南阳襄公。"《旧书·杜佑传》："曾祖行敏，荆、益二州都督府长史、南阳郡公。"又见《全文》卷四九六权德舆《大唐同中书门下平章事岐国公杜公（佑）淮南遗爱碑铭并序》、卷五〇五权德舆《唐丞相金紫光禄大夫守太保致仕赠太傅岐国公杜公（佑）墓志铭并序》。按《旧书·太宗纪》："（贞观十七年三月）兵曹杜行敏执之（齐王李祐）而降，遂赐死于内侍省。"则行敏为荆州长史约在高宗时。

马吴陁　高宗时？

《姓纂》卷七陕郡马氏："吴陁，唐监门将军，荆州长史。"郁贤皓《刺史考》谓其孙马崇开元二年（714）为左羽林将军。

夏侯处信　约高宗时

《朝野佥载》卷一："夏侯处信为荆州长史。"又见《广记》卷一六五引。《姓纂》卷五魏郡南郭氏："处信，都官郎中，荆州长史。"岑仲勉以为"南郭"当为"夏侯"之误。按处信孙铦，景龙二年（708）"抱器怀能科"及第（见《会要》卷七六《贡举中》，开元二十一年（733）官给事中（见《会要》卷五四《省号上》、《元龟》卷四六九）。

苏良嗣　永淳元年（682）

《通鉴·永淳元年》七月："上（高宗）遣宦者缘江徙异竹，欲植苑中。宦者科舟载竹，所在纵暴；过荆州，荆州长史苏良嗣因之，上疏切谏。"两《唐书》本传略同（又见《元龟》卷一〇一、五四三，《大唐新语》卷七）。

李　晦　光宅元年（684）

《全文》卷九九〇阙名《大唐故秋官尚书河间公（李晦）碑》："及高宗晏驾，水浆不入口者数日……属扬楚横逆，淮海称兵，渚宫地实上流，□□□□乃持节镇荆州兼检校长史……永昌元年二月廿七日薨于位，春秋六十有三。"所谓"扬楚横逆，淮海称兵"当指徐敬业谋反，事在光宅元年（684）。按两《唐书》本传未及荆州长史。

杜慎行　垂拱中

《全文》卷三六九《故相国杜鸿渐神道碑》："垂拱中，大父慎行荆州长史，以文武式南邦。"又《新表二上》濮阳杜氏："慎行，荆、益二州长史。"《全文》卷四二二杨炎《安州刺史杜公（鹏举）神道碑》："大父唐苏州司马讳义宽，苏州生皇建平侯荆、益二州大都督府长史讳慎行。"

崔神福　武后时

《新表二下》南祖崔氏："神福，荆州长史。"按其兄神庆，相武后。《郎官柱》仓部郎中有崔神福，在裴琰之后，李晋客前。

司徒亮　武后时

《续汇》开元〇六六《唐故路氏夫人司徒氏墓志铭并序》（开元十二年十月廿二日）："父均，弃俗从真，恬泊养性，以澄德水，质靖禅林。别恩爱于妻孥，摈荣豪于朝市。伯亮，唐任荆州长史……去开元八年十一月三日，（司徒氏）遘疾终于家第。"按郁贤皓《刺史考》缺载。

权文诞　武后时

《全文》卷五〇一权德舆《唐故东京安国寺契微和尚塔铭并序》："和尚俗姓权氏，法讳契微……曾祖文诞，皇银青光禄大夫涪常二州刺史、荆州都督府长史，平凉郡开国公。"和尚"以建中二年（781）九月六日，冥然化灭，报年六十二"。《韩昌黎集》卷三〇《唐故相权公（德舆）墓碑》："至平凉公文诞，为唐上庸太守、荆州大都督府长史，焯有声烈。平凉曾孙讳任……于公为王父（祖父）。"按《新表五下》权氏："文诞，涪、常二州刺史，平凉公。"未及荆州长史。

杨元琰　圣历、长安中

《旧书》本传："载初中，累迁安南副都护，又历蕲、蒲、晋、魏、宣、许六州刺史，凉、梁二都督，荆府长史……长安中，张柬之代元琰为荆州长史。"（《新书》本传略同。又见《通鉴·神龙元年》正月，《元龟》卷六七七、六八六）

张柬之　约圣历中—久视元年（700）

《旧书》本传："后累拜荆州大都督府长史。长安中，召为司刑少卿，迁秋官侍郎。"（《新书》本传略同。又见两《唐书·杨元琰传》、《元龟》卷三二四）又，《通鉴·久视元年》九月："太后尝问仁杰：……仁杰对曰：'……荆州长史张柬之，其人虽老，宰相才也。'"《会要》卷五三："长安二年，则天令狄仁杰举贤，仁杰举荆州长史张柬之。"（又见《大唐新语》卷六）按仁杰久视元年卒（见《旧书·狄仁杰传》及《通鉴·久视元年》），则仁杰荐柬之最迟在久视元年，《会要》《新语》误。

司徒亨　武后时？

《隋唐五代墓志汇编·山西卷·唐故路氏夫人司徒氏墓志铭并序》："伯

亨，唐任荆州长史。"司徒氏开元八年（720）十一月三日卒。

薛季昶 神龙元年（705）—神龙二年（706）

《新书》本传："五王失柄，出季昶荆州长史，贬儋州司马。"又见《朝野佥载》卷三。《旧书》本传未及荆州长史，谓"自桂州都督授儋州司马"。按五王失柄罢知政事在神龙元年五月，二年正月贬敬晖、桓彦范、袁恕己为刺史，六月五王流贬，则季昶贬荆州约五王罢政事时，再贬桂州约五王出为刺史时，再贬儋州约五王流贬时。

元　暕 景龙二年（708）前

《全文》卷二六八武平一《东门颂并序》："东门者，前刺史平阳崔公庭玉……迁荆州户曹参军……前长史尚书左丞元暕、后长史吏部尚书崔日用咸加殊礼。"按元暕景龙二年在尚书左丞任，见《全文》卷二五七苏颋《章怀太子良娣张氏神道碑》："粤景龙二载孟夏之月，遘疾弃养于京延康第之寝……礼物朝遣，使臣廷命。金紫光禄大夫行鸿胪卿赵承恩、银青光禄大夫尚书左丞元暕持节册赠曰章怀皇太子良娣。"可知其为荆州长史不会迟于景龙二年。

崔日知 景云二年（711）后

《新书》本传："迁洛州司马（据《通鉴·景云元年》八月，当作'洛州长史'），会谯王重福之变，官司逃，日知独率吏卒助屯营击贼，以功加银青光禄大夫。迁殿中少监……授荆州长史，四迁京兆尹。"《旧书》本传未及。按，平谯王李重福之乱在景云元年（见《通鉴·景云元年》八月）。《通鉴》且言"以功拜东都留守"，此后，据《新书》本传又迁殿中少监，再为荆州长史，其年代当不会早于景云二年。

崔日用 先天二年（713）在任

《旧书》本传："历婺、汴二州刺史、兖州都督、荆州长史。因入奏事，言：'太平公主谋逆有期……'"《新书》本传略同。又《通鉴》先天二年（711）六月："荆州长史崔日用入奏事，言于上（玄宗）曰：'太平谋逆有日，陛下往在东宫，犹为臣子……'"。

刘知柔（讫）开元元年（713）

《旧书》本传："历荆、扬、曹、益、宋、海、唐等州长史刺史、户部侍郎、国子司业、鸿胪卿、尚书右丞、工部尚书、东都留守。"《新书》本传未及。《全文》卷二六四李邕《唐赠太子少保刘知柔神道碑》："出荆府长史，复户部，徙同、宋二州，扬、益二府。"严氏《仆尚丞郎表》谓开元元年由荆州长史迁户侍。

阳　峤　开元初

《新书》本传："睿宗立，进尚书右丞。时议建都督府，择最吏，故峤为泾州都督。议罢，历魏州刺史、荆州长史、本道按察使，率以清白闻。"《旧书》本传略同。按，建都督府在景云二年（711）六月（见《旧书·睿宗纪》）。

任昭理　开元四年（716）

《唐大诏令集》卷一○四苏颋《遣王志愔等各巡察本管内制》："诸道按察使……荆州长史任昭理、秦州都督杨虚受……宜令各巡本管内人……开元四年七月六日。"

张　说　开元五年（717）—开元六年（718）

《全文》卷二二三张说《荆州谢上表》："臣说言：伏奉二月二十五日制书，除臣荆州大都督府长史。受命荒服，浮舟遄溯，以今月十七日到州上讫。"又卷二三三《祭城隍文》："维大唐开元五年岁次丁巳四月庚午朔二十日己丑，荆州大都督府长史上柱国燕国公张说，谨以清酌之奠，敢昭告于城隍之神……"又同卷《祭殷仲堪羊叔子文》："维开元六年岁次戊午正月日，荆州大都督长史燕国公范阳张某……敢昭告于晋羊、殷二荆州之神。"（又见同卷《祭城门文》、《新书》本传、《广记》卷二三五引《明皇杂录》）《旧书》本传未及荆州长史。按《元龟》卷一七二："（开元六年）二月……岳州刺史燕国公张说为荆州大都督府长史。"按前引《全文》，则"六年"当为"五年"之误。

卢　逸　开元八年（720）

《元龟》卷一六二："（开元）八年五月，置十道按察使，八月，以……荆州长史卢逸充山南道按察使。"《新表三上》卢氏："逸，给事中，荆府长史。"

李元综　开元前期

《姓纂》卷七北海朱虚丙氏："元综，屯田郎中，荆府长史。"其曾丙粲，与唐高祖有旧，因丙犯讳，赐姓李氏。《新表二上》同。按其父道广，相武后；其弟道纮，开元十四年（726）相玄宗（见《旧唐书·玄宗纪》：十四年春正月，"户部侍郎李元纮同中书门下平章事"，《新书·玄宗纪》同）。则元综为荆州长史在开元前期。

韦虚心　开元十三年（725）—十四年（726）

《会要》卷七四："（开元）十三年十二月，封岳回，以选限渐迫，宇文融上策，请吏部置十铨。"注："礼部尚书苏颋……荆州长史韦虚心……等十人。"《新书·宇文融传》："帝封泰山还，融以选限薄冬，请分吏部为十铨。有诏融与礼部尚书苏颋……荆州长史韦虚心……分总。"《封氏闻见记》记此为开元十四年事，见卷三："十四年，玄宗在东都，敕吏部置十铨，以礼部侍郎苏颋……荆府长史韦虚心等同掌选，分为十铨。"韦虚心为荆州长史（又见两《唐书》本传、《元龟》卷六八九、《全文》卷三一三孙逖《东都留守韦虚心神道碑》）。

杜　暹　开元十七年（729）始

《通鉴·开元十七年》："六月，甲戌，贬黄门侍郎、同平章事杜暹荆州长史，中书侍郎、同平章事李元纮曹州刺史。"（又见两《唐书》本传，《旧书·玄宗纪》，《新书·宰相表中》，《元龟》卷三二二、三三三）《唐大诏令集》卷五七有《杜暹荆州长史李元纮曹州刺史制》（见《全文》卷二三作《罢杜暹李元纮平章事制》）。

陆象先　开元十八年（730）始

《全文》卷三一九李华《荆州南泉大云寺故兰若和尚碑》："元老太保陆公象先、名臣韩京兆朝宗、宋兵部鼎、韦刑部虚舟金契慈缘，而承善诱，如其仁哉！"两《唐书》本传未及荆州长史。然象先与韩朝宗、宋鼎、韦虚舟皆承（兰若）善诱，韩、宋、韦皆曾为荆州长史，可知象先亦当曾为之。又，《全诗》卷八七张说有《同贺八送兖公赴荆州》，贺八乃贺知章，兖公即陆象先（见两《唐书》本传），可资佐证。又，《通鉴考异·开元十八年》引《实录》："闰六月，以太子少保陆象先为荆州长史。"

孙　俊　开元中

《姓纂》卷四清河孙氏："俊，荆府长史、乐安子。"《新书·宰相世系三下》孙氏："俊，荆府长史，乐安子。"按其父茂道相高宗。《宝刻丛编》卷四引《访碑录》："《唐荆州都督府长史孙公（俊）碑》，唐张嘉贞撰，子庭讽书，开元二十六年立。"

韩朝宗　开元二十二年（734）—开元二十三年（735）

《新书》本传："累迁荆州长史。开元二十二年，初置十道采访使，朝宗以襄州刺史兼山南东道采访使。"《元龟》卷一六二："（开元二十三年二月）

诏曰：'……（命）益州长史持节剑南节度副大使王昱为剑南道采访使，荆州长史韩朝宗为山南道采访使……'"又，《全文》卷二八三张说《贬韩朝宗洪州刺史制》："朝请大夫荆州大都督府长史兼判襄州刺史事山南道采访处置等使上柱国长山县开国伯韩朝宗……不能自律，何以正人？仍期后效，且示轻贬，可使持节都督洪州诸军事守洪州刺史。"[又见《全文》卷三二七王维《大唐吴兴郡别驾前荆州大都督府长史山南东道采访使京兆尹韩公（朝宗）墓志铭》]李白有《与韩荆州书》，韩荆州即韩朝宗。

宋　鼎　开元二十四年（736）—开元二十五年（737）

《姓纂》卷八广平宋氏："鼎，兵部侍郎，荆府长史。"郁贤皓《刺史考》以为开元二十四年至二十五在荆州长史任。

张九龄　开元二十五年（737）—开元二十八年（740）

《旧书·玄宗纪》：开元二十五年四月，"甲子，尚书右丞相张九龄以曾荐引周子谅，左授荆州长史"（又见两《唐书》本传、《元龟》卷九一六、《通鉴·开元二十五年》）。又，《通鉴·开元二十八年》：二月，"荆州长史张九龄卒"。

韦虚舟　天宝初期

《旧书》本传："自御史累至户部、司勋、左司郎中，历荆州长史，洪、魏州刺史兼采访使。"《新书》本传未及。据《全文》卷三一三孙逖《韦虚心碑》，知天宝元年（742）韦虚舟在左司郎中任，其为荆州长史约在此后。

庾光先　天宝十四载（755）

《姓纂》卷六新野庾氏："（光）先，吏部侍郎，荆州长史、采访使。"《宋高僧传》卷一七《唐越州焦山大历寺神邕传》："倏遇禄山兵乱，东归江湖，经历襄阳，御史中丞庾光先出镇荆南，邀留数月。"则时当在天宝十四载。《全诗》卷一三八储光羲《奉别长史庾公太守徐公应召》："酆镐顷霾晦，云龙召我贤。"即指安禄山之乱，陶敏谓"长史庾公"即庾光先。

源　洧　天宝十四载（755）

《旧书》本传："及安禄山反，既犯东京，乃以洧为江陵郡大都督府长史、本道采访防御使、摄御史中丞。"（《新书》本传、《旧书·玄宗纪》略同。又见《通鉴·天宝十四载》十二月、《姓纂》卷四源氏、《元龟》卷二四及《全文》卷三五四小传作"源涓"，误）

刘　汇　天宝十五载（756）

《旧书·李琦传》："天宝十五年六月，玄宗幸蜀，在路除琦为广陵大都督，仍领江南东路及淮南河南等路节度支度采访等使，以前江陵大都督府长史刘汇为之副，以广陵长史李成式为副大使、兼御史中丞。"[又见两《唐书》本传、《元龟》卷一二二、《通鉴·至德元载》七月丁卯上皇（玄宗）制书]

李　岘　天宝十五载（756）

《新书》本传："永王为江陵大都督，假岘为长史。至德初，肃宗召之，拜扶风太守，兼御史大夫。"《旧书》本传未及。《唐大诏令集》卷三六《命三王制》："以长沙郡太守李岘为都副大使，仍授江陵郡大都督府长史，兼御史中丞……天宝十五载七月十五日。"《全文》卷三六六贾至《玄宗幸普安郡制》同。《通鉴·至德元载》十一月："敕璘归觐于蜀；璘不从。江陵长史李岘辞疾赴行在，上召高适与之谋。"（又见《元龟》卷七五九）

窦　绍　至德元载（756）

《姓纂》卷九河南洛阳窦氏："绍，给事中，荆州长史。"《新表一下》窦氏同。《全文》卷三六七贾至《授窦绍山南东道防御使等制》："永王傅窦绍……可江陵防御使。"按，荆州长史常兼本州防御使。窦绍为永王傅，在至德元载（见《通鉴·至德元载》七月丁卯）。

季广琛　（讫）乾元元年（758）

《旧书·肃宗纪》："（乾元元年五月）以河南节度、中书侍郎、平章事张镐为荆州大都督府长史、本州防御使……以荆州长史季广琛赴河南行营会计讨贼于河北。"

张惟一　乾元元年（758）

《千唐志·唐桂州刺史孙府君（成）墓志铭并序》："乾元初，荆州长史张惟一授（孙成）荆州江陵县尉。"《旧书·吕諲传》："先是，张惟一为荆州长史，已为防御使，陈希昂为司马……自是军政归于希昂。及諲至……府中慑服。"按乾元二年春张惟一已在华州刺史任[见《全文》卷四〇六张惟一《金天王庙祈雨记》："后乾元元年，自十月不雨，至于明年春。朝散大夫使持节华州诸军事检校华州刺史平原郡开国公赐紫金鱼袋张惟一……于西狱（岳）金天王庙祈请"]。又，前"季广琛"条，乾元元年五月，张镐代季广琛为荆州长史，盖张镐至荆之前，由张惟一暂任荆州长史也。又按上引《祈雨记》，则乾元二年春惟一已在华州刺史任，盖张镐至荆后张惟一赴华。

张　镐　乾元元年（758）—乾元二年（759）

《旧书·肃宗纪》："（乾元元年五月）以河南节度、中书侍郎、平章事张镐为荆州大都督府长史、本州防御使……以荆州长史季广琛赴河南行营会计讨贼于河北。"两《唐书》本传略同。全文卷三九○独孤及《唐故洪州刺史张公（镐）遗爱碑并序》："拜公荆州大都督府长史……明年，元良肇建（指立李豫为太子）……于是授太子宾客。"（又见《新书·宰相表中》，《封氏闻见记》卷九，《元龟》卷三三三、四二八）

杜鸿渐 乾元二年（759）—上元元年（760）

《旧书·本传》："两京平，迁荆州大都督府长史、荆南节度使。襄州大将康楚元、张嘉延盗所管兵，据襄州城叛……鸿渐闻之，弃城而遁……岁余，征拜尚书右丞、吏部侍郎、太常卿。"《新书》本传略同。"康、张叛乱"在乾元二年（见《通鉴·乾元二年》）九月。

魏仲犀 约肃宗时

《姓纂》卷八西祖魏氏："仲犀，比部员外，华州刺史，江陵长史、荆南节度。"按，天宝十五载（756）魏仲犀由华州刺史转梁州长史［见《旧书·玄宗纪》：天宝十五载六月庚子，"以前华州刺史魏（仲）犀为梁州长史"］。

吕　諲 上元元年（760）七月—九月

《旧书》本传："（上元元年）七月，授諲荆州大都督府长史、兼御史大夫，充澧、朗、忠、硖五州节度观察处置等使。諲至治所，上言请于江陵置南都。九月，敕改荆州为江陵府。"《新书》本传略同。［又见《元龟》卷八二○、《旧书·肃宗纪》（作"八月"）］。《会要》卷六八："上元元年九月七日，改为江陵府，称南都，以吕諲为尹。"（《全文》卷三八三元结《吕公表》乃称"上元二年，置都于荆州"误）置府以后，长史即改称尹，此后荆州无复长史矣。

并　州

隋为太原郡。武德元年（618），改为并州，置总管。三年，废总管。四年，又置总管；其年，改为上总管。五年改上总管为大总管。七年，改为大都督府。贞观二年（628）改为都督府。龙朔二年（662），进为大都督府。天授元年（690）罢都督府，置北都。神龙元年（705），依旧为并州大都督府。开元十一年（723），又置北都，改并州为太原府，改长史曰府尹。天宝领县十三：太原、晋阳、太谷、文水、榆次、盂、清源、交城、阳曲、寿阳、广阳（石艾）、乐平、祁。

窦　静　武德元年（618）—六年（623）

《旧书》本传："武德初，累转并州大总管府长史。"新书本传略同。又《会要》卷六八："武德元年五月二十六日，并州置总管府，以窦静为长史。"（又见《御览》卷三三三）《通鉴·武德六年》十月："突厥数为边患，并州大总管府长史窦静表请于太原置屯田，以省馈运；议者以为烦扰，不许。"（又见《元龟》卷五〇三邦计部）

李弘节　贞观中

《旧书·李若初传》："赵郡人，贞观中并州长史、工部侍郎弘节之曾孙也。"上图藏拓片《并州太原县令李冲墓志》："父弘节，皇朝任杭、庆、原三州刺史……并州大都督府长史，雍州别驾，交、桂二州都督。"又，北图藏拓片《唐前濮州录事参军陈公故夫人赵郡李氏墓志铭并序》（乾元二年十月十六日）："曾祖弘节，皇并、雍二京长史。"夫人卒年二十九。

李　勣　贞观三年（629）—十一年（637）

《旧书》："时高宗为晋王，遥领并州大都督，授勣光禄大夫，行并州大都督府长史。父忧解，寻起复旧职。十一年，改封英国公，代袭蕲州刺史。"又《新书》本传："贞观三年，为通漠道行军总管，出云中，与突厥战，走之……诏拜光禄大夫，行并州大都督府长史……治并州十六年，以威肃闻。"（又见《元龟》卷七八、四一三、六八九）按李勣治并州前后十六年，其中为长史的时间约贞观三年至十一年。

史　嵩　贞观中？

《芒洛三编·大唐故史君（信）墓志铭并序》："祖云，隋任荆州刺史……父嵩，皇任并州长史。"史信麟德二年（665）卒，春秋六十六。

张　绪　永徽三年（652）

《元龟》卷九九一外臣部："（永徽）三年六月戊申，诏兵部尚书崔敦礼、并州都督府长史张绪发并、汾步骑万人往戍州。"又《千唐志·故□州司马杨公夫人张氏墓志铭并序》（开元二十七年十月二十五日）："祖绪，皇朝并、益二州长史，金紫光禄大夫。"张氏卒于开元二十二年（734）六月，春秋五十七。

蔺仁基　仪凤元年（676）前

《旧书·狄仁杰传》："仁杰孝友绝人，在并州，有同府法曹郑崇质，母老且病，当充使绝域。仁杰谓曰：'太夫人有危疾，而公远使，岂可贻亲万里之忧！'乃诣长史蔺仁基，请代崇质而行……仁杰，仪凤中为大理丞。"（又见《通鉴·仪凤元年》九月）《千唐志·大唐并州大都督府祁县陈明府故蔺夫人墓志铭并序》（景龙二年十一月十二日）："祖仁基……唐□、□、翼、洛四州刺史，上柱国，并州长史，原、代二州都督。"

李冲玄 调露元年（679）

《会要》卷二七："调露元年九月七日，幸并州，以度支郎中狄仁杰为知顿使，并州长史李冲元（玄）……发数万人，别开御道。仁杰……遽令罢之。"（又见两《唐书·狄仁杰传》、《太平寰宇记》卷五〇、《唐语林》卷三、《封氏闻见记》卷九作"李元冲"）

辛文陵 高宗时

《姓纂》卷三陇西狄道辛氏："文陵，左武卫大将军，并、洛二州长史，长山公。"按文陵显庆中与薛仁贵破契丹于黑山（见《元龟》卷三九三），龙朔三年（663）防二蕃（见《通鉴·龙朔三年》：五月，"上以凉州都督郑仁泰为青海道行军大总管，帅右武卫将军独狐卿云、辛文陵等分屯凉、鄯二州，以备吐蕃"）。

李思文 垂拱四年（688）前

北图藏拓片《大唐冀州刺史息武君（钦载）墓志铭并序》（垂拱四年十二月二十九日）："本姓徐氏，皇运肇兴……赐以国姓。洎圣母神皇之临天下，其父思文表忠贞之节，又赐同□圣氏……祖勣，司空，上柱国，英国公……（思文）历任岚、饶、润等州刺史……检校并州大都督府长史、清源道总管，除冀州刺史。"息调露元年（679）卒于陇西大使之馆，春秋十五。垂拱四年改葬，证知李思文垂拱四年在冀州刺史任，则其任并州长史当在此前。

王及善 天授二年（691）在任

《太平寰宇记》卷五〇大通监交城县注："隋开皇十六年析晋阳置交城县，属并州……唐天授二年，长史王及善自山北古交城移就却村置。"

崔神庆 长寿元年（692）

《会要》卷六八："长寿元年九月七日，置北都，改为太原府，都督为长史，以崔神庆为之。"《新书》本传："武后时，累迁莱州刺史……后（武则天）以历官有佳政，且其父于己有功，擢拜并州长史。"《新书》本传略同。

史 对 武后时？

《汇编》天宝一三九《故唐朝史府君（庭）墓志铭并序》（天宝七载十一

月）："祖对，皇朝太原府长史……夫人尹氏……开元二十七年卒于从善之里……天宝七载十一月□日，合葬于芒山之野。"

【王方庆　万岁通天元年（696）　（未之任）】

《旧书》本传："万岁登封元年，转并州长史，封琅邪县男。未行，迁鸾台侍郎、同凤阁鸾台平章事。"又《则天皇后纪》：通天元年九月"并州长史王方庆为鸾台侍郎，与殿中监李道广并同凤阁鸾台平章事"（注：万岁登封元年三月，通天宫成，武后喜，因改元为万岁通天）（又见《新书·则天皇后纪》、《宰相表中》、《通鉴·万岁通天元年》九月）。《新书》本传未及。

武重规　约万岁通天二年（697）—圣历元年（698）

《新书·裴怀古传》："阎知微之使突厥，怀古监其军。默啜胁知微称可汗，又欲官怀古，不肯拜……遂因军中，因得亡，而素尪弱，不能骑，宛转山谷间，仅达并州。时长史武重规纵暴，左右妄杀人取赏，见怀古至，急执之。"又《旧书·田归道传》："圣历初，突厥默啜遣使请和，制遣左豹韬卫将军阎知微入蕃，册为立功报国可汗。"可知阎知微出使突厥在圣历元年。《全文》卷二四二李峤《授武懿宗武重规左右金吾卫大将军制》："右金吾卫大将军兼检校洛州长史上柱国河内郡王懿宗，司属卿兼检校并州长史上柱国高平郡王重规……（懿宗）可左金吾卫大将军依旧检校洛州长史，（重规）可右金吾卫大将军，依旧检校并州长史。"按懿宗万岁通天二年在洛州长史任（见本文"洛州"中的"武懿宗"条），与重规同制册为金吾卫大将军。

魏元忠　圣历二年（699）

《旧书》本传：圣历二年，擢拜凤阁侍郎、同凤阁鸾台平章事，检校并州长史。未几，加银青光禄大夫，迁左肃政台御史大夫（又见《新书》本传，《则天皇后纪》，《突厥传》，《宰相表上》，《通鉴·圣历二年》四月，《元龟》卷三二三、六七四）。

崔义猷　圣历二年（699）

宋释延一《广清凉传上·州牧宰官归信十八》："圣历二年，长史崔义猷游礼五台北台，忽云雾晦暝，跬步无睹……义猷益异云耳。"《刺史考》缺载。

齐　政　圣历二年（699）

宋释延一《广清凉传上·州牧宰官归信十八》："圣历二年，长史齐政携家游台，至清凉寺北……感其灵应，因为记云。"按郁贤皓《刺史考》缺载。

娄师德　圣历二年（699）

《旧书》本传："圣历二年，突厥入寇，复令检校并州长史，仍充天兵军大总管。是岁九月卒。"《新书》本传作"圣历三年",按《宰相表上》称圣历二年九月卒,与《旧书》本传同,可知《新书》本传误。又《新书·忠义传上》记武德以来功臣有"纳言、检校并州大都督府长史、天兵军大总管、陇右诸军大使、谯县子娄师德"。

杜景俭(杜景佺)　圣历三年(700)后

《宰相表上》称:神功元年(697)闰十月复相,圣历元年七月罢。《新书》本传(作"景佺"):"圣历元年,复以凤阁侍郎同凤阁鸾台平章事……罢为秋官尚书。坐漏省内语,降司刑少卿。出为并州长史,道病卒。"可知圣历元年七月罢相后,当年又再复相。而《旧书》本传记载复相在二年:"圣历二年,复拜凤阁侍郎、同凤阁鸾台平章事……岁余,转秋官尚书。坐漏泄禁中语,左授司刑少卿,出为并州长史。道病卒。"然"岁余"又罢,先为秋官尚书,又左授司刑少卿,则景俭为并州长史不会早于圣历三年。

又见《广记》卷一四一引《朝野佥载》:"司刑卿杜景佺授并州长史,驰驿赴任。"

武攸宜　长安二年(702)

宋释延一《广清凉传上·释五台诸寺方所七》:"清凉寺。依山立名……长安二年五月十五日。建安王仕并州长史,奏重修葺。敕大德感法师亲谒五台……仍敕左庶子侯知一、御史大夫魏元忠,命工琢玉御容,入五台山,礼拜菩萨。至长安三载,送向清凉山安置。"按建安王指武攸宜,天授元年(690)封(见《旧书·则天皇后纪》)。

《新书·突厥传》:"默啜剽陇右牧马万匹去,俄复盗边,诏安北大都护相王为天兵道大元帅,率并州长史武攸宜、夏州都督薛讷与元忠击虏,兵未出,默啜去。"按默啜此次寇边,在长安二年,见《通鉴·长安二年》:"九月……壬申,突厥寇忻州……辛巳,又以相王旦为并州道元帅,三思与武攸宜、魏元忠为之副;姚元崇为(行军)长史,司礼少卿郑杲为司马。然竟不行。"

裴怀古　长安中

《旧书》本传:"复历相州刺史、并州大都督府长史,所在为人吏所慕。神龙中,迁左羽林大将军。"此为第一次任并州长史。(《新书》本传略同。)又见《元龟》卷六八三牧守部)

张仁愿(张仁亶)　长安中—神龙元年(705)

《旧书·富嘉谟传》:"长安中,累转晋阳尉,与新安吴少微友善……嘉谟与少微属词，皆以经典为本，时人钦慕之，文体一变，称为富吴体……并州长史张仁亶待以殊礼，坐必同榻。"《旧书》本传："累迁并州大都督府长史。神龙二年，中宗还京，以仁愿为左屯卫大将军，兼检校洛州长史。"《通鉴·神龙二年》："十月，己卯，车驾发东都，以前检校并州长史张仁愿检校左屯卫大将军兼洛州长史。"《全文》卷二三五吴少微有《代张仁亶贺中宗登极表》《为并州长史张仁亶进九鼎铭表》，富嘉谟有《为并州长史张仁亶谢赐长男官表》［又见《新书》本传，《唐诗纪事》卷九，《新安志》卷六，《元龟》四二九（《刺史考》引为"二四九"，误）、六八一、六九七］。

【宋　璟　神龙元年（705）　（未之任）】

《旧书》本传："神龙元年，迁吏部侍郎……中宗幸西京，令璟权检校并州长史，未行，又带本官检校贝州刺史。"《新书》本传略同。《会要》卷六八："神龙元年二月四日，罢（北都）为大都督府，以宋璟为之。"《全文》卷三四三颜真卿有《有唐开府仪同三司行尚书右丞相宋公（璟）神道碑铭》："中宗将幸西蜀，深虞北鄙，乃兼检校并州大都督府长史，又改兼贝州刺史。"

崔宣道　神龙中

《旧书·裴怀古传》："复历相州刺史、并州大都督府长史，所在为人吏所慕。神龙中，迁左羽林大将军，行未达都，复授并州长史。吏人闻怀古还，老幼相携，郊野欢迎。时崔宣道代怀古为并州，下车而罢，出郊以候怀古。"（《新书·裴怀古传》略同。又见《元龟》卷六八三牧守部）

裴怀古　神龙中

《旧书》本传："神龙中，迁左羽林大将军，行未达都，复授并州长史。"《新书》本传略同。此为第二次为并州长史（又见《元龟》卷六八三牧守部）。

卢　玠　景龙中

《芒洛四编》卷五《大唐故左屯卫将军卢（玠）府君墓志铭》（景云二年四月九日）："又征拜左骁卫将军，俄除并州大都督府长史……拜左屯卫将军、东都留守，兼判左卫及太常卿事。"春秋五十四，景云元年（710）卒［又见《千唐志·大中大夫使持节房州□□□州刺史卢（全操）府君志铭》（开元二十三年九月十八日）、《唐故兖州邹县尉卢府君（仲容）墓志铭并序》（乾元二年二月十二日）、《范阳卢氏女子殁后记》（燕圣武元年三月六日）］。

周仁轨　唐隆元年（710）

《旧书·王旭传》："唐隆元年，玄宗诛韦庶人等。并州长史周仁轨，韦氏之党，有诏诛之。旭不覆敕，又斩其首，驰赴西京。"《新书·王旭传》略同。全文卷二五二苏颋《授周仁轨左羽林大将军制》："光禄大夫、行光禄卿、兼检校并州大都督府长史……周仁轨……可镇军大将军、左羽林卫大将军、兼检校并州大都督府长史。"（又见《新书》本传、《朝野佥载》补辑、《广记》卷一四三引《广古今五行记》）

崔敬嗣 景云二年（711）前

《宝刻丛编》卷八引《集古录目》："《唐并州长史崔敬嗣碑》，唐检校秘书监兼昭文馆学士胡皓撰……敬嗣，字奉先，博陵安平人，官至并州大都督府长史。碑以景云二年九月立。"（又见《金石录》卷五）

薛 讷 景云二年（711）—开元二年（714）

《通鉴》太极元年："三月（注：五月改元延和，八月改元先天），丁丑，以（孙）佺为幽州大都督，徙讷为并州长史。"岑仲勉《通鉴隋唐纪比事质疑》谓薛讷景云二年由幽州转并州。又，《通鉴·先天元年》十一月："幽州都督宋璟为左军大总管，并州长史薛讷为中军大总管。"《新书·睿宗纪》先天元年："十一月丁亥，诰遣皇帝巡边。甲午，幽州都督宋璟为左军大总管，并州长史薛讷为中军大总管，兵部尚书郭元振为右军大总管。"《旧书·玄宗纪》开元二年："并州大都督府长史兼检校左卫大将军薛讷同紫微黄门三品，仍总兵以讨奚、契丹。"（又见两《唐书》本传，《全文》卷二一玄宗《薛讷除名为庶人制》，《元龟》卷一一三、二五九、三九七、四二九、四五二）

王 晙 开元二年（714）—四年（716）

《旧书》本传："开元二年，吐蕃精甲十万寇临洮军，晙率所部二千人卷甲倍程，与临洮两军合势以拒之……杀获不可胜数……以功加银青光禄大夫，封清源县男，兼原州都督，仍拜其子班为朝散大夫。寻除并州大都督府长史。"《新书·玄宗纪》：开元三年"四月……（以）右卫大将军郭虔瓘为朔州镇军大总管，并州长史王晙副之。以备突厥"。《通鉴·开元四年》：八月，"突厥降户处河曲者，闻毗伽立，多复叛归之。并州长史王晙上言……"（又见《新书》本传、《突厥传上》，《全文》卷二六、卷二五〇，《元龟》卷一一九、三九八）

辨误：《元龟》："王晙玄宗开元初为陇右群牧使……以功加银青光禄大夫，封清源县男兼原州都督，仍拜其子班为并州大都督府长史。"此大误，考两《唐书·王晙传》，王晙之子王班并未任并州长史职。按《旧书》本传：

"以功加银青光禄大夫，封清源县男，兼原州都督，仍拜其子班为朝散大夫。寻除并州大都督府长史。"又按《新书》本传："以功加银青光禄大夫、清源县男，兼原州都督；以子珽为朝散大夫。又进并州都督长史。"两《传》所载略同，惟《新传》其子作"王珽"。由此可知，王班（珽）所授官为"朝散大夫"，任并州长史者乃王晙本人。

张嘉贞 开元四年（716）—开元八年（720）

《通鉴·开元五年》七月："安西副大都护汤嘉惠奏突骑施引大食、吐蕃，谋取四镇……并州长史张嘉贞上言……"可知五年已在任，很可能继王晙之任。《通鉴·开元八年》正月："以京兆尹源乾曜为黄门侍郎，并州长史张嘉贞为中书侍郎，并同平章事。"《旧书·玄宗纪》：开元八年正月，"并州大都督府长史张嘉贞为中书侍郎"。[又见两《唐书》本传，两《唐书·王翰传》，《新书·玄宗纪》、《宰相表中》，《全文》卷二一玄宗《并州置天兵军制》、卷六二〇独孤及弼《并州太原县令路公（太一）神道碑》，《元龟》卷七二、六八九、八四〇、八五二，《会要》卷七八，《大唐新语》卷六]

张　说 开元七年（719）—开元九年（721）

《旧书》本传："开元七年，检校并州大都督府长史，兼天兵军大使，摄御史大夫，兼修国史，仍赍史本随军修撰。"又《元龟》卷三八八将帅部："张说应诏举，开元七年权检校并州都督府长史充天兵军使。"可知，张说任并州长史始于开元七年，郁贤皓《刺史考·并州》以为八年始，似误。按，八年仍在任，见《通鉴·开元八年》："秋，并州长史、天兵节度大使张说引二十骑，持节即其部落（突厥拔曳固、同罗诸部）慰抚之。"九年亦在任，见《旧书·玄宗纪》开元九年九月："右羽林将军、权检校并州大都督府长史、燕国公张说为兵部尚书、同中书门下三品。"《唐大诏令集》卷四四、《全文》卷二二、《元龟》卷七二《张说同三品制》。[又见《新书》本传，《宰相表中》，《元龟》卷一二八、三八四、五五四，《全文》卷二八玄宗《命张说修国史诏》、卷二九二张九龄《张公（说）墓志铭并序》，《会要》卷六三，《元和郡县志》"代州雁门县"，《广记》卷二四〇引《朝野佥载》]

崔日用 开元七年（719）—开元十年（722）

《新书》本传："开元七年，诏曰：'唐元之际，日用实赞大谋，功多不宜减封，复食二百户。'徙并州长史，卒年五十。"又，《元龟》卷一三四："开元七年，崔日用为常州刺史……特下制曰：'唐元之际，逆党构凶，崔日用时潜论其事,及于戡剪,实豫元谋,功既居多,不宜减封.'是年转并州长史."两书皆云日用任并州长史始于开元七年,而《旧书》本传则曰十年,"(开元)十年,转并州大都督长史。寻卒。"似《旧传》误也。郁贤皓《刺史考·并州》以此为据,且言"《新书》本传略同《旧书》",恐误。又按,开元七年至九年张说与崔日用皆为并州长史,盖张说为检校,崔日用乃实任。

王　晙　开元十年（722）

《千唐志·故京光府宣化府折冲樊公（庭观）墓志铭并序》（开元十二年五月二日）："开元十年,中山郡开国公、守吏部尚书、检校并州长史、天兵军节度大使王晙,籍其英干,特奏充横野军副使。"

唐代淮南道、江南东道、江南西道分州长史年表

说明：

（1）年表以州为纲，州内长史以时间为序。

（2）各州附以简介，州名后注明州的等级，加圆括号表示。因诸州等级在唐代不同时期皆有变化，而《新书·地理志》与《旧书·地理志》所载非一，今但以《旧志》为据，《旧志》缺载者，则以《新志》标明州级。两《志》皆未载者，则暂缺。

（3）各州州名之下，例附郡名。其中沔、信、简、池四州，郡名不详。

（4）唐代州郡归属，前后期变化较大，如澧州和朗州，天宝以前归属江南西道，天宝元年（742）以后划归山南东道。为统一体例，本文各州郡建置概以开元二十九年（741）建置为准。开元二十九年以前或以后废置的州郡，以附编形式，置于表末。

（5）本年表另附澧、朗二州之长史，因皆为天宝以后任职，故置于山南东道，并以附录的形式列于江南西道长史年表之后，以作读者参考之用。

（6）贞观二十三年（649）七月，高宗即位后，改别驾为长史，故武德、贞观中别驾亦予收入。

淮 南 道

楚 州（中）
（淮阴郡）

隋江都郡之山阳县。武德四年（621），臧君相归附，立为东楚州。八年，废西楚州，以盱眙来属，仍去"东"字。天宝元年（742），改为淮阴郡。乾元元年（758），复为楚州。领县五：山阳、盐城、盱眙、宝应（安宜）、淮阴。

姚 弈 开元中？

《新书·宰相世系四下》陕郡姚氏："弈，楚州长史。"乃姚崇之侄，崇开元九年（721）卒，春秋七十二（见《旧书·姚崇传》）。

元 贞 （讫）大历四年（769）

《汇编》大历〇一二《唐故摄楚州长史元（贞）公墓志铭》（大历四年七月八日）："公余庆所钟，淑行斯茂，命或不偶，知如之何？粤以大历四年正月十三日寝疾，终于丹阳郡客舍，春秋五十三。"

源 溥 （讫）建中三年（782）

《汇编》建中〇一七《唐故朝议郎守楚州长史赐绯鱼袋源（溥）公墓志铭》（建中四年二月二日）："迁大理寺主簿，转大理丞兼滁州长史，又拜大理丞兼监察御史充邠宁节度判官。除杭州司马，改楚州长史赐绯鱼袋。公事上以敬，御人以宽，丑夷不争，僚吏彼仰……奉法而直指不回，理烦而庶务毕举，迁时之要，无往非宜。"建中三年卒，春秋五十五。又见贞元〇六〇《唐故楚州长史源公夫人乐安蒋氏墓志铭》。按源溥乃卒于楚州长史任。

滁 州（下）
[《会要》卷七〇《州县分望道》称：元和六年（811）九月升为上州]

隋江都之清流县。武德三年（620），杜伏威归国，置滁州。天宝元年（742），改为永阳郡。乾元元年（758），复为滁州。领县三：清流、全椒、永阳。

李　暕　天宝中？

《新书·宰相世系二上》辽东李氏："暕，永阳郡长史。"其孙李澄德宗时封武威郡王（《旧书·德宗纪》：兴元元年（784）十月，"甲午，以李澄为汴州刺史、汴滑节度使，封武威郡王"）。

独孤玙　代宗初

《全文》卷三九一独孤及《唐故大理寺少卿兼侍御史河南独孤府君（玙）墓志铭》："天宝十四年……命府君为泗州长史。无何，换滁、濠二州……御史中丞崔公昭之尹河南也，盛选僚佐，表府君为太常丞兼殿中侍御史营田判官……春秋五十五而殁，是岁大历九年春三月二十四日也。"《全文》卷四四三李舟《为崔大夫陈情表》称"肃宗委臣方面，擢尹两京"。按崔昭大历三年（768）五月为京兆尹（见《旧书·代宗纪》），其为河南尹当在此前，李舟《表》文称"肃宗"，似误，应为"代宗"。

源　溥　约德宗初期

《汇编》建中〇一七《唐故朝议郎守楚州长史赐绯鱼袋源（溥）公墓志铭》（建中四年二月二日）："迁大理寺主簿，转大理丞兼滁州长史，又拜大理丞兼监察御史充邠宁节度判官。"建中三年（782）卒，春秋五十五。

徐　璹　贞元中

《吴兴谈志》卷一八："袁高《茶山述》，刺史于頔撰，前滁州长史、上柱国徐璹书。"亦见《集古录目》，称贞元七年五月立。

啖　异　穆宗初

《全文》卷六五七白居易《啖异可滁州长史许志雍可永州司户崔行俭可隋州司户并准赦量移制》："守袁州司马员外同正员啖异等：有司奉新制，明旧章，凡负疵瑕，必沾庆泽。况尔等各有才用，多淹岁时，谴累轻重，遽从恩贷，班资远迩，率以例迁。"按白居易，元和十五年（820）十二月为主客郎中知制诰，长庆元年（821）十月转中书舍人，掌朝廷文字之职。长庆二年七月，出为杭州刺史（见《旧书·白居易传》《旧书·穆宗纪》）。此制当为其知制诰时所撰。

卢子骏　大和六年（832）在任

《全文》卷七四六卢子骏《彭城公写经画西方像记》："滁州长史卢子骏，大和六年十一月十七日，自南谯抵钟离，谒太守彭城刘公。"

和　州（上）

（历阳郡）

[《会要》卷七〇《州县分望道》称：元和六年（811）九月升为上州]

隋历阳郡。武德三年（620），杜伏威归国，改为和州。天宝元年（742），改为历阳郡。乾元元年（758），复为和州。领县三：历阳、乌江、含山（武寿）。

王　粲　贞观中？

《汇编》长安〇五六《大周故朝议郎行郴州录事参军上柱国王（询）君墓志》（长安四年二月十七日）："祖瑾，隋郑州司马；父粲，唐左监门卫长史、和州长史。"询卒于上元三年（676）五月十九日，春秋七十有二。又见《汇编》神龙〇〇六《大唐故朝议郎行司仆寺长泽监王（及德）君墓志铭》（神龙元年三月六日）："祖粲，唐左监门卫长史、和州长史。"

刘　玄　肃宗时？

《八琼室金石补正》卷七四（《陕西金石志补遗》卷上同，又见《唐文拾遗》卷三一，少二百余字）《唐故光禄大夫太子太傅致仕上柱国彭城郡开国公食邑二千户赠司徒刘公（沔）神道碑铭并序》："曾祖玄，银青光禄大夫检校太子宾客和州长史兼监察御史。"沔大中二年（848）十一月七日卒，春秋六十五。

李　清　中唐前期

《新书·宰相世系二上》李氏东祖房："清，和州长史。"乃隋冯翊太守李孝贞七世孙。

唐　贤　大中中？

《续汇》咸通〇七八《唐故银青光禄大夫检校太子宾客前杭州长史兼监察御史上柱国唐（思礼）公墓志铭》（咸通十二年七月廿二日）："皇考讳贤，入仕至和州长史。公和州之长嫡，谨敏谦慎，天授其性。"思礼卒于咸通十二年（871）六月七日，享年五十二。

濠　州（下）
（钟离郡）

[《会要》卷七〇《州县分望道》称：元和六年（811）九月升为上州]

隋钟离郡。武德三年（620），改为濠州。天宝元年（742），改为钟离郡。乾元元年（758），复为濠州。领县三：钟离、定远、招义。

长史暂缺。

舒　州（下）
（同安郡）

[《会要》卷七〇《州县分望道》称：元和六年（811）九月升为上州]

隋同安郡。武德四年（621），改为舒州。六年，置总管府。七年改总管府为都督府。贞观元年（627），罢都督府。天宝元年（742），改为同安郡。至德二年（757）二月，改盛唐郡。乾元元年（758），复为舒州。领县五：怀宁、宿松、望江、太湖、同安。

梁玄敏　贞观中

《汇编》长寿〇〇九《唐故舒饶二州别驾梁（玄敏）府君墓志铭》（长寿二年二月十二日）："父衍，隋使持节洹、蔚、泽三州刺史，宜阳郡开国公……（玄敏）唐朝任尚食直长，舒、饶州别驾……以贞观十八年岁次甲辰，九月辛未朔，五日乙亥卒于官舍，春秋五十有九。"

李义先　约高宗武后时

《新书·宰相世系二上》李氏东祖房："义先，舒州长史。"乃隋淮阳令李元卿之曾孙。

郑　济　天宝四载（745）在任

《全唐文补遗》第八辑张蜂《大唐同安郡长史郑君（济）故夫人崔氏墓志铭》："夫人讳悦，字季姜，清河武城人也。皇宁州长史玄弼之曾孙，婺州司马道郁之孙，亳州司马综之第四女，今同安郡长史荥阳郑君济之妻也……以天宝四载四月十四日，移疾终于安国之伽蓝……"

房　众　（讫）大历十三年（778）

《续汇》大历〇三九《唐故舒州长史房（众）君墓志铭》（大历十三年十

一月七日）："君起授高平郡固府左果毅……再授河南金谷府折冲，赐紫金鱼袋，转授舒州长史。何知积善无徵，罚我良友，以大历十三年春遘疾于私舍……以其年六月廿七日殁于建春坊私舍，春秋五十有三。"

毛伯贞 大中五年（851）在任

《续汇》大中〇三〇《唐故夫人吕氏墓志铭》（大中五年七月十一日），题"翰林待诏朝请大夫行舒州长史上柱国赐绯鱼袋毛伯贞撰并篆"。《墓志》云："（吕氏）以大中五年四月二日终于京兆广化里之私第，春秋六十有五。即以其年七月十一日龟筮叶从，迁窆万年县长乐乡之原，近先夫茔侧，礼也。"

庐　州（上）

（庐江郡）

[《旧书·地理三·庐州》称：乾元元年（758），升为上州]

隋庐江郡。武德三年（620），改为庐州。天宝元年（742），改为庐江郡。乾元元年，复为庐州，自中升为上。领县五：合肥、慎、巢（襄安）、庐江、舒城。

独孤某 开元中期

《全文》卷三九三独孤及《唐故朝散大夫颍川郡长史赠秘书监河南独孤公灵表》："开元十四年，玄宗初登封泰山……授公益州温江令……益州刺史张敬忠以状闻，诏授监察御史，转殿中侍御史。会权臣恶直，斥去不附己者，贬公庐州长史。明年，恶直者罢位，公稍移武功令，未到官病免。二十三年除宁州司马。"

桑　倩 开元中？

《芒洛冢墓遗文》卷中（《汇编》贞元〇二三）刘震《唐故朗州武陵县主簿桑公（崿）墓志铭并序》（贞元五年八月二十一日）："父倩，皇朝试庐州长史。"崿天宝五载（746）卒，未载享年。又见《唐文拾遗》卷二四刘震《唐故朗州武陵县主簿桑公（崿）墓志铭并序》。

裴大泽 玄宗时

《全诗》卷一七六李白《杭州送裴大泽赴庐州长史》："西江天柱远，东越海门深。去割慈亲恋，行忧报国心。好风吹落日，流水引长吟。五月披裘者，应知不取金。"

李　昊　天宝末期

《汇编》乾元〇〇三《大唐故吉州刺史陇西李（昊）府君墓志铭》（乾元元年八月廿一日）："授银川郡司马。无何，拜灵武郡长史兼本道防御使兼采访判官，寻拜庐江郡长史知郡事。淮海之服，土风浇醨，抚宁此人，如筹在手，易俗齐礼，洋洋颂声。至德元年，除黄州刺史。"

徐　浩　肃宗时

《新书》本传："肃宗立，由襄州刺史召授中书舍人……进国子祭酒，为李辅国潛，贬庐州长史。代宗复以中书舍人召，迁工部侍郎、会稽县公。"《旧书》本传略同。《全文》卷四四五张式《大唐故银青光禄大夫彭王傅上柱国会稽郡开国公赠太子少师东海徐公（浩）神道碑铭》："李辅国冯宠恃勋，台臣侧目，有命将授左散骑常侍……而浸润之潛，竟中于多言。因除国子祭酒，遂贬庐州长史。代宗践祚，公论勃兴，乃□复中书舍人，加银青光禄大夫集贤殿学士副知院事，寻迁工部侍郎。"

武　彻　宝应二年（763）在任

《广记》卷一五〇引《前定录》："宝应二年，户部郎中裴谞出为卢（庐）州刺史。郡有二迁客，其一曰武彻，自殿中侍御史贬为长史；其一曰于仲卿，自刑部员外郎贬为别驾。谞至郡三日，二人来候谒。谞方与坐，俄而吏持一刺云：寄客前巢县主簿房观请谒。谞方与二客话旧，不欲见观，语吏云：'谢房主簿相访，方对二客，请俟他日。'"按"卢州"当作"庐州"，《旧书·裴谞传》云："执政者忌之，出为虔州刺史，历饶、庐、亳三州刺史。"又引文称"巢县"，乃庐州属县，为资佐证。

安承恩　大历十四年（779）始

《旧书·德宗纪》：建中三年（782），"三月丁亥，赠故卫尉卿颜杲卿司徒……赠故骁卫将军、代国公安金藏兵部尚书，授其子承恩庐州长史。"按此系于建中三年。《元龟》卷一三九系于建中四年。而《新书·安金藏传》系于大历中，其传云："大历中，赠兵部尚书，谥曰'忠'。以子承恩为庐州长史。"又《元龟》卷一三一："德宗以大历十四年五月即位，六月御丹凤楼，大赦天下。诏武德已来宰相功臣名迹崇高并至将相功效明著已亡殁者，量加赠谥，子孙沉翳者，量与官……戊子，赠骁卫将军、代国公安金藏兵部尚书，授其子承恩银青光禄大夫试殿中监兼庐州长史。"所言与《新书·安金藏传》相合，今从之，而不采《旧书·德宗纪》之说。

杨 交 兴元元年（784）在任

《唐文续拾》卷四杨交《大唐东都弘圣寺帮临坛大德真瞳铭并序》："大德法号真坚，河南府王屋人也。俗姓杨，即弘农太尉之苗裔。……兴元元年五月十二，忽示现生灭，终于弘圣寺本院，俗年五十有七……出家姊安国寺主真心、俗弟庐州长史交、弟子弘圣寺僧嗣兴等……"同卷小传称："交，兴元中卢州长史。""卢"误，当为"庐"。

李 栾 贞元十二年（796）在任

《元龟》卷一七六帝王部：贞元十二年二月，"又加朔方灵盐丰西受降定远城天德军节度营田观察使押蕃落使庐州长史兼御史大夫李栾、浙江东道都团练观察使越州刺史御史中丞皇甫政……等并兼御史大夫"。

张 某 长庆中

《广记》卷二四二："唐临济令李回，妻张氏。其父为庐州长史，告老归。以回之薄其女也，故往临济辱之，误至全节县……大骂辱。全节令赵子余不知其故。"按两《唐书·李回传》，未及临济令一职。回初仕于长庆中，后显达于文宗、武宗朝。临济令盖其初仕之职，而史书缺载。

薛昌宗 大和中？

《新书·宰相世系三下》薛氏南祖："昌宗，庐州长史。"按其父薛嵩，代宗时为相卫节度使，大历八年（773）卒（见《旧书·薛嵩传》）；其兄薛平仕宪、穆、敬、文四帝，大和四年卒（见《旧书·薛平传》）。

寿　州（中）
（寿春郡）

[《会要》卷七〇《州县分望道》称：大中四年（850）六月升为上州]

隋为淮南郡。武德三年（620），杜伏威归国，改为寿州。七年，置都督府。贞观元年（627），废都督府。天宝元年（742），改为寿春郡。乾元元年（758），复为寿州。领县五：寿春、安丰、霍山、盛唐（武昌）、霍丘。

张 琼 开元中？

《芒洛冢墓遗文五编》卷五（《汇编》天宝二〇七）《唐河东郡故张（谦）府君墓志铭》（天宝十一载九月三十日）："祖琼，尤明政术，代许忠清，皇朝请大夫，守寿春郡长史、上柱国。"府君天宝十一载（752）卒。墓志为其从弟河南府进士张肃撰；又，碑文称府君"降年不永"，知府君大约壮年而卒。

邵 承 开元后期

《汇编》开元四六三《唐故朝散大夫寿州长史安阳邵（承）府君墓志铭》（开元廿六年正月廿七日）："寻迁朝议郎行宋王府文学，又调补忠王主簿……会我国家之有事也，斋祀汾阴，恩加朝散大夫，俄除寿州长史。仁以为政，威而不苛，熙熙然得半刺之风矣。"开元二十五年（737）终于寿州官舍，春秋七十二。

贾崇璋 开元后期

《汇编》天宝二〇〇《唐缙云郡司马贾崇璋夫人陆氏墓志铭》（天宝十一载二月廿四日）："父赵璧，马邑郡长史……及家君（陆赵璧）作宰寿春，夫人殆将笄岁……适郡长史平阳贾崇璋，常修梵行，六亲取则……时贾公转乐平郡别驾，又除缙云郡司马……（夫人）半路生疾……以天宝十载（751）秋八月一日终于官舍，春秋一百有八十甲子。"

贾 某 天宝初

《汇编》天宝二一七《唐故高士通直郎贾（隐）府君并夫人京兆杜氏墓志铭》（天宝十二载二月二十四日）："天宝初，少子转寿春郡长史，银章朱绂，照耀庭闱，扬名荣亲，母由子贵，册授蓝田县太君。"天宝十一载（752）卒，享年八十八。

欧阳琟 天宝末

《全文》卷三四三颜真卿《游击将军左领军卫大将军兼商州刺史武关防御使上柱国欧阳使君（琟）神道碑铭》："天宝末……充鲁炅南阳节度副使，摄淮南郡长史，充当郡防御使……至德元载……加游击将军左金吾卫中郎将兼南阳郡司马。"按寿州，隋称淮南郡。武德三年（620），杜伏威归国，改为寿州；天宝元年（742），改为寿春郡；乾元元年（758），复为寿州。《碑铭》乃沿用隋之旧称。

李 穆 玄宗时？

《新书·宗室世系上》蜀王房："寿州长史穆。"乃蜀王李湛六世孙，浙西长史李嗣金之子。

韦 伦 代宗时

《汇编》大和〇一〇《唐故朝散大夫守汝州长史上柱国清河崔公夫人陇西县君李氏墓志铭》（大和二年二月十六日）："外祖寿州长史京兆韦伦。"夫人大和元年（827）十月二十三日卒，春秋卅八。

吴　某　德宗前期

《汇编》兴元〇〇一《唐故彭城刘夫人墓志铭》（兴元元年闰十月四日）："兴元元年秋九月三日哉生明，试寿州长史吴君夫人刘氏，终于扬州江都县长寿里之私第，春秋卅有六。"

张元浰　大中中？

《续汇》咸通〇九五《唐故中大夫前洪州都督府司马上柱国清河张（元浰）府君墓志铭》（咸通十四年八月廿八日）："开成中，工部尚书杜公以公才能干裕，筹画□深，荐遂州司马，历潭州司马，寻命为朝散大夫……转寿州长史，迁洪州司马，靖恭既久，底绩弥彰。既而年逮从心（即七十岁），试深知足……退位韬光，静居养素……以咸通十四年（873）二月廿七日寿终于私第，享年九十。"

蕲　州（中）
（蕲春郡）

[《会要》卷七〇《州县分望道》称：元和六年（811）九月升为上州]

隋蕲春郡。武德四年（621）改为蕲州。天宝元年（742），改为蕲春郡。乾元元年（758），复为蕲州。旧领县四：蕲春、黄梅、广济（永宁）、蕲水（兰溪）。

王　韦　贞观中

《续汇》咸亨〇二四《唐故贝州司马太原王（韦）府君墓志铭》（咸亨四年十月四日）："父敏，隋庐州总管府掾……公骊泉育彩……贞观五年，授扬州士曹参军事……授辰州别驾，迁蕲州别驾……寻迁朝议郎，加轻车都尉，行贝州司马……以贞观十九年七月十一日，终于官舍，春秋六十有二。"《汇编》景龙〇二八《大唐故雍州美原县丞王（景之）君墓志铭》（景龙三年十月廿六日）："祖敏，隋任光州别驾；父祎，皇朝辰、蕲二州别驾。"景之卒于永淳二年（683）八月二十三日，春秋六十。

柏敬仁　武后时？

《全文》卷六三八李翱《唐故特进左领军卫上将军兼御史大夫平原郡王赠司空柏公（良弼）神道碑》："有季纂者，入唐为工部尚书，生敬仁为蕲州长史，生謇为河南永宁令，赠大理寺少卿，生造为怀之获嘉令，即公之父也。"

良弼卒于贞元十九年（803）闰十月，享年六十一。

郑玄敏 武后时？

《汇编》宝历〇一九《唐故昭义节度衙前先锋兵马使荥阳郑（仲连）府君墓志铭》（宝历二年十一月七日）："高祖讳玄敏，皇朝散大夫、蕲州长史、司农丞。"府君宝历二年（826）卒，春秋六十二。

庾兴宗 武后时？

《汇编》天宝〇八七《大唐故赵郡司户参军庾（若讷）公墓志铭》（天宝五载二月三十日）："祖兴宗，皇朝散大夫、蕲州长史。"若讷天宝四载（745）卒，未言享年。

卢 谕 天宝中

《全文》卷三九一独孤及《唐故特进太子少保郑国李公（遵）墓志铭》："开元十年初仕，天宝六年出守……乾元二年……加特进工部尚书……明年，肃宗崩，公由太子少傅贬袁州刺史……宝应二年拜鸿胪，寻复加太子少保。贬永州司马。大历二年七月某日，薨于永州，春秋若干。夫人卢氏，蕲春郡长史谕之子……先公十二岁而殁。"

高 某 天宝中

《汇编》天宝一九五《故济阴郡参军博陵崔（义邕）府君墓志铭》（天宝十载十一月廿七日）："诸侯待理，冢宰急贤，乃授济阴郡参军……渤海高□，公之□私，以蕲春长史终，公哭之恸。虑姊之孀立，忧甥之多艰，公室素贫，尽禄无匮，庇丧莫给，积忧成疾，以天宝十载九月二日终于济阴郡之官舍，享年卌有七。"

李 条 贞元初

《全文》卷五〇二权德舆《朝散大夫守司农少卿赐紫金鱼袋陇西县开国男李公（条）墓志铭并序》："贞元初移蕲州长史，寻征还京师，执事者锐意引重……拜泉州刺史，泉人宜之……九年授果州刺史。"

王师贞 咸通十一年（870）在任

《全文》卷七六〇谭铢《庐州明教寺转关经藏记》："大唐咸通庚寅岁，庐之佛寺曰明教……其藏贮修多罗教数千轴，募金长者禅那弟子蕲州长史殿中侍御史上柱国王师贞，特力营构，果获成就。"按咸通庚寅岁，乃咸通十一年。

光　州（紧、中）
（弋阳郡）

[《会要》卷七〇《州县分望道》称：大中四年（850）六月升为上州]

隋弋阳郡。武德三年（620），改为光州，置总管府。七年，改总管府为都督府。贞观元年（627），罢都督府。天宝元年（742），改为弋阳郡。乾元元年（758），复为光州。领县五：定城、光山、仙居（乐安）、殷城、固始。

窦固思　开元中？

《新书·宰相世系一下》窦氏三祖房："固思，光州长史。"按其叔祖窦怀贞相中宗。

刘慎言　约玄宗时

《全文》卷五八九柳宗元《尚书户部侍郎王君先太夫人河间刘氏志文》："夫人姓刘，其先汉河间王。王有明德，世绍显懿。至于唐，有文昭者，为绵州刺史，号良二千石。其嗣慎言，为仙居令、光州长史，克荷于前人。光州，夫人之父也。"按夫人卒于贞元二十一年（805）六月二十日，享年七十九。

尉迟璋　开成三年（838）始

《旧书·陈夷行传》："开成二年四月，以本官同平章事。三年，杨嗣复、李珏继入辅政……仙韶院乐官尉迟璋授王府率，右拾遗窦洵直当衙论曰……乃授光州长史。"[《新书·陈夷行传》略同。又见两《唐书·曹确传》，《新书·韦温传》，《元龟》卷一〇一，《通鉴·咸通八年》三月，《全文》卷七五五杜牧《唐故宣州观察使御史大夫韦公（温）墓志铭并序》、卷七六一曹确《谏用伶官李可及为威卫将军疏》]

边　诚　咸通中

《续汇》咸通〇七〇乡贡进士李振撰《故弘农杨氏夫人墓志铭》（咸通十一年八月十日）："自初笄而适称事长，以至和归于光州长史、检校国子祭酒、上柱国边公诚。公以忠贞立节，孝友节躬，宏材既出于长松，弘量实深于沧海，累官半刺，益洽群情……夫人咸通十一年（872）庚寅六月三日于道政里第，享年卅有六。"按《墓志》称夫人"初笄""归于光州长史、检校国子祭酒、上柱国边公诚"，此盖倒叙之法，边诚初婚之时，当尚未至光州长史也。"长史"盖李振撰墓志时，边诚所居之官位，故称"累官半刺"。

申　州（中）
（义阳郡）

[《会要》卷七〇《州县分望道》称：元和十四年（819）四月升为中州]

隋义阳郡。武德四年（621），置申州。天宝元年（742），改为义阳郡。乾元元年（758），复为申州。领县三：义阳、钟山、罗山。

刘如璋　开元中

《汇编》开元三一三《大唐故朝散大夫行申州长史上柱国刘（如璋）府君墓志铭》（开元十八年（730）十一月十日）："迁左司御兵曹参军，河南府渑池丞，濮州濮阳令，又拜申州长史……佐理专城，慊周景之题舆，嗤尹何之制锦。嗟乎，岁聿云暮，辞满言归。忆元亮之田园，寻仲长之山水。"开元十八年（730）十月卒于河南府，春秋七十三。

《汇编》开元二八九《大唐故左卫司戈刘（景嗣）府君墓志铭》（开元十七年七月壬寅）："父如璋，依仁游艺，立德树声，朝散大夫申州长史。"

黄　州（下）
（齐安郡）

隋永安郡。武德三年（620），改为黄州，置总管府。七年，改总管府为都督府。贞观元年（627），罢都督府。天宝元年（742），改为齐安郡。乾元元年（758）复为黄州。领县三：黄冈、黄陂、麻城。

夏侯绚　永徽三年（652）

《续汇》永徽〇四三《唐故使持节睦州诸军事睦州刺史夏侯（绚）府君墓志铭》（永徽六年十月廿五日）："永徽元年，改使持节涪州诸军事涪州刺史……三年，授蜀王府长史兼行黄州长史。未几，王改巴州，又兼巴州长史，王府如故。四年，王以荆吴构逆，缘坐废府。授公使持节江州诸军事江州刺史。"

卢　谕　开元中？

《新书·宰相世系三上》卢氏大房："谕，黄州长史。"按其伯父卢粲，中宗时为陈州刺史，累转秘书少监，开元初卒（见《旧书·卢粲传》）。

杨　琼　贞元中

《金石录》卷九："《唐黄州长史杨公（琼）墓志》，孙佋撰，荀颖正书。

贞元十九年八月。"

李叔度 大和中

《续汇》大和〇五四《大唐故宣威将军右骁卫翊府左郎将上柱国李（叔夏）府君墓志铭》（大和九年十一月十九日）："以（大和）九年九月十四日终于万年县永兴里之私第，享年五十矣……公之弟黄州长史曰叔度，次弟大和公主府典军曰叔齐。"

魏 项 咸通中

《汇编》咸通〇八六《唐故留守右厢都押衙都虞候黄州长史兼监察御史银青光禄大夫检校太子宾客上柱国魏（项）府君志铭》（咸通十一年十一月廿二日）："至郑相国迁充右厢都虞候……乃兼充右厢都押衙……徐相国夙知风义，潜赏材能，遂奏黄州长史□监察御史。"咸通十一年（883）七月二十四日卒，寿龄四十五。又见咸通〇七四《唐故华州衙前兵马使魏（虔威）公志铭》（咸通九年十二月八日）。

安 州（中）
（安陆郡）

隋安陆郡。武德四年（621），平王世充，改为安州，其年置总管。七年改为大都督府。贞观六年（632），罢都督府。七年又置。十二年，罢都督府。天宝元年（742），改为安陆郡，依旧为都督府。乾元元年（758），复为安州。领县六：安陆、孝昌、云梦、应城（应阳）、吉阳、应山。

刘 瞻 武德八年（625）始

《唐文拾遗》卷一四《荆州都督刘瞻碑铭并序》："（武德）八年，以赵王为安州大都督，又以本官检校安州大都督府长史。"

敬 播 高宗前期

《新书》本传："坐事出为越州长史，徙安州，卒。"《旧书》本传称"龙朔三年（663），卒官"。

马建旃 武后时？

《续汇》贞元〇四五《大唐故金紫光禄大夫行潭州别驾上柱国扶风郡开国公马（浩）府君墓志铭》（贞元十四年十一月十五日）："维贞元八年（792）四月二十五日，金紫光禄大夫、行潭州别驾、上柱国、扶风郡开国公薨于位，享年七十四……公讳浩，字灵长，本扶风人也。曾祖建旃，皇通议大夫安州长史。祖叔常，皇游击将军。"

李京之 开元十七年（729）

《全文》卷三四八李白《上安州裴长史书》："前此郡督马公，朝野豪彦，一见尽礼，许为奇才。因谓长史李京之曰：'诸人之文，犹山无烟霞，春无草树。李白之文，清雄奔放，名章俊语，络绎间起，光明洞彻，句句动人。'"又，同卷李白有《上安州李长史书》，"李长史"即李京之。傅璇琮《唐五代文学编年史·盛唐卷》以为，李白在安州上书长史李京之在开元十七年。

裴 某 开元十八年（730）

《全文》卷三四八李白有《上安州裴长史书》。傅璇琮《唐五代文学编年史·盛唐卷》以为，李白此文作于开元十八年。

萧 昕 至德中？

《旧书》本传："及安禄山反……潼关败，间道入蜀，迁司门郎中。寻兼安陆长史，为河南等道都统判官。迁中书舍人，兼扬府司马，佐军仍旧，入拜本官，累迁秘书监。代宗幸陕，昕出武关诣行在，转国子祭酒。"《新书》本传未及。

韩 祚 德宗初期？

《汇编》咸通〇七七《唐故淮南节度讨击使银青光禄大夫检校太子宾客上柱国南阳郡韩（俊）府君墓志铭》（咸通十年八月十一日）："曾祖祚，皇任安州长史。"志主咸通十年（869）七月七日卒，寿龄六十四。

张敬立 德宗初期？

《广记》卷二四三："扶风窦乂年十三，诸姑累朝国戚。其伯检校工部尚书交，闲厩使、宫苑使。于嘉会坊有庙院，乂亲识张敬立任安州长史，得替归城。安州土出丝履，敬立赍十数辆，散甥侄。竞取之，唯乂独不取……建中初，六月，京城大雨，尺烬重桂，巷无车轮。乂取此法烛鬻之，每条百文。将燃炊爨，与薪功倍，又获无穷之利。"

崔 琪 会昌六年（846）始

《通鉴·会昌六年》：八月壬申，"以循州司马牛僧孺为衡州长史，封州流人李宗闵为郴州司马，恩州司马崔琪为安州长史"。

沔　州

武德四年（621），平朱粲，分沔阳郡置沔州，治汉阳县。至大和七年（833），鄂岳节度使牛僧孺奏，沔州与鄂州隔江，都管一县，请并入鄂州，从之。旧属淮南道。领县二：汉阳、汉川。

长史暂缺。

江南东道

润　州（上）
（丹阳郡）

[《会要》卷七〇《州县分望道》称：会昌五年（845）四月升为望州]

隋江都郡之延陵县。武德三年（620），杜伏威归国，置润州于丹徒县，改隋延陵县为丹徒，移延陵还治故县，属茅州。六年，辅公祏反，复据其地。七年，平公祏，又置润州，领丹徒县。天宝元年（742），改为丹阳郡。乾元元年（758），复为润州。永泰后，常为浙江西道观察使理所。领县六：丹徒、丹阳（曲阿）、延陵、上元（江宁）、句容、金坛。

于知微　约武后时

《全文》卷二〇五姚崇《兖州都督于知微碑》："永徽元年补宏文生……敕授魏州贵乡县令……寻被巡察使进，制加朝散大夫行城门郎……俄兼夏官郎中……出为许州司马，累除蒲、晋、润三州长史……长寿二年制授鄂州刺史。"

姜　皎　中宗、睿宗时

《旧书》本传："长安中，累迁尚衣奉御。时玄宗在藩，见而悦之。皎察玄宗有非常之度，尤委心焉。寻出为润州长史。玄宗即位，召拜殿中少监。……及窦怀贞等潜谋逆乱，玄宗将讨之，皎协赞谋议，以功拜殿中监，封楚国公，实封四百户。"《新书》本传、《御览》卷四七〇人事部略同。《全文》卷二六玄宗《褒楚国公姜皎诏》："银青光禄大夫殿中监楚国公姜皎……

往居藩邸……私谓朕曰：'太上皇即登九五，王必为储副。'……因闻彻太上皇。太上皇遽奏于中宗孝和皇帝，寻遣嗣虢王邕等鞫问。皎保护无怠，辞意转坚……乃为宗楚客、纪处讷等密奏，谪皎炎荒。中宗特降恩私，左迁润州长史。"《元龟》卷一七二同制，称"开元二年八月诏"。

薛 宏 景云元年（710）

《全文》卷二六六黄元之《润州江宁县瓦棺寺维摩诘画像碑》："刺史杨令琛，怀轨物之量，韫不伐之才……长史薛宏……司马成景贺……邑人左补阙冯宗、右拾遗孙处元等，并资忠履孝，抱义怀仁……我皇垂拱，诞膺宝位。控引四流，陶钧万类。"《全文》同卷称"元之，睿宗时人"，则"我皇垂拱"当指睿宗，郁贤皓《刺史考·润州·杨令琛》乃系于"开元初"，似误。又按孙处元，当为"孙处玄"，《全文》编者避清圣祖康熙帝名讳乃改焉，按《旧书·李浚传》，称孙处玄为润州人，正与《画像碑》所称"邑人"合。《旧书·孙处玄传》云："长安中征为左拾遗。颇善属文，尝恨天下无书以广新闻。神龙初，功臣桓彦范等用事，处玄遗彦范书，论时事得失，彦范竟不用其言，乃去官还乡里。以病卒。"（《新书·艺文四》称"右拾遗孙处玄"，《全文》卷二六六孙处元小传称"左拾遗"）其仕履亦止于中宗，睿宗时乃隐居故乡润州，故《画像碑》称其为"邑人"。

颜元孙 开元初期

《全文》卷三四一《朝议大夫守华州刺史上柱国赠秘书监颜君（元孙）神道碑铭》："玄宗登极，同列皆迁中书舍人，君让范阳卢俌，俄为琚等所挤，出为润州长史。迁滁州刺史。按察使王志愔以清白名闻。拜沂州……开元二十年秋七月才生明，薨于绛州翼城县丞之官舍，随子春卿任也。"按王志愔开元四年任扬州大都督府长史兼本道按察使，《全文》卷二五三苏颋《遣王志愔等各巡察本管内制》："诸道按察使扬州长史王志愔、广州都督宋璟……梁州都督张守洁等，并迈迹垂宪，伟才通识，有其直方，无所回避，宜令各巡本管内。"《大诏令集》卷一〇四载此制署"开元四年七月六日"，据郁贤皓《刺史考·扬州》，志愔任扬州长史约一年，其后为李杰所代，知颜元孙在开元四年左右刺滁，则其任润州长史当在开元初期。

高 绍 开元七年（719）—开元十年（722）

《全文》卷二九四高绍《重修吴季子庙记》："绍以开元七年，自长安令左迁润州长史，气雪十年，太岁壬戌，因巡属县庙于延陵，与县令吴兴沈炎同谒季子庙，申奠礼也。"按"气雪十年，太岁壬戌"，指开元十年，干支纪年为壬戌年。

李嗣金　玄宗时？

《新书·宗室世系上》蜀王房："浙西长史嗣金。"按李嗣金为蜀王李湛五世孙，李湛为高祖李渊仲兄（见《新书·宗室·世祖诸子传》）。又按，浙西观察使治润州。

高　轸　天宝中？

《汇编》长庆〇二二《唐故监察御史赐绯鱼袋陇西李府君亡妻渤海高夫人墓志铭》（长庆三年十月二十一日）："曾祖皇朝散大夫、润州长史轸。"夫人长庆三年（823）卒，春秋五十四。

归崇敬　（讫）宝应二年（763）

《旧书》本传："天宝末，对策高第，授左拾遗，改秘书郎。迁起居郎、赞善大夫，兼史馆修撰，又加集贤殿校理。以家贫求为外职，历同州、润州长史，会玄宗、肃宗二帝山陵，参掌礼仪，迁主客员外郎。"《新书》本传称"润州别驾"。按，玄、肃二宗入葬山陵，事在宝应二年（见《通鉴·宝应二年》：三月，"辛酉，葬至道大圣大明孝皇帝于泰陵，庙号玄宗；庚午，葬文明武德大圣大宣孝皇帝于乔陵，庙号肃宗"。按，七月壬子改元广德；"乔陵"当作"建陵"）。

王　宙　大历中

《全文》卷三七六任华《西方变画赞》："前殿中侍御史蒋炼，炼弟前右拾遗镇……侍御女弟润州长史京兆王宙妻，次前信州刺史高阳齐□妻……哀礼兼极，此道也古所难，况衰俗乎？"按齐□乃齐浣之子，约大历中刺信，王宙乃其连襟，当为同时人。

董　芨　长庆二年（822）—长庆四年（824）

《续汇》宝历〇〇一《唐故朝散大夫守润州长史赐紫金鱼袋陇西董（芨）公墓铭并序》（宝历元年二月廿二日）："贞元中，以天属拜怀州长史，自怀改润州司马，由司马迁长史……时润将王国清作乱曾吴，人将掠州库……设御……卒完其库。时廉察使亦嘉之，竟不为万奏。岂非命耶？长史秦人，为泽国气所中成疾。长庆四年四月十八日，终润州廨宅。润人罢嬉，相吊于路。"按王国清作乱，在长庆二年九月，当月即为观察使窦易直平定（见《旧书·穆宗纪》）。

常　州（上）

（晋陵郡）

[《会要》卷七〇《州县分望道》称：会昌五年（845）四月升为望州]

隋毗陵郡。武德三年（620），杜伏威归化，置常州。六年，复陷于辅公祐。七年，公祐平，复置常州。天宝元年（742），改为晋陵郡。乾元元年（758），复为常州。领县五：晋陵、武进、江阴、义兴、无锡。

张　干　武德中？

《汇编》开耀〇〇三《唐故司御率府翊卫张（敬玄）君墓志铭并序》（开耀元年十二月廿六日）："祖干，皇朝朝散大夫常州长史……（敬玄）以开耀元年（681）十月十七日终于平州慈邑之里，春秋五十有四。"

董　雄　贞观中？

《全文》卷二三一《唐处士张（恪）府君墓志铭》："夫人陇西董氏，常州长史雄之女也。"董氏卒于开耀元年（681）十二月二十七日，春秋七十二。

甄元度　贞观中？

《姓纂》卷三甄氏："霞，北齐将作大匠，曾孙元度，唐常州长史。"

史仲谟　贞观十四年（640）始

《全文》卷一六二："仲谟，贞观十四年官越王府东阁祭酒、常州长史。"

周　基　高宗时？

《新书·宰相世系四下》安成周氏："基，字崇业，常州长史。"其子周允元相武后，证圣元年（695）卒（见《旧书·周允元传》）。

于　谦　高宗前期

《台湾故宫学术季刊第十卷第一期·大唐故左卫郎将检校左武卫将军上骑都尉于君（谦）墓志铭并序》："迁汴、代二州司马，又除常州长史……咸亨元年十二月蒙授左卫郎将。"咸亨二年（671）卒，春秋六十三。

姚　懿　高宗前期？

《全文》卷三二八胡皓《巂州都督赠幽州都督吏部尚书谥文献姚（懿）府君碑铭》："父祥，隋怀州长史检校函谷关都尉……公都尉之季子……年十八，属乱隋无象，群盗生郊，授公本县令……因间道入谒，高祖嘉叹者久之……太宗东伐王充，授鹰扬郎将长沙县男水陆道总管……俄而贬授晋州高阳府折冲都尉……乃除常州长史，亦坚以疾辞。寻除硖州刺史……龙朔初，邛蛮作梗，乃除公使持节巂州都督……以二年（662）十二月一日，终于官舍，春秋七十有三。"

窦知敬 高宗时？

《新书·宰相世系一下》三祖房："知敬，常州长史。"按，其祖父窦彦，隋驾部侍郎；其父窦德明，贞观初任常州刺史，寻卒（见《旧书·窦德明传》）。

高 翰 中宗时？

《全文》卷四四四卢虔《御史中丞晋州刺史高公（武光）神道碑》："大历七年冬十有二月辛酉，御史中丞前晋州刺史高公薨……曾祖正初，隋左金吾卫中郎将。祖翰，皇中散大夫常州长史。皇考庄，皇左骑卫将军。"武光卒于大历七年（772），春秋六十五。《新书·宰相世系一下》高氏："翰，常州长史。"

王子麟 中宗、睿宗时？

《汇编》开元〇六二《大唐故正议大夫行光禄寺少卿太原王（子麟）府君墓志铭》（开元六年正月十四日）："解褐授越王府仓曹，历尚辇直长、太子典设郎，符玺郎，泽州司马，常州长史，黄、沔、歙、果四州刺史……以大唐开元五年（717）……薨于大同里第，春秋五十有八。"

段承宗 （讫）天宝十二载（753）

《汇编》天宝二五五《大唐故朝请大夫行晋陵郡长史护军段（承宗）府君墓志铭》（天宝十三载闰十一月十一日）："迁授余姚郡司马……又迁晋陵郡长史……以天宝十二载六月十六日寝疾，终于晋陵官舍，时春秋六十八。"又见大历〇六六《大唐故朝议大夫行晋陵郡长史段（承宗）府君志铭》。

李昌岠 肃宗初

《全文》卷八一三齐光义《陈公（果仁）神庙碑》："公讳果仁，字世威……立能事于艰虞之际，建殊踪于混乱之秋。韫义生风，鼓动流俗。全吴之地，幸赖以安……时其贤守李公，行穆民勤恤之意，傍偟匪宁，率领官属，长史李公昌岠、司马邱公从心、晋陵县令岑公况、武进县令何公据等，果至虔诚，景刻俱应，泽及千里，无所不周。"按昌岠弟昌巘大历八年（773）九月守辰州，见《旧书·代宗纪》。又据《宝刻丛编》卷一四称此碑乾元三年（760）二月立于常州。

尉迟绪 大历四年（769）在任

《全文》卷四三〇李翰《尉迟长史草堂记》："吾友晋陵郡丞河南尉迟绪，

节阔达，志遐远。含和而不假修，推诚而不诡行……大历四年夏，乃以俸钱构草堂于郡城之南，求其志也……今观夫子之志，乃邻于道，寥寥草堂，自致之资，书于壁，微各奚俟？其岁秋八月乙丑朔记。"

范 勉 大历中

《全诗》卷二三七钱起《送外甥范勉赴任常州长史兼觐省》："怜君展骥去，能解倚门愁。就养仍荣禄，还乡即昼游。橘花低客舍，莼菜绕归舟。与报垂纶叟，知吾世网留。"

李 纵 大历中

《全文》卷二七三戴叔伦《送李长史纵之任常州》："不与名利隔，且为江汉游。吴山本佳丽，谢客旧淹留。狭道通陵口，贫家住蒋州。思归复怨别，寥落讵关秋。"卷八一七皎然《自义亭驿送李长史纵，夜泊临平东湖》。傅璇琮《唐五代文学编年史·中唐卷》以为大历八年（773）李纵在湖州与皎然和诗（页262）。

王武俊 贞元十二年（796）在任

《元龟》卷一七六帝王部：贞元十二年二月，"以成德军节度度支营田常冀深赵德棣观察使开府仪同三司检校司徒平章事兼常州长史琅琊郡王王武俊为检校太尉兼中书令，依前兼常州长史节度等使"。

段锽（殷锽？） 贞元中？

《续汇》大中〇二〇《唐故朝议郎守殿中省尚药奉御翰林供奉上柱国赐绯鱼袋段（文绚）府君墓志铭》（大中三年八月十五日）："府君讳文绚，字礼成。其先武威人。府君曾大父讳简，太常寺协律；大父讳锽，常州长史；皇考讳元度，梓州涪城县令……（文绚）大中三年（849）二月廿二日，终于永乐里之私第，享年止乎五十有六。"

《续汇》乾符〇二四《唐故翰林供奉朝散大夫前守右千牛卫将军上柱国赐紫金鱼袋殷（琼）府君墓志铭》（乾符六年六月廿四日）："府君讳琼，字德光。其先武威人也。曾祖常州长史锽，锽生大父梓州培城令元度，度生先父左清道率府录事参军振……（府君）以乾符六年（879）正月十日终于长安招国里之私第，享年五十三。"按此墓志作"殷锽"，按其身世仕履与《段文绚墓志》所叙相合，与"段锽"当为同一人，而姓自不一，未知《段文绚墓志》误，抑或《殷琼墓志》误。

郑 嵘 贞元中？

《汇编》大和〇九三《唐越州会稽县尉清河崔公夫人荥阳郑氏墓志铭》

（大和九年八月三日）："祖嵘，皇常州长史。"郑氏卒于大和九年（乙卯，835）五月四日，春秋卅四。

苏 州（上）
（吴 郡）

[《会要》卷七〇《州县分望道》称：大历十三年（778）二月十一日升为雄州]

隋吴郡。武德四年（621），平李子通，置苏州。六年，又陷于辅公祐。七年，平公祐，复置苏州都督府。九年，罢都督府。天宝元年（742），改为吴郡。乾元元年（758），复为苏州。领县六：吴、嘉兴、昆山、常熟、长洲、海盐。

崔元久　仪凤二年（677）在任

《八琼室金石补正》卷三一《苏州长史妻造像记》："大唐仪凤二年五月十五日，苏州长史崔元久妻卢，夙遭不造，早丧所天，慈母保育，得至成立。"

孔祯　（讫）永隆元年（680）

《旧书》本传："高宗时为苏州长史。曹王明为刺史，不循法度，祯每进谏……明后果坐法，迁于黔中。谓人曰：'吾愧不用孔长史言，以及于此！'"《新书》无传。按永隆元年（680）十月，苏州刺史曹王李明坐故太子李贤之党，被黜为零陵郡王，黔州安置（见《旧书·高宗纪》）。

杜某　约武后前期

《全文》卷一九五杨炯《杜袁州墓志铭》："祖良，宇文朝复州长史。父举，唐易州司兵参军事……公孝慈而敬，威庄而安……起家左翊卫，选授贝州司仓参军事……寻迁蓬州咸安、许州长社、洛州洛阳三县令……转虢州司马，制授朝散大夫婺州司马，又迁苏州长史，加中散大夫……我大周诞受万国……乃命公为朝议大夫使持节袁州诸军事守袁州刺史。"

崔斌　武后时？

《新书·宰相世系二下》南祖崔氏："斌，苏州长史。"乃隋监田太守崔稜之曾孙，堂兄崔□相武后。

王某　景龙三年（709）

《全诗》卷五二宋之问《渡吴江别王长史》："倚棹望兹川，销魂独黯然。乡连江北树，云断日南天。剑别龙初没，书成雁不传。离舟意无限，催渡复催年。"此诗当为之问景龙三年贬越时途经苏州而作。

李　某　大历中？

《全诗》卷二三二杜甫《奉送苏州李二十五长史丈之任》:"星坼台衡地，曾为人所怜。公侯终必复，经术昔相传。食德见从事，克家何妙年。一毛生凤穴，三尺献龙泉。赤壁浮春暮，姑苏落海边。客间头最白，惆怅此离筵。"

倪　彬　天宝前期

《汇编》天宝一九六《大唐故中大夫守晋陵郡别驾千乘倪（彬）府君墓志铭》（天宝十载十二月十一日）："转授明州司马，骤迁吴郡长史，晋陵郡别驾……声雄半刺，德溢傍邻……以天宝九载十月十日终于晋陵官舍，春秋六十有六。"

郑晖之　大历中？

《汇编》大历〇一七《唐故瀛州乐寿县丞陇西李（湍）公墓志铭》（大历十二月甲寅）："（公）以乾元元年终于贝丘……夫人荥阳郑氏，苏州长史晖之息女……即以大历己酉岁冬十二月甲寅，葬我公、夫人于邙山之茔。"元和〇一五《唐许州长葛尉郑（链）君亡室乐安孙氏墓志铭》："郑君即皇苏州长史讳晖之之孙。"郑君元和二年（807）卒，春秋三十二。

董　楒　贞元中

《汇编》元和〇一三《唐故银青光禄大夫行苏州长史上柱国陇西郡董（楒）府君墓志铭》（元和二年四月十六日）："起家至苏州长史。"元和元年（806）卒，享龄七十六。

《续汇》宝历〇〇一《唐故朝散大夫守润州长史赐紫金鱼袋陇西董（莐）公墓铭并序》（宝历元年二月廿二日）："皇朝将作丞赠将作少监钦之孙，苏州长史楒之元子……（董莐）长庆四年（824）四月十八日，终润州廨宅。"

《续汇》大和〇一二《大唐乡贡进士董（交）府君墓志并序》（大和二年五月十二日）："祖钦，皇朝将作丞；父楒，皇朝苏州长史；咸有厥德垂之后，公即长史第四子也……以大和元年（827）四月十四日终于新昌里私第，享龄四十有二。"

姚　某　大历中

《全诗》卷二四四韩翃《送苏州姚长史》："江城驿路长，烟树过云阳。舟领青丝缆，人歌白玉郎。葛衣行柳翠，花簟宿荷香。别有心期处，湖光满讼堂。"

王　某　中唐

《全文》卷七七五张怀《吴江别王长史》："多年襆被玉山岑，鬓雪欺人忽满簪。驽马虽然贪短豆，野麋终是忆长林。鲈鱼未得乘归兴，鸥鸟惟应信此心。见说新桥好风景，会须乘月濯烦襟。"

湖　州（上）
（吴兴郡）

隋吴郡之乌程县。武德四年（621），平李子通，置湖州。六年，复没于辅公祏。七年平公祏，复置。天宝元年（742），改为吴兴郡。乾元元年（758），复为湖州。领县五：乌程、武康、长城、安吉、德清（武原、临溪）。

冯昭泰　武后后期？

《全文》卷二五九张说《故括州刺史赠工部尚书冯公（昭泰）神道碑》："起家左奉裕改让贤府果毅……进潞州长史……转湖州长史……贬为饶州司马。未行，降使详覆，拜鄂州刺史……移睦州刺史……又贬荣州司马……旋除温州长史。俄复旧阶，拜括州刺史……景龙三年六月十三日，终于苏州之逆旅，春秋六十有五。"按昭泰景龙中在睦州刺史任（见《严州图经》："冯昭泰，景龙元年十月十九日自邢州刺史拜。"又见《旧书·李尚隐传》："景龙中，为左台监察御史，时中书侍郎、知吏部选事崔湜及吏部侍郎郑愔同时典选，倾附势要，逆用三年员阙，士庶嗟怨。寻而相次知政事，尚隐与同列御史李怀让于殿廷劾之，湜等遂下狱推究，竟贬黜之。时又有睦州刺史冯昭泰，诬奏桐庐令李师等二百余家，称其妖逆，诏御史按覆之。"《新书·李尚隐传》称"神龙中"，误。崔湜、郑愔景龙三年三月拜相"知政事"，五月坐赃贬，非"神龙中"，见两《唐书·中宗纪》。《刺史考·睦州·冯昭泰》称"《新书·李尚隐传》略同"于《旧传》，亦误）。

李　某　至德二载（757）在任

《全文》卷七八四穆员《刑部郎中李府君墓志铭》："有唐赵郡李府君，春秋四十有三……上元元年秋八月十三日，遘疾终扬州官舍之次。夫人范阳卢氏，先府君三年而少六岁，至德二年九月乙亥，捐于吴兴郡长史之馆……至德岁起家宰江阴，历佐晋陵、吴兴、丹阳三郡，或参将府张公镐军事……上元中，帝念宗室大臣总东南节制，时危任重，咨忠贤以贰之。诏加府君御史，赐银印朱绂，辍为其介。府君方勤王侯伯之事，启其所奉，道之将行也，未如命何。"按《志》文所叙，府君为湖州（吴兴郡）长史后，又为润州（丹阳郡）长史，寻卒。

薛 同 约肃宗、代宗时

《全文》卷六五四元稹《唐故越州刺史兼御史中丞浙江东道观察等使赠左散骑常侍河东薛公（戎）神道碑文铭》："父曰湖州长史赠刑部尚书同，母曰赠某郡太夫人陆氏，尚书景融女……长庆元年，（戎）以疾自去。九月庚申，薨于苏州之私第。始生岁丁亥，至是七十五年矣。"又见卷五六三韩愈《朝散大夫越州刺史薛公（戎）墓志铭》

臧 随 中唐

《全文》卷三三九颜真卿《东莞臧氏纠宗碑铭》："开元、天宝间，宗族之纡青紫佐麾幢者，已数十百人。迨乎今上当宁，而诸孙冠军左羽林将军赠太子詹事彦英、忠武左清道率瑗……正议湖州长史随，并不幸早世。银青棣州刺史瑜……朝散明州长史叔献、少府监楚卿……京兆府参军叔清……"

李 洪 贞元五年（789）—贞元八年（792）

《全文》卷九一七清昼（皎然）《诗式中序》："贞元初，余与二三子居东溪草堂……至壬申夏五月，会前御史李公洪自河北负谴，遇恩再移为湖州长史。初与相见，未交一言，恍若神合。"壬申即贞元八年。《全诗》卷八二一皎然《观李中丞洪二美人唱歌轧筝歌（时量移湖州长史）》。《全唐文》卷九一九福琳《唐湖州杼山皎然传》："贞元初……至五年五月，会前御史中丞李洪自河北负谴，再移为湖守……"

张 聿 穆宗初

《全文》卷六六一白居易《张聿都水使者制》："前湖州长史张聿，顷以艺文，擢升朝列，尝求禄养，出署外官，名不为身，志亦可尚。丧期既毕，班序当迁，俾领水衡，以从优秩。可都水使者。"白居易掌制诰之任在穆宗初，此制盖此时所撰。

吴 某 宝历中

《全文》卷六七八白居易《故饶州刺史吴府君（丹）神道碑铭并序》："君讳丹，字真存……宝历元年六月某日，薨于饶州官次。其年十一月某日，葬于常州晋陵县仁和乡北原，从遗志也……享寿命八十二岁……仲弟湖州长史某，以予辱与其兄游，既为同门生，又为同舍郎，周知初终，托为碑记……铭曰:'……唐中大夫真存先生,白乐天知之,作神道铭。'"

韦某 时间不详

《全文》卷五三四许浑《湖州韦长史山居(即皎然旧宅)》:"一官唯买昼公堂,但得身闲日自长。琴曲少声重勘谱,药丸多忌更寻方。溪浮箬叶添醅绿,泉绕松根助茗香。明日鳜鱼何处钓,门前春水似沧浪。"

杭 州(上)
(余杭郡)

隋余杭郡。武德四年(621),平李子通,置杭州。六年,复没于辅公祐。七年平公祐,复置杭州。天宝元年(742),改为余杭郡。乾元元年(758),复为杭州。领县九:钱塘、盐官、余杭、富阳、于潜、临安、新城、紫溪(武隆)、唐山。

贾守义 约高宗后期

《汇编》垂拱〇三五《大唐故朝散大夫使持节邵州诸军事守邵州刺史上柱国长乐县开国男贾(守义)府君墓志铭》(垂拱三年二月十五日):"君讳守义,字守义,魏州贵乡人也……父积,隋任荆州长林令……公自出身事主……寻授眉州司马,转任眉州长史……又授杭州长史,又迁邵州刺史……方欲发挥玄算……旋促长沙之寿。以文明元年十一月二十四日薨于州府,春秋五十有九。"

周顶□ 开元初期?

《全文》卷五〇六权德舆《唐故朝散大夫守秘书少监致仕周(渭)志铭并序》:"六代祖衡,仕隋为淮阴郡司马,子孙因家焉。曾祖顶□,杭州长史。祖守则,婺州金华丞……(周渭)永贞元年(805)冬十一月甲戌,奄然大病,以启手足,春秋六十六。"

姚珝 开元十八年(730)—开元二十二年(734)

《汇编》开元四二二《大唐故朝议大夫上柱国杭州长史姚(珝)府君墓志铭》(开元二十三年十月十五日):"改齐州司马……庚午岁,制除杭州长史,地即勾吴,人称僄俗。提纲举目,咸推半刺,退食自公,独守无为之道。而无妄兴疾……以开元二十二年十二月十有三日,终于杭州之官舍,春秋六十有九。"按庚午岁为开元十八年。

杨　凭　元和四年（809）后

《新书》本传："累迁太常少卿、湖南江西观察使……入拜京兆尹。与御史中丞李夷简素有隙……宪宗以凭治京兆有绩，但贬临贺尉……俄徙杭州长史。以太子詹事卒。"《旧书》本传未及。《因话录》卷四："元和初，南岳道士田良逸、蒋含弘，皆道业绝高，远近钦敬，时号田蒋……及杨自京尹谪临贺尉，使使候先生（田良逸），兼遗银器……使还，先生曰……未几，杨果移杭州长史。"按杨凭贬临贺尉，在元和四年（见《旧书·宪宗纪》：元和四年七月，"壬戌，御史中丞李夷简弹京兆尹杨凭前为江西观察使时赃罪，贬凭临贺尉"），知其为杭州长史当在此后不久。

唐思礼　咸通五年（864）—咸通十一年（870）

《续汇》咸通〇七一《亡妻北海俞氏夫人墓志铭》（咸通十一年八月廿二日），题"唐银青光禄大夫前杭州长史兼监察御史上柱国唐思礼撰"。《墓志》云："（夫人）以咸通十一年六月十五日亡于京修行里，享年三十……即以八月二十二日壬寅，窆于万年县崇道乡前夫人茔之次。"《续汇》咸通〇七八《唐故银青光禄大夫检校太子宾客前杭州长史兼监察御史上柱国唐（思礼）公墓志铭》（咸通十二年七月二十二日）："年卅六（855年）释褐，授录事京兆府。岁满日（856年）……奏授主书紫微署。一来年（857年），迁遂州都督府司马，直书东观。又来年（858年）……仍提兵务。又二年（860），于汴迁亲事都头兵马使。以功奏，拜兼监察御史。又四年（864），迁杭州长史……以咸通十二年（871）辛卯六月七日亡于上都修行里，享年五十二。"

戚　某　光化四年（901）在任

《宋高僧传》卷一二《唐长沙石霜山庆诸传（洪諲令达）》："释洪諲。俗姓吴，吴兴人也，年才十九于开元寺礼无上大师出家落饰……大中初除灭法之律，乃复厥议，还故乡西峰院。至咸通六年上径山觐本师，明年无上大师迁神，众请諲嗣其法位……光化四年九月二十八日辞众而卒，雪溪戚长史写貌。"

越　州（中）

（会稽郡）

[《会要》卷七〇《州县分望道》称：会昌五年（845）四月升为望州]

隋会稽郡。武德四年（621），平李子通，置越州总管。七年，改总管为都督。天宝元年（742），改越州为会稽郡。乾元元年（758），复为越州。领县七：会稽、山阴、诸暨、余姚、剡、萧山（永兴）、上虞。

李□基　约贞观中

《续汇》咸亨〇〇一《大唐故越州都督府长史上柱国敦煌县开国公李（□基）君之墓志铭》（咸亨元年四月十九日）："曾祖孚，祖昭，功宣露冕，绩著分符。父嗣祜……（李君）以永徽□□正月十七日遘疾，终于私第，春秋七十有八。"

王　楷　贞观中

《续汇》万岁通天〇〇四《大周故纳言博昌县开国男韦府君夫人琅耶郡太君王氏墓志铭》（万岁通天二年一月二十四日）："年在髫卯，特为伯父越州长史楷、叔父吏部郎中元寿所爱重，常谓亲戚曰：此女年虽幼，惟质性颇殊，光吾族者必此女也。"王氏卒于万岁通天元年（696），享年七十一，知其生于武德九年（626），《墓志》云"年在髫卯，特为伯父越州长史楷、叔父吏部郎中元寿所爱重"，知王楷任越州长史当在贞观中。

敬　播　高宗前期

《旧书》本传："永徽初，拜著作郎。与许敬宗等撰《西域图》。后历谏议大夫、给事中，并依旧兼修国史……后坐事出为越州都督府长史。龙朔三年（663），卒官。"《新书》本传略同。又见《全文》卷一五四敬播小传。

杨德裔　高宗后期

《全文》卷一九五杨炯《常州刺史伯父东平杨公（德裔）墓志铭》："擢拜颍州、幽州二司马……诏徵尚书郎御史中丞……寻以公事去官，复拜饶州、括州、越州都督府三州长史。在会稽引陂水溉田数千顷，人获其利，于今称之焉。迁棣、曹、恒、常四州刺史……维文明元年夏四月某日，薨于正寝，春秋八十有五。"按德裔龙朔二年（662）在司宪大夫（御史中丞）任（见《元龟》卷五二〇宪官部："杨德裔为司宪大夫，龙朔二年，铁勒道行军大总管左武卫大将军郑仁泰、右武卫大将军薛仁贵等破铁勒之众于天山，时仁贵娶所部为妾，并交财赂，及至京师，德裔奏劾之。"《全文》卷一六八同），则其为越州长史当在高宗后期。

宋之问　景龙三年（709）—唐隆元年（710）

《旧书》本传："景龙中，再转考功员外郎。时中宗增置修文馆学士，择朝中文学之士，之问与薛稷、杜审言等首膺其选，当时荣之。及典举，引拔后进，多知名者。寻转越州长史。睿宗即位，以之问尝附张易之、武三思，配徙钦州。"（《新书》本传略同，又见《元龟》卷二〇、七七七）《全文》卷二四一宋之问《祭禹庙文》："维大唐景龙三年岁次己酉月日，越州长史宋之问，谨以清酌之奠，敢昭告于夏后之灵……"《元龟》卷一五二帝王部："睿宗唐隆元年六月以越州长史宋之问、饶州刺史冉祖雍并交通凶逆，徙于岭表。"《通鉴》唐隆元年六月略同。又见《全文》卷九九殇帝（李重茂）《诛韦氏制》。

张　楚　开元二十六年（738）在任

《宋高僧传》卷一四《唐会稽开元寺昙一传》："释昙一，姓张氏……开元五年西游长安……二十五年仗锡东归，明年诏置开元寺，长史张楚举为寺主，因而居焉。"《全文》卷三〇六张楚《与达奚侍郎书》："后缘疏惰，自取播迁，顾三省而多惭，甘一黜而何赎？历司马、长史，再佐任治中，万里山川，七周星岁。从闽适越，染瘴缠痾，比先支离，更加枯槁，尽作斑鬓，难为壮心。"《唐摭言》卷一一同。

姚　闿　天宝中？

《新书・宰相世系四下》陕郡姚氏："闿，越州长史。"其祖父姚崇相武后、睿宗、玄宗，开元九年（721）卒，春秋七十二（见《旧书・姚崇传》）。

李　基　肃宗时

《金石录》卷四："《唐越州长史李基碑》，张太素撰。行书，无姓名。上元二年九月。"

李　逊　肃宗时

《汇编》神龙〇二一《大唐故使持节亳州诸军事亳州刺史李（逊）府君墓志铭》（神龙二年正月廿一日）："属东胡猖狂，寇逼燕赵，以君为清边军长史……以中表之累，出为洪州都督府长史……数年，除越州都督府长史，累迁泗州刺史……又迁贝州刺史、亳州刺史……（神龙元年）四月二十七日遘疾终，春秋七十有二。"

李　锋　大历中

《全文》卷五二一梁肃《越州长史李（锋）公墓志铭》："大历己未八月癸丑，故尚书比部郎中渤海李公卒，享年六十……永泰末，妖贼杀（会稽）郡将以叛，其帅败亡，贼党诈服。公以单骑往安其民，一旦收隐慝三十人，杀之以徇。三衢之人，道路相庆，人到于今称之。无何，有比部之拜，乃兼越州长史。既罢，归休于无锡私第……其亡也，知与不知，皆为叹息。"按大历己未，乃大历十四年（779）。

周　昉　大历中

《唐朝名画录》妙品中五人："程修己，其先冀州人，祖大历中任越州医博士，父伯仪，少有文学。时周昉任越州长史，遂令修己师事，凡二十年中师其画……宝历中，修己应明经擢第。"

卢　渐　大历后期

《全文》卷三八五独孤及《为独孤中丞谢赐紫衣银盘碗等表》："臣某言：今月十九日，越州长史卢渐至，伏奉某月日敕书，特赐慰劳。圣藻御札，降临自天。二十三日，中使刘光后至，又奉宣口敕，赐臣衣一副、银盘碗等各一，兼百索一筒、紫衣十副，分赐用命将士。"此表为独孤及任常州刺史时所上，独孤及大历八年（773）至十二年在常州刺史任，见《全文》卷五一二梁肃《朝散大夫使持节常州诸军事守常州刺史赐紫金鱼袋独孤公（及）行状》："擢拜常州刺史本州都团练使……为郡之四载，大历十二年四月壬寅晦，暴疾薨于位。"

卢　晖　贞元中？

《汇编》大中一〇〇《唐故卢氏夫人墓志铭》（大中九年十一月十五日）："曾祖昭远，仕至坊州长史；祖晖，越州长史。"夫人大中八年（854）八月二十七日卒，春秋五十五。

郑　峼　元和中？

《汇编》大和〇四〇《唐右卫仓曹参军崔君夫人荥阳郑氏墓志铭》（大和五年五月十七日）："曾祖昭远，官至坊州刺史。坊州生峼，官至越州长史。"夫人大和五年（831）四月二日卒，春秋二十一。

明　州（上）
（余姚郡）

开元二十六年（738），于越州鄮县置明州。天宝元年（742），改为余姚郡。乾元元年（758），复为明州，取四明山为名。领县四：鄮、奉化、慈溪、翁山。

陆　玭　开元中？

《新书·宰相世系三下》："玭，明州长史。"其伯父陆象先景云二年

（711）相睿宗，开元二十年（732）卒，春秋七十二（见《旧书·陆象先传》）。

臧叔献　大历中？

《全文》卷三三九颜真卿《东莞臧氏纠宗碑铭》："开元、天宝间，宗族之纡青紫佐麾幢者，已数十百人。迨乎今上当宁，而诸孙冠军左羽林将军赠太子詹事彦英、忠武左清道率瑗……正议湖州长史随，并不幸早世。银青棣州刺史瑜……朝散明州长史叔献、少府监楚卿……京兆府参军叔清（以下阙文）。"《全文》卷三六四张孚《金紫光禄大夫左金吾卫将军赠扬州大都督臧府君（希晏）神道碑铭并序》："有唐广德二年八月五日朔，左金吾卫将军臧公薨于□都安邑里之私第，享年五十有三。大历五年十月十五日，葬于三原县长坳乡，礼也……嗣子睦王府长史叔献、次子郓州别驾叔雅、季子河南府河清县主簿叔清，栾栾孝思，攀号罔极。"按《臧希晏墓志》，大历中臧叔献为睦王府长史。

李吉甫　贞元八年（792）—贞元十一年（795）

《旧书》本传："及陆贽为相，出为明州员外长史；久之遇赦，起为忠州刺史。时贽已谪在忠州，议者谓吉甫必逞憾于贽，重构其罪；及吉甫到部，与贽甚欢，未尝以宿嫌介意。"《新书》本传："陆贽疑有党，出为明州长史。贽之贬忠州，宰相欲害之，起吉甫为忠州刺史，使甘心焉。既至，置怨，与结欢，人益重其量，坐是不徙者六岁。"又见《旧书·陆贽传》、《元龟》卷八八五总录部。按陆贽为相，在贞元八年［见《旧书·陆贽传》："（贞元）八年四月，窦参得罪，以贽为中书侍郎、门下同平章事。"］。又按《新书》本传，则陆贽贬忠州时，吉甫亦起为忠州刺史。贽贬忠州别驾在贞元十一年（见《旧书·陆贽传》），可知是年吉甫亦自明州移任忠州。

陈佑（陈右）　长庆二年（822）在任

《全诗》卷三六一刘禹锡《赠同年陈长史员外》："明州长史外台郎，忆昔同年翰墨场。一自分襟多岁月，相逢满眼是凄凉……"按《旧书·刘禹锡传》称"贞元九年擢进士第"，《登科记考》卷一三贞元九年亦有进士陈佑。《金石录》卷九："《唐明州南楼诗》，陈右撰……长庆二年十二月。"陶敏以为陈长史即陈佑（陈右）（见《全唐诗人名汇考》4083B）。

韦瓘　会昌中

《新书》本传："仕累中书舍人。与李德裕善，德裕任宰相，罕接士，唯瓘往请无间也。李宗闵恶之，德裕罢，贬为明州长史。会昌末，累迁楚州刺史，终桂管观察使。"

《八琼室金石补正》卷六一《浯溪题记》："太仆卿分司东都韦瓘大中三年十二月七日过此。余大和中以中书舍人谪宦康州，逮今十六年。去冬罢楚州刺史，今年三月有桂林之命。"

台 州（上）
（临海郡）

隋永嘉郡之临海县。武德四年（621），平李子通，置海州。五年，改为台州。六年，没于辅公祏。七年平公祏，仍置台州。天宝元年（742），改为临海郡。乾元元年（758），复为台州。领县六：临海、唐兴（始丰）、黄岩、乐安、宁海、象山。

李敬方　会昌六年（846）在任

《赤城志》卷一〇（《台州金石录阙访》卷一同）《天台桐柏山题名》："会昌六年三月，台州长史员外郎李敬方，自寒山回游此。"

婺 州（上）
（东阳郡）

隋东阳郡。武德四年（621），平李子通，置婺州。天宝元年（742），改婺州为东阳郡。乾元元年（758），复为婺州。领县七：金华、义乌、永康、东阳、兰溪、武成（武义）、浦阳。

裴　爽　贞观中？

《续汇》开元一三六《（上泐）州别驾闻喜县开国公裴（翁庆）府君墓志铭》（开元廿二年十一月十四日）："曾祖爽，太中大夫、礼（下残）郎、婺州长史……父仲将，云麾将军、右领军将军、□太□卿、右骁骑将军……东都留守……（裴翁庆）以开元廿二年（734）七月五（下残）舍，春秋六十有八。"

杨　宽　贞观中

《汇编》长安〇六六《故定远将军上柱国守右玉钤卫金池府折冲都尉杨（亮）公墓志》（长安四年十月廿一日）："祖洽，隋宗正卿……父宽，唐朝请大夫,婺州长史……(亮)以长安四年(704)六月三日春秋七十有一,寝疾(卒)于合宫县平乐里之私第。"

秦君素 贞观中?

《汇编》乾元〇〇一《唐故朝散大夫怀州武德县令杨府君安昌县君新兴秦氏墓志铭》(乾元元年二月三十日):"曾祖君素,婺州别驾。"秦氏乾元元年(758)卒,春秋七十五。

王 逸 高宗时?

《汇编》圣历〇四六《唐故同州孝德府右果毅都尉东海于府君夫人太原王氏墓志铭》(圣历三年一月廿二日):"父逸,婺州长史……(王氏)以圣历二年(699)五月,寝疾卒于私第,春秋五十有九。"

崔 融 久视元年(700)

《旧书》本传:"久视元年,坐忤张昌宗意,左授婺州长史。顷之,昌宗怒解,又请召为春官郎中,知制诰事。长安二年,再迁凤阁舍人。"《新书》本传未及。

李 况 中宗时?

《新书·宗室世系上》蔡王房:"婺州长史况。"按其祖父李崇义,永徽中为同州刺史(见两《唐书·裴灌传》),咸亨中为益州长史(见《全文》卷一八三王勃《益州夫子庙碑》及《元和郡县志》卷三一汉州金堂县)。

崔日用 唐隆元年(710)始

《新书》本传:"及韦氏平,夜诏权雍州长史,以功授黄门侍郎,参知机务,封齐国公,赐实户二百。坐与薛稷相忿竞,罢政事,为婺州长史。历扬、汴、允(兖?)三州刺史。"《新书》本传称"婺州刺史",未知孰是,今两存之,以待后证。按日用罢政事在唐隆元年七月戊辰(见《旧书·睿宗纪》、《通鉴·唐隆元年》七月戊辰)。

张 滂 建中初期

《汇编》贞元一〇三《唐故中大夫户部侍郎兼御史大夫诸道盐铁转运等使清河张(滂)公墓志铭》(贞元十七年九月廿六日):"建中初,贬抚州司马,寻移婺州长史……贞元二年,检校户部员外兼侍御史。"

衢　州（上）
（信安郡）

武德四年（621），平李子通，于信安县置衢州。七年废。垂拱二年（686），分婺州之信安、龙丘置衢州，取武德废州名。天宝元年（742），改为信安郡。乾元元年（758），复为衢州。领县五：信安、龙丘、须江、盈川、常山。

王　方　约武后时

《续汇》开元一六六《唐故幽州都督寿阳县男王（方）府君墓志》（开元廿七年二月十日）："公尚幼而明经，既冠而得禄。初授宋州襄邑丞，□授太原县丞，转詹事府司直，改鸿胪寺丞，加朝散大夫，□□府司马，出为西、甘二州长史，迁衢州长史……居太夫人忧，毁殆灭性。既祥，除袁州刺史，转道州刺史……长安元年二月三日终于京都兴艺里第，春秋七十八。"

崔孝昌　神龙元年（705）—景云二年（711）

《汇编》太极○○三《唐故正议大夫行太子右赞善大夫判太子率更令上柱国清河崔（孝昌）府君墓志铭》（太极元年二月廿一日）："神龙初，公兄以叶赞经纶为奸臣所忌，转徙边郡，公亦随贬衢州长史。景云二岁，征拜太子右赞善大夫。"

陈希寂　神龙初

《芒洛冢墓遗文五编》卷五（观《汇编》天宝○七四）《大唐颍川郡夫人三原县令卢全善故夫人陈氏墓志铭并序》（天宝四载十月廿五日）："夫人九岁而孤……特为伯父衢州长史希寂，叔父衡州刺史希固所爱重。"夫人天宝三载（744）正月二十日卒，春秋四十八。

周　某　约景龙中

《汇编》景龙○四○《唐故朝散大夫行衢州长史周府君夫人江夏县君李氏墓志铭》（景龙三年十二月二十四日）："景龙三年岁次己酉十二月六日薨，以其年十二月癸未朔二十四日丙午殡于偃师县西七里首阳北山之南原。"

源光乘　开元十年（722）始

《汇编》天宝一○五《唐故通议大夫守太子詹事上柱国源府君（光乘）墓志铭并序》（天宝六载二月癸酉）："神龙中以门荫自左卫亲卫补陕州硖石、同州白水二县丞……转蒲州司兵、太仆寺丞、尚辇奉御、太子中允……后缘夫人兄皎坐累，遂罹于左迁，授衢州长史，俄徙润州别驾……天宝改元，官号复古，除绛郡太守……五载二月庚戌薨于宣阳里第，春秋七十有七……粤以六载二月癸酉，迁厝于邙山之宣武原。夫人天水县君姜氏合祔，礼也，夫人左卫大将军郕国公之孙，兵部尚书柔远之子。"按《志文》称夫人姜氏，又称"夫人兄皎"、夫人为"兵部尚书柔远之子"等，知为玄宗时楚国公姜皎，姜皎获罪配流钦州在开元十年（见《旧书·玄宗纪》《旧书·姜皎传》）。

柳师元 大中六年（852）

《全文》卷七五〇杜牧《柳师元除衢州长史知夏州进奏等制》："夏州节度押衙知进奏朝议郎前权知杭州长史兼监察御史上柱国柳师元等，将军护塞，师元主留邸之职……迁奖正名，亦其常也。"按两《唐书·杜牧传》称杜牧知制诰，皆未系年，今据其甥裴延翰《樊川文集序》："（大中）五年冬，仲舅（杜牧）自吴兴守拜考功郎中，知制诰。"知杜牧知制诰在大中五年冬。又杜牧《自撰墓铭》称："周岁，拜中书舍人"；《旧传》又云："入拜考功郎中、知制诰，岁中迁中书舍人……其年，以疾终于安仁里，年五十。"据以上材料，杜牧知制诰的时间为大中五年冬至大中六年，则此制当为大中六年所撰。

待　考

王　某 开元中

《宣室志》："东都崇让里有李氏宅，里传云：'其宅非吉之地，固不可居。'李生既卒，其家尽徙居陆浑别墅，由是键其门且数年矣。开元中，有王长史者，亡其名。长史常为清显官，以使酒忤权贵，遂摈为长史于吴越间。后退居洛中，因质李氏宅以家焉。"

睦　州（上）
（新定郡）

隋遂安郡。武德四年（621），平汪华，改为睦州。七年，废严州之桐庐县来属，又改为东睦州。八年，去"东"字。天宝元年（742），改为新定郡。乾元元年（758），复为睦州。领县六：建德、清溪（新安、还淳）、寿昌、桐庐、分水（武盛）、遂安。

李　琬　约玄宗时

《新书·宗室世系上》蜀王房："睦州长史兼家令琬。"为蜀王李湛五世孙，其侄李日知为永王（玄宗之子李璘）府参军。

孙公彦　代宗时？

《新书·宰相世系三下》孙氏："公彦，睦州长史。"乃中唐著名文人孙逖之侄，孙逖仕于玄宗、肃宗时，上元中卒（见《旧书·孙逖传》）。

歙　州（上）
（新安郡）

隋新安郡。武德四年（621），平汪华，置歙州总管府。七年，改为都督府。贞观元年（627），罢都督府。天宝元年（742），改为新安郡。乾元元年（758），复为歙州。领县五：歙、休宁、黟、绩溪、婺源。

许　思　开元八年（720）在任

《宋高僧传》卷八《唐睦州龙兴寺慧朗传》："开元四年本州牧李思绚，于龙山之阳建伽蓝，延以居之……七年刺史韦利器深心归向，八年歙州长史许思恭请往治所。朗升法座，无何，熊伏于前，闻钟而来，众散而去。时皆惊惧虞其搏攫，原其有听法之心耳。其驯猛兽也若此。"

窦　说　（讫）天宝九载（750）

《汇编》天宝一五九《唐故朝议郎行新安郡长史窦（说）君墓志》（天宝九载五月廿八日）："寻拜益府兵曹，迁新安郡长史。皆清白从人，政□□己。畏威者咸望尘侧目，爱惠者犹顺风惊毛……嗟乎……天丧斯文哉。"天宝九载（庚寅，750）五月五日卒于长安延寿坊，官至新安郡长史，春秋六十二。

顾　苌　至德二载（757）

《全诗》卷二四九皇甫冉（一作刘长卿诗）《送顾苌（一作"中史"，又作"长史"）往新安》："由来山水客，复道向新安。半是乘潮便，全非行路难。晨装林月在，野饭浦沙寒。严子千年后，何人钓旧滩。"按皇甫冉天宝末为无锡尉，避难居阳羡，后为左金吾卫兵曹参军、左补阙（见《新书·艺文四》），诗称严子陵钓台，似皇甫冉时居杭州，傅璇琮《唐五代文学编年史·中唐卷》以为，至德三载冉已居杭，并与灵一交游唱和。

冯子华　代宗时？

《全文》卷六四三王起《检校礼部尚书长乐县开国公赠吏部尚书冯公

（宿）神道碑铭并序》："员外（赠礼部员外郎冯嗣）生先府君南昌令新安郡长史赠尚书左仆射讳子华。咸以茂德，光耿史牒。仆射天宝中，明皇以四子列学官，时与计偕，一鸣上第，藏器不耀，以孝节闻，享年八十，累赠尚书左仆射。"冯宿开成元年（836）卒，春秋七十。

李　则　贞元中？

《全文》卷六三九李翱《故歙州长史陇西李府君（则）墓志铭》："既冠，得濠州定远尉……得试左武卫兵曹，于福建得试太子通事舍人大理司直，授歙州长史。宣歙观察使请为判官，奏未下，以疾卒，年七十四……长女婿礼部员外郑锡，次女婿桂州观察使杜式方，次女婿京兆韦放……"按杜式方为桂州观察使在元和十五年（820）（见《旧书·穆宗纪》）。

罗士詹　约贞元中

《全文》卷五三三李观《与睦州独孤使君论朱利见书》："朱利见余负，亦可以为力，敢望周旋不弃，特达庇之，是所望也。顷闻歙州长史罗士詹，亦朱利见同类，当时刺史刘公，独降大惠，罗士詹不盈一稔，旋踵西归。"按李观乃中唐著名文人，此文旨在向独孤使君推荐朱利见，李观、朱利见、罗士詹当为同时之人。李观为贞元中人，《全文》五三二小传云："观字元宾，检校吏部员外郎华从子。贞元中举博学宏词，授太子校书郎，卒年二十九。"《全文》卷五六六韩愈有《李元宾墓铭》："李观字元宾……年二十四举进士，三年登上第；又举博学宏词，得太子校书。又一年，年二十九，客死于京师……友人韩愈书石以志之。"《全文》卷八一三陆希声《唐太子校书李观文集序》："贞元中，天子以文化天下，天下翕然兴于文。文之尤高者李元宾观、韩退之愈。"

括　州（上）
（处州、缙云郡）

隋永嘉郡。武德四年（621），平李子通，置括州，置总管府。七年，改为都督府。贞观元年（627），废都督府。天宝元年（742），改为缙云郡。乾元元年（758），复为括州。大历十四年（779）夏五月，改为处州，避德宗讳。领县六：丽水（括苍）、松阳、缙云、青田、遂昌、龙泉。

杨德裔　高宗后期

《全文》卷一九五杨炯《常州刺史伯父东平杨公（德裔）墓志铭》："诏

徽尚书郎御史中丞……寻以公事去官，复拜饶州、括州、越州都督府三州长史。在会稽引陂水溉田数千顷，人获其利，于今称之焉。迁棣、曹、恒、常四州刺史……维文明元年夏四月某日，薨于正寝，春秋八十有五。"按德裔龙朔二年（662）在司宪大夫（御史中丞）任（见《元龟》卷五二〇宪官部："杨德裔为司宪大夫，龙朔二年，铁勒道行军大总管左武卫大将军郑仁泰、右武卫大将军薛仁贵等破铁勒之众于天山，时仁贵娶所部为妾，并交财赂，及至京师，德裔奏劾之。"《全文》卷一六八同），知其为括州长史当在高宗后期。

郭山恽　景云元年（710）始

《旧书》本传："景云中，左授括州长史。开元初，复入为国子司业。卒于官。"《通鉴·景云元年》：十二月壬辰，"侍御史藁城倪若水，奏弹国子祭酒祝钦明、司业郭山恽乱常改作，希旨病君；于是左授钦明饶州刺史，山恽括州长史。"《新书·祝钦明传》称贬山恽"括州刺史"、《元龟》卷五二〇谓贬山晖（恽）"沂州刺史"，今从《旧传》及《通鉴》。

姚绍之　开元中

《新书》本传："绍之坐赃……法当死，韦后女弟救请，故减死，贬琼山尉。俄逃还京，万年尉捕击，折其足。更授南陵令，员外置。开元中，为括州长史同正，不得与州事，死。"《旧书》本传略同。

薛重辉　开元晚期

《全文》卷三一〇孙逖《授卢朔莱州长史薛重辉括州长史制》："朝散大夫行太原府太谷县令容城县开国子卢朔、朝请大夫行太原府榆次县令薛重辉等，咸以班列，迁于令长。虽恭所职，或异其能，工则度材，人无求备，宜从近邑，俾佐远藩。朔可行莱州长史，重辉可行括州长史，散官如故。"按孙逖，开元二十四年（736）为中书舍人，掌制诰，寻丁父丧免，二十九年服阕，复为中书舍人，上元中卒（见《旧书·孙逖传》），此制盖其知制诰时所撰。

李宗闵　大和九年（835）七月—八月

《旧书》本传："（大和）九年六月，京兆尹杨虞卿得罪，宗闵极言救解，文宗怒叱之……翌日，贬明州刺史，寻再贬处州长史。七月……又贬宗闵潮州司户。"《新书》本传略同。又见《全文》卷七〇文宗《贬李宗闵处州长史制》《贬李宗闵潮州司户制》。《旧书·文宗纪》：大和九年，"秋七月……壬子，再贬李宗闵为处州长史……八月……丙子，又贬处州长史李宗闵为潮州司户。"《通鉴·大和九年》：七月，"壬子，再贬处州长史"；"八月，丙子，又贬李宗闵潮州司户"。按，《旧传》云六月贬处州，七月贬潮州，而《旧纪》《通鉴》皆云七月贬处，八月贬潮。

王　陟　乾符二年（875）在任

《续汇》乾符〇〇一《故太原郡夫人王氏墓志铭并序》（乾符二年七月廿二日），题"中散大夫守处州长史兼侍御史上柱国王陟撰"。《墓志》云："（王氏）以咸通十五年秋九月十二日寝疾，而终于循德里之第也，春秋六十……以乾符二年秋七月廿二日安厝于京兆府长安县丞平乡先茔之西南，礼也。"

温　州（上）
（永嘉郡）

隋永嘉郡之永嘉县。武德五年（622），置东嘉州。贞观元年（627），废东嘉州，以县属括州。上元二年（675），分括州之永嘉、安固二县置温州。天宝元年（742），改为永嘉郡。乾元元年（758），复为温州。领县四：永嘉、安固、横阳、乐城。

冯昭泰　景龙中

《全文》卷二五九张说《故括州刺史赠工部尚书冯公（昭泰）神道碑》："起家左奉裕改让贤府果毅……进潞州长史……转湖州长史……贬为饶州司马。未行，降使详覆，拜鄂州刺史……移睦州刺史……又贬荣州司马……旋除温州长史。俄复旧阶，拜括州刺史……景龙三年六月十三日，终于苏州之逆旅，春秋六十有五。"按昭泰景龙中在睦州刺史任（见本书"湖州"中的"冯昭泰"条）。

李　皋　上元元年（760）始

《旧书》本传："上元初……皋度俸不足养，亟请外官，不允，乃故抵微法，贬温州长史。无几，摄行州事。岁俭，州有官粟数十万斛，皋欲行赈救……于是开仓尽散之，以擅贷之罪，飞章自劾。天子闻而嘉之，答以优诏，就加少府监。"《新书》本传、《御览》卷四七七人事部略同。又见《元龟》卷六七五牧守部、卷六九五牧守部。《全文》卷五六一韩愈《曹成王（皋）碑》："上元元年除温州长史，行刺史事……升秩少府。"

杨 某 代宗时

《续汇》大和〇二二《唐故右神策军弘农郡杨（旻）公墓志铭》（大和三年十月二十六日）："温州长史□□之孙，右羽林军判官试华州华阴县尉杲之子……（公）去大和三年（829）五月十七日，薨于襄乐私第，享年六十一。"

全 亿 晚唐

《宋高僧传》卷二七《唐天台山福田寺普岸传（全亮唯约）》："释普岸，姓蔡氏，汉东人也……会昌三年七月告众入灭，春秋七十四。度弟子全亮，俗姓陈氏，悟师之道得凤之毛。一人唯约，在上元入灭，肉身不朽，岸迁塔于是山。前此置寺五百罗汉殿，永嘉全亿长史画半千形像，每一迎请必于石桥宿夜焚香。"

陈 锡 唐末

《全文》卷八三二钱珝《授杨知权袁州司马陈锡温州长史杨澄端州司马等制》："凡临戎有勇，知其能为将。成务有材，知其能为吏。然则有勇有材者，置之不迁，使其兴旅食之叹，非所以激为将劝为吏也。各命叙升，无忽吾典。"按钱珝，唐末官知制诰，进中书舍人（见《全文》卷八三一）。

福　州（中）
（长乐郡）

隋建安郡之闽县。贞观初，置泉州。景云二年（711），改为闽州，置都督府。开元十三年（725），改为福州，依旧都督府，仍置经略使。旧属岭南道，天宝初，改属江南东道。寻改为长乐郡。乾元元年（758），复为福州都督府。领县九：闽、侯官、长乐（新宁）、福唐（万安）、连江（温麻）、长溪、古田、永泰、梅青。

唐循忠 开元二十一年（733）在任

《元和郡县图志》卷二九《江南道五》汀州临汀县："汀州，临汀。下。元和户二千六百一十八。乡一十一。开元二十一年，福州长史唐循忠于潮州北、广州东、福州西光龙洞，检责得诸州避役百姓共三千余户，奏置州，因长汀溪以为名。"

陈　谠 大和中？

《汇编》残志〇二三《朝散大夫使持节韶州诸军事守韶州刺史上柱国陈

（谠）府君墓志铭》："府君讳谠字昌言，其先颍川人……晋末避乱于闽，因而家焉……裴公帅闽日，尝大器之，命与子弟处，子弟即故相国公坦也……榜下授秘省正字……后又尉奉天江夏令……公切于问安，坚乞一官还家，遂授此府长史……及释夏服，久之方起茔垅……会故相国裴公时节制襄川……遂授春州刺史。"享年八十三。按裴度镇襄阳，在文宗大和中。

赵　某　唐末？

《全文》卷八四一齐己《送赵长史归闽川》："荆门与闽越，关戍隔三千。风雪扬帆去，台隍指海边。客情消旅火，王化似尧年。莫失春回约，江城谷雨前。"

建　州（中）
（建安郡）

[《会要》卷七〇《州县分望道》称：元和六年（811）五月升为上州]

隋建安郡之建安县。武德四年（621），置建州。天宝元年（742），改为建安郡。乾元元年（758），复为建州。领县六：建安、邵武、浦城（唐兴、武宁）、建阳、将乐、沙。

董　咸　咸通五年（864）—咸通六年在任（865）

《续汇》咸通〇二三《京兆金氏墓志铭》（咸通五年十二月七日），题"乡贡进士崔希古撰，翰林待诏承奉郎守建州长史董咸书篆"《墓志》云："（金氏）咸通五年五月二十九日终于岭表，享年卅三……以咸通五年十二月七日迁神于万年县……"《陕西金石志》卷一九（观《汇编》咸通〇四一）《故楚国夫人赠贵妃杨氏墓志铭并序》（咸通六年七月二十三日），题"刘允章奉敕撰""翰林待诏承奉郎守建州长史臣董咸奉敕篆"。咸通六年撰碑并篆额。

泉　州（中）
（清源郡）

[《会要》卷七〇《州县分望道》称：元和六年（811）五月升为上州]

隋建安郡，又为泉州。圣历二年（699），分泉州之南安、莆田、龙溪三县，置武荣州。三年，州废，三县还泉州。久视元年（700），又以三县置武荣州。景云二年（711），改为泉州。天宝元年（742），改泉州为清源郡。乾元元年（758），复为泉州。领县四：晋江、南安、莆田、仙游（清源）。

张 谔 高宗前期

《续汇》显庆〇二五《大唐故户部郎中泉州长史姑苏张谔府君墓志铭》（显庆三年十月廿四日）："又迁刑部郎中，又除户部郎中……又除夏川都督府司马，又除交州都督府长史，寻转泉州长史……岂谓逝水奔涛，黄陂遽落；藏山掩岫，稽玉先颓。以显庆三年（658）九月十七日薨于德懋里之私第，春秋七十有二……长子览……"

《汇编》垂拱〇二〇《大唐故蒋王府参军张（览）府君墓志铭》（垂拱二年三月二十日）："祖载，陈度支郎中，隋资阳县令……父谔，皇朝户部、刑部二郎中，交、泉二州长史……（览）春秋七十有九，粤以大唐垂拱二年（686）二月三十日卒于德懋里之私第。"

辛玄同 开元中

陈尚君《全唐文再补》卷二灵实《画锭光像赞一首并序》："维大唐年月，泉州长史辛公，讳玄同……蒙降恩敕赠润州刺史。"《日本国见在书目录》："灵实，玄宗开元间越州镜中僧，有集一卷。"

黄 惠 代宗时？

《续汇》大中〇〇四《唐故吉州司法参军黄（季长）府君墓志铭》（大中元年三月十一日）："大中元年（847）二月廿九日终京务本里……弘远其先江夏太守祖之后，曾泉州长史惠，因家闽也。祖岳……（季长卒年）五十七。"

漳 州（下）
（漳浦郡）

垂拱二年（686）十二月九日置。天宝元年（742），改为漳浦郡。旧属岭南道，天宝割属江南东道。乾元元年（758），复为漳州。领县二：漳浦、龙溪。

杨 某 开元中？

《全文》卷五九八欧阳詹《有唐故朝议郎行鄂州司仓参军杨公墓志铭》："曾祖某，皇唐循州司马；祖某，漳州长史；父某，泉州南安县丞。公则南安第若干子……贞元十二年（796）冬又合集，春赴京师。遇疾于途，以二月四日，终于汝州龙兴县之逆旅，时年六十七。"

杨　勘　大历中？

《续汇》大和〇一五《大唐故奉义郎行洪州南昌县丞杨（士真）府君墓志铭》（大和二年八月十九日）："祖勘，皇任漳州长史……（士真）以大和二年（828）后三月十八日，奄终于万年县平康里私第，春秋五十有五。"

林景□　中唐

《全文》卷七九一褚符《唐故下邳郡林氏夫人墓志并序》："夫人林氏，其先下邳郡人也。曾祖□皇任广州参军。祖景□□任潮州长史。"按褚符为大中时人。

李宗闵　会昌四年（844）

《新书》本传："会昌中，刘稹以泽潞叛，（李）德裕建言宗闵素厚从谏，今上党近东都，乃拜宗闵湖州刺史。稹败，得交通状，贬漳州长史，流封州。宣宗即位，徙柳州司马，卒。"《旧书》本传未及。《通鉴·会昌四年》：九月，"戊子，再贬（牛）僧孺汀州刺史，宗闵漳州长史"；"十一月，复贬牛僧孺循州长史，李宗闵长流封州"。

汀　州（下）
（临汀郡）

开元二十四年（736），开福、抚二州山洞，置汀州。天宝元年（742），改为临汀郡。乾元元年（758），复为汀州。领县三：长汀、龙岩、宁化。

张　滂　贞元十一年（795）始

《通鉴·贞元十一年》："二月，乙巳……陆贽既罢相，裴延龄因潜京兆尹李充、卫尉卿张滂、前司农卿李铦党于贽……四月，壬戌，贬（陆）贽为忠州别驾，（李）充为涪州长史，（张）滂为汀州长史，铦为邵州长史。"《旧书·德宗纪下》同。

江南西道

宣　州（望）
（宣城郡）

[《会要》卷七〇《州县分望道》称：会昌五年（845）四月升为望州]

隋宣城郡。武德三年（620），杜伏威归化。置宣州总管府。六年，陷于辅公祏。七年公祏平，改置宣州都督府。贞观元年（627），罢都督府。天宝元年（742），改为宣城郡。乾元元年（758），复为宣州。领县十：宣城、当涂、泾、广德（绥安）、溧阳、溧水、南陵、太平、宁国、旌德。

许行师　贞观末？

《汇编》显庆一五六《唐故上轻车都尉潞州长史真定郡公许（行师）府君墓志铭》（显庆五年十一月廿三日）："曾祖彪，魏瀛州刺史；祖康，周镇西将军、梁州刺史；父绪，唐司农卿、真定郡公……（公）以勋庸之胄，授朝散大夫行开州司马、□真定郡公，迁宣州长史……迁邢、潞二州长史。邢山潞水，政以礼成，望府□□，官由德懋。岂谓屏星临职，俄增税驾之悲；天板龙征，奄□司命之务。（显庆）二年（657）五月，薨于公馆，春秋五十□……粤以显庆五年十一月二十三日迁□平乐里。"

段宏圭（段珪）　武后时？

《全文》卷六五五元稹《唐左千牛韦珮母段氏墓志铭》："唐少保赠仆射韦公幼子左千牛珮，母曰武威段氏，故衢州司田参军岌之第二女也。其四代祖褒国公扬州都督赠辅国大将军，生曾祖宣州长史讳宏圭……（段氏）元和四年（809）九月十九日，暴疾终于履信第，享年四十。"按《墓志》称"四代祖褒国公"，当作"五代祖"。"褒国公"当指段志玄，贞观十一年（637）封褒国公，十六年卒，赠辅国将军、扬州都督（见两《唐书·段志玄传》）。又《新书·宰相世系五下》段氏："珪，宣州长史。"作"珪"，其兄段瓒，武后时官至左屯卫大将军（见《旧书·段志玄附段瓒传》）。

李延庆　证圣元年（695）

《全文》卷二四八李峤《宣州大云寺碑》："慈氏越古金轮圣神皇帝体兼

具相，心冥众善，超十方四谛之门，总三明六通之业……天授二年，下制令天下诸州，各置大云寺一所。宣州大云寺者，本名永安寺，晋义熙二年之所立也。龙飞在运，既易龙兴之名；天历惟新，即改天安之号……刺史曲阳男钜鹿魏正见，大名开宇，复南史之公侯……长史陇西李延庆，黄裳具美，白贲全真。"按《碑》称"慈氏越古金轮圣神皇帝"，乃天册万岁元年（695）正月改元证圣时所加尊号（见《新书·武后纪》："天册万岁元年正月辛巳，加号慈氏越古金轮圣神皇帝，改元证圣"），知此文必证圣元年作。按，延载元年（694）正月，李峤不附酷吏来俊臣构陷狄仁杰等，被贬为润州司马，次年（证圣元年）复征入为凤阁舍人（见《旧书·李峤传》），此文盖其入朝途经宣州而作。

韦扬先 开元初

《全文》卷二六八武平一《东门颂并序》："东门者，前刺史平阳崔公庭玉、今长史京兆韦公扬先、司马北平阳公洽、郡县僚佐所创构也……天子方急铅铜之贽，息役简赋；剿萑蒲之聚，通商惠工，以弊兼此郡，故命公（崔庭玉）为守也……公为之薄敛……命录事参军宋重茂、宣城令长孙勖，务三时，保四封……阉茂岁太冲日，公将伏奏洛师，郡人前华容令吴元晖、无锡尉奚山松等数百人，比肩接踵，或泣或歌。"按武平一，"玄宗立，贬苏州参军，徙金坛令"（见《新书·武平一传》），金坛县属润州，与宣州相邻，故此文大约为平一任金坛令时所作。

齐光乂 天宝十四载（755）在任

《李太白文集》卷二九《赵公西候新亭颂并序》："惟十有四载……四月孟夏，自淮阴迁我天水赵公作藩于宛陵……长史齐公光乂，人伦之师表；司马武公幼成，衣冠之髦彦。录事参军吴镇、宣城令崔钦，令德之后，良材间生，纵风教之乐地，出人伦之高格。"按，赵公乃赵悦，《李太白文集》卷一一有《赠宣城赵太守悦》诗、卷二六有《为赵宣城与杨右相书》。按宣城，汉为宛陵县，此盖沿用汉之旧称。

李 昭 天宝十五载（756）在任

《全诗》卷一七一李白《赠从弟宣州长史昭》："淮南望江南，千里碧山对。我行倦过之，半落青天外……知音不易得，抚剑增感慨。当结九万期，中途莫先退。"卷一七三《寄从弟宣州长史昭》："尔佐宣州郡，守官清且闲。常夸云月好，邀我敬亭山。五落洞庭叶，三江游未还。相思不可见，叹息损朱颜。"卷一八五《宣州长史弟昭赠余琴谿中双舞鹤诗以见志》。三诗所称"昭"，当为同一人。傅氏《唐五代文学编年史·中唐卷》以为，天宝十五载李白南奔至宣州，按首诗"淮南望江南"句，似尚未至宣，第二首所谓"邀我敬亭山"，则已抵宣矣。

李 俌 _{天宝中}

《全文》卷四三八陈简甫《宣州开元以来良吏记》："有若裴公敦复者，继班竹之余，承法理之极……有若泾大夫李俌者，行温而恭，政清而简……天宝初，自太平长迁于泾……后卒此州长史……广德初，群盗蜂轶，连陷县邑，人士罹难者比肩，而李公之间独完，由群盗聚而保之。"

李 燮 _{肃宗时}

《全文》卷五六五韩愈《河南少尹李公（素）墓志铭》："元和七年二月一日，河南少尹李公卒，年五十八……公讳素，字某。生七岁丧其父，贫不能家，母夫人提以归，教育于其外氏……父燮，宣州长史，赠绛州刺史。"按李素元和七年（812）卒，春秋五十八，则其生于天宝十二载（753），"生七岁丧其父"，则其父任宣州长史当在肃宗时。

周 某 _{大历中}

《全诗》卷二八六李端《送周长史》："青枫树里宣城郡，独佐诸侯上板桥。江客亦能传好信，山僧多解说南朝。云阴出浦看帆小，草色连天见雁遥。别有空园落桃杏，知将丝组系兰桡。"

周 昉 _{大历中？}

《全文》卷四四七窦臮《述书赋下》："义仰彭城（金部郎中刘绎书印），邺周印异（相国邺侯李泌印，宣州长史周昉印）。或有惭于稽古，谅无乏于雅致。"

裴 郇 _{贞元中？}

《新书·宰相世系一上》中眷裴氏："郇，宣州长史。"乃衢州刺史裴郾之弟，裴郾贞元六年（790）刺衢（见《嘉靖衢州府志》）。

赵义方 _{会昌中}

《续汇》会昌○二七《唐故试右内率府长史军器使推官天水郡赵（文信）府君墓志铭》（会昌六年二月十三日）："公娶尚食直长陇西辛璋女，生三子。孟、季皆早亡。仲曰义方，任朝议大夫、行宣州长史、上柱国、赐绯鱼袋……粤以会昌五年岁次乙丑三月戊申朔十四日辛酉寝疾，（文信）敛手足于永兴里之私第，春秋八十三。以会昌六年二月戊寅朔十三日庚寅，葬于万年县……"

骆知祥　（讫）天复三年（903）

《通鉴》天复三年十二月乙亥："宣州长史合肥骆知祥善治金谷，观察牙推沈文昌为文精敏，尝为（田）頵草檄骂（杨）行密，行密以知祥为淮南支计官，文昌为节度分推。"

洪　州（上）
（豫章郡）

隋豫章郡。武德五年（622），平林士弘，置洪州总管府。天宝元年（742），改为豫章郡。乾元元年（758），复为洪州。领县七：钟陵（豫章）、丰城、高安、建昌、新吴、武宁（豫宁）、分宁。

韦庆本　贞观中？

《新书·宰相世系四上》东眷韦氏彭城公房："庆本，洪府长史。"其兄庆植贞观中为魏王府长史。

卢承庆　永徽中

《新书》本传："高宗永徽时，坐事贬简州司马。阅岁，改洪州长史。帝将幸汝汤泉，故拜汝州刺史。显庆四年，以度支尚书同中书门下三品。"《旧书》本传略同。

张惟善　高宗时

《全文》卷一五一许敬宗《贺洪州庆云见表》："臣某等言：臣闻灵心不测，叶至道以升闻；上帝无声，候休明而降祉……窃见守洪州长史张惟善等称，以六月二十六日于城内见庆云，自旦及申，然后方散。"按许敬宗卒于咸亨三年（672）（见两《唐书·许敬宗传》）。

李　慜　武后前期？

《汇编》神龙〇二一《大唐故使持节亳州诸军事亳州刺史李（慜）府君墓志铭》（神龙二年正月廿一日）："属东胡猖狂，寇逼燕赵，以君为清边军长史……以中表之累，出为洪州都督府长史……数年，除越州都督府长史，累迁泗州刺史……又迁贝州刺史、亳州刺史……（神龙元年）四月二十七日遘疾终，春秋七十有二。"郁贤皓《刺史考》以为李慜约证圣间刺泗，可知其为洪州长史约在武后前期。

李　敬　开元初？

《汇编》开元二一〇《唐故庄州都督李（敬）府君志铭》（开元十二年十二月十一日）："又徙城父令，寻改洪州司马，无何移洪州长史。有不空之裕而获佩刀，怀半刺之材而居别乘。授随州刺史，又除庄州都督……开元十年七月三十日，不禄乎洛阳县通远坊私第，春秋七十四。"

张　镐　约广德初

《封氏闻见记》卷九："中书侍郎张镐为河南节度，镇陈留，后兼统江淮诸道，将图进取，中官络驿。镐起自布素，一二年而登宰相。正身特立，不肯苟媚。阉官去来，以常礼接之。由是大为群阉所嫉，称其无经略才。征入，改为荆府长史。未几，又除洪府长史、江西观察。"按张镐任江西观察使在广德初（见《旧书·张镐传》："代宗即位，推恩海内，拜抚州刺史。迁洪州刺史、饶吉等七州都团练观察等使，寻正授江南西道都团练、观察等使。广德二年九月卒"）。

韩幼深　广德中

《全文》卷五〇七权德舆《太中大夫守国子祭酒颍川县开国男赐紫金鱼袋赠户部尚书韩公（幼深）行状》："天宝末，盗陷西京，兄侄七人，遭罹不淑……累授汉中郡、江陵府二功曹大理司直兼汉中郡司马、苏州司马……洪州刺史张镐，以故相之重，作镇江西，奏授本州长史莫徭副史，怀徕夷落，向方率教。乾元中……朝廷推其能名，除睦州别驾知州事。"按张镐，广德初刺洪。

赵　益　大历中

《汇编》大历〇八一《唐故朝散大夫苏州别驾知东都将作监赵（益）公墓志铭》（大历十四年十一月十六日）："改洪州司马兼赞善大夫，未几，升长史兼太子家令，俄迁试光禄少卿，以洎于兹任。"大历十四年（779）七月二十六日卒，享龄七十四。

李　勉　约大历二年（767）

《全诗》卷二三七钱起《送弹琴李长史往洪州》："抱琴为傲吏，孤棹复南行。几度秋江水，皆添白雪声。佳期来客梦，幽思缓王程。佐牧无劳问，心和政自平。"卷二八五李端《送从兄赴洪州别驾兄善琴》，与钱起诗所称当为同一人，唐人时有称"长史"为"别驾"者。陶敏以为李长史即李逞（见《全唐诗人名汇考》2634F），王定璋考证后，以为李长史即李勉，其人善琴，并与钱起交游甚多（见《钱起诗集校注》），王说甚是。傅璇琮《唐五代文学编年史·中唐卷》谓钱起、李端诗作于大历二年（767）。

徐　申　建中四年（783）在任

《新书》本传："擢进士第，累迁洪州长史。嗣曹王皋讨李希烈，檄申以长史行刺史事，任职办，皋表其能，迁韶州刺史。"《全文》卷五〇二权德舆《金紫光禄大夫检校礼部尚书广州刺史东海郡开国公赠太子少保徐公（申）墓志铭并序》："嗣曹王之守钟陵而诛李希烈也，公以长史行刺史事，调州师以护饷道，厥劳茂焉。江汉既清，拜韶州刺史。"《全文》卷六三九李翱《唐故金紫光禄大夫检校礼部尚书广州刺史东海郡开国公徐公（申）行状》："改太子司议郎兼殿中侍御史，选授洪州都督府长史。时刺史嗣曹王举江西兵讨李希烈，故以长史行刺史事，任职有成，曹王荐之，迁韶州刺史。"按李皋建中三年十月为洪州刺史，四年率军讨伐李希烈（见《旧书·德宗纪》）。

李尚殷　德宗时？

《新书·宗室世系下》江王房："洪州都督长史尚殷。"按尚殷为江安王李元祥六世孙，左领军大将军、太常卿楚珪之子，堂弟尚芬为奉天定难功臣。兴元元年（784）正月，德宗在奉天行宫接受朝贺，下制加封赴奉天护驾并收复京城将士为"奉天定难功臣"（见《旧书·德宗纪》）。

杜　供　中唐

《新书·宰相世系二上》襄阳杜氏："供，洪州长史。"乃杜佑之弟，佑相德、顺、宪三宗（见《旧书·杜佑传》）。

陈克敬　大中中？

《续汇》咸通〇六七《唐故翰林待诏朝散大夫守洪州都督府长史上柱国赐绯鱼袋陈（克敬）府君故夫人弘农杨氏墓志铭》（咸通十一年五月十五日）："适娉君子，有翰林待诏陈公讳克敬，礼备之婚焉。呜呼！陈公年将偕老之期，不幸先随逝水。夫人……以咸通八年五月十七日，终于永兴里之私第，春秋七十有五。"

王　某　晚唐

《全文》卷八八六徐铉《唐故朝议大夫行尚书礼部郎中柱国赐紫金鱼袋太原王君墓志铭》："曾祖庐江令，祖洪州长史，皆有廉让之风，纯粹之行……（王君）升元六年夏六月二十有六日，卒于建康翔鸾里之官舍。享年五十有一。"

江　州（中）
（浔阳郡）

隋九江郡。武德四年（621），平林士弘，置江州。五年，置总管府，七年改总管府为都督府。贞观元年（627），罢都督府。天宝元年（742），改为浔阳郡。乾元元年（758），复为江州。领县三：浔阳（湓城）、都昌、彭泽。

韦　允　开元初期

《全文》卷三六四李湜《唐江州冲阳观碑》："迄至开元之初……刺史赵郡李讷……别驾赵郡李承允……长史京兆韦公允、司马荥阳潘公绶，并题舆九派，展骥二梁。"

赵知慎　开元中

《汇编》开元六〇九《唐故江州长史赵（知慎）府君墓志铭》（开元二十八年三月十六日）："转内中尚令，迁岚、蔚、江三州长史，并清以励贪，仁以恤下，奸非以之惩，学敩以之劝。惜乎廊庙之材，长驻轸于州县。开元二十七年（739）十一月十一日终于江州之官舍，享年八十有五。"

杨楚玉　开元十九年（731）—开元二十年（732）在任

《全文》卷三七三李玭《太平宫九天使者庙碑》："开元十九年八月二十一日，降明旨曰：'青城山丈人庙、庐山使者庙，宜准五岳真君庙例，抽德行道士五人，焚修供养……。'……使持节江州诸军事守江州刺史独孤祯，重镇柴桑……朝散大夫行长史杨楚玉、行司马皇甫楚玉、浔阳县令魏昌等，恭惟圣善，式议灵场。"陈舜俞撰《庐山记》卷一《叙山北第二》："唐开元十九年八月二十一日，玄宗梦神仙羽卫千乘万骑集于空中……即依仿焉始置，庙记李泚撰。泚自称蕲州黄梅县东山衡门之下草茅臣，开元二十年岁次壬申正月乙巳朔二十五日己巳立。其略曰：敕置庙，使……江州刺史独孤祯朝散大夫行长史杨楚玉行司马皇甫楚玉浔阳县令魏昌同护修奉焉。"

赵知本　天宝中？

《续汇》开成〇二四《唐故陈州溵水县令赵（岯）府君墓志铭》（开成五年二月十三日）："曾祖知本，江州长史；祖省躬，宣州司马。"赵岯卒于开成三年（838），春秋六十。

秦　邈　天宝中？

《汇编》元和〇六二《唐河阳军节度故左马军虞候秦府君夫人太原王氏墓

志铭》（元和八年二月二十五日）："公讳士宁……曾祖讳邈，皇江州长史……（公）以元和七年（812）六月六日终于私第，享年三十四……先室太原王氏，素怀仁德。"

谢元宾　天宝中？

《汇编》咸通〇六四《唐故朝请大夫慈州刺史上柱国赐绯鱼袋谢观墓志铭》（咸通八年八月廿四日）："五代祖偃，仕隋为记室参军；曾祖元宾，国朝江州长史……（观）女四人，长适前进士欧阳琳……名成禄遂兮七十三年。"咸通六年（865）卒。按此《志》乃谢观临卒时自制。《汇编》咸通〇六五《唐秘书省欧阳正字（琳）故夫人陈郡谢氏墓志铭》（咸通九年七月十二日）："夫人五世祖偃（按《谢观墓志》，夫人乃谢观长女，谢偃于谢观为'五世祖'，于夫人当为'六世祖'），仕隋为记室参军；高祖讳元宾，国朝江州长史……王父讳观，皇任慈州刺史……夫人即慈州之长女也。"夫人咸通七年（866）三月十日卒，春秋二十八。按谢观生卒年推测，谢偃非谢观五代祖，而应为六代祖或七代祖。

李　绅　宝历元年（825）始

《旧书》本传："帝初即位，方倚大臣，不能自执，乃贬绅端州司马……及宝历改元大赦，（李）逢吉定赦书节文，不欲绅量移，但云左降官已经量移者与量移，不言左降官与量移。韦处厚复上疏论之，语在《处厚传》。帝特追赦书，添节文云'左降官与量移'，绅方移为江州长史。再迁太子宾客，分司东都。大和七年，李德裕作相。七月，（李绅）检校左常侍、越州刺史、浙东观察使。"（《新书》本传略同，又见《元龟》卷五五三词臣部、《通鉴·宝历元年》四月癸巳）

陈　崇　大顺中

《全文》卷八八八徐锴《陈氏书堂记》："浔阳庐山之阳，有陈氏书楼……昔马总尝左迁泉州，与之（陈伯宣）友善。总移南康，伯宣因来居庐山，遂占籍于德安之太平乡常乐里。合族同处，迨今千人。室无私财，厨无异爨。长幼男女，以属会食。日出从事，不畜仆夫隶马。大顺中，崇为江州长史。乾宁中，崇弟勋为蒲圻令。"

饶 州（下）
（鄱阳郡）

[《会要》卷七〇《州县分望道》称：元和六年（811）九月升为上州]

隋鄱阳郡。武德四年（621），平江左，置饶州。天宝元年（742）改为鄱阳郡。乾元元年（758）复为饶州。领县四：鄱阳、余干、浮梁、乐平。

梁玄敏（梁敏） （讫）贞观十八年（644）

《汇编》长寿〇〇九《唐故舒饶二州别驾梁（玄敏）府君墓志铭》（长寿二年二月十二日）："父衍，隋使持节洵、蔚、泽三州刺史，宜阳郡开国公……（玄敏）唐朝任尚食直长，舒、饶州别驾……以贞观十八年（644）岁次甲辰，九月辛未朔，五日乙亥卒于官舍，春秋五十有九。"《汇编》万岁通天〇〇三《大周故左卫翊卫天官常选梁（暾）君墓志铭》（万岁通天元年五月廿日）："曾祖庆衍，隋使持节蔚、泽二州诸军事，蔚、泽二州刺史，宜阳郡开国公；祖敏，唐饶州别驾。"

吉 彦 高宗前期？

《汇编》开元二一八《大唐都总监丞张公故夫人吉氏墓志并序》（开元十三年七月廿一日）："曾祖彦，饶州长史。"夫人卒于开元十三年（725）六月二十六日，春秋五十。

杜义宽 约永徽中

《全文》卷三一二孙逖《故滕王府谘议杜公（义宽）神道碑》："贞观二年，改授普州安康令，稍迁合州治中，转恒州别驾、雍州高陵令，拜朝散大夫饶州长史，迁苏州司马兼滕王府谘议……春秋七十有二，永徽六年（655）某月日，终于苏州。"

崔兴宗 约高宗时

《新书·宰相世系二下》博陵安平崔氏二房："兴宗，饶州长史。"乃隋浙州刺史崔旷之曾孙。《全文》卷三九一独孤及《唐前楚州司马河南独孤公故夫人博陵崔氏墓志铭》："曾祖恭礼，国朝驸马都尉，延、齐、易三州刺史，封博陵郡男。祖兴宗，饶州长史……（崔氏）大历八年（773）十一月某日，享年若干，殁于寿州。"按兴宗父恭礼，贞观中拜驸马都尉（《旧书·崔器传》："崔器，深州安平人也。曾祖恭礼，状貌丰硕，饮酒过斗。贞观中，拜驸马都尉，尚神尧馆陶公主。"）。

杨德裔 高宗后期

《全文》卷一九五杨炯《常州刺史伯父东平杨公（德裔）墓志铭》："诏徵尚书郎御史中丞……寻以公事去官，复拜饶州、括州、越州都督府三州长史。在会稽引陂水溉田数千顷，人获其利，于今称之焉。迁棣、曹、恒、常四州刺史……维文明元年夏四月某日，薨于正寝，春秋八十有五。"按德裔龙朔二年（662）在司宪大夫（御史中丞）任（见《元龟》卷五二〇宪官部："杨德裔为司宪大夫，龙朔二年，铁勒道行军大总管左武卫大将军郑仁泰、右武卫大将军薛仁贵等破铁勒之众于天山，时仁贵娶所部为妾，并交财赂，及至京师，德裔奏劾之。"《全文》卷一六八同），则其为饶州长史当在高宗后期。

韦嗣立 神龙元年（705）

《旧书·韦嗣立传》："嗣立兄承庆入知政事，嗣立转成均祭酒，兼检校魏州刺史。又徙洺州刺史。寻坐承庆左授饶州长史。岁余，徵为太仆少卿，兼掌吏部选事。神龙二年，为相州刺史。"《新书》本传略同。按韦承庆获罪，在神龙元年正月（见《旧书·中宗纪》："神龙元年正月凤阁侍郎韦承庆、正谏大夫房融、司礼卿崔神庆等下狱。"）；嗣立掌吏部选事，在神龙元年（见《元龟》卷六二九："中宗神龙元年，李峤、韦嗣立同居选部，多引用权势求取声望。"）。

郭　温 开元十年（722）始

《续汇》开元一七二《（上泐）卫中郎郭（温）府君墓志铭》（开元廿七年十月一日）："开元二十七年七月十五日，中郎将郭君□于京兆万年县安兴里，其年十月一日，葬于河南府河南县东北原，礼也……（下泐）丹州别驾，开元十年□五品，迁饶州长史，迁左武卫郎将。"

刘　常 天宝中？

《汇编》长庆〇〇三《唐故彭城刘（皓）府君墓志铭》（长庆元年七月十二日）："曾祖讳常，皇饶州长史。"刘皓卒于元和十五年（820），春秋卅六。

房正谏 肃宗时

《汇编》乾元〇〇三《大唐故吉州刺史陇西李（昊）府君墓志铭》（乾元元年八月二十一日）："长女饶州长史房正谏妻。"府君卒于至德二年（757），春秋七十三。

王　政 乾元二年（759）始

《通鉴·乾元二年》："八月，乙巳，襄州将康楚元、张嘉延据州作乱，刺史王政奔荆州……戊午，上使将军曹日升往襄州慰谕康楚元，贬王政为饶州长史。"

姚 洽 元和中？

《关中金石文字存逸考》卷四刘蜕《先妣［姚］夫人权葬石表》："姚为得姓其源，神灵为帝……其后有卫将军以城抗贼，战于云中而死，讳节；生秘书郎，救其姊丧，因溺死汴渠，讳璟；生饶州长史讳洽，是为皇考也。"太夫人大中十一年（857）二月卒，春秋七十二。

成 抗 宝历初

《元龟》卷六六四奉使部："成抗，敬宗宝历初为右庶子兼御史中丞，充入吐蕃答贺正使，而抗献章请事漏署其名，帝以其诚敬有乖，恐不能将命，故以光禄卿李铣代焉，抗贬饶州长史。"

待 考

郑 仙

《新书·宰相世系五上》郑氏北祖："仙，饶州长史。"乃后魏鸿胪少卿郑胤伯八世孙。

抚 州（中）
（临川郡）

［《会要》卷七〇《州县分望道》称：元和六年（811）九月升为上州］

隋临川郡。武德五年（622），讨平林士弘，置抚州。天宝元年（742），改为临川郡。乾元元年（758），复为抚州。领县四：临川、南城、崇仁、南丰。

（阙姓）恭 开元中？

《续汇》贞元〇七一《□□□□□□□□□□□君墓志铭并叙》（贞元十九年七月十八日）："祖恭，皇抚州长史；父守□□□□□□□折冲。府君即折冲第二子也……以贞元十九年（803）六月十六日寝疾而终，享年八十四。"

张崇让 天宝中？

《全文》卷六一五薛长孺《唐故鸿胪少卿张敬诜墓志铭》："皇朝左金吾

卫大将军太常卿元长府君之孙，皇朝中散大夫抚州长史崇让府君之次子。"敬诜卒于贞元十八年（802）八月二十三日，春秋六十八。

刘 秩 （讫）宝应元年（762）

《新书·刘秩传》："至德初，迁给事中。久之，出为阆州刺史。贬抚州长史，卒。"《全文》卷三七二小传同。按刘秩贬为阆州刺史在乾元元年（758）六月（《旧书·房琯传》），傅璇琮《唐五代文学编年史·中唐卷》以为卒于宝应元年（页116）。

卢 慎 建中三年（782）始

《旧书·德宗纪》：建中三年三月，"丙午，贬京兆尹卢慎抚州长史"。

待　　考

萧 历

《新书·列女传》："杨含妻萧，父历，为抚州长史，以官卒，母亦亡。"

郑如玉

《新书·宰相世系五上》郑氏北祖："如玉，抚州长史。"乃后魏鸿胪少卿郑胤伯六世孙。

虔　州（中）
（南康郡）

[《会要》卷七〇《州县分望道》称：元和六年（811）九月升为上州]

隋南康郡。武德五年（622），平江左，置虔州。天宝元年（742），改为南康郡。乾元元年（758），复为虔州。领县七：赣、虔化、南康、雩都、信丰（南安）、大庾、安远。

崔 谧 调露二年（680）始

《元龟》卷五二二宪官部："崔谧为御史中丞，以推明崇俨事失实，贬为虔州长史。"按，崔谧勘查明崇俨事在仪凤四年［见《新书·明崇俨传》："仪凤四年，为盗所刺于东都……而太后疑太子（李贤）使客杀之……命御史中丞崔谧等杂治，诬服者甚众。及太子废，死状乃明。"《旧书》本传同，亦称仪凤四年崇俨为盗所杀。而《旧书·李贤传》称"调露二年，崇俨为盗所杀"，《通鉴》则称调露元年]。按李贤因崔谧等人所诬，调露二年被废为庶人，《新书·明崇俨传》称"及太子废，死状乃明"，可与《元龟》所称"以推明崇俨事失实"相合，知崔谧贬为虔州长史当在是年。

房　启　元和八年（813）始

《新书》本传："贞元末，（王）叔文用事，除容管经略使……俄而皇太子监国，启惶骇就镇。凡九年，改桂管观察使……贬太仆少卿……帝怒，杀宦人，贬启虔州长史，死。"《元龟》卷一五三帝王部：元和八年九月，"中官李建章坐受桂州观察房启之贿，杖一百处死，癸亥，贬太仆少卿房启为虔州长史"。《全文》卷五六三韩愈《清河郡公房公（启）墓碣铭》略同。

吉　州（上）
（庐陵郡）

隋庐陵郡。武德五年（622），讨平林士弘，置吉州。天宝元年（742），改为庐陵郡。乾元元年（758），复为吉州。领县五：庐陵、太和、安福、新淦、永新。

陈行焉　永隆元年（680）前

《元龟》卷一三八帝王部："永隆二年四月赠故吉州长史陈行焉睦州刺史，旌忠节也。初，行焉使吐蕃，吐蕃大臣钦陵使行焉拜伏，行焉拥节不屈，临之以兵，竟不从。因被拘留十余年而卒，至是还，帝深嘉叹之，故赠官焉。"《新书·吐蕃上》："永隆元年，文成公主薨，遣使者吊祠，又归我陈行焉之丧。初，行焉使房，论钦陵欲拜己，临以兵，不为屈，留之十年。及是丧还，赠睦州刺史。"《元龟》卷六六一奉使部称陈行焉"永隆二年丧还"。

刘景先（刘齐贤）　光宅元年（684）始

《旧书》本传："则天临朝，代裴炎为侍中。及裴炎下狱，景先与凤阁侍郎胡元范抗词明其不反，则天甚怒之。炎既诛死，景先左迁普州刺史，未到，又贬授吉州长史。永昌年，为酷吏所陷，系于狱，自缢死。"《新书》本传略同。又见《旧书·裴炎传》。《通鉴》光宅元年："十二月，刘景先又贬吉州员外长史。"《汇编》长安〇一五《周故吉州长史刘君（齐贤）墓志铭并序》（长安三年正月四日）："左迁普、辰二州刺史，吉州长史……春秋六十有二，薨于滏郡。"按刘景先原名齐贤，避章怀太子李贤名讳改为景先（见《旧书》本传）。

疋娄思 （讫）开元十二年（734）

《汇编》开元二〇九《唐故朝散大夫守吉州长史上柱国疋娄（思）府君墓志铭》（开元十二年十二月五日）："屡迁至金州长史，天子美□，加朝散大夫。居无几，又转吉州长史。述职中外，薰齐风俗，摘伏纠猾，政声克扬。惜哉！久边于江，勤以生疾，药饵无效，忽焉大渐，春秋七十有一。以开元十二年九月十八日，卒于扬州大都督府。"又见《汇编》开元二七五《唐故朝散大夫行吉州长史疋娄君夫人西河县君靳氏墓志铭》，署"开元十六年二月五日记"。

卢 象 （讫）宝应二年（763）

《全文》卷六〇五刘禹锡《唐故尚书主客员外郎卢公（象）集序》："始以章句振起于开元中，与王维、崔颢比肩骧首，鼓行于时……入为膳部员外郎。时大盗起幽陵，入洛师，东夏衣冠不克归王所，为虏劫执，公堕胁从伍中。初谪果州长史，又贬永州司户，移吉州长史。天下无事，朝廷思用宿旧，征拜主客员外郎。道病留武昌，遂不起。"傅璇琮《唐五代文学编年史·中唐卷》以为，宝应二年征为主客员外郎。

卢 杞 兴元元年（784）—贞元元年（785）

《新书》本传："（李）怀光自以千里勤难，有大功，为奸臣沮间，不一见天子，内怏怏无所发，遂谋反，因暴言杞等罪恶。士议哗沸，皆指目杞，帝始悟，贬为新州司马……然帝念之不衰。及兴元赦令，俄徙吉州长史……贞元元年，诏拜饶州刺史。给事中袁高当行诏书，不肯草……乃诏为澧州别驾。"《旧书》本传略同。《旧书·德宗纪》：贞元元年正月，"壬戌，以吉州长史卢杞为澧州别驾，寻卒"（又见《旧书·袁高传》，《元龟》卷一〇一帝王部、卷四六九台省部、卷五四八谏诤部，《通鉴·贞元元年》正月癸丑、壬戌）。《全文》卷五三一赵需《谏复用卢杞为饶州刺史疏》："伏以吉州长史卢杞，外矫俭简，内藏奸邪……今复用为饶州刺史，众情失望，皆谓非宜……乞回圣慈，遽辍新命。"

元 洪 贞元十六年（800）始

《旧书·于頔传》："贞元十四年，为襄州刺史，充山南东道节度观察……邓州刺史元洪，頔诬以赃罪奏闻，朝旨不得已为流端州……頔又表洪其责太重，复降中使景忠信宣旨慰谕。遂除洪吉州长史，然后洪获赴谪所。"《新书·于頔传》略同。《通鉴·贞元十六年》：五月庚戌，"頔诬邓州刺史元洪赃罪，朝廷不得已流洪端州，遣中使护送至枣阳。颀遣兵劫取归襄州，中使奔归。颀表洪责太重，上复以洪为吉州长史，乃遣之。"

裴 堇　元和中

《全文》卷五八八柳宗元《唐故万年令裴府君（堇）墓碣》："公讳堇，字封叔……侍中公讳光庭，实曾祖……公由进士上第，校书崇文馆……陟万年令，丛剧辨肃，谈宴终日……再谪道州、循州为佐掾。会赦，量移吉州长史。元和十二年七月日，病疽泄卒。"《新书·宰相世系一上》中眷裴氏："堇，字封叔，吉州长史。"乃玄宗时宰相裴光庭之曾孙，其堂兄裴均元和三年（808）任相（见《旧书·宪宗纪》）。

庾 威　大和中

《元龟》卷六九八牧守部："庾威太和中为湖州刺史，贬吉州长史，以御史台所奏威为郡日，自立条制，应田地奴婢下及竹树鹅鸭等并估计出税……征税钱四千九百余贯。"

郭克全　约咸通九年（868）在任

《续汇》咸通〇九二《唐故吉州长史郭（克全）公墓志铭》（咸通十四年二月七日）："公沉毅寡欲，文武两材……衔献授元，任方州司马……后迁金州长史。咸登优散之位，退处避繁。及后任吉州长史……当府廉察李公遽以召赴州，摄首席之任……后称疾退闲数载……以咸通十三年十月十日薨于兴道之私室，享年四十有八。按"廉察李公"，当指李骘，咸通九年至十年在江西观察使任。[见《重修承旨学士壁记》："李骘……（咸通）九年五月十六日除江西观察使。"又见《全文》卷七二四李骘《题惠山寺诗序》："去年蒙恩自禁职出镇钟陵……咸通十年二月一日，江南西道都团练观察处置等使中散大夫检校左散骑常侍使持节都督洪州诸军事兼洪州刺史御史中丞上柱国赐紫金鱼袋李骘题记。"]

待　考

刘　某

《广异记》："吉州刘长史无子，独养三女，皆殊色，甚念之。其长女年十二，病死官舍中。"

袁　州（下）
（宜春郡）

［《会要》卷七〇《州县分望道》称：元和六年（811）九月升为上州］

隋宜春郡。武德四年（621），平萧铣，置袁州。天宝元年（742），改为宜春郡。乾元元年（758），复为袁州。领县三：宜春、萍乡、新喻（新渝）。

裴无悔　高宗时？

《新书·宰相世系一上》南来吴裴房："无悔，袁州长史。"乃隋魏郡丞裴罗之孙。

李揆　上元二年（761）始

《旧书·肃宗纪》：上元二年二月，"癸未，中书侍郎、同中书门下三品李揆贬为袁州长史"。又见《新书·肃宗纪》、《新书》本传、《旧书·吕𬤇传》、《通鉴·上元二年》二月癸未、《全文》卷四三肃宗《贬李揆袁州长史诏》。

李德裕　大和九年（835）—开成元年（836）

《旧书》本传："大和九年四月，'又贬袁州长史……明年三月，授德裕银青光禄大夫，量移滁州刺史。'"《新书》本传略同。又见两《唐书·路随传》、《旧书·文宗纪》、《全文》卷六九文宗《贬李德裕袁州长史制》、《元龟》卷九三三总录部。《通鉴·大和九年》四月庚子，"贬德裕袁州长史"；《开成元年》："三月壬寅，以袁州长史李德裕为滁州刺史。"

严淑　中唐后期

《续汇》咸通〇二六《唐守魏王府长史段璲亡室严氏玄堂铭》（咸通六年四月十七日）："祖淑，皇中大夫守袁州长史柱国赐绯鱼袋。烈考皇通议大夫行濮王府长史上柱国赐绯鱼袋。夫人即长史府君之长女也……以其年正月廿六日，启手足于万年县招国坊之私第，享年三十有二。"按夫人卒年不详，然其父曾任濮王府长史，濮王李泽，乃宣宗第五子，大中二年（848）封（见《旧书·宣宗诸子传》）。

鄂　州（上）
（江夏郡）

［《会要》卷七〇《州县分望道》称：会昌四年（844）五月升为紧州］

隋江夏郡。武德四年（621），平萧铣，改为鄂州。天宝元年（742），改为江夏郡。乾元元年（758），复为鄂州。永泰后，置鄂岳观察使，领鄂、岳、蕲、黄四州，恒以鄂州为使理所。领县五：江夏、永兴、武昌、蒲圻、唐年。

李　某　乾元二年（759）在任

《全诗》卷一七九李白《流夜郎至江夏，陪长史叔及薛明府宴兴德寺南阁》："绀殿横江上，青山落镜中。岸回沙不尽，日映水成空。天乐流香阁，莲舟扬晚风。恭陪竹林宴，留醉与陶公。"此诗殆为白遇赦后至江夏而作，王琦《李太白年谱》：乾元二年，"未至夜郎，遇赦得释"。《新唐书·肃宗纪》：乾元二年三月"丁亥，以旱降死罪，流以下原之"。白之赦，或以此。

张怀瓘　中唐

《全文》卷四四七窦臮《述书赋下》："李亚相著藻饰之繁（右御史大夫李嗣真撰《书品》），张兵曹粗习玩之利（率府兵曹鄂州长史张怀瓘撰十体《书断》上中下）。"

岳　州（下）
（巴陵郡）

[《会要》卷七〇《州县分望州》称：大历五年（770）六月升为中州]

隋巴陵郡。武德四年（621），平萧铣，置巴州。六年，改为岳州。天宝元年（742），改为巴陵郡。乾元元年（758），复为岳州。领县五：巴陵、华容（容城）、沅江、湘阴、昌江。

欧阳琟　天宝中

《全文》卷三四三颜真卿《游击将军左领军卫大将军兼商州刺史武关防御使上柱国欧阳使君（琟）神道碑铭》："（开元）二十九年，河西节度使奏授晋昌郡户曹参军，摄晋昌令。转张掖郡张掖令，摄司马知郡事……奏与上考，转岳州长史……剑南节度使杨国忠奏知三峡转运，改衡阳郡长史，赐绯鱼袋。天宝末，羯胡作乱，统江湖之兵，先至南阳，加赐紫金鱼袋，充鲁炅南阳节度副使。"

邓　俊　肃宗时？

《汇编》宝应〇〇八《唐故朝请郎试岳州长史上柱国邓（俊）府君墓志铭》（宝应二年四月十二日）："以宝应二年二月十日终于私第，享年七十有□。"

李 禧 德宗时？

《新书·宗室世系上》蒋王房："岳州长史禧。"为太宗第七子蒋王李恽五世孙，其弟李伫为奉天皇帝（德宗）庙丞。

潭　州（中）
（长沙郡）

隋长沙郡。武德四年（621），平萧铣，置潭州总管府。七年，改总管府为都督府。天宝元年（742），改为长沙郡。乾元元年（758），复为潭州。领县六：长沙、湘潭（衡阳）、湘乡、益阳、醴陵、浏阳。

赵志玄 贞观中？

《汇编》开元二五二《唐故朝议郎周（绍业）府君夫人南阳赵氏墓志铭》（开元十五年二月三十日）："父志玄，隋安定郡丞，唐中散大夫，泸、潭二州长史，浚仪县男。"夫人长安二年（702）十一月二日卒，春秋七十六。

李 澄 上元中

《全文》卷三八五独孤及《为江淮都统使奏破刘展兵捷书表》："刘展包藏祸心，为日固久……臣职司靖难，敢不戮力……谨遣副吏少府少监摄侍御史李藏用屯兵杭州，伺隙进讨……使左厢兵马使潭州长史李澄为左军……都押衙高干为右军……表里合战，奇正夹攻。"按刘展作乱扬州，在上元元年（760）十一月，二年正月为田神功所平（见《旧书·肃宗纪》）。

衡　州（中）
（衡阳郡）

隋衡山郡。武德四年（621），平萧铣，置衡州。天宝元年（742），改为衡阳郡。乾元元年（758），复为衡州。领县六：衡阳（临蒸）、常宁（新宁）、攸、茶陵、耒阳、衡山。

欧阳珪 天宝中

《全文》卷三四三颜真卿《游击将军左领军卫大将军兼商州刺史武关防御使上柱国欧阳使君（珪）神道碑铭》："（开元）二十九年，河西节度使奏授晋昌郡户曹参军，摄晋昌令。转张掖郡张掖令，摄司马知郡事……奏与上考，转岳州长史……剑南节度使杨国忠奏知三峡转运，改衡阳郡长史，赐绯鱼袋。

天宝末，羯胡作乱，统江湖之兵，先至南阳，加赐紫金鱼袋。"

李迥秀　神龙元年（705）

《新书》本传："张易之兄弟贵骄，因桡意谐媚，士论顿减。俄坐赃贬庐州刺史。易之诛，贬衡州长史。中宗即位，召授将作少监。"

李高岳　玄宗时？

《新书·宰相世系二上》李氏东祖房："高岳，衡州长史。"乃隋清池令李孝俊六世孙。

牛僧孺　宣宗初

《新书》本传："河南少尹吕述言：'僧孺闻（刘）稹诛，恨叹之。'武宗怒，黜为太子少保，分司东都，累贬循州长史。宣宗立，徙衡、汝二州，还为太子少师。卒，赠太尉，年六十九。"《旧书》本传未及。《全文》卷七五五杜牧《唐故太子少师奇章郡开国公赠太尉牛公（僧孺）墓志铭并序》："公凡三贬至循州员外长史……今天子即位，移衡州、汝州长史，迁太子少保少师，凡四年复位。大中二年十月二十七日，薨于东都城南别墅，年六十九。"《通鉴》会昌六年八月壬申："以循州司马牛僧孺为衡州长史，封州流人李宗闵为郴州司马，恩州司马崔珙为安州长史。"按武宗，崩于三月二十三日（见《旧书·武宗纪》）。

眭某　咸通后期

《续汇》咸通○五六《唐故右金引驾游击将军守左卫翊府中郎将上柱国萧（行群）府君墓铭》（咸通九年十一月八日）："以咸通九年戊子岁秋八月壬戌廿六日丁亥薨于长安延政里之私第，春秋七十有七……一女四德俱备，六亲所推……适赵郡眭氏，官任衡州长史……以其年冬十一月八日龟筮叶吉，葬（府君）于京兆府万年县崇道乡。"

郴　州（中）
（桂阳郡）

隋桂阳郡。武德四年（621），平萧铣，置郴州。天宝元年（742），改为桂阳郡。乾元元年（758），复为郴州。领县八：郴、义章、义昌（卢阳）、平阳、资兴（晋兴）、高亭（安陵）、临武、蓝山（南平）。

崔玄简　长安中

《广记》卷四二六引《五行志》："唐长安中，郴州佐史因病而为虎，将啖其嫂，村人擒获，乃佐史也。虽形未全改，而尾实虎矣。因系树数十日，还复为人。长史崔玄简亲问其故。佐史云：'……今虽作虎不得，尚能其声耳。'简令试之，史乃作虎声，震骇左右，檐瓦振落。"

齐　浣　开元中

《新书》本传："开府王毛仲宠甚……浣乘间曰……帝嘉纳……帝怒……贬高州良德丞……久之，浣徙索卢丞、郴州长史，濠、常二州刺史……天宝初，召为太子少詹事，留司东都。"《旧书》本传未及郴州长史。

郑余庆　贞元末

《广记》卷四三："贞元末，郑余庆谪郴州长史，门吏有自远省余庆者，未至郴十余里，店中驻歇，与（薛）玄真相遇，状貌如二十三四，神彩俊迈，词多稽古，时语及开元、麟德间事，有如目睹。又言明年二月，余庆当复归朝……明年二月，余庆征还，及到长安，语及异事，给事中薛伯高流涕对曰：……"

张正甫　贞元十四年（798）始

《旧书》本传："正甫登进士第，从樊泽为襄阳从事，累转监察御史。于𬱖代泽，辟留正甫。正甫坚辞之，遂诬奏贬郴州长史。后由邕府征拜殿中侍御史，迁户部员外郎。"《新书》无传。按，于𬱖镇襄阳，在贞元十四年（见《旧书·于𬱖传》："贞元十四年，为襄州刺史，充山南东道节度观察。"）。

连　州（下）
（连山郡）

隋熙平郡。武德四年（621），平萧铣，置连州。天宝元年（742），改为连山郡。乾元元年（758），复为连州。领县三：桂阳、阳山、连山。

许敬宗　武德初

《新书》本传："武德初，补涟（连）州别驾。太宗闻其名，召署文学馆学士。"《旧书》本传略同。

伊　慎　大历十年（775）始

《旧书》本传："大历八年，江西节度使路嗣恭讨岭南哥舒晃之乱，以慎为先锋……未几，与诸将追斩晃于泔溪，函首献于阙下。嗣恭表慎功，授连州长史，知当州团练副使，三迁江州别驾。"《新书》本传、《元龟》卷三五九将帅部、三八五略同。《全文》卷四九七权德舆《唐故光禄大夫检校尚书右仆射兼右卫上将军南充郡王赠太子太保伊公（慎）神道碑铭并序》："大历中，岭南裨将哥舒晃盗杀其帅吕崇贲……江西连帅路嗣恭承诏出师……晃之谋主苏涣、骑将王明悦，鸱张蚁聚……其明年（大历九年），战于把江口……又明年（大历十年）……冬十月，斩晃、涣于泔溪，扬其首以徇。幕府上功，拜连州长史，授抚、虔、江三州别驾。建中初，德宗训齐万方，端正百度，以梁崇义负阻江汉，未尝会朝，诏东诸侯分道问罪。公实领江西偏师，而统于（李）希烈。"

道　州（中）
（江华郡）

隋零陵郡之永阳县。武德四年（621），平萧铣，置营州。五年，改为南营州。贞观八年（634），改为道州，仍省永阳县。十七年废，并入永州。上元二年（675），复析永州置。天宝元年（742），改为江华郡。乾元元年（758），复为道州。领县五：弘道（营道）、延唐（唐兴、武盛）、江华（云溪）、永明、大历。

元友让　元和十三年（818）

《全文》卷七一七韦辞《修浯溪记》："元公再临道州，有姁伏活乱之恩，封部歌吟，旁浃于永。故去此五十年，而俚俗犹知敬慕……今年春，公季子友让，以逊敏知治术，为观察使袁公所厚，用前宝鼎尉假道州长史……会余亦以恩例自道州司马移佐江州……元和十三年十二月六日，江州员外司马韦辞记。"

张元㘉　中唐后期

《续汇》咸通○九五《唐故中大夫前洪州都督府司马上柱国清河张（元㘉）府君墓志铭》（咸通十四年八月二十八日）："长庆初，户部侍郎张公平叔掌邦计……始命饶州余干主簿……次补楚州兵掾，进黄州司马，拜道州长史。开成中，工部尚书社公　以公才能干裕，筹画□深，荐遂州司马。"

王桂直　大中六年（852）

《全文》卷七五〇杜牧《赖师贞除怀州长史周少廊除虢州司马王桂直除道州长史等制》："桂直用命，一举灭之，言念功勤，宜有褒赏。"按两《唐书·杜牧传》称杜牧知制诰，皆未系年，今据其甥裴延翰《樊川文集序》："（大中）五年冬，仲舅（杜牧）自吴兴守拜考功郎中，知制诰。"知杜牧知制诰在大中五年冬。又杜牧《自撰墓铭》称："周岁，拜中书舍人"；《旧传》又云："入拜考功郎中、知制诰，岁中迁中书舍人……其年，以疾终于安仁里，年五十。"据以上材料，杜牧知制诰的时间为大中五年冬至大中六年，则此制当为大中六年所撰。

尚弘简 大中十二年（858）始

《续汇》咸通〇四一《大唐故道州长史汲郡尚（弘简）府君墓志铭》（咸通八年二月三日）："至会昌二年十一月十二日敕，优其功茂，可检校殿中监，余如故。洎大中十二年选授朝议郎，行道州长史……寻兼知江华县事……以咸通三年四月十二日寝疾终于道州官舍，春秋六十有七。"

永 州（中）
（零陵郡）

隋零陵郡。武德四年（621），平萧铣，置永州。天宝元年（742），改为零陵郡。乾元元年（758），复为永州。领县四：零陵、祁阳、湘源、灌阳。

庞 昶 高宗前期？

《汇编》开元二八三《唐故朝散大夫行歙州休宁县令上柱国庞（敬）府君墓志铭》（开元十七年二月廿四日）："祖昶，中散大夫□永州长史。"庞敬卒于开元十一年（723），春秋六十七。

萧 缮 麟德中

《续汇》圣历〇一一《大周故衢州刺史兰陵萧（缮）府君墓志之铭》（圣历二年十月十六日）："麟德中，左迁雅州司马，又迁永州长史。寻授潭广二州司马。又任泸州长史……垂拱元年，授中散大夫、使持节开州诸军事、开州刺史，又转道州刺史。"

刘承俊 开元中？

《汇编》兴元〇〇一《唐故彭城刘夫人墓志铭并序》："大父承俊，皇永州长史。"刘氏兴元元年（784）卒，春秋卅有六。

郑叔则 贞元五年（789）—六年（790）

《全文》卷七八四穆员《福建观察使郑公（叔则）墓志铭》："唐贞元八年四月十六日，福建团练观察使福州刺史兼御史大夫郑公薨于位……公讳叔则……未冠以明经擢第，凡五命至御史府，又再迁历尚书省……复命迁太常卿……转京兆尹。理行三载，惟遭权臣构憝，贬永州长史……旋以非罪拜信州刺史。"《旧书·德宗纪》：贞元五年，"二月己丑，贬京兆尹郑叔则为永州长史"；贞元七年，"秋七月庚午，以信州刺史郑叔则为福建观察使"。

邵　州（下）
（邵阳郡）

隋长沙郡之邵阳县。武德四年（621），平萧铣，置南梁州。贞观十年（636），改名邵州。天宝元年（742），改为邵阳郡。乾元元年（758），复为邵州。领县二：邵阳、武冈。

李　铭（李铦）　贞元十一年（795）—贞元十三年（797）

《全文》卷五○二权德舆《金紫光禄大夫司农卿邵州长史李公（铭）墓志铭并序》："贞元二年真拜右庶子，三年复以本官兼御史中丞充入蕃使，寻兼御史大夫……以久次迁卫尉卿，秩至金紫，乃命大司农……左迁邵州长史。以十三年十一月寝疾，终于所莅之官舍，春秋若干。"《通鉴·贞元十一年》："四月，壬戌，贬（陆）赞为忠州别驾，（李）充为涪州长史，（张）滂为汀州长史，（李）铦为邵州长史"。作"铦"。《新书·宗室世系上》蔡王房："邵州长史，前司农卿铭。"

柳　瑰　元和中？

《新书·宰相世系三上》柳氏："瑰，邵州长史。"按，其父柳登长庆二年（822）卒，年九十余（见《旧书·柳登传》）。

附　录

（说明：天宝初，澧、朗二州从江南西道划为山南东道。以下两州所列各个长史，皆为天宝以后在任，故属于山南东道，兹以附录形式列此，以作读者参考之用）

澧　州（下）
（澧阳郡）

隋澧阳郡。武德四年（621），平萧铣，置澧州。天宝元年（742），改为澧阳郡。乾元元年（758），复为澧州。旧属江南西道。天宝初，割属山南东道。领县四：澧阳、安乡、石门、慈利。

吉 温 天宝十三载（754）—十四载（755）

《新书》本传："天宝十三载，禄山入朝，领闲厩使，荐温武部侍郎以为副。国忠与禄山争宠……因温以交禄山，遍馈权近，国忠遣人发其状，斥温澧阳长史……明年，温仍坐受赇、夺民马，贬端溪尉。"（《旧书》本传略同。又见《安禄山事迹》卷上、《元龟》卷七〇〇牧守部、《通鉴·天宝十三载》闰十一月壬寅、《旧书·玄宗纪》作"十月壬寅"）《元龟》卷一五二帝王部："（天宝）十四载正月，左降官澧阳郡长史吉温坐非法伏罪，诏曰：'置同正员吉温，顷因任使，辄肆威福……可晋康郡端溪县尉员外置。"《全文》卷三三玄宗《贬吉温诏》略同。

尹庭泚 大历十四年（779）在任

中村裕一《唐代制敕研究》有《张令晓守资州磐石县令敕》："决胜军副使朝散大夫前守澧州长史上柱国赐紫金鱼袋尹庭泚等……期尔效能。"末署"大历十四年七月十二日"。按唐无"澧州"，疑"澧州"为"澧州"，盖形近而讹。

南承嗣 元和中

《全文》卷五七八柳宗元《送南涪州量移澧州序》："始由施州为涪州……曰：我忠烈允也，期死待敌。敌亦曰：彼忠烈胤也，尽力致命，是不可犯。然而笔削之吏以簿书校计赢缩，受谴兹郡，凡二岁……又况涪州家声之大，裕蛊之志，宜尤被显宠者也。自汉而南，州之美者十七八，莫若澧。澧之佐理，莫逾于长史。以是进秩，人犹曰且有后命。永州多谪吏，而君侯惠和温良，故其欢愉异于他部。"按《序》所称"忠烈胤""家声之大"等语，南涪州当指南霁云之子南承嗣。据《旧书·南霁云传》："子承嗣，历涪州刺史。刘辟叛，以无备谪永州。"所云正与柳《序》相合。《全文》卷五八七柳宗元《唐故特进赠开府仪同三司扬州大都督南府君睢阳庙碑并序》："有子曰承嗣，七岁为婺州别驾，赐绯鱼袋，历施、涪二州，服忠思孝，无替负荷。"所云南承嗣"历施、涪二州"亦与柳《序》合，《序》且称"永州多谪吏"，知此文当元和中宗元贬为永州司马期间所作。

李 泳 开成二年（837）始

《通鉴·开成二年》："六月，河阳军乱，节度使李泳奔怀州……丁未，贬泳澧州长史。"《元龟》卷四五五将帅部略同。

韦　让　开成四年（839）始

《旧书·文宗纪》：开成四年，"十二月己酉朔。癸丑，贬光禄卿、驸马都尉韦让为澧州长史"。

吕　卫　大中六年（852）

《全文》卷七四九杜牧《吕卫除左卫将军李铢右威卫将军令狐朗除滑州别驾等制》："忠武将军前左武卫将军兼澧州长史合川郡公赐紫金鱼袋吕卫等……将军上佐，半刺之任，言于清时，皆为美仕。帖以禄秩之绶，用嘉慕义之心，慎无自轻，勉于敬畏。"按两《唐书·杜牧传》称杜牧知制诰，皆未系年，今据其甥裴延翰《樊川文集序》："（大中）五年冬，仲舅（杜牧）自吴兴守拜考功郎中，知制诰。"知杜牧知制诰在大中五年冬。又杜牧《自撰墓铭》称："周岁，拜中书舍人"；《旧传》又云："入拜考功郎中、知制诰，岁中迁中书舍人……其年，以疾终于安仁里，年五十。"据以上材料，杜牧知制诰的时间为大中五年冬至大中六年，则此制当为大中六年所撰。

朗　州（下）
（武陵郡）

隋武陵郡。武德四年（621），平萧铣，置朗州。天宝元年（742），改为武陵郡。乾元元年（758），复为朗州。旧属江南西道。天宝初，割属山南东道。领县二：武陵、龙阳。

张　愻　元和五年（810）始

《元龟》卷七〇〇牧守部："张愻为将作少监，元和五年贬为朗州长史，前为蕲州刺史，坐赃，为观察使郗士美所奏。"

辅太初　元和中？

《汇编》开成〇三〇《唐左春坊太子典膳郎河东卫君夫人扶风辅氏墓志铭并序》（开成四年八月二十七日）："祖太初，朗州长史。"夫人开成四年（839）卒，春秋二十二。

姚中立　大和九年（835）始

《旧书·罗立言传》："太和中，为司农少卿……李训亦重之。训将窃发，须兵集事，以京兆府多吏卒，用立言为京兆少尹，知府事。训败日，族诛。长安县令孟瑄贬硖州长史，万年县令姚中立朗州长史。以两县捕贼官受立言指使故也。"《元龟》卷七〇七令长部："姚中立为万年县令，孟瑄为长安县令，文宗太和九年十一月，两县捕贼官领其徒受罗立言指使……贬中立为朗州长史，瑨为硖州长史，寻再贬中立为韶州司户参军，瑨为梧州司户参军。"

附：开元二十九年前后废置之州郡

江南东道信州（上）

［《会要》卷七〇《州县分望道》称：会昌四年（844）五月升为上州］

乾元元年（758），割衢州之常山、饶州之弋阳、建州之三乡、抚州之一乡，置信州。领县四：上饶、弋阳、贵溪、玉山。

崔　造　建中元年（780）始

《新书》本传："浙西观察使李栖筠辟为判官，累迁左司员外郎。与刘晏善，晏得罪，贬信州长史。徙建州刺史。"《旧书》本传称"晏遭杨炎、庾准诬奏伏诛，造累贬信州长史"。按刘晏伏诛，在建中元年七月（见《旧书·德宗纪》、《通鉴·建中元年》七月己丑）。

卢　徵　贞元二年（786）始

《旧书》本传："永泰中，江淮转运使刘晏辟为从事……元琇亦晏之门人，兴元中，为户部侍郎、判度支，荐徵为京兆司录、度支员外。琇得罪，坐贬为信州长史。迁信州刺史。"《元龟》卷七三〇幕府部略同。又见《全文》卷四七八卢徵小传。按，元琇得罪在贞元二年（《旧书·德宗纪》：贞元二年十二月庚申，"贬尚书右丞、度支元琇为雷州司户"）。又按《新书》本传，称"琇得罪，贬秀州长史"，唐无秀州，当以信州为是。

《八琼室金石补正》三十二卢徵《救苦（右司郎中造）观世音菩萨石像铭并序》："贞元二祀，自□官贬□南□皆为权臣所忌……其去也春三月，贬信州长史；其归也秋八月，迁右司郎中。"

李　充　贞元十一年（795）始

《旧书·德宗纪》：贞元十一年四月壬戌，"贬太子宾客陆贽为忠州别驾，京兆尹李充信州长史，卫尉卿张滂汀州长史。"

薛行周　中唐

《新书·宰相世系三下》薛氏西祖："行周，信州长史。"按其六世祖薛振（元超）相高宗（见《旧书·高宗纪》）。

魏抃（魏谟） 会昌中

《旧书》本传："武宗即位，李德裕用事，抃坐杨（嗣复）、李（珏）之党，出为汾州刺史。杨、李贬官，抃亦贬信州长史。宣宗即位，白敏中当国，量移郢州刺史，寻换商州。"又见《元龟》卷九二五、《全文》卷七六六魏抃小传。《新书》本传作"魏谟"，事迹同。按杨、李罢相，在武宗即位之初（见《旧书·李珏传》："武宗即位之年九月，与杨嗣复俱罢相，出为桂州刺史、桂管观察使。"）。

简　州

按，唐代简州有两处，一为江南之简州，一为剑南之简州。江南之简州，武德五年（622），于曲阿县（丹阳市）故地置，八年，州废。剑南之简州，武德三年分益州置。天宝元年（742），改为阳安郡。乾元元年（758），复为简州。以下简州长史，因文献不足，无法考证具体归属，姑置于此，以待后证。

鲜于士简 唐初

《八琼室金石补正》卷六四《鲜于氏里门碑并序》："降及□皇（缺）刺史，因家阆中。阆州生简州长史士简，简州生赠卫尉卿令徵□赐（缺）尉性二男：长曰仲通。"

唐某 初唐

《全文》卷九九〇阙名《大唐莱州刺史唐府君（贞休）德政碑》："尚书虞部员外郎，出为简州长史……公则简州长史之第二子也……恩敕加公朝散大夫雍州奉天县令，属大圣皇后（阙）拜安国相王府谘议参军事，俄迁尚书比部郎中。"又见《八琼室金石补正》卷五一，《金石续编》卷六。

江南西道池州（下）

[《会要》卷七〇《州县分望道》称：会昌四年（845）五月升为上州]

隋宣城郡之秋浦县。武德四年（621），置池州，领秋浦、南陵二县。贞观元年（627），废池州，以秋浦属宣州。永泰元年（765），江西观察使李勉以秋浦去洪州九百里，请复置池州，仍请割青阳、至德二县隶之，又析置石台县，并从之。领县四：秋浦、青阳、至德、石台。

张　涉　长庆、宝历间？

《汇编》乾符〇三一《唐故宣义郎侍御史内供奉知盐铁嘉兴监事张（中立）府君墓志铭》（乾符六年四月十二日）："学士（侍读学士张怀瓌）生池州长史赠金州刺史讳涉……金州生普州刺史讳爽……君亦普州第二子也。"乾符六年（879）卒，寿龄五十五。

参考文献

一、古籍

[1] 司马迁. 史记［M］. 北京：中华书局，1982.

[2] 班固. 汉书［M］. 北京：中华书局，1962.

[3] 孙星衍. 汉官六种［M］. 北京：中华书局，1990.

[4] 郑玄注，贾公彦疏. 周礼注疏［M］. 北京：北京大学出版社，1999.

[5] 陈寿撰，裴松之注. 三国志［M］. 北京：中华书局，1973.

[6] 魏收. 魏书［M］. 北京：中华书局，1974.

[7] 范晔. 后汉书［M］. 北京：中华书局，1965.

[8] 沈约. 宋书［M］. 北京：中华书局，1974.

[9] 萧子显. 南齐书［M］. 北京：中华书局，1972.

[10] 房玄龄. 晋书［M］. 北京：中华书局，1974.

[11] 李延寿. 北史［M］. 北京：中华书局，1974.

[12] 李延寿. 南史［M］. 北京：中华书局，1975.

[13] 姚思廉. 梁书［M］. 北京：中华书局，1973.

[14] 姚思廉. 陈书［M］. 北京：中华书局，1973.

[15] 李百药. 北齐书［M］. 北京：中华书局，1972.

[16] 令狐德棻. 周书［M］. 北京：中华书局，1971.

[17] 魏徵. 隋书［M］. 北京：中华书局，1973.

[18] 温大雅. 大唐创业起居注［M］. 北京：中华书局，1985.

[19] 长孙无忌. 唐律疏义［M］. 北京：中华书局，1983.

[20] 卢照邻著，李云逸校注. 卢照邻集校注［M］. 北京：中华书

局，1998.

[21] 杨炯著，徐明霞点校. 杨炯集 [M]. 北京：中华书局，1980.

[22] 沈佺期撰，宋之问撰，陶敏校注，易淑琼校注. 沈佺期宋之问集校注 [M]. 北京：中华书局，2001.

[23] 李白. 李太白文集 [M]. 上海：上海古籍出版社，2003.

[24] 李白撰，瞿蜕园校注，朱金城校注. 李白集校注 [M]. 上海：上海古籍出版社，1980.

[25] 张说. 张燕公集 [M]. 上海：上海古籍出版社，1992.

[26] 王维. 王右丞集 [M]. 上海：上海古籍出版社，1984.

[27] 李林甫. 唐六典 [M]. 北京：中华书局，1992.

[28] 杜佑. 通典 [M]. 北京：中华书局，2003.

[29] 林宝撰，岑仲勉校记. 元和姓纂附四校记 [M]. 北京：中华书局，1994.

[30] 颜真卿. 颜鲁公集 [M]. 上海：上海古籍出版社，1992.

[31] 李吉甫. 元和郡县图志 [M]. 北京：中华书局，2005.

[32] 杜牧. 樊川文集 [M]. 上海：上海古籍出版社，2007.

[33] 刘知几. 史通 [M]. 上海：上海古籍出版社，2008.

[34] 刘𫗧. 隋唐嘉话 [M]. 北京：中华书局，1979.

[35] 刘肃. 大唐新语 [M]. 北京：中华书局，2004.

[36] 张鷟. 朝野佥载 [M]. 北京：中华书局，1979.

[37] 姚汝能. 安禄山事迹 [M]. 北京：中华书局，2008.

[38] 吴兢. 贞观政要 [M]. 上海：上海古籍出版社，1978.

[39] 李肇. 唐国史补 [M]. 上海：上海古籍出版社，1979.

[40] 戴孚. 广异记 [M]. 北京：中华书局，1992.

[41] 封演. 封氏闻见记 [M]. 北京：中华书局，1958.

[42] 释道宣. 集神州三宝感通录 [M]. 南京：金陵刻经处，1922.

[43] 王仁裕. 开元天宝遗事 [M]. 北京：中华书局，2008.

[44] 刘昫. 旧唐书 [M]. 北京：中华书局，1975.

[45] 王溥. 唐会要 [M]. 上海：上海古籍出版社，2006.

[46] 王溥. 五代会要 [M]. 北京：中华书局，1985.

[47] 欧阳修，宋祁. 新唐书 [M]. 北京：中华书局，1975.

［48］李昉. 文苑英华［M］. 北京：中华书局，1966.

［49］李昉. 太平御览［M］. 北京：中华书局，1998.

［50］李昉. 太平广记［M］. 北京：中华书局，2003.

［51］王钦若. 册府元龟［M］. 北京：中华书局，1960.

［52］宋敏求. 唐大诏令集［M］. 北京：中华书局，2008.

［53］王谠. 唐语林［M］. 北京：中华书局，1997.

［54］薛居正. 旧五代史［M］. 北京：中华书局，1997.

［55］欧阳修. 新五代史［M］. 北京：中华书局，1997.

［56］乐史. 太平寰宇记［M］. 北京：中华书局，2000.

［57］司马光. 资治通鉴［M］. 北京：中华书局，2007.

［58］释赞宁. 宋高僧传［M］. 北京：中华书局，2006.

［59］孙逢吉. 职官分纪［M］. 北京：中华书局，1988.

［60］高承. 事物纪原［M］. 北京：中华书局，1989.

［61］陈耆卿. 赤城志［M］. 北京：中国文史出版社，2008.

［62］卢宪. 嘉定镇江志［M］. 南京：江苏古籍出版社，1988.

［63］马端临. 文献通考［M］. 北京：中华书局，2006.

［64］辛文房撰，傅璇琮编. 唐才子传校笺［M］. 北京：中华书局，1987.

［65］王鏊. 姑苏志［M］. 台北：台湾学生书局，1986.

［66］董浩等. 全唐文［M］. 北京：中华书局，1983.

［67］董浩等. 全唐文附唐文拾遗唐文续拾［M］. 北京：中华书局，1983.

［68］彭定求. 全唐诗［M］. 北京：中华书局，2003.

［69］计有功. 唐诗纪事［M］. 上海：上海古籍出版社，2008.

［70］徐松. 登科记考［M］. 北京：中华书局，1984.

［71］赵钺，劳格. 大唐御史台精舍题名考［M］. 北京：中华书局，1997.

［72］吴廷燮. 唐方镇年表［M］. 北京：中华书局，1980.

［73］罗振玉. 罗雪堂合集［M］. 杭州：西泠印社出版社，2004.

［74］唐长孺. 唐书兵志笺证［M］. 北京：科学出版社，1957.

［75］李希泌. 唐大诏令集补编［M］. 上海：上海古籍出版社，2003.

［76］周绍良．全唐文新编［M］．长春：吉林文史出版社，2000．

［77］上海古籍出版社．唐五代笔记小说大观［M］．上海：上海古籍出版社，2000．

［78］天一阁藏明代方志选刊［M］．上海：上海古籍出版社，1964．

［79］陕西省古籍整理办公室．全唐文补遗［M］．西安：三秦出版社，1994—2000．

［80］陈尚君．全唐文补编［M］．北京：中华书局，2005．

［81］陈尚君．全唐诗补编［M］．北京：中华书局，1992．

［82］钱玄．周礼［M］．长沙：岳麓书社，2001．

二、考古资料

［1］黄本骥．黄本骥集·古志石华［M］．长沙：岳麓书社，2009．

［2］陆增祥．八琼室金石补正［M］．北京：文物出版社，1985．

［3］毛凤枝．关中金石文字存逸考［M］．台北：文海出版社，1982．

［4］王昶．金石萃编［M］．西安：陕西人民美术出版社，1990．

［5］毕沅．关中金石记［M］．上海：商务印书馆，1936．

［6］武善树．陕西金石志［M］．台北：台湾艺文印书馆，1976．

［7］周绍良．唐代墓志汇编［M］．上海：上海古籍出版社，1992．

［8］周绍良，赵超．唐代墓志汇编续集［M］．上海：上海古籍出版社，2001．

［9］国家文物局古文献研究室，新疆维吾尔自治区博物馆，武汉大学历史系．吐鲁番出土文书第4—10册［M］．北京：文物出版社，1983—1991．

［10］河南文物管理所．千唐志斋藏志［M］．北京：文物出版社，1984．

三、专著

［1］陈寅恪．隋唐制度渊源略论稿·唐代政治史述论稿［M］．北京：生活·读书·新知三联书店，2001．

［2］陈寅恪．金明馆丛稿初编［M］．北京：生活·读书·新知三联书店，2001．

［3］夏鼐．夏鼐文集［M］．北京：社会科学文献出版社，2000．

［4］钱穆．中国历代政治得失［M］．北京：生活·读书·新知三联书

店，2001．

［5］钱穆．中国历史研究法［M］．北京：生活·读书·新知三联书店，2001．

［6］吕思勉．隋唐五代史：下［M］．上海：上海古籍出版社，1984．

［7］严耕望．唐仆尚丞郎表［M］．北京：中华书局，1986．

［8］严耕望．唐史研究丛稿［M］．香港：新亚研究所，1969．

［9］严耕望．中国地方行政制度史：秦汉地方行政制度［M］．上海：上海古籍出版社，2007．

［10］高敏．秦汉史探讨［M］．郑州：中州古籍出版社，1998．

［11］唐长孺．魏晋南北朝隋唐史三论：中国封建社会的形成和前期的变化［M］．武汉：武汉大学出版社，1992．

［12］安作璋，熊铁基．秦汉官制史稿［M］．济南：齐鲁书社，1984．

［13］史念海．唐代历史地理研究［M］．北京：中国社会科学出版社，1998．

［14］岑仲勉．府兵制度研究［M］．上海：上海人民出版社，1962．

［15］邓小南．课绩·资格·考察：唐宋文官考核制度侧谈［M］．郑州：大象出版社，1997．

［16］傅璇琮．唐五代文学编年史［M］．沈阳：辽海出版社，1998．

［17］傅璇琮．唐代诗人丛考［M］．北京：中华书局，1980．

［18］周伟洲．吐谷浑史［M］．桂林：广西师范大学出版社，2006．

［19］周伟洲．唐代党项［M］．西安：三秦出版社，1988．

［20］张国刚．唐代藩镇研究［M］．长沙：湖南教育出版社，1987．

［21］郁贤皓．唐刺史考全编［M］．合肥：安徽大学出版社，2000．

［22］艾冲．唐代都督府研究［M］．西安：西安地图出版社，2005．

［23］平冈武夫．唐代的行政地理［M］．上海：上海古籍出版社，1989．

［24］中村裕一．唐代制敕研究［M］．东京：汲古书院，1991．

［25］崔瑞德．剑桥中国隋唐史［M］．北京：中国社会科学出版社，1990．

［26］赖瑞和．唐代中层文官［M］．台北：联经出版公司，2008．

［27］赖瑞和．唐代基层文官［M］．北京：中华书局，2008．

［28］石云涛．唐代幕府制度研究［M］．北京：中国社会科学出版

社,2003.

[29] 程志,韩滨娜. 唐代的州和道[M]. 西安:三秦出版社,1987.

[30] 谷霁光. 府兵制度考释[M]. 上海:上海人民出版社,1962.

[31] 黄绶. 唐代地方行政史[M]. 北京:永华印刷局,1927.

[32] 王永兴. 唐勾检制研究[M]. 上海:上海古籍出版社,1991.

[33] 卢向前. 敦煌吐鲁番文书论稿[M]. 南昌:江西人民出版社,1992

[34] 王寿南. 唐代政治史论集[M]. 台北:台湾商务印书馆,1977.

[35] 吴宗国. 唐代科举制度研究[M]. 北京:北京大学出版社,2010.

[36] 李锦绣. 唐代制度史略论稿[M]. 北京:中国政法大学出版社,1998.

[37] 翁俊雄. 唐初政区与人口[M]. 北京:北京师范学院出版社,1990.

[38] 翁俊雄. 唐朝鼎盛时期政区与人口[M]. 北京:首都师范大学出版社,1995.

[39] 翁俊雄. 唐后期政区与人口[M]. 北京:首都师范大学出版社,1999.

[40] 荣新江. 唐研究:第八卷[M]. 北京:北京大学出版社,2002.

[41] 荣新江. 唐研究:第十一卷[M]. 北京:北京大学出版社,2005.

[42] 陈国灿. 斯坦因所获吐鲁番文书研究[M]. 武汉:武汉大学出版社,1997.

[43] 薛作云. 唐代地方行政制度研究[M]. 台北:台湾商务印书馆,1977.

[44] 陈仲安,王素. 汉唐职官制度研究[M]. 北京:中华书局,1993.

[45] 孙继民. 唐代行军制度研究[M]. 台北:文津出版社,1995.

[46] 陆德阳. 流民史[M]. 上海:上海文艺出版社,1997.

[47] 黄永年. 文史探微[M]. 北京:中华书局,2000.

[48] 徐复观. 两汉思想史[M]. 上海:华东师范大学出版社,2001.

[49] 阎步克. 乐师与史官:传统政治文化与政治制度论集[M]. 北京:生活·读书·新知三联书店,2001.

[50] 张沛. 唐折冲府汇考[M]. 西安:三秦出版社,2003.

[51] 蒋寅. 大历诗人研究 [M]. 北京：北京大学出版社，2007.

[52] 黄留珠. 秦汉历史文化论稿 [M]. 西安：三秦出版社，2002.

[53] 陈志坚. 唐代州郡制度研究 [M]. 上海：上海古籍出版社，2005.

[54] 蒙曼. 唐代前期北衙禁军制度研究 [M]. 北京：中央民族大学出版社，2005.

[55] 王亚南. 中国官僚政治研究 [M]. 北京：中国社会科学出版社，1981.

[56] 俞鹿年. 中国政治制度通史：隋唐五代卷 [M]. 北京：人民出版社，1996.

[57] 张晋藩. 中国政治制度史 [M]. 北京：中国政法大学出版社，1987.

[58] 周振鹤. 中华文化通志·地方行政制度志 [M]. 上海：上海人民出版社，1998.

[59] 白寿彝. 中国通史：九 [M]. 上海：上海人民出版社，1994.

[60] 李晓杰. 东汉政区地理 [M]. 济南：山东教育出版社，1999.

[61] 谭其骧. 中国历史地图集：五 [M]. 北京：中国地图出版社，1982.

[62] 张国刚. 唐代官制 [M]. 西安：三秦出版社，1987.

[63] 陈仲安，王素. 汉唐职官制度研究 [M]. 北京：中华书局，1993.

[64] 刘统. 唐代羁縻府州研究 [M]. 西安：西北大学出版社，1998.

[65] 陈明光. 唐代财政史新编 [M]. 北京：中国财政经济出版社，1991.

[66] 李锦绣. 唐代财政史稿：上卷 [M]. 北京：北京大学出版社，1995.

[67] 李锦绣. 唐代财政史稿：下卷 [M]. 北京：北京大学出版社，2001.

[68] 戴扬本. 北宋转运使考述 [M]. 上海：上海古籍出版社，2007.

[69] 孟宪实. 汉唐文化与高昌历史 [M]. 济南：齐鲁书社，2004.

[70] 谭优学. 唐诗人行年考 [M]. 成都：四川人民出版社，1981.

[71] 刘后滨. 唐代中书门体制研究 [M]. 济南：齐鲁书社，2004.

四、期刊论文

[1] 赖青寿. 唐代州县等第稽考 [J]. 中国历史地理论丛, 1995 (2): 191-206.

[2] 翁俊雄. 唐代的州县等级制度 [J]. 北京师范学院学报, 1991 (1): 9-18.

[3] 马小红. 试论唐代散官制度 [J]. 晋阳学刊, 1985 (4): 52-56.

[4] 孟宪实. 唐代府兵"番上"新解 [J]. 历史研究, 2007 (2): 69-78.

[5] 张东光. 唐代的检校官 [J]. 晋阳学刊, 2006 (2): 74-78.

[6] 张东光. 唐代的内供奉官 [J]. 社会科学辑刊, 2005 (1): 105-111.

[7] 张东光. 唐代任官形式中的知判问题 [J]. 郑州大学学报（哲学社会科学版）, 2007, 40 (1): 86-90.

[8] 张东光. 唐代御史台的里行官 [J]. 辽宁大学学报, 2005 (2): 86-90.

[9] 张国刚. 唐代兵制的演变与中古社会变迁 [J]. 中国社会科学, 2006 (4): 178-189.

[10] 张国刚. 唐代禁卫军考略 [J]. 南开学报, 1999 (6): 146-155.

[11] 刘锡涛, 盖金伟. 唐代薛延陀的几个问题 [J]. 新疆师范大学学报, 1999 (2): 57-60.

[12] 盖金伟. 论"释奠礼"与唐代学校教育 [J]. 新疆师范大学学报, 2007 (4): 113-119.

[13] 徐心希. 上计制度的历史考察 [J]. 福建师范大学学报, 1992 (4): 90-96.

[14] 陈明光, 靳小龙. 论唐代广州的海外交易、市舶制度与财政 [J]. 中国经济史研究, 2005 (1): 107-115.

[15] 申忠玲. 唐代朝集制度的废止及其原因 [J]. 青海师范大学学报, 2009 (6): 76-78.

[16] 张玉兴. 唐代县主簿初探 [J]. 史学月刊, 2005 (3): 40-46.

[17] 张景臣. 唐代员外官任用制度探析 [J]. 商丘师范学院学报, 2008 (2): 56-58.

[18] 王颜, 任斌杰. 唐代府州司马考论 [J]. 唐史论丛（第十一辑）, 2009: 46-57.

[19] 宿志丕. 唐代官吏考课制度 [J]. 首都师范大学学报, 1994 (1): 61-67.

[20] 罗亮畴. 唐代上计报最制初探 [J]. 现代财经, 1993 (2): 49-52.

[21] 胡宝华. 唐代朝集制度初探 [J]. 河北学刊, 1986 (3): 73-75.

[22] 于赓哲. 从朝集使到进奏院 [J]. 上海师范大学学报（社会科学版）, 2002 (5): 45-50.

[23] 胡彩云. 西汉丞相长史职能探析 [J]. 忻州师范学院学报, 2009 (6): 83-84.

[24] 李志生. 关于唐代晚期府、州上佐（长史、司马、别驾）的几点意见 [J]. 河北学刊, 1991 (4): 90-94.

五、学位论文

[1] 戴扬本. 北宋转运使考述 [D]. 上海：华东师范大学, 2003.

[2] 熊伟. 府兵制政治过程论 [D]. 杭州：浙江大学, 2008.

[3] 申超. 秦汉长史研究 [D]. 西安：陕西师范大学, 2010.

[4] 王妍妍. 论唐代的县丞 [D]. 北京：首都师范大学, 2007.

[5] 张玉兴. 唐代县主要僚佐考论 [D]. 天津：天津师范大学, 2005.

[6] 张辉. 略论唐代荐举 [D]. 北京：首都师范大学, 2009.

[7] 何荣. 唐代赦免与降减制度探析 [D]. 北京：中国政法大学, 2007.

[8] 贾俊侠. 先秦史官研究 [D]. 西安：陕西师范大学, 2002.

[9] 陈翔. 唐代中央与地方关系研究 [D]. 武汉：武汉大学, 2010.

后 记

二〇〇八年，我到华东师范大学古籍研究所攻读古典文献学博士学位，指导教师是郑明先生。入学之初，我即开始与郑老师商议博士论文选题问题。应该说，对于一篇长达十几万字甚或二三十万字的长篇论文来说，确定一个合适的选题，并非易事。这既要考虑到所选课题的可行性，又要充分考虑到其应用性和创新性。为此，我们商议了很久，经过了几个月的讨论、比较、分析，最后，敲定了"唐代长史"作为研究的课题。说到这个选题，还是有一定的机缘性。正好那时，我的课程很少，为此，我经常有时间跑到学校图书馆和思勉人文高等研究院的图书室去借阅图书。有一次，不经意间看到了郁贤皓先生的皇皇大著——《唐刺史考全编》，于是借来细细阅读，越读越喜爱，越读越佩服。此书是一部关于唐代地方官制的学术专著，取材宏博，立论严谨，是研究唐代地方政治制度的重要著作；同时，对唐史研究、唐诗研究都具有重要的参考意义。受到此书的启发，我想，我是不是也可以从这个理念出发，专门就唐代的某个官职入手，写一部类似于《唐刺史考全编》这样的专著？经过反复思考、比较，我觉得，"长史"一职值得好好研究。"长史"是唐代州郡长官（刺史）的重要僚佐，对地方政治具有上承下达以及具体执行的作用，类似于现在地市一级政府的秘书长或办公厅主任。对这个课题进行研究，不仅有助于丰富、完善对唐代政治制度的研究，同时对唐史研究、唐诗研究也都具有较大的参考价值，对考察现代政府体制中的秘书长或办公厅主任一职也具有一定的启发和参考意义。于是，我将此想法汇报给郑明老师，他听后，表示了明确的支持和赞成。

选题虽经确定，但真正落实到具体的研究和写作过程中，我发现，这真是一个不小的挑战。这个课题研究的工作量之大，远远超出了我最初的想象，单是看搜集史料、文献这一项，就费时甚巨。读博三年，我所查阅的古籍、文献，诸如史书、政书、类书、总集、别集、谱牒、姓氏书、地方志、碑碣墓志、杂史笔记、佛道文献，以及今人专著、论文等，总数不下上千种，检索了五千余方唐人墓志。而且，由于这些史料大多散见于不同的文献之中，需要加以勾稽、整理、汇总，缀简连珠，方能剔沙见金。因此，每天沉浸于资料搜集、阅读、勾检，以及论文的写作，几乎是我读博期间一千来个日夜的全部工作。自春讫秋，从冬到夏，年复一年。三年的时光，就这样在一天天重复而单调的工作中流逝，而最终，我的付出也获得了丰厚的回报：我的论文终至如期完成！在这期间，当我感到疲倦或有所烦闷的时候，我的老师郑明先生，总是不断地鼓励我、关心我，并以阔大的胸怀，支持我对论文所做的一系列必要的调整。不仅如此，郑老师还给了我莫大的精神支持和学术上的指导，大到论文题目的拟订、章节的安排、观点的论证，小到一字一句的敲定，先生都倾注了莫大的心力，使我最终能将此文顺利撰成。面对着恩师满头的白发，一句感激的话又怎能表达我对他的崇敬之情？在课题的研究和论文的写作过程中，戴扬本先生、严文儒先生、罗争鸣先生等众多古籍所的老师们，都曾给予我无私的指导。特别是戴先生，曾对我的论文提出过很多宝贵的意见，给了我莫大的启发，使我获益匪浅。老师们胸怀宽广、学识广博、为人温和，这使我至今回想起来，仍能感受到古籍所的温馨和美好。

二〇一一年六月，我的论文《唐代长史述考》顺利通过博士学位论文答辩，并获得了评审老师和答辩老师们的一致好评。六月底毕业后，我来到广州，受聘于广东食品药品职业学院马克思主义学院，忝充教席，教书育人。从那以后，由于教学任务繁重，加上家庭中的诸多琐事，一直未能将论文付梓。二〇一七年，我和马克思主义学院院长罗立军教授申请的广东省哲学社会科学"十三五"规划课题和广东食品药品职业学院"民族文化传承与创新"课题分别获得立项，于是，我们商议，对论文进行进一步修改、补充、调整，以期早日出版。罗教授早年毕业于中山大学中国古代哲学专业，获得中国哲学博士学位，精通中国古代政治和哲学。在论文修改过程中，罗教授提出了很多中肯的意见，包括论文的整体架构、内容的调整，特别是从政治的高度，对论文上编的很多内容提出了独创性的观点，使得论文增色不少。另外，罗教授还亲自参与到具体章节的修改工作之中。可以说，因为罗教授的参与，这篇论文的整体质量有了较大的提升。另外，中国人民大学《档案学通讯》编辑部主任张全海博士，也对论文的修订提出过很好的意见。还有广东高等教育出版社的编辑老师们，对论文的出版工作也倾注了大量的心力。对这些朋友们的工作，我一直心怀感激。

最后，我要深深地感谢我的夫人李莹女士，在我读博期间的一千来个日子里，在我毕业后到广州工作的近十年时间里，她包揽了全部的家务，未尝一日之甘，备历诸多辛劳，使我能够全身心地投入到论文的写作和后期持续多年的修改之中。可以说，这篇论文最终得以顺利完稿并能付梓出版，我的夫人功不可没。

汪家华
二〇二〇年八月于华峰山下